W0228550

Unsere Liebe Frau von Fàtima,
gekrönt im Auftrag Papst Pius' XII. am 13. Mai 1946
durch den Kardinal-Legaten Benedetto Aloisi-Masella

FONSECA / MARIA SPRICHT ZUR WELT

MARIA
SPRICHT ZUR WELT

FÀTIMAS GEHEIMNIS
UND WELTGESCHICHTLICHE
SENDUNG

VON

PROF. DR. L. GONZAGA DA FONSECA

PAULUSVERLAG FREIBURG SCHWEIZ

Mit kirchlicher Druckerlaubnis

19. Auflage 1988 (134. Tausend)

© 1973 by Paulusverlag CH-1700 Freiburg
Druck: Paulusdruckerei Freiburg Schweiz
Printed in Switzerland

ISBN 3-7228-0185-0

Vorwort des Verfassers

Die *1. Auflage* dieses Buches erschien 1931 in Italien unter dem Titel: „Le Meraviglie di Fàtima"; die 2. folgte 1932, und schon 1933 lagen Übersetzungen ins Portugiesische, Englische, Spanische und Polnische vor. Einige Jahre später kam der Verfasser, der Professor am Päpstlichen Bibelinstitut in Rom ist, in den Besitz wertvoller Dokumente aus der Feder Lucias, so daß er 1938 eine 3. Auflage seiner Schrift erscheinen lassen konnte, die auch ins Französische und nochmals ins Portugiesische übersetzt wurde.

Das Bemerkenswerte dieses Buches liegt vor allem darin, daß in ihm ausgiebig neue beglaubigte Dokumente benützt werden, die uns noch eindringlicher, als es bisher möglich war, die einzigartige Bedeutung Fàtimas zum Bewußtsein bringen. Die Aufzeichnungen der Hauptbeteiligten (Lucia) zeigen mit überzeugender Klarheit, daß wir es hier nicht etwa nur mit der Werbung für eine Spezialandacht zu tun haben, sondern daß es sich um Ereignisse handelt, deren weltgeschichtliche Bedeutung gar nicht überschätzt werden kann. Der Heilige Vater selbst hat die ganz einzigartige Sendung Fàtimas für die künftigen Geschicke der Menschheit voll anerkannt, und dem ausdrücklichen Wunsche der Muttergottes entsprechend Kirche und Menschheit dem Unbefleckten Herzen Mariä geweiht (31. Oktober und 8. Dezember 1942), damit sie in den unheimlichen Katastrophen, die über die Welt hereingebrochen sind, Zuflucht und Rettung am mütterlichen Herzen der reinsten Jungfrau finde.

Aus dem *Vorwort zur 3. Auflage:*

„Neue, wertvolle Quellen für diese Auflage bilden zwei Dokumente, mehr als 80 Seiten Maschinenschrift, die Lucia, jetzt Schwester im Kloster der Dorotheerinnen, im Auftrag des Bischofs von Leirìa verfaßt hat. Das erste ist ein kostbarer Beitrag zur Biographie Jacintas, das andere enthüllt uns den innern Geist Fàtimas. Niemand ist dazu besser befähigt als jene, die als Hauptperson bei den Erscheinungen anzusehen ist und die von der heiligsten Jungfrau zum Instrument ihrer Hulderweise auserwählt wurde.

Lucia schrieb das erste Dokument mit wahrer Begeisterung, handelte es doch ‚von der intimsten Freundin ihrer Kindheit‘, ‚deren Gesellschaft sie zum Teil die Bewahrung der Unschuld verdankt‘ und von der sie überzeugt ist, daß der Herr ihr die Aureole der Heiligkeit gewähren werde; denn Jacintas Tugend, der Geist des Gebetes und des Opfers, den die heiligste Jungfrau selbst empfohlen und den sie so tief erfaßt hat, ihre durch Opfer betätigte Gottes- und Nächstenliebe gingen weit über das Alter der Kindheit hinaus.

Im Gegensatz zum ersten wurde die Abfassung des zweiten Dokumentes zu einem wahren Martyrium für die bescheidene Lucia. Der Bischof von Leirìa bereute es indes nicht, ihr den Auftrag zu dieser Niederschrift erteilt zu haben, weil dadurch den Verehrern Unserer Lieben Frau von Fàtima der wahre Charakter der Andacht zum Unbefleckten Herzen, ihre innerste Natur und der Geist, von dem sie getragen sein soll, enthüllt wird.‘‘

Zur 4. Auflage. — „*Neue Quellen.* Der hochwürdigste Bischof befahl der Seherin, außerdem niederzuschreiben: *a)* andere Erinnerungen in bezug auf ihre Gefährten Francisco und Jacinta; *b)* eine genaue Darstellung der Erscheinungen, ‚ohne etwas zu verschweigen, was gegenwärtig kundgemacht werden kann'. In Ausführung dieses Auftrages schrieb Lucia mehr als 50 Seiten in Maschinenschrift nieder, die mir von Monsignore in liebenswürdigster Weise zur Verfügung gestellt wurden; sie sind in der vorliegenden Auflage mit größter Treue wiedergegeben. Der Leser kann selbst ihre außerordentliche Bedeutung beurteilen.

Der Gehorsam wurde der demütigen Schwester in diesem Falle sehr schwer. Am 8. Dezember 1941 schrieb sie an den hochwürdigsten Herrn: ,Ich glaube nun alles geschrieben zu haben, was Ew. Exzellenz mir zu schreiben befohlen. Bisher hatte ich mein möglichstes getan, um das zu verbergen, was der innerste Kern der Erscheinungen in der Cova da Iria ist. Jedesmal, wenn ich verpflichtet war, davon zu sprechen, suchte ich es nur flüchtig zu berühren, um nicht das zu enthüllen, was ich so sehr verborgen zu halten wünschte. Doch nun hat es mir der Gehorsam auferlegt... Hier ist es! Ich komme mir jetzt vor wie ein Skelett, das man — von allem beraubt, ohne eigenes Leben — in ein Museum stellt, damit es dort die Besucher an das Elend und die Nichtigkeit alles Vergänglichen mahne... Mögen Gott und das Unbefleckte Herz Mariens, die sich würdigten, dieses Opfer von mir zu verlangen, es gnädig annehmen, um in den Seelen den Geist des Glaubens, der Hoffnung und der Liebe zu erneuern.' "

Bereits 1943 erschien die *10. Auflage* der italienischen Ausgabe; während die fünfte Auflage in 10.000 Exemplaren gedruckt wurde, waren es in der zehnten bereits 30.000 Exemplare.

Gleichzeitig erschienen ab 1943 weitere Übersetzungen; so die holländische, die deutsche (in der Schweiz und in Österreich), die tschechische, chinesische, litauische (in Boston 1951) und andere.

Die *11. Auflage* erschien 1951; in dieser Auflage wurde die größte Mühe darauf verwendet, die geschichtliche Wahrheit auch in den kleinsten Belangen, insbesondere was die Erscheinungen selbst anlangt, festzustellen; in der Überzeugung, daß dies die beste Antwort auf die in der ausländischen Presse erschienenen wohlgemeinten Kritiken sei[1]. Deshalb ließen wir nochmals Lucia befragen und besprachen mit ihr die Abschnitte über die Erscheinungen, sammelten von neuem die ersten Aufzeichnungen, welche der Bischof von Leirìa uns freundlicherweise zur Verfügung stellte. Die wichtigsten sind: 1. Der Bericht des Pfarrers von Fàtima, Manuele Marques Ferreira, verfaßt am Tage nach den einzelnen Erscheinungen und vervollständigt im August 1919 mit der Aufzeichnung verschiedener Zeugenaussagen. 2. Der Bericht des Dekans von Porto de Mòs, Joaquim Vieira da Rosa, der das Verhör vom 25. Oktober 1917 mit der Befragung von 16 Zeugen enthält, vornehmlich bezüglich des Sonnenwunders. 3. Das Protokoll der offiziellen Befragung durch die Kanonische Kommission, und zwar: *erstens:* Befragung der sechs qualifizierten Zeugen am 28. September 1923; *zweitens:* Befragung der Lucia am 8. Juli 1924. 4. Der Bericht der Kanonischen Kommission, der der kirchlichen Behörde vorgelegt wurde. 5. Die vier handschriftlichen, oben erwähnten Berichte der Lucia.

In den *weiteren Auflagen* wurden nur wenige Verbesserungen im Abschnitt über die Erscheinungen, vor allem um

---

[1] Diese Zweifel gehen zurück auf eine kritische, mit vollem wissenschaftlichen Ernst durchgeführte Untersuchung des Löwener Theologieprofessors Ed. Dhanis SJ, Bij de verschijningen en het geheim van Fàtima. Een critische bijdrage. 1945, Brugge. Zu dieser Kritik hat P. Fonseca ausführlich Stellung genommen (Fátima y la Critica: Brotèria 52, 1951, 505—542). P. Phanis betont in der Erwiderung seine positive Einstellung zu Fàtima, distanziert sich von Bedenken, die in verschiedenen Zeitschriften mit ungerechtfertigter Berufung auf seine Ausführungen geäußert wurden, und klärt jene Punkte auf, die mißverstanden und mißdeutet wurden (A propos de „Fàtima et la critique", Nouvelle Revue Théologique 84, 1952, 580—606).

die Worte der Muttergottes noch getreuer und den ursprünglichen Quellen entsprechender wiederzugeben, vorgenommen; in den anderen Abschnitten wurden die notwendigen Ergänzungen gemacht, um den Text auf den heutigen Stand zu bringen.

Die letzte, *16. Auflage* von 1959 führt den Bericht über die Weltpilgerfahrt der Fàtimamutter zu Ende. —

Gleich am Beginn der Lektüre dieses Buches möge der Leser folgendes bedenken: „Um Fàtima in seiner ganzen Größe und Bedeutung zu verstehen, muß man zwei Dinge gut unterscheiden: die Wunder und die Botschaft der Muttergottes. Die Botschaft oder das, was Unsere Liebe Frau von Fàtima empfindet, bildet den eigentlichen Zweck der Erscheinungen. Die Wunder hingegen sind nur Mittel, um die himmlische Botschaft als echt zu erweisen. Gewiß, was uns an den großen Begebenheiten von Fàtima zuerst auffällt, ist das ganz einzigartige Sonnenwunder, das unseren Glauben gehörig aufrüttelt. Die Hauptsache jedoch, das, was man festhalten, was man gewissenhaft in die Tat umsetzen und überall verbreiten will, ist die Botschaft Unserer Lieben Frau von Fàtima, ist das, was die Muttergottes von uns verlangt."

---

[2] J. Castelbranco, Maria erscheint und spricht in Fàtima, Konstanz, Kanisius-Verlag, 1949, S. 80. — Um eine theologische Sinndeutung Fàtimas bemüht sich ein neueres Werk: Virgil Marion, Eine Theologie über Fàtima. Versuch einer Sinndeutung der Sühneforderung Marias, Innsbruck, F. Rauch, 1960.

Schreiben Sr. Exzellenz des hochwürdigsten Bischofs von Leiria, Msgr. Correia da Silvia (in dessen Diözese Fàtima liegt), an den Verfasser

Hochwürdiger Herr Professor da Fonseca!

Ich beglückwünsche Ew. Hochwürden von ganzem Herzen zu dem großen Erfolg Ihres schönen Buches „Le meraviglie di Fàtima".

Doch da *soli Deo honor et gloria*, wollen wir vor allem Gott durch die heiligste Jungfrau unseren Dank darbringen. Er sei gepriesen!

Es ist wirklich staunenswert, daß unsere teure himmlische Mutter einen so armseligen und unbekannten Ort wählte, um ihre Wohltaten auszuteilen — wüstes, unwegsames, wasserloses Land — und zu ihren Vertrauten machte sie drei ungebildete und unwissende Kinder; solcher Mittel, die nach menschlichem Ermessen ganz untauglich sind, bediente sie sich, um der ganzen Welt ihre himmlische Botschaft kundzutun.

Wie sehr die Madonna von Fàtima in Portugal geliebt wird, zeigen unter anderem die unaufhörlichen Wallfahrten großer Menschenmengen, die weder durch die Schwierigkeiten des Weges noch durch jene des Krieges verhindert oder vermindert werden; und letzthin der Triumphzug des ehrwürdigen Gnadenbildes nach der Landeshauptstadt, bei dem das Volk von allen Seiten herbeiströmte, um ihm in den großen Städten wie in den ärmsten Dörfern zuzujubeln, und mehr noch der begeisterte Empfang, den man ihm in Lissabon bereitete, ein Empfang, wie er Monarchen und Triumphatoren nicht zuteil wurde.

Auch in den überseeischen Provinzen, in Afrika, Asien, Ozeanien, wird die Jungfrau von Fàtima in gleicher Weise geliebt und verehrt: überall erheben sich Kirchen, bilden sich Institutionen und Missionen, welche — von ihr gesegnet — die Seelen in immer größerer Zahl anziehen und ihrem göttlichen Sohn zuführen.

Auch in Amerika, besonders in Brasilien, Kalifornien, Argentinien, ist die Verehrung der Madonna von Fàtima sehr verbreitet.

Wahrlich, *in omnem terram exivit et in fines orbis terrae*, und noch sind wenig mehr als 25 Jahre verflossen!

Welches ist nun der Geist der Andacht zur Madonna von Fàtima?

Die heiligste Jungfrau betonte vornehmlich die Notwendigkeit des Gebetes, indem sie besonders den Rosenkranz empfahl; die Pflicht der Buße, der Lebensreform und des Abscheus vor jeder, besonders aber der unreinen Sünde, die so viele Seelen in die Hölle stürzt; in einer Vision ließ sie die Kinder einen Blick in diesen „Ort der Qual" tun, der so schrecklich ist, daß sich die unschuldigen Kleinen tief erschreckt entschlossen, alle nur erdenklichen Abtötungen und Opfer auf sich zu nehmen, um die Sünder zu bekehren und vor jener ewigen Strafe zu bewahren.

Wenn wir nach dem letzten Grund der Erscheinungen fragen, die so reich sind an Unterweisungen und Wundern — über die das Buch Ew. Hochwürden so getreu berichtet (es ist die vollständigste Schilderung, die wir bisher haben) —, so finden wir ihn in der mütterlichen Güte des Unbefleckten Herzens Mariä, der Mutter Jesu und unserer Mutter.

Ich bitte die heiligste Jungfrau, sie möge die Bemühungen Ew. Hochwürden auch weiterhin segnen, damit in dieser armen Welt, die vom Feuer des Hasses verzehrt wird, die Liebe zu unserer mildreichen Mutter und Königin verbreitet werde.

Leiría (Portugal), 21. November 1945

Ew. Hochwürden Diener in Christo

† Josè, Bischof von Leiría

I.

GESCHICHTE DER ERSCHEINUNGEN

Kartenskizze von Portugal

Muttergottesland

Es war im Jahre 1917; noch immer raste die Kriegsfurie durch Europa. Vergeblich hatte der große Friedenspapst Benedikt XV. alle natürlichen und übernatürlichen Mittel angewendet, um dem Verderben Einhalt zu gebieten. Der Weltenbrand ergriff ein Land nach dem andern, einen Kontinent nach dem andern und drohte schließlich, alle Nationen des Erdballs in seinen Flammenwirbel zu ziehen.

Vor einem Jahre war auch das kleine Portugal an die Reihe gekommen. Seither mußte es tagtäglich die Blüte seiner Jugend dahinsinken sehen, und seine bescheidenen Hilfsquellen versiegten immer mehr. Überall Tränen, Elend, Verwüstung, Tod. Da plötzlich tönte durch dieses unheilvolle Kriegsgetümmel ein Name, der wie Friedensverheißung klang; ein Ruf verbreitete sich durch das ganze Land und ließ alle aufhorchen: Nach Fàtima! Nach Fàtima!

Was war dieses Fàtima? Die besten Kenner der portugiesischen Geographie und Geschichte wußten nichts davon. Die Lieblingstochter Mohammeds, die 632 starb, hieß Fàtima, und nach ihr nannte sich die berühmte Dynastie der Fatimiden; sonst aber kannte man weder eine Stadt noch eine Person, die diesen Namen trug.

Doch heute, fünfundvierzig Jahre später, ist der Name Fàtima in aller Munde; nicht nur in Portugal, sondern in fast ganz Europa und vielen überseeischen Ländern nennt man ihn mit stets wachsender Begeisterung.

Fàtima ist ein kleines Pfarrdorf der Diözese Leirìa, 190 Kilometer nördlich von Lissabon in den Ausläufern der Serra d'Aire gelegen, fast genau im geographischen Mittelpunkt

15

Portugals. Zur Zeit der Erscheinungen hatte es 2700 Einwohner.

Es ist ein uralter Flecken mit rein arabischem Namen, wie es in jener Gegend hundert andere gibt. Die Geschichte seines Ursprungs verliert sich im Dunkel; nur eine schöne Sage berichtet davon.

Es war im Jahre 1158, so erzählt die alte Chronik. Ein großer Teil Portugals — vom Tago bis hinunter zum Süden — stand noch unter dem muselmanischen Joch. Da ritt am Morgen des Johannestages eine prunkvoll gekleidete Gesellschaft junger Araber — Damen mit ihren Rittern — vom Kastell Alcàcer do Sal zum Sado-Fluß hinunter. Plötzlich fiel aus einem Hinterhalt eine Schar portugiesischer Ritter über sie her, geführt vom gefürchteten „Traga Moiros", dem „Mohrenfresser", Don Conçalo Hermingues. Schnell waren die völlig Überraschten zersprengt; viele der Araber fielen tapfer kämpfend, andere, darunter die Damen, wurden gefangengenommen und nach Santarèm geführt, wo sich Don Alfonso Henriquez, der Begründer der portugiesischen Monarchie, befand, der damals im Krieg gegen den Halbmond stand.

Der König lobte die Tapferkeit seiner Getreuen und forderte den Hauptmann auf, er möge äußern, was für eine Belohnung er wünsche.

„Die Ehre, Euch gedient zu haben, Sire", war die Antwort. „Und als Andenken an diesen Tag erbitte ich die Hand Fàtimas."

Fàtima war die vornehmste unter den gefangenen Damen, die Tochter des Vallì von Alcàcer.

„Es sei", entschied der Monarch. „Doch unter der Bedingung, daß sich das Mädchen zum Christentum bekehrt und einwilligt, Eure Gemahlin zu werden."

Fàtima gab ihre Zustimmung. Sie wurde im Christentum unterrichtet und empfing in der Taufe den Namen Oureana.

16

Die Hochzeit wurde gefeiert, und der König gab Don Gonçalo bei diesem Anlaß das Städtchen Abdegas zu eigen, das seit jenem Tage Oureana hieß; heute trägt es den Namen Ourèm.

In ständigen Kämpfen gegen die Sarazenen flogen die Jahre dahin. Oureana starb in der Blüte ihrer Jugend. Untröstlich über diesen Verlust, verließ Don Gonçalo die Welt und trat in die Abtei des heiligen Bernhard zu Alcobaça ein, die der König kurz vorher hatte erbauen lassen; sie liegt 30 Kilometer von Ourèm entfernt.

Einige Jahre später ließ der Abt des Klosters die sterbliche Hülle Oureanas in ein kleines Dorf übertragen, das sechs Kilometer von Ourèm entfernt ist, wo er der Madonna zu Ehren eine Kapelle und ein kleines Kloster errichtet hatte. Seitdem trug das Dörfchen den Namen Fàtima.

So die Sage.

Das Kloster bestand bis zum Ende des 15. Jahrhunderts, und das Kirchlein existiert bis auf den heutigen Tag. Von Fàtima weiß die Geschichte nichts mehr zu berichten, wohl aber spielten sich in jener Gegend im 12. Jahrhundert eine Reihe blutiger Waffengänge ab, in denen die Ritter Portugals die Kreuzesfahne gegen den Islam ruhmvoll verteidigten.

Im Jahre 1385 schlug dort am Vigiltag von Mariä Himmelfahrt König Johannes I. und der selige Don Nuno Alvares Pereira, ein portugiesischer Nationalheld, das starke Heer, mit dem der König von Kastilien in Portugal eingefallen war. Die Portugiesen hatten dem mächtigen Feinde nur eine Handvoll Leute entgegenzustellen, doch sie kämpften heldenmütig im Vertrauen auf den Schutz der seligsten Jungfrau. Maria verlieh ihnen einen glänzenden Sieg: nun war die Unabhängigkeit Portugals sichergestellt und der Grund zu seiner künftigen Entwicklung gelegt. Zum Andenken an diese wunderbare Hilfe ließ König Johannes eine prachtvolle Kirche erbauen, die er „Unserer Lieben Frau vom Siege" weihte. Das Kloster, das zu diesem Heiligtum gehört, „Schlacht" genannt, ist ein wahres Juwel gotischer Baukunst; es wurde den Dominikanern anvertraut. Die Patres sahen ihre besondere Aufgabe darin, die Bevölkerung der Gegend zur eifrigen Pflege des Rosenkranzgebetes zu ermuntern. Sie fanden empfängliche Herzen; die Rosenkranzandacht schlug hier so tiefe Wurzeln, daß sie sich bis auf unsere Tage erhielt; nicht nur in den Familien wird sie treu geübt, sondern sogar schon von den Kindern. Eine schöne Vorbereitung auf die Gnaden, mit denen Maria dieses Land in so reichem Maße überschütten wollte.

Wenn wir uns jetzt den Wundern zuwenden, die Maria in jenem entlegenen Winkel Europas gewirkt hat, so wollen wir ihnen nicht nur das natürliche Interesse entgegenbringen wie anderen geschichtlichen Ereignissen, sondern wir wollen uns mit kindlichem Sinn an der Güte und Herrlichkeit unserer himmlischen Mutter freuen.

Die erste Erscheinung

Sonntag, den 13. Mai 1917

Am 13. Mai 1917 (Sonntag vor Christi Himmelfahrt) weideten drei Hirtenkinder von Aljustrel, einem kleinen Weiler in der Nähe von Fàtima, auf einer Anhöhe vor dem Dorfe ihre Herden. Alle Tage kamen sie hieher: die zehnjährige Lucia von Jesus und ihre Geschwisterkinder Francisco und Jacinta, die neun und sieben Jahre zählten. Die Kinder waren so einfältig wie die Lämmchen, die sie hüteten; keines von ihnen konnte lesen; doch sie beteten andächtig den Rosenkranz und lernten mit Eifer ihren Katechismus. Lucia war die einzige, die schon die Erstkommunion empfangen hatte.

An jenem Tage hatten sie die Schafe der beiden Familien zu einer einzigen Herde vereint, wie sie es oft taten, und sie in die „Cova da Iria [1]" auf die Weide geführt. Lucias Eltern hatten dort seit drei Generationen einen Besitz, der mit Steineichen und Oliven bepflanzt war. Unter fröhlichem Spiel verging die Zeit. Schon nahte der Mittag. Das war für sie die Stunde, in der sie tagtäglich der Gottesmutter ihren Gruß darbrachten. Die Kinder knieten nieder und beteten andächtig den Rosenkranz. Dann nahmen sie ihr Lieblingsspiel wieder auf: sie erbauten aus den Steinen, die sie am Abhang fanden, ein Häuschen. War es eine Vorahnung, eine unbewußt symbolische Handlung? Genau an jenem Platz erhebt sich heute die Basilika.

Über dem Spiel vergaßen sie jedoch nie ihre Herde; achtsam behielten sie die Tiere im Auge. Doch da — was war das?

---

[1] *Cova da Iria* bedeutet Mulde der Iria (oder Irene); sie ist ein natürliches Amphitheater von ungefähr 500 Metern im Durchmesser, etwa 3 km von Fàtima entfernt.

Ein Blitz bei hellem Sonnenschein! Erschrocken schauten sie zum Himmel auf; nicht ein Wölkchen war zu sehen!

„Ob sich wohl hinter den Bergen ein Gewitter zusammenzieht? — Es wird wohl besser sein, wir gehen nach Hause", meinte Lucia.

Damit waren die beiden Gespielen gern einverstanden, denn der grelle Blitz hatte ihnen Angst eingejagt. Eilig trieben sie die Schafe dem Dorfe zu.

Doch sie waren erst auf der halben Höhe des Hügels angelangt, gerade bei der großen Steineiche, die heute noch steht, als ein neuer Blitzstrahl sie blendete, noch mächtiger als der erste . . .

Angstvoll beschleunigten sie den Schritt, aber kaum hatten sie den Fuß der Anhöhe erreicht, als sie wie angewurzelt stehenblieben, stumm vor Staunen. Wenige Schritte vor ihnen schwebte über einer kleinen Steineiche [2] in einem Lichtglanz, der heller leuchtete als die Sonne, eine wunderschöne Frau. Mit einer liebevollen Gebärde beruhigte sie die Kinder:

„Habt keine Angst, ich tue euch nichts zuleide."

Unbeweglich verharrten die Kinder, sie verzückt betrachtend. Die wunderbare Frau schien 15 bis 18 Jahre alt zu sein. Sie hatte schwarze Augen. Ihr Kleid war weiß wie Schnee; es war am Halse mit einer goldenen Schnur geschlossen und reichte bis zu den Füßen, welche die Blätter der Steineiche kaum berührten. Ein weißer, goldumsäumter Mantel umhüllte den Kopf und die ganze Gestalt. Von den Händen, die sie vor der Brust gefaltet hielt, hing ein Rosenkranz aus weißen Perlen mit einem silbernen Kreuzlein herab. Heller Licht-

---

[2] Das Bäumchen hatte zur Zeit der ersten Erscheinung eine Höhe von ungefähr einem Meter. Es wurde jedoch von den Andächtigen allmählich seiner Blätter und Zweige beraubt, die schließlich nicht nur die Äste abschnitten, sondern auch den Stamm verkürzten, bis nichts mehr davon übrig blieb.

schein umstrahlte das Antlitz [3]; doch die reinen, unendlich zarten Züge schienen von Traurigkeit überschattet.

Die Dame blickte auf die Kinder. Lucias frommes Herz ahnte, daß es die Muttergottes sei, aber sie wagte nicht, es zu glauben. Dann macht sie sich Mut, und ganz gegen ihre sonstige Gewohnheit fragte sie die Erscheinung:

„Woher seid Ihr?"

„*Ich komme vom Himmel!*" Und die Dame zeigte mit der Hand auf das blaue Firmament.

„Und was wollt Ihr von uns?"

„*Ich bin gekommen, euch zu bitten, daß ihr sechsmal nach-*

---

[3] Wenn man später Lucia nach dem Antlitz der Erscheinung fragte, konnte sie es nur immer wieder mit dem einen Wort beschreiben: „Licht! Licht! Licht!"
Zwanzig Jahre später schreibt sie an den Bischof von Leiria über ein Bild Unserer Lieben Frau von Fàtima, das sie durchaus nicht befriedigte, folgende Bemerkung:
„Wenn ich malen könnte, würde ich Unsere Liebe Frau mit einem möglichst einfachen weißen Kleid darstellen und einem Mantel, der vom Kopf bis zum Saum des Kleides reicht. Da ich aber das Licht und die Schönheit, mit der sie geschmückt war, niemals wiedergeben könnte, würde ich allen Schmuck weglassen, außer einem zarten Goldrand rings um den Mantel. Dieser Saum glänzte dann auf dem lichten Hintergrund, als ob er ein Sonnenstrahl wäre, der stärker leuchtet als alles übrige. Dieser Vergleich ist weit entfernt von der Wirklichkeit, aber ich weiß es nicht besser zu erklären. Um wieviel weniger würde es mir möglich sein, Unsere Liebe Frau in Farben darzustellen, wenn es mir nicht einmal möglich ist, ihre alles überbietende Schönheit in Worte zu kleiden." Brief der Lucia vom 5. Dezember 1937. – Und Lucia fügt ergänzend hinzu: „Man sah weder eine Binde noch einen Gürtel, nur eine leichte Falte am Kleid deutete die Taille an; ein Rollkragen schloß das Kleid am Hals ab. Der Überwurf verdeckte die Haare, ließ aber die Stirn frei; er fiel leicht, senkrecht ohne Falten und Wellen herab und berührte wie das Kleid die Füße. Die Hände hielt sie gefaltet vor der Brust, so daß sie über sie die Seher und das Volk schaute; der Kopf war aufrecht, die ganze Gestalt bot den Eindruck der Freude, des paradiesischen Friedens dar. Die leichte Neigung, die die Bildhauer der Statue zu geben pflegen, ist eine künstlerische Freiheit, entspricht aber nicht der Wirklichkeit."

einander zur gleichen Stunde wie heute, am dreizehnten jeden Monates hieher kommt bis Oktober. Im Oktober werde ich euch sagen, wer ich bin und was ich von euch will! Ich werde dann noch ein siebtes Mal kommen [4]."

„Und Ihr kommt vom Himmel? — Werde ich auch in den Himmel kommen?"

„Ja, du wirst dorthin kommen!"

„Und Jacinta?"

„Sie auch!"

„Und Francisco?" Die Erscheinung blickte den Knaben [5] mit einem Ausdruck der Güte und mütterlichen Mitleids an: „Ja, auch er ... aber er muß viele Rosenkränze beten [6]."

Das, was Lucia am meisten fesselt, ist der Gedanke an den Himmel, von dem die Dame Neuigkeiten bringt und den sie Lucia verheißen hat. Lucia fragt darum sofort nach dem Schicksal zweier jüngst verstorbener Mädchen aus Aljustrel, die zu ihrer Mutter gekommen waren, um Nähen und Weben

---

[4] Damit war die Erscheinung gemeint, die Lucia am 10. Dezember 1925 zuteil geworden war (siehe Seite 191 f.).

[5] In der italienischen Ausgabe von 1959 wird gesagt, daß alle drei Kinder die Erscheinung sahen, Francesco aber hatte nur die Worte der Lucia gehört, nicht aber jene der Erscheinung. Darum ist die ganze Schilderung, die in der deutschen Ausgabe (S. 22) gegeben ist, ausgelassen. Lucia erklärte dem Kanonikus Barthas gegenüber: „Francesco sah Unsere Liebe Frau vom ersten Augenblick an ..." (Brief vom 24. Februar 1947).

[6] Der Verfasser meint — mit Berufung auf Lucia —, der Ausdruck „viele Rosenkränze" scheine eine Erklärung der Jacinta zu sein auf die Frage des Francesco, der wissen wollte, was die Erscheinung über ihn gesagt; nach dem Zusammenhang ging es darum, ob auch er in den Himmel kommen werde; der Sinn der Antwort Marias war sicher der, er müsse die Gnadenmittel, besonders das Gebet, anwenden. Der Satz: „Die Erscheinung blickte den Knaben mit einem Ausdruck von Güte und mütterlichem Mitleid an", sei darum sehr wahrscheinlich unrichtig. Zugleich vermerkt der Verfasser hier, daß im Portugiesischen unter dem Ausdruck „Rosenkranz" der dritte Teil des Psalters zu verstehen ist.

zu lernen. Die eine war ungefähr 16, die andere etwa 20 Jahre alt. Die Erscheinung antwortete, die eine sei im Himmel, die andere jedoch noch im Fegefeuer und werde noch lange dort bleiben müssen „bis zum Ende der Welt [7]". — Bei der Antwort fing Lucia zu weinen an.

Von diesen Tagen an war in der Haltung der Kleinen für die Eltern viel Rätselhaftes, aber auch für die ungezählten Neugierigen, die sie fragen wollten. Nicht bloß das große Geheimnis, das ihnen die Dame bald offenbaren wird, werden sie eifersüchtig bewahren und es um keinen Preis der Welt verraten; schon jetzt sträubten sie sich, zu irgendeinem Menschen etwas zu sagen von dem Versprechen, das die Dame ihnen bei dieser ersten Erscheinung gegeben hat. Lucia hat die Sache erst vor wenigen Jahren in ihren „Erinnerungen", die sie im Auftrag des hochwürdigsten Bischofs von Leiria geschrieben hat, aufgehellt.

Dieses ergänzende „Geheimnis", das sie so treu bei sich behalten und das wir jetzt teilweise kennen, beleuchtet in ergreifender Weise die kleinsten Einzelheiten des Lebens der drei kleinen Seher von Fàtima und gibt ihnen eine unerwartete Deutung.

Lucia fragte:

„Könnt Ihr mir sagen, ob der Krieg noch lange dauern oder bald zu Ende sein wird?"

„Das kann ich dir noch nicht sagen, ebensowenig wie ich dir jetzt schon sagen kann, was ich wünsche [8]." (Welches der

---

[7] Der Verfasser sagt in der Anmerkung: Das Mädchen hatte eine ähnliche Versuchung wie die heilige Maria Goretti zu bestehen, hatte aber nicht die Kraft der Heiligen. Bald darauf starb sie und hatte kaum noch die Zeit, in Eile zu beichten.

[8] Diese Worte sind nur einmal in einem Bericht verzeichnet, und zwar in dem vom allerersten Verhör, dem der Pfarrer von Fàtima Lucia unterwarf; wir lesen es sonst in keinem anderen Bericht, der von der Erscheinung handelt.

Zweck meiner Besuche ist.) Diese Worte sind von ausschlag-
gebender Bedeutung, um den tieferen Sinn der Erscheinungen
verstehen zu können. Dieser äußert sich von Anfang in dem
Bestreben der heiligsten Jungfrau, den Seelen die Bekehrung
zu erlangen und das Ende der gegenwärtigen großen Prüfungen der Menschheit herbeizuführen.

*„Wollt ihr euch Gott schenken, bereit, jedes Opfer zu brin-
gen und jedes Leiden anzunehmen, das er euch schicken wird,
als Sühne für die vielen Sünden, durch die die göttliche Majestät beleidigt wird, um die Bekehrung der Sünder, von denen
so viele auf die Hölle zueilen, zu erlangen und als Genugtuung für die Flüche und alle übrigen Beleidigungen, die dem
unbefleckten Herzen Mariens zugefügt werden?"*

„Ja, das wollen wir", antwortete Lucia im Namen aller drei
mit Begeisterung.

Eine Geste mütterlicher Liebe ließ die Kinder erkennen, wie
sehr sich die Erscheinung über diese Großmut der unschuldigen Herzen freute; dann kündete sie ihnen an, daß sie bald
viel zu leiden haben würden, doch die Gnade Gottes werde
sie stets stärken und trösten.

Bei den letzten Worten öffnete die Erscheinung ihre gefalteten Hände [9] und ließ ein geheimnisvolles Licht über die
kleinen Seher ausstrahlen, ein Licht, so mild und zugleich so
intensiv, „daß es bis ins Herz drang, bis ins Innerste der
Seele", wie Lucia sagte. „In diesem Licht sahen wir uns selbst
in Gott, klarer, als man sich im hellsten Spiegel sieht . . ."

Da warfen sich die Kinder auf die Knie nieder und riefen:

---

[9] Die heilige Jungfrau zeigte sich immer mit gefalteten Händen
und verblieb in dieser Haltung bis zum Schluß. Viermal öffnete sie die
Hände: in den ersten drei Erscheinungen, um über die Kinder eine
Lichtflut auszustrahlen, und in der letzten, wo der Lichtstrahl sich über
die Sonne zu ergießen schien.

„O heiligste Dreifaltigkeit, ich bete dich an! Mein Gott! Ich liebe dich . . ."

Die Lichtgestalt empfahl dann den Kleinen, alle Tage andächtig den Rosenkranz zu beten, wie sie es eben getan hatten, um der Welt den Frieden zu erbitten [10].

Nach diesem Wort entfernte sich die Dame und entschwebte gegen Osten, „ohne die Füße zu bewegen." Die Erscheinung entschwand im Sonnenlicht; Lucia erzählte in ihrer naiven Ausdrucksweise, sie sei „ganz gerade" gegangen, bis sie im Sonnenlicht verschwand. Da erwachten die Kinder aus der Ekstase.

Wieder zu sich gekommen, schauten sich die drei gegenseitig erstaunt an und wußten nicht, was sie sagen sollten.

Alles ringsum war noch wie vorher. Die Sonne brannte wie Feuer. Die einsame Gegend ist nach wie vor ruhig.

Und die Herde? Was haben wohl die Schafe unterdessen angestellt?

Die Kinder liefen schnell zum Nachbarfeld, in das die Tiere eingedrungen waren, um sie herauszutreiben und nachzusehen; aber glücklicherweise „sah man keine abgefressenen Erbsen", wie Lucia in ihrer Einfalt erklärte. Wie haben da die Kinder erleichtert aufgeatmet!

Der Besitzer selbst hatte die Tiere wieder gesammelt und an ihren Weideplatz zurückgetrieben; befreit von dieser Sorge, zufrieden und glücklich konnten sie endlich ihre Eindrücke besprechen und eines dem andern sein Erlebnis schildern. Da stellte sich heraus, daß dies bei jedem der drei verschieden gewesen. Gesprochen hat die Dame nur mit Lucia. Jacinta hat

---

[10] In den früheren Auflagen waren die Fragen Lucias und die Antworten Marias in anderer Reihenfolge angeführt. Inzwischen wurde klar, daß die Aufforderung, Opfer zu bringen, erst an die Antwort über das Ende des Krieges anschließen muß.

die Fragen und Antworten gehört. Francisco hingegen hat nur Lucias Stimme gehört, doch bemerkt, daß auch die Dame gesprochen hat, weil er sah, daß sie die Lippen bewegte. Ist dieser Umstand nicht ein Beweis für die Wahrhaftigkeit der kleinen Seher? Wenn sie nur unter sich ausgemacht hätten, eine Erscheinung vorzutäuschen, wäre diesen einfachen Kindern dann eingefallen, eine solche Verschiedenheit, eine solche Abstufung in den Mitteilungen der Dame an jedes einzelne von ihnen zu ersinnen und daran festzuhalten? Die Unterredung hatte ungefähr zehn Minuten gedauert, „fast so lange Zeit, als man zu einem Rosenkranz braucht".

Was würden wohl die Eltern zu der Sache sagen? Am Ende gab es noch Schelte! Oh, es war sicher das beste, über das Geschehnis zu schweigen. So beschlossen alle drei, niemandem davon zu erzählen.

Zum Spielen war ihnen alle Lust vergangen. Sie fühlten sich glücklich wie nie zuvor, hatten doch ihre Seelen zum ersten Male Himmelsfreuden genossen. Ganz überwältigt von dem Erlebnis, versanken sie in Schweigen; in ihrem Innern verkosteten sie noch einmal die seligen Minuten der Vision.

Jacinta war es, die schließlich den Bann brach; sie hüpfte wie ein junges Lämmchen und rief immer wieder:

„Oh, wie schön war doch die Dame! Wie schön!"

„Ich wette, daß du es bald ausplauderst", befürchtete Lucia.

„Nein, nein, du brauchst keine Angst zu haben, ich sage nichts."

Gegen Sonnenuntergang kamen die Kinder mit ihren Herden nach Aljustrel zurück. Bevor sich Lucia von den Gefährten trennte, schärfte sie ihnen noch einmal ein, ja nichts zu verraten.

„Nein, nein; wir werden schweigen", versprachen beide.

Jacinta plaudert

Daheim jedoch fühlte sich Jacinta wie auf glühenden Kohlen. Sie war gewohnt, der Mutter alles zu erzählen, was tagsüber vorgefallen war. Und heute, wo es etwas so Großes, Außerordentliches gegeben hatte, sollte sie nicht ihr Herz ausschütten? „Ich hielt es einfach nicht mehr aus, zu schweigen", gestand sie später. Sie lief zur Mutter, schlang die Arme um ihren Hals und rief: „Mama, heute habe ich in der Cova da Iria die Muttergottes gesehen!"

„Was sagst du? Bist du verrückt geworden? Bist du vielleicht so heilig, daß dir die Muttergottes erscheint?"

Beschämt senkte Jacinta den Kopf: „Aber ich habe sie wirklich gesehen, Mama."

Und nach einer kleinen Weile:

„Mama, jetzt bete ich mit Francisco den Rosenkranz; die Muttergottes hat es uns aufgetragen."

Als das Gebet beendet war, kam das Mädchen zur Mutter zurück:

„Wir müssen alle Tage den Rosenkranz beten, Mama; das will die Madonna."

Während des Abendessens fragte die Mutter in Gegenwart der ganzen Familie, was eigentlich geschehen sei. Und Jacinta schilderte alles haargenau. Francisco war zurückhaltender; er begnügte sich damit, zu bestätigen, was die Schwester sagte.

Am nächsten Tag ging Frau Olimpia Marto zu Frau Santos, der Mutter Lucias, um zu hören, was diese daheim berichtet hatte. Aber Lucia hatte nichts verraten; der Mutter war auch nicht das mindeste an dem Mädchen aufgefallen. Erst auf ihr Befragen erzählte sie aufrichtig, was sie gesehen hatte. Es stimmte völlig mit dem überein, was Frau Marto schon von ihren Kindern wußte. Lucia tat es sehr leid, daß die Geschwisterkinder nicht geschwiegen hatten; sie hätte das Geheimnis niemals ausgeplaudert!

Frau Santos schwieg für den Augenblick, aber je mehr sie über die Sache nachdachte, desto mehr kam sie zur Überzeugung, daß kein wahres Wort an dem Ganzen sein könne.

Unterdessen verbreitete sich die Nachricht von dem Vorgefallenen blitzschnell — Frau Olimpia Marto hatte die Sache den Nachbarn mitgeteilt —, und schon am nächsten Tage wußte nicht nur ganz Aljustrel davon, sondern ganz Fàtima. Wie zu erwarten war, glaubte den Kindern kein Mensch. Die meisten spotteten, schimpften sie Betrüger und übten scharfe Kritik an den Eltern, die nicht imstande seien, ihre Kinder im Zaum zu halten.

Frau Santos hielt es nicht mehr aus; sie ging zum Pfarrer, um ihm ihr Leid zu klagen.

„Gerade mich muß ein solches Unglück treffen!"

„Was für ein Unglück?"

„Nun, Lucia macht uns doch zum Gespött des ganzen Dorfes."

„Aber wenn es wahr wäre, was sie erzählt, dann wäre es doch eine große Gnade für Euch, und alle würden Euch beneiden."

„Wenn es wahr wäre — aber das kann ja nicht wahr sein! Wenn Lucia anfängt zu lügen ... es ist das erstemal, daß sie lügt, aber ich werde sie lehren, die Wahrheit zu sagen!"

Nach Hause zurückgekehrt, bekam das arme Kind seine Lektion — und nicht nur Worte ...

Nach einer in Ärger und Unruhe verbrachten Nacht war Lucias Mutter entschlossen, dem Gerede der Nachbarn und den eigenen Zweifeln ein Ende zu machen.

„Lucia", rief sie, „du stehst jetzt sofort auf und gehst zu den Nachbarn; dort gestehst du, daß du uns alle belogen hast, verstanden?"

28

Aber die Mutter konnte befehlen und schmeicheln, drohen und schlagen: sie erreichte bei dem sonst so folgsamen Mädchen nichts als ein ehrfurchtsvolles Schweigen; und wenn die Mutter sie zur Antwort drängte, beteuerte sie nur:

„Ich habe nicht gelogen; ich habe die Muttergottes wirklich gesehen."

Frau Santos sah ein, daß für den Augenblick nichts zu machen war und schickte darum das Kind mit den Schafen auf die Weide; sie befahl ihr jedoch, den ganzen Tag darüber nachzudenken, was sie angestellt habe.

„Noch nie habe ich meinen Kindern eine Lüge durchgehen lassen", schloß sie erzürnt, „und einen solchen Betrug kann ich schon gar nicht verzeihen. Heute abend gehst du zu allen, die du belogen hast, um dein Unrecht zu gestehen und sie um Verzeihung zu bitten."

Traurig trieb Lucia ihre Herde auf den Berg. Die Geschwisterkinder erwarteten sie schon. Als sie das tränenüberströmte Gesicht erblickten, riefen sie:

„Was hast du? Was hat es gegeben?"

„Die Mutter will mich zwingen, zu sagen, ich hätte gelogen; aber wie kann ich das sagen?"

„Siehst du, das ist deine Schuld", wendete sich Francisco an sein Schwesterchen; „warum konntest du nicht den Mund halten?"

Jacinta brach in Tränen aus, sie kniete vor Lucia nieder und bat mit gefalteten Händen:

„Verzeih mir! Es war unrecht von mir! Aber ich verspreche, daß ich jetzt niemandem mehr etwas sagen werde."

Als Lucia am Abend nach Hause zurückkehrte, begann die Mutter von neuem mit ihrem Schelten und Drohen.

„Wenn du deine Lüge nicht eingestehst, werde ich dich in ein dunkles Loch sperren, wo du keinen Sonnenstrahl mehr siehst."

Und Lucias Schwestern standen ganz auf der Seite der Mutter.

Herr Marto hingegen beteuert heute, daß er nicht lange gebraucht habe, um den Berichten der Kinder vollen Glauben zu schenken.

„Diese Kinder — und lügen? O Gott!! Francisco — und erst Jacinta! — Nein, das scheint unmöglich!"

Herr Santos stand den Berichten der Kinder gleichgültig gegenüber.

Wie gern hätte die arme Kleine gehorcht und die Mutter versöhnt; aber konnte sie die heiligste Jungfrau verleugnen? So blieb ihr nichts übrig, als dem lieben Gott ihr Leid aufzuopfern, wie die Erscheinung sie es gelehrt hatte. Niemand kümmerte sich um sie. In einem einsamen Winkel ließ sie ihren Tränen freien Lauf.

Aber trotz aller Leiden waren die Kinder fest entschlossen, am verabredeten Tage ihrem Versprechen gemäß in der Cova da Iria die hohe Frau zu erwarten.

Die zweite Erscheinung

Mittwoch, den 13. Juni 1917

So kam der 12. Juni heran, der Vorabend des St.-Antonius-Tages, der in ganz Portugal festlich begangen wird, ganz besonders aber in Fàtima, da der Heilige der Kirchenpatron der Gemeinde ist.

Gegen Abend schmiegte sich Jacinta an die Mutter und schmeichelte:

„Mama, geh morgen nicht zum Antoniusfest! Komm lieber mit uns zur Cova da Iria, damit du auch die Madonna siehst."

„Was fällt dir ein! Du wirst nicht hingehen. Es hätte auch keinen Zweck, denn die Madonna wird dir bestimmt nicht erscheinen."

„Doch, Mama, ganz sicher. Die Madonna hat gesagt, daß sie kommen wird, und so wird sie auch kommen."

„Also, du willst nicht zum Antoniusfest gehen?"

„Der heilige Antonius ist nicht schön . . ."

„So. Ja, warum denn?"

„Oh, die Muttergottes ist viel, viel schöner! Ich gehe mit Lucia und Francisco zur Cova da Iria. Wenn uns dann die Dame sagt, wir sollen zum heiligen Antonius gehen, dann werden wir gehen."

Am nächsten Tag verließ das Ehepaar Marto in alle Frühe schon das Haus, um zum Jahrmarkt von Pedreiras (Porto de Mòs) zu gehen. Die Bitten der Kinder beachteten sie nicht. Sie wollten wohl zeigen, daß sie nicht viel von den Erzählungen hielten; doch ließen sie ihnen volle Freiheit, zur Cova da Iria zu gehen. Frau Santos wollte ihre Tochter beobachten, wagte das aber nicht selbst zu tun — sie wollte die Schande nicht miterleben ob des entdeckten Betruges —, sondern beauftragte damit die größeren Kinder.

Gegen 11 Uhr pilgerten die drei Kleinen zu dem Orte, an den die Himmelskönigin sie bestellt hatte. Doch sie gingen nicht allein, eine Gruppe von etwa 50 Personen folgte ihnen, Neugierige, die sehen wollten, was an der Geschichte sei, die schon so viel Staub aufgewirbelt hatte.

Eine von ihnen erzählte später: „Zur festgesetzten Stunde kamen die Kinder bei der Cova da Iria an. Unter der großen Steineiche knieten sie nieder (die Steineiche, die zirka fünfzig Schritte vom Ort der Erscheinung entfernt ist) und beteten den glorreichen Rosenkranz. Als sie ihn beendet hatten, erhob sich Lucia, richtete Umhang und Kopftuch zurecht, als ob sie in die Kirche gehen wollte, und wendete den Blick nach Osten, von wo sie die Erscheinung erwartete. Die Umstehenden fragten, ob man wohl werde lange warten müssen. ‚O nein‘, antwortete das Mädchen. Die beiden anderen Kinder meinten, es wäre noch Zeit, einen zweiten Rosenkranz zu beten; doch Lucia sagte: ‚Es hat doch schon geblitzt. Jetzt kommt die Dame.‘ Und eilends lief sie zu der kleinen Steineiche; die Gefährten folgten ihr.

Ich habe alles gehört, was Lucia mit der Erscheinung gesprochen hat, aber ich habe weder etwas gesehen noch eine Antwort gehört. Nur etwas Außerordentliches bemerkte ich. Es war Juni. Die Steineiche war mit langen, jungen Blättern bedeckt. Die zarten Äste des Baumes bogen sich während der Erscheinung, als ob das Gewicht der Dame wirklich auf ihnen gelastet hätte. Nach der Vision erklärte Lucia, die Dame sei gegen Osten verschwunden. Und alle Äste und Blätter der Steineiche waren nach Osten gerichtet, als ob sie vom Mantelsaum der Dame gestreift worden wären."

Botschaft vom Himmel

Die Unterredung dauerte ungefähr zehn Minuten.

Lucia faltete die Hände wie zum Gebet, und man hörte sie sprechen: „Señora hat mich gebeten, hierher zu kommen; sie möge mir sagen, was sie wünscht [11]."

„Dann", so erzählte Frau Carreira — und die Tatsache wird noch durch andere Zeugen bestätigt — „hörten wir eine ganz zarte Stimme; die Worte aber konnten wir nicht verstehen; es war wie das Summen einer Biene."

Lucia, Jacinta und Francisco hingegen sahen die schöne Dame in ihrem Lichtglanz, und die beiden Mädchen hörten sie antworten:

„Ich will, daß ihr am 13. des nächsten Monats hierher kommt, daß ihr fortfahret, täglich den Rosenkranz zu beten und daß ihr lesen lernt [12]. Dann will ich euch sagen, was ich noch weiter wünsche."

Lucia bat für einen Kranken, den man in ihr Gebet empfohlen hatte.

„Wenn er sich bekehrt, wird er im Laufe des Jahres genesen."

Dann vertraute sie den drei Kindern ein Geheimnis an, oder besser: „ein erstes Geheimnis". Francisco, der die Worte der Erscheinung ebensowenig gehört hatte wie das erstemal, erfuhr „sein Geheimnis" durch Lucia.

Um was handelte es sich? Sosehr man auch die Kinder drängte und auszuforschen suchte, sie verrieten es nie. Sie sagten nur, es betreffe ihr persönliches Wohl, „aber nicht, daß sie in dieser Welt reich oder glücklich würden".

---

[11] Im Portugiesischen spricht man mit einem Gegenüber immer in der dritten Person. Wir halten uns in der Übertragung der übrigen Worte Lucias nicht daran.

[12] Portugiesischer Ausdruck, welcher der deutschen Formel „in die Schule gehen" entspricht.

Man vermutete, daß die heiligste Jungfrau den drei Sehern ihr künftiges Schicksal enthüllte, nicht ihr ewiges Los, denn schon bei der ersten Erscheinung hatte sie ihnen ja die ewige Seligkeit versprochen; aber vielleicht, so meinte man, hatte die Muttergottes Lucia eingeladen, die Welt zu verlassen und Klosterfrau zu werden; das wäre auch eine verständliche Erklärung für die Aufforderung, lesen zu lernen. Den zwei Kleinen hatte sie vielleicht ihren baldigen Tod angekündigt, denn die Kinder sprachen immer mit großer Bestimmtheit davon.

Das erste Geheimnis wird enthüllt

Heute wissen wir, daß die Vermutungen nicht den Kern der Sache trafen, sondern nur ihre Nebenumstände. Wir besitzen eine authentische Abschrift des Dokumentes, das Lucia im Gehorsam gegen ihren Seelenführer niedergeschrieben hat.

In diesem erzählt sie, daß sie sich am 17. Dezember 1917 an Jesus im Tabernakel mit der Frage wandte, wie sie den Auftrag ihres Seelenführers ausführen könne, schriftlich über einige Gnaden zu berichten, die sie von Gott empfangen hatte, da sich unter ihnen auch das Geheimnis der heiligsten Jungfrau befand.

Und Jesus ließ sie klar und deutlich die Worte vernehmen: *,,Schreibe, meine Tochter, schreibe nur alles, was man dir befiehlt. Schreibe auch das nieder, was dir die allerseligste Jungfrau zur Zeit der Erscheinungen enthüllt hat, als sie von dieser Andacht* (zum Unbefleckten Herzen Mariens) *sprach; doch über das, was den Rest des Geheimnisses betrifft, bewahre weiterhin Schweigen."*

Das letzte Dokument, das die Seherin im Auftrag des hochwürdigsten Bischofs von Leiria (8. Dezember 1941 [13]) schrieb,

---

[13] Siehe Vorwort Seite 7.

ermöglicht es uns, das Zwiegespräch während der zweiten Erscheinung wiederzugeben:

„Ich möchte Euch bitten, uns alle drei ins Paradies mitzunehmen!"

„Ja, ich werde bald kommen, um Francisco und Jacinta zu holen; du jedoch mußt länger hier unten bleiben. Jesus will sich deiner bedienen, damit die Menschen mich kennen- und lieben lernen. Er will die Verehrung meines Unbefleckten Herzens in der Welt begründen; wer sie übt, dem verspreche ich das Heil; diese Seelen werden von Gott bevorzugt werden wie Blumen, die ich vor seinen Thron bringe."

„So muß ich allein hier unten bleiben?" fragte Lucia betrübt.

Ohne Zweifel standen vor ihrem Geiste die Verfolgungen, die sie seit drei Wochen zu erdulden hatte.

„Nein, mein Töchterlein. Leidest du sehr? . . . Verliere nicht den Mut! Ich werde dich nie verlassen. Mein Unbeflecktes Herz wird deine Zuflucht sein und der Weg, der dich zu Gott führt."

Während die Madonna die letzten Worte sprach, öffnete sie wie bei der ersten Erscheinung die Hände, und von den Händen strahlte eine Lichtflut über sie aus, in der sie sich selbst in Gott sahen. Es schien, als ob Francisco und Jacinta in dem Strahlenbündel stünden, das zum Himmel aufstieg, wohin sie bald gehen sollten, Lucia hingegen in jenem, das sich zur Erde ergoß. Vor der rechten Hand der Erscheinung sah man ein Herz, rings von Dornen umgeben, die von allen Seiten einstachen. Sie erkannten, daß es das Unbefleckte Herz Mariens war, welches durch die vielen Sünden der Welt verwundet wird und nach Sühne und Wiedergutmachung verlangt.

Lucia berichtet: „Mir scheint, an diesem Tag bezweckte jenes Licht, unseren Seelen Kenntnis vom Unbefleckten Herzen Mariens zu geben und uns besondere Liebe zu ihm einzuflößen, während es die beiden anderen Male, wie ich glaube, uns Kenntnis von Gott und Liebe zu ihm und zum Geheimnis der heiligsten Dreifaltigkeit geben sollte. Von jenem Tage an haben wir tatsächlich eine inbrünstige Liebe zum Unbefleckten Herzen Mariens empfunden."

Und sie schloß: „Das meinten wir, als wir sagten, die Muttergottes habe uns im Juni ein Geheimnis enthüllt. Sie befahl uns damals nicht zu schweigen, aber wir fühlten, daß der Herr es von uns wollte."

Als sich die Erscheinung zu entfernen begann, hörte man einen Laut, als ob in der Ferne eine Rakete platzte, oder wie andere sich im Prozeß ausdrückten, einen unterirdischen Donner, der von der Steineiche herkam, und man sah, wie sich ein weißes Wölkchen in den Himmelsraum erhob. Die Seher folgten mit sehnsüchtigen Blicken der heiligsten Jungfrau, wie sie auf der Lichtbahn höherschwebte; ihr Glanz schien den Himmel zu öffnen. Lucia schrie:

„Wenn ihr sie sehen wollt, da ist sie . . . da . . ."

Und sie wies mit dem Finger genau auf das Wölkchen, das die Umstehenden sahen. Als dieses verschwand, rief sie:

„Jetzt ist's vorbei. Der Himmel ist geschlossen!"

Nun kehrten alle nach Fàtima zurück, wo sie gerade beim Ende des Gottesdienstes anlangten. Unterwegs empfahl Lucia den Leuten, sie möchten alle Tage in der Familie den Rosenkranz beten, weil das die Madonna so wolle.

Die dritte Erscheinung

Freitag, den 13. Juli 1917

Weil zum Antoniusfest viele Leute nach Fàtima gekommen waren, drang diesmal die Kunde von den überirdischen
Erscheinungen über die Grenzen des Dorfes hinaus und wurde
in der ganzen Umgebung bekannt. In Fàtima waren sie zum
Hauptgesprächsstoff geworden. Ein paar Leute, die die kleinen
Seher näher kannten und nicht an ihrer Redlichkeit zweifeln
konnten, glaubten an die Wirklichkeit der Erscheinungen. Die
meisten jedoch zeigten sich skeptisch oder ablehnend. Unter
diesen befand sich auch der Klerus und besonders der hochwürdige Pfarrer von Fàtima (1914 bis 1919), Herr Emma-
nuele Marques Ferreira. Dieser ergriff zwar alle Maßnahmen,
um genau die Entwicklung der Ereignisse zu verfolgen, aber
er verhehlte nicht, daß seiner Überzeugung nach nichts Wahres an der Sache sei.

Und wenn es der Teufel wäre?

Die Eltern der kleinen Seher wurden unterdessen immer be-
sorgter. Herr Marto war zwar von der Aufrichtigkeit seiner
Kinder überzeugt, doch er fragte sich, ob die Kleinen nicht
vielleicht das Opfer einer Täuschung geworden seien.

Eines Tages sagte die Mutter zu ihnen: „Gebt acht, einmal
werde ich auch die Geduld verlieren, wenn ihr noch länger
die Leute zum Narren haltet. Euretwegen läuft alle Welt zur
Cova da Iria!"

Doch die Kinder verteidigten sich:

„Wir zwingen niemanden, dorthin zu gehen; wer gehen
will, geht, wer nicht gehen will, geht nicht. Aber wer nicht

glauben will, hat die Strafe Gottes zu erwarten. Dich wird der liebe Gott auch strafen, Mama, wenn du nicht glaubst."

Da schwieg die Frau, und das Unwetter war für diesmal abgewendet.

Doch Lucias Mutter war nicht so leicht zu entwaffnen. Sie war nun überzeugt, daß ihre Tochter eine Lügnerin sei, die alle Welt betrüge; darum schalt und schlug sie das Mädchen bei jeder Gelegenheit. Endlich sah sich sogar der Pfarrer veranlaßt, der erzürnten Frau Mäßigung zu empfehlen.

Eines Tages erhielt Frau Santos die Aufforderung, mit ihrer Tochter ins Pfarrhaus zu kommen. Lucia schreibt darüber: „Meine Mutter fühlte sich erleichtert, denn sie hoffte, der Herr Prior wolle nun selbst die Verantwortung für die Ereignisse übernehmen. Sie sagte zu mir: ‚Morgen früh gehen wir zur Messe und nachher gehst du zum Herrn Prior. Er soll dich strafen, soll mit dir machen, was er will. Wenn er dich nur zwingt, zu gestehen, daß du gelogen hast, dann bin ich's zufrieden.'

Meine Schwestern gaben der Mutter recht und hörten nicht auf, mir zu drohen und angst zu machen vor dem, was mich beim Pfarrer erwarten sollte ... Ich erzählte Jacinta und Francisco davon, und sie sagten: ‚Wir gehen auch zu ihm; der Herr Prior hat der Mutter sagen lassen, sie solle uns zu ihm bringen, aber sie hat uns nichts davon gesagt, daß er uns strafen wolle. Was tut's, wenn man uns schlägt! Wir werden es aus Liebe zu Gott und für die Sünder gern ertragen.' "

„Am nächsten Tag", fährt Lucia fort, „ging ich mit der Mutter zum Pfarrer; unterwegs sprach sie kein Wort mit mir. Während der Messe opferte ich dem lieben Gott meinen Kummer auf ... Als wir dann die Stiege zum Pfarrhaus hinaufgingen, sagte die Mutter zu mir: ‚Jetzt höre aber auf, mich zu quälen. Sag dem Herrn Prior, daß du gelogen hast, damit er am nächsten Sonntag die Leute aufklären kann; so wird die Sache endlich einmal begraben. Es ist ja unerhört, wenn alle zur Cova da Iria laufen, um dort vor einer Steineiche zu beten!' Und schon klopfte sie an die Tür.

Ganz im Gegensatz zu dem, was mir Mutter und Schwestern vorausgesagt hatten, empfing mich der Pfarrer freundlich und fragte mich ganz ruhig über das Vorgefallene. Dann schloß er:

‚Es scheint mir nicht, daß diese Sache vom Himmel kommt. Wenn sich Gott den Seelen mitteilt, befiehlt er ihnen gewöhnlich, alles dem Beichtvater oder dem Pfarrer zu offenbaren; dieses Mädchen hingegen hüllt sich in Stillschweigen. Es wäre möglich, daß sie vom Teufel betrogen wird. Nun, die Zukunft wird zeigen, was daran ist.' "

„Gott allein weiß, wieviel Leid mir diese Worte brachten", bekennt Lucia.

„Ich begann zu grübeln, ob diese Offenbarungen vielleicht vom Teufel kämen, der mich verderben wollte. Ich sagte meinen Geschwisterkindern von meinen Zweifeln; doch Jacinta antwortete:

‚Nein, das ist nicht der Teufel. Das ist er nicht. Der Teufel ist doch häßlich und ist unter der Erde, in der Hölle. Und die Dame war so schön, und wir haben sie ja in den Himmel aufsteigen sehen!'

Der Herr bediente sich dieser Worte, um meine Zweifel zu zerstreuen."

Doch im Laufe des Monats, in dem sie von der Verständnislosigkeit ihrer Angehörigen so viel zu leiden hatte, erwachte aufs neue die Angst in dem Mädchen, und sie beschloß, nicht mehr zur Cova da Iria zu gehen. Sie verlor jede Lust zu Opfer und Abtötung; ja sie fragte sich, ob es nicht besser wäre zu erklären, daß sie gelogen habe; so würde sie wenigstens endlich wieder in Ruhe gelassen. Doch die Geschwisterkinder redeten es ihr aus:

„Das darfst du nicht tun! Siehst du nicht ein, daß dies eine Lüge wäre — und die Lüge ist eine Sünde!"

In dieser schrecklichen Lage vermehrte noch ein Traum die Verwirrung ihrer Seele. „Ich habe den Teufel gesehen; der stimmte ein Hohngelächter an, weil er mich betrogen habe, und wollte mich in die Hölle schleppen. Schon hatte er mich mit seinen Klauen gepackt, da schrie ich zur Madonna um Hilfe, so laut, daß meine Mutter erwachte und besorgt fragte, was ich habe. Ich erinnere mich nicht, was ich ihr antwortete; doch ich weiß noch sehr gut, daß ich die ganze Nacht nicht mehr schlafen konnte, weil ich vor Entsetzen wie gelähmt war."

Dieses Entsetzen beherrschte sie nun völlig. Das einzige, was ihr ein wenig Erleichterung gewährte, war die Einsamkeit. Oft suchte sie einen verborgenen Winkel auf, um dort ihren Tränen freien Lauf zu lassen. Selbst die Gesellschaft der Geschwisterkinder wurde ihr zur Last. Oft versteckte sie sich vor ihnen und antwortete nicht auf ihr Rufen.

Am Abend des 12. Juli hatte sich schon eine große Menge Leute im Ort eingefunden, die am nächsten Tage „das Wunder" sehen wollten. Da sagte Lucia zu ihren Gefährten, daß sie morgen nicht mit ihnen zur Cova da Iria gehen werde.

„Wir gehen" — antworteten die beiden Kleinen. „Die Dame hat es uns befohlen . . ."

„Schließlich werde ich halt mit ihr sprechen", meinte Jacinta und brach in Tränen aus.

„Warum weinst du?"

„Weil du nicht mit uns gehen willst."

„Nein, ich gehe nicht. Und wenn die Dame nach mir fragen sollte, so sagt ihr nur, ich sei nicht gekommen, weil ich Angst habe, daß es der Teufel ist."

Und sie lief davon, um sich zu verstecken; denn viele Leute wollten sie sehen.

Als aber am nächsten Tage die Stunde herankam, wo sie hätten aufbrechen sollen, fühlte sie sich plötzlich von einer übermenschlichen Macht gedrängt, doch hinzugehen; sie konnte unmöglich widerstehen. So suchte sie die Gefährten auf. Sie fand die beiden Kleinen in ihrem Kämmerchen auf den Knien liegend, weinend und betend.

„Was, ihr seid nicht gegangen? Es ist doch schon Zeit!"

„Ohne dich haben wir keinen Mut zu gehen."

„Ich komme ja mit euch . . ."

So begaben sich denn die drei Kinder auf den Weg. Bei der Cova da Iria waren schon so viele Leute versammelt, daß sie nur mit Mühe zur Steineiche gelangen konnten. An jenem 13. Juli sollen mehr als 2000 Personen, nach anderen Aussagen etwa 4000 oder 5000, dort gewesen sein. Auch Vater Marto war mitgegangen; ja er weilte während der Erscheinung an der Seite seiner Jacinta. Er ist stolz darauf, daß er jetzt sagen kann, er sei einer der ersten Verehrer Unserer Lieben Frau von Fàtima gewesen. Die beiden Mütter suchten sich in der Menge zu verbergen und doch zu sehen, was vorgeht.

Neue Zwiesprache mit dem Himmel

Wie bei den vorhergehenden Visionen, war es auch an jenem 13. Juli genau Mittag [14], als sich die Erscheinung zeigte. Doch diesmal stand Lucia zu sehr unter dem Eindruck der Leiden, die sie im letzten Monat erduldet hatte, als daß sie es über sich gebracht hätte, die himmlische Besucherin anzusprechen. Schweigend blickte sie zu ihr auf.

Das war jedoch nicht nach Jacintas Sinn:

---

[14] Die Erscheinungen fanden nach damaliger portugiesischer Zeit um halb zwei Uhr nachmittags statt; das entsprach der genauen astronomischen Mittagszeit.

„Aber Lucia, so sprich doch!" flüsterte sie der Gefährtin zu. „Siehst du nicht, daß die Dame schon hier ist und mit dir sprechen will?"

Da raffte sich Lucia auf: „Was wollt Ihr von mir?"

Wiederum bat die Dame, *sie möchten am 13. des nächsten Monats hierherkommen und täglich den Rosenkranz zu Ehren der Madonna beten, um den Frieden der Welt und das baldige Ende des Krieges zu erlangen,* denn, so versicherte sie, *nur die Madonna könne ihnen zu Hilfe kommen.*

Lucia bat die Dame, „ihren Namen zu nennen und ein Wunder zu wirken, damit alle an die Erscheinungen glauben".

Diese Bitte enthüllt uns den Seelenzustand der kleinen Seher und mehr noch den des Volkes. Ein Wunder würde allem Widerspruch ein Ende machen und damit auch ihren Leiden. Arme Kinder! Der Sturm hatte sich ja erst erhoben, und sie hatten das Kreuz, das ihrer wartete, noch kaum erblickt.

Es war ähnlich wie in Lourdes, wo Bernadette die heiligste Jungfrau bat, sie möge den Rosenstrauch zu ihren Füßen erblühen lassen; doch Maria antwortete nur mit einem Lächeln.

Auf Lucias Bitte erwiderte die Erscheinung, sie sollten nur alle Monate hieherkommen: *im Oktober werde sie sagen, wer sie sei, und auch ein großes Wunder wirken, damit alle glauben.*

Lucia hatte noch viel zu bitten: ob die Dame nicht einen armen Krüppel heilen, eine Familie in Fàtima bekehren, einen Kranken von Atouguia recht bald in den Himmel holen wolle.

Doch die Antwort lautete, *sie werde den Krüppel nicht heilen und ihn auch nicht von seiner Armut befreien; er solle lieber täglich mit der ganzen Familie den Rosenkranz beten* [15].

---

[15] Der Krüppel ist Joâo, der Sohn des verstorbenen Manuel Carreira und dessen Gattin Maria do Rosario Carreira. Sie wurde allgemein „Die Sakristanin der Madonna" genannt; sie starb am 21. März 1949

Der Kranke habe gar keine Eile und sie wisse besser, wann es gut für ihn sei, ihn zu holen; die anderen sollten die erbetenen Gnaden im nächsten Jahr erhalten, doch sie müßten den Rosenkranz beten.

Demütig bekennt Lucia: „Weil mein Eifer ganz erkaltet war, schärfte sie uns von neuem ein: *‚Opfert euch für die Sünder und sagt oft, besonders aber, wenn ihr ein Opfer bringt: O Jesus, aus Liebe zu dir und für die Bekehrung der Sünder, als Genugtuung für die Beleidigungen, die dem Unbefleckten Herzen Mariens zugefügt werden.‘* "

Plötzlich hörten die Umstehenden, wie Lucia einen Schmerzensruf ausstieß: tiefe Traurigkeit überschattete ihre Züge. Endlich fragte sie:

„Wollt Ihr nichts mehr von mir?"

„Nein, ich will nichts mehr."

„Ich auch nicht."

Lucia erzählte, nach dieser Vision sei alles Dunkel aus ihrer Seele gewichen, und sie genoß wieder vollen Herzensfrieden.

Als die Erscheinung verschwunden war und die Seher aus der Ekstase erwachten, eilten die Leute zu ihnen und überschütteten sie mit Fragen. Da Herr Marto Angst hatte, man könnte die kleine Jacinta erdrücken, nahm er sie auf den Arm und trug sie, sich mühsam einen Weg durch die Menge bahnend, nach Hause.

Lucia bemühte sich unterdessen, die Neugierde der Leute zu befriedigen, so gut sie es vermochte.

„Warum bist du so traurig geworden?"

„Das ist ein Geheimnis."

„Etwas Gutes oder etwas Schlimmes?"

„Es ist zum Heile von uns dreien."

---

eines heiligmäßigen Todes. Mutter und Sohn haben beim Heiligtum von Fàtima Beschäftigung gefunden, wo der Sohn ein bescheidenes, aber glückliches Leben führt.

„Und für das Volk?"

„Für manche ist es gut, für manche schlimm."

Tatsächlich hatte die Muttergottes bei dieser Erscheinung den Kindern ein Geheimnis anvertraut und ihnen ausdrücklich verboten, es weiterzusagen. Die Kleinen ahnten nicht, welch große Prüfungen nun über sie kommen sollten; doch die göttliche Vorsehung hatte ihre Absichten dabei.

Das zweite Geheimnis

25 Jahre später glaubten die zuständigen kirchlichen Behörden den Augenblick gekommen, um zum Heil der Seelen das Geheimnis zu enthüllen, wenigstens einen Großteil desselben, und so sind auch wir in der Lage, Mitteilung davon zu machen.

Das Folgende schrieb Lucia „in reinem Gehorsam und mit Erlaubnis des Himmels" nieder:

„Das Geheimnis bestand in drei verschiedenen Dingen, die aber eng miteinander zusammenhingen; zwei davon werde ich jetzt darlegen, das dritte muß für den Augenblick noch verborgen bleiben."

a) Das erste war die Höllenvision:

„Als die Muttergottes die letzten Worte *(„opfert euch für die Sünder")* aussprach, von denen ich berichtet habe, öffnete sie die Hände, wie sie es schon in den beiden vergangenen Monaten getan hatte. Das Strahlenbündel, das von dort ausging, schien in die Erde einzudringen, und wir sahen etwas wie ein großes Feuermeer, und in ihm versunken schwarze, verbrannte Wesen, Teufel und Seelen in Menschengestalt, die fast wie durchsichtige, glühende Kohlen aussahen. Sie wurden innerhalb der Flammen in die Höhe geschleudert und fielen von allen Seiten herab wie Funken bei einer großen Feuersbrunst, gewichtlos und doch nicht schwebend; dabei stießen sie so entsetzliche Klagelaute, Schmerzens- und Verzweiflungsschreie aus, daß wir vor Grauen und Schrecken zitterten. (Es wird wohl bei diesem Anblick gewesen sein, daß ich den Schmerzensruf ausstieß, von dem die Leute erzählten.) Die Teufel hatten die schreckliche und widerliche Gestalt unbekannter Tiere, waren jedoch durchsichtig wie glühende Kohle.

Dieses Gesicht dauerte einen Augenblick; und wir müssen unserer gütigen himmlischen Mutter danken, daß sie uns vorher den Himmel versprochen hatte; ich glaube, sonst wären wir vor Schrecken und Entsetzen gestorben."

b) Das zweite betraf die Verehrung des Unbefleckten Herzens Mariä. Die Seherin fährt fort:

„Gleichsam um ihre Hilfe zu erbitten, blickten wir zur Madonna auf; da sagte sie voll Güte und Traurigkeit:

Ihr habt die Hölle gesehen, auf welche die armen Sünder zugehen. Um sie zu retten, will der Herr die Andacht zu meinem Unbefleckten Herzen in der Welt einführen. Wenn man das tut, was ich euch sage, werden viele Seelen gerettet und der Friede wird kommen. Der Krieg [16] geht seinem Ende entgegen; aber wenn man nicht aufhört, den Herrn zu beleidigen, wird nicht lange Zeit vergehen, bis ein neuer, noch schlimmerer, beginnt [17]; es wird das während des Pontifikates Pius' XI. geschehen [18]. Wenn ihr dann eines Nachts ein

---

[16] Der erste Weltkrieg 1914 bis 1918.

[17] Es ist interessant, zu vernehmen, daß Jacinta stets den künftigen Krieg vor Augen zu haben schien; im Januar-Februar 1920 sagte sie oft: „Wenn sich die Menschen nicht bessern, wird der Herr die Welt strafen wie noch nie; zuerst Spanien"; und sie sprach von „großen Weltereignissen, die gegen das Jahr 1940 eintreten würden." (So berichtet uns die Oberin des Waisenhauses, die Jacinta in ihrer Todeskrankheit aufnahm, in Briefen vom 19. und 30. November 1937.)

[18] Es handelt sich hier offenbar um den Bürgerkrieg in Spanien, der in gewisser Hinsicht ein internationaler Krieg und Vorspiel des Weltkrieges war. Der Name Pius XI. findet sich, wie wir glauben, in

45

unbekanntes Licht sehen werdet [19], so wisset, es ist das Zeichen von Gott, daß die Bestrafung der Welt für ihre vielen Verbrechen nahe ist: Krieg, Hungersnot und Verfolgungen der Kirche und des Heiligen Vaters.

Um das zu verhindern, will ich bitten, Rußland meinem Unbefleckten Herzen zu weihen und die Sühnekommunion am ersten Samstag des Monats einzuführen.

Wenn man meine Bitten erfüllt, wird Rußland sich bekehren und es wird Friede sein. Wenn nicht, so wird es (Rußland) seine Irrtümer in der Welt verbreiten, Kriege und Verfolgungen der Kirche hervorrufen; die Guten werden gemartert werden, der Heilige Vater wird viel zu leiden haben; mehrere Nationen werden vernichtet werden ... Am Ende wird mein Unbeflecktes Herz triumphieren, der Heilige Vater wird mir Rußland, das sich bekehren wird, weihen und der Welt wird einige Zeit des Friedens geschenkt werden.

Portugal wird der wahre Glaube immer erhalten bleiben [20].

Dieses dürft ihr niemandem sagen; nur Francisco dürft ihr es sagen [21]!"

Lucias Heft. Der Verfasser ist der Auffassung, daß hier von den Kriegsvorbereitungen Hitlers die Rede sei; weiter bemerkt er, daß Lucia der Überzeugung sei, die Erscheinung habe ausdrücklich den Namen des Papstes (Pius XI.) genannt.

[19] Lucia glaubte in dem außerordentlichen Nordlicht, das in der Nacht vom 25. zum 26. Januar 1938 in ganz Europa zu beobachten war, das „Zeichen Gottes" zu erkennen. Sie war davon überzeugt, daß nun ein neuer Weltkrieg, der furchtbar sein würde, nahe bevorstand, und tat ihr möglichstes, um die Durchführung dessen zu erreichen, was die Muttergottes gewünscht hatte. Jedoch bald wurde offenbar, daß die Stunde der göttlichen Vorsehung, die Stunde der Barmherzigkeit, noch nicht gekommen war. Gebe der Himmel, daß sie bald komme! Uns aber obliegt es, alles zu tun, was in unserer Macht steht, um ihr Kommen zu beschleunigen.

[20] Dieser Satz ist aus späteren Aussagen (6. Februar 1939 und 18. August 1940) Lucias hier eingefügt.

[21] Siehe den Text in dem Buch von P. J. Castelbranco, Maria er-

c) Nach den Worten: „*mehrere Nationen werden vernichtet werden*" hat Maria den *dritten Teil des Geheimnisses verkündet* [22].

Etwas später fügte die Gottesmutter hinzu:

„*Wenn ihr den Rosenkranz betet, sagt am Ende jedes Gesetzleins: ‚O mein Jesus, verzeih uns unsere Sünden; bewahre uns vor dem Feuer der Hölle; führe alle Seelen in den Himmel, und hilf denen, die es am nötigsten haben.'* "

Das Stoßgebetlein, das die Kinder bei der Vision lernten, ist in zwei etwas abweichenden Formen verbreitet worden: „O mein Jesus, verzeihe uns unsere Sünden, bewahre uns vor dem Feuer der Hölle und erlöse die Armen Seelen aus dem Fegefeuer, besonders die verlassensten." Die Seher, die dieses Gebet im Zusammenhang mit der Höllenvision gehört hatten, sagten jedoch, der Schluß solle der Bekehrung der Sünder gelten: „den Seelen, die sich in der größten Gefahr befinden oder die der Verdammung am nächsten sind" (Lucia).

Die andere Form ist die jetzt allgemein gebrauchte, die auch in die früheren Auflagen aufgenommen war; auf Erkundigungen hin wurde mitgeteilt: Das Gebetlein, das klar aus drei Teilen besteht (verzeihe *uns;* führe alle *(armen)* Seelen . . .; hilf denen, die es *am meisten bedürfen* — das heißt, jenen, die in schwerer Sünde oder in der Gefahr zur schweren

---

scheint und spricht in Fàtima (Kanisius-Verlag, Konstanz, 1949), Seite 68 f.; der portugiesische Text findet sich ebenda S. 69, Anm. I.

[22] Sr. Lucia hat diesen dritten Teil des Geheimnisses aufgeschrieben und versiegelt dem Bischof von Leirìa übergeben, der es aufbewahrt bis zu dem Zeitpunkt, an dem die Eröffnung erfolgen darf. Außer Lucia weiß kein Sterblicher um das Geheimnis, nicht der Bischof von Leirìa, nicht der Heilige Vater. Lucia hat überdies mitgeteilt, daß das Geheimnis *nicht vor 1960* veröffentlicht werden soll. Als sie gefragt wurde, warum das Geheimnis nicht vor 1960 veröffentlicht werden dürfe, antwortete sie schlicht und einfach: „*Weil die heilige Jungfrau nicht will!*"

Sünde sind), lautet nach Aussagen der Lucia in seinem Schlußteil anders, als es verbreitet wird; statt „besonders denen, die deiner Barmherzigkeit am meisten bedürfen", muß es lauten wie oben.

Wir haben fast wörtlich die Aussagen der Seher wiedergegeben, um den Großteil des Geheimnisses zu enthüllen, jenen Teil, der durch die Ereignisse bereits bestätigt scheint [23].

Die Schrecken des spanischen Bürgerkrieges (1936—1938) und die größeren des zweiten Weltkrieges machen es überflüssig, die Tragweite dieses Geheimnisses zu erläutern; wir ermessen sie, wenn wir das Zeitgeschehen betrachten. Der wesentliche Punkt der Enthüllung besteht jedoch nicht in der Vorhersage des Krieges; sie hat nicht die Befriedigung unserer Neugierde zum Ziel, sondern das Heil der Seelen. Sie will uns die ernste Wahrheit vor Augen stellen, daß zeitliches Unglück häufig eine Offenbarung der göttlichen Gerechtigkeit ist, die durch die Bosheit der Menschen hervorgerufen wird, und eine eindringliche Aufforderung zu Reue und Buße, damit nicht diese irdischen Leiden zum furchtbaren Vorspiel der ewigen werden. Sie will uns auch auf die Notwendigkeit und die Wirksamkeit der Fürbitte Mariens hinweisen; nur durch sie werden wir das Erbarmen Gottes für uns, für die heilige Kirche und für alle Seelen erlangen.

Wir ersehen hieraus auch die Bedeutung und den innigen Zusammenhang der beiden Hauptelemente des Geheimnisses: Höllenvision und Verehrung des Unbefleckten Herzens Mariä.

An jenem 13. Juli 1917 hatte keiner der Umstehenden etwas von der himmlischen Erscheinung gesehen oder gehört, noch weniger konnte man ahnen, was für Geheimnisse enthüllt wurden. Doch alle beobachteten, daß sich ein weißes

---

[23] Im Jahre 1946 wurde Lucia in dieser Hinsicht betreffs einiger wichtiger Punkte befragt, und sie machte neuerliche Aussagen. Siehe Kapitel „Schwester Maria vom Unbefleckten Herzen", S. 186.

Wölkchen über den Ort der Erscheinung senkte und daß das Sonnenlicht auffallend gedämpft war. Die Temperatur war gesunken; ein leichter, frischer Wind benahm der übergroßen Hitze die Schwüle. Auch ein leises Geräusch wurde vernommen. Nach Beendigung der Vision waren diese Phänomene verschwunden [24].

---

[24] In der 16. Auflage fügt P. Fonseca diesem Kapitel eine „nota critica" bei, in der er sich mit den verschiedenen Einwänden, die gegen das zweite Geheimnis vorgebracht wurden, eingehend beschäftigt und diese Einwände durch Bezugnahme auf erste Quellen widerlegt. Daselbst findet sich auch der Brief des Bischofs von Leirìa Giuseppe Correia da Silvia an Papst Pius XI. (1937) und der Brief, den Lucia am 2. Dezember 1940 an Pius XII. geschrieben hat (S. 39—48).

Die vierte Erscheinung

Sonntag, den 19. August 1917

Die Haltung der Presse

Die kirchliche Obrigkeit enthielt sich noch immer jeder Stellungnahme. Auch die katholische Presse beobachtete größte Zurückhaltung; ja sie ging sogar so weit, die Gläubigen zu warnen, sie möchten auf der Hut sein, um nicht Täuschungen des Fürsten der Finsternis oder übelwollender Sektierer zu erliegen.

Anders verhielt sich die glaubensfeindliche Presse. Die Geschehnisse des 13. Juli lieferten ihr neues Material, um den Kampf gegen die Kirche zu intensivieren. Man schrieb von epileptischen Anfällen der Seher, obwohl diese sich der besten Gesundheit erfreuten; von Suggestion, von geschickten klerikalen Machinationen, durch die das Volk gegen die republikanischen Einrichtungen aufgehetzt werden solle; man brachte die wunderlichsten Hypothesen vor, um zu beweisen, daß übernatürliche Erscheinungen ein Ding der Unmöglichkeit seien. Eine Zeitung schrieb, in der Serra d'Aire habe man kürzlich eine Mineralquelle entdeckt, und um ihren Wert zu erhöhen, habe der schlaue Besitzer diese ganze Komödie inszeniert; kurz und gut, es handle sich um eine finanzielle Spekulation, die darauf ausgehe, aus der Cova da Iria eine Fabrik von Wundern und . . . Moneten zu machen, nach dem Muster von Lourdes [25].

Doch die Artikel der liberalen Presse zeitigten ein günstiges Ergebnis: Fàtima wurde dadurch in ganz Portugal bekannt.

---

[25] So hieß es im „O Sèculo", einem vielgelesenen portugiesischen Blatt, am 23. Juli 1917.

So war es nicht zu verwundern, daß am 13. August eine riesige Menschenmenge zur Cova da Iria strömte.

„Aus allen Richtungen" — so heißt es in einem Privatbrief, der von einem Augenzeugen geschrieben wurde — „eilten die Menschen herbei. Ein Fahrzeug rollte hinter dem anderen, Fahrzeuge jeder Gattung und jeder Qualität. Die Leute kamen zu Fuß, zu Pferd, mit dem Fahrrad. Es war wirklich interessant, die endlose Reihe der Wagen, Fuhrwerke, Autos und Fahrräder zu sehen."

Gegen Mittag hatten sich schon mehrere tausend Personen am Orte der Erscheinungen eingefunden; die Zeitungen schrieben von 15.000 bis 20.000. Der Großteil waren jedoch nicht Neugierige, sondern Fromme, die sich mit gefalteten Händen um die Steineiche drängten und die lange Wartezeit dazu benützten, um den Rosenkranz zu beten und fromme Lieder zu singen.

Die Seher werden eingesperrt

Mittag! Die kleinen Seher kamen noch immer nicht. Unter den Wartenden griff Unruhe, Angst um sich. Endlich verbreitete sich die Nachricht, die Kinder könnten nicht kommen, weil der Bezirksvorsteher von Vila Nova de Ourèm sie habe arretieren lassen. Man kann sich den Unwillen der Leute denken! Schon beschlossen die Hitzigsten, zum Bezirksvorsteher zu gehen und Erklärungen zu verlangen, als sich plötzlich ein außerordentliches Phänomen zeigte, durch das die Gemüter abgelenkt und beruhigt wurden.

Im bereits erwähnten Briefe heißt es: „Ich hatte mich mit meinen Freunden schon auf den Heimweg begeben ... Wir wurden von einigen Männern eingeholt, die außer sich vor Freude berichteten, die Madonna sei erschienen. Ich ging sofort zur Cova da Iria zurück. Die Wege waren überfüllt mit

Leuten, die lebhaft das wunderbare Ereignis besprachen. Alle versicherten übereinstimmend, einen Donnerschlag gehört und einen Blitz gesehen zu haben; darauf habe sich um die Steineiche eine wunderschöne Wolke gebildet; nach etwa zehn Minuten hätte sich die Wolke erhoben und sei verschwunden. Mit einem Wort, alle waren befriedigt, und dieser Umstand rettete den Bezirksvorsteher aus einer ernsten Gefahr."

Diese außerordentlichen Erscheinungen, die man zum Teil schon in den beiden vorhergehenden Monaten beobachtet hatte, waren diesmal viel auffallender. So zum Beispiel der „Donner", der gleichsam das Scheiden der Himmelskönigin anzeigte. Die Zeugen erklärten im Prozeß einstimmig, zwei heftige Detonationen gehört zu haben, die so stark waren, daß viele Leute flohen, weil sie meinten, es seien Bomben oder Gewehrfeuer. Doch bald blieben sie stehen, denn sie sahen, wie mit einem Schlag die Wolken in den leuchtenden Farben des Regenbogens strahlten, so daß „die Blätter der Bäume wie Blüten aussahen". Dieser Anblick veranlaßte viele zu beten, denn sie sagten, das könne nur ein Wunder der Madonna sein.

Der hochwürdige Pfarrer von Fàtima, Don Marques Ferreira, schrieb darüber: „Die dort anwesend waren (sie werden auf mehrere Tausend geschätzt), können die außerordentlichen Phänomene, die sie beobachtet haben, bezeugen; sie fühlten sich dadurch im Glauben gestärkt. Es sind nicht mehr die Kinder, sondern die ganze Volksmenge, in der alle sozialen Klassen und Schichten vertreten sind und die, aus verschiedenen Teilen des Landes stammend, jetzt Zeugenschaft ablegen [26]."

„Die Madonna ist erschienen." — Niemand hatte sie gesehen, doch die wunderbaren Phänomene hatten bewiesen, daß die heiligste Jungfrau ihrerseits Wort gehalten hatte.

---

[26] So heißt es in einem Artikel in der Zeitung „A Ordem" vom 15. August 1917, in dem sich der Pfarrer gegen den Vorwurf verteidigte, er habe an der Verhaftung der Seher mitgewirkt.

Freilich war es nicht die Schuld der Kinder, wenn sie ihre Verabredung nicht einhielten; die Stunde der Prüfung hatte für sie geschlagen. Es ist immer so: große Gnaden Gottes gehen mit großen Kreuzen einher. Und gerade dies ist das sicherste Kennzeichen, daß es sich um das Wirken des Himmels handelt.

Es war so zugegangen: Der Bezirksvorsteher von Vila Nova de Ourèm, zu dessen Distrikt Fàtima gehört, war zu jener Zeit Arturo d'Oliveira Santos, ein erklärter Freimaurer und Kirchenfeind. So zeigte er sich als eifriger Hüter des Gesetzes, das jedwede religiöse Veranstaltung außerhalb der Kirche verbot. Er war überzeugt, daß es sich bei den Geschehnissen von Fàtima um eine Komödie handelte, die vom Klerus inszeniert war; so glaubte er die Stunde für sein Eingreifen gekommen.

Schon am Samstag, den 11. August, hatte er die Seher und ihre Eltern vorladen lassen. Lucia erzählt: „Ein paar Tage vor dem 13. August wurden ich und meine Geschwisterkinder zum Herrn Bezirksvorsteher geladen. Mein Onkel ging hin, ohne die Kinder mitzunehmen. Ich ging mit meinem Vater. Viele, sie mochten uns wohl- oder übelwollen, benützten die Gelegenheit, um uns Angst zu machen. Als ich mich von meinen Geschwisterkindern verabschiedete, umarmte ich sie, denn ich wußte nicht, ob ich sie wiedersehen würde. Da sagte Jacinta: ‚Wenn sie dich totschlagen wollen, sag ihnen, daß Francisco und ich zu dir gehören und daß wir auch sterben wollen. Wir gehen jetzt in euern Garten und werden viel für dich beten.‘ "

Der Bezirksvorsteher erteilte Herrn Marto einen scharfen Verweis, weil er die Aufforderung nicht genau befolgt und die Kinder nicht mitgebracht hatte. Er stellte verschiedene Fragen an Lucia und drängte sie, das Geheimnis zu sagen; doch sie weigerte sich beharrlich. Nachdem er ein Protokoll abgefaßt hatte, entließ er sie mit der Drohung, er werde seine Absicht erreichen, und wenn es auch den drei Fratzen das Leben kosten sollte.

„Als ich gegen Abend nach Hause kam", fährt Lucia fort, „lief ich gleich in den Garten und fand dort meine Gefährten auf den Knien liegend; sie hatten die Hände vors Gesicht geschlagen, lehnten die Stirn an den Brunnen und weinten bitterlich. Als sie mich erblickten, waren sie ganz überrascht:

,Ach, du bist's? . . . Deine Schwester hat Wasser im Garten geholt und uns gesagt, daß sie dich schon totgeschlagen haben. Wir haben so sehr geweint und so viel für dich gebetet!' "

Am Morgen des 13. August kam mit dem Schwarm der Pilger auch der Bezirksvorsteher nach Fàtima; er begab sich nach Aljustrel zum Hause Marto, das eines der ersten des Weilers ist. Er traf nur Frau Olimpia von Jesus zu Hause an, die über den unerwarteten Besuch nicht wenig erschrak. Doch bald kam Herr Marto, den man von der Anwesenheit des Beamten verständigt hatte, vom Felde heim.

„Wissen Sie, warum ich heute zu Ihnen gekommen bin?" begrüßte ihn der Bezirksvorsteher. „Ich will in die Cova da Iria gehen, um das Wunder zu sehen. Ich bin wie der heilige Thomas: ich muß sehen, um zu glauben."

„Daran tun Sie sehr gut, Herr Bezirksvorsteher!"

Der Beamte ließ nun die Kinder rufen und stellte ein mehr oder weniger fingiertes Verhör über das Geheimnis mit ihnen an; dann lud er sie ein, seinen Wagen zu besteigen, weil er sie — wie er sagte — in die Cova da Iria bringen wollte.

Doch den Kindern war seine Gesellschaft nicht sehr angenehm und so sagten sie, in die Cova da Iria könnten sie zu Fuß gehen; auch sei es noch zu früh. (Es war gegen zehn Uhr.)

Als der Bezirksvorsteher sah, daß er so nicht sein Ziel erreichte, verlangte er, sie möchten ins Pfarrhaus kommen, wo er sie verhören wolle.

In Begleitung der Eltern gingen die Kinder dorthin. Auf einem Balkon, der auf den Kirchplatz hinausgeht, unterhielt sich der Bezirksvorsteher auf das freundlichste mit ihnen. Dann ersuchte er den Pfarrer, die Kleinen in seiner Gegenwart einzuvernehmen.

Der Pfarrer wandte sich an Lucia:

„Weißt du, daß man in die Hölle kommt, wenn man eine Lüge sagt, die so viel Schaden anrichtet wie die, welche du verbreitest?"

Schlagfertig entgegnete das Mädchen:

„Wenn die in die Hölle kommen, die lügen, dann komme ich nicht hinein; denn ich lüge nicht und sage nur, was ich von jener Dame gesehen und gehört habe. Und wenn die Leute in die Cova da Iria gehen, so ist es, weil sie hingehen wollen; ich habe niemanden gerufen."

„Die Dame hat dir ein Geheimnis gesagt?"

„Ja, sie hat mir eines gesagt; aber ich sage es nicht."

Und als der Pfarrer in sie drängte, meint Lucia:

„Hören Sie, wenn Sie wollen, gehe ich in die Cova da Iria und frage die Dame; wenn sie mir erlaubt, das Geheimnis zu sagen, sage ich es."

„Das sind übernatürliche Dinge", schloß der Bezirksvorsteher. „Gehen wir."

Und er forderte die Kinder auf, in seinem Wagen Platz zu nehmen. Da diese sich nicht vom Platz rührten, rief ihnen Herr Marto zu: „So geht doch schon!" Der ehrliche Mann hatte nicht den geringsten Argwohn, der Bezirksvorsteher könne Böses im Schilde führen.

Die Kinder gehorchten, und der Wagen fuhr ab; doch nach wenigen Metern wendete er und schlug die Richtung gegen Vila Nova de Ourèm ein. Eiligst machten die Kleinen den Bezirksvorsteher darauf aufmerksam, doch der entgegnete liebenswürdig: „Ich weiß schon, aber wir gehen zuerst zum

Pfarrer von Ourèm; der will euch sehen und mit euch sprechen; dann lasse ich euch im Auto zur Cova bringen, damit ihr nicht zu spät kommt."

Diese Versicherung beruhigte die arglosen Kinder und die Aussicht auf eine Autofahrt schien ihnen recht verlockend. In Ourèm angekommen, wollten sie sofort zum Pfarrer gehen, doch man sagte ihnen, sie müßten vorher essen... Unterdessen verging die Stunde der Erscheinung zum größten Leidwesen der Kleinen und zur vollsten Befriedigung des Bezirksvorstehers, der für diesmal sein Ziel erreicht hatte.

Verhöre und Drohungen

Als die Kinder nach Hause gehen wollten, verlangte der Bezirksvorsteher von neuem, sie möchten das Geheimnis verraten, das ihnen die Dame angeblich anvertraut hatte. Als sich alle drei beharrlich weigerten, erklärte er sie für verhaftet und ließ sie in ein Zimmer einsperren, „aus dem sie nicht herauskommen würden, bevor sie nicht gehorcht hätten [27]".

Dort blieben sie bis zum nächsten Tage eingesperrt. Am frühen Morgen kam eine alte Frau zu ihnen und bemühte sich, ihnen mit List das Geheimnis zu entlocken, doch vergebens. So wurden sie aufs Bezirksamt geführt und einem regelrechten Verhör unterworfen. Man tat alles mögliche, um sie zum Sprechen zu bewegen; doch die verfänglichsten Fragen, die schrecklichsten Drohungen blieben ebenso wirkungslos wie der Anblick einiger Gegenstände aus Gold; so eine Uhr, zwei oder drei Kettchen und einige Goldstücke, mit de-

[27] Die Kinder waren zuerst in der auf den Hof hinaus gelegenen Veranda des Hauses des Bezirksvorstehers, wo sie mit seinen Kindern spielen durften. In dieser Veranda sah Lucia den Antonio, den ältesten Sohn der Olimpia Marto; er war hierher gekommen, um etwas von den Geschwistern zu erfahren.

nen man sie verlocken wollte. Die Kinder erzählten aufrichtig, was ihnen begegnet war, doch das Geheimnis dürften sie nicht enthüllen, weil ihnen die Madonna befohlen habe, es niemandem zu sagen.

Gegen Mittag wurden sie wieder in das Haus des Bezirksvorstehers geführt; dessen Frau, D. Adelina dos Santos, hatte Mitleid mit den kleinen Duldern und reichte ihnen eine Erfrischung. Doch am Nachmittag begann die Marter von neuem. Man sperrte sie in das öffentliche Gefängnis ein und sagte ihnen, man werde sie bei lebendigem Leibe verbrennen. Zuvor fand noch ein zweites Verhör statt; jetzt folgten den Versprechungen bereits Drohungen: „Wenn ihr nicht gehorchen wollt, rufen wir einen Polizisten und lassen euch töten", sagte einer der Anwesenden. „Das wird nicht notwendig sein", bemerkte der Vorsteher, „sie werden alles sagen ..."

Die Gefangenen nahmen die Kinder freundlich auf. Doch Jacinta sonderte sich von den andern ab und weinte. Lucia wollte sie trösten:

„Jacinta, komm zu uns! Warum weinst du?"

„O nun müssen wir sterben, ohne noch einmal unsere Eltern zu umarmen. Weder die deinen noch die meinen sind gekommen, um nach uns zu sehen. Sie kümmern sich nicht mehr um uns. Ich möchte wenigstens noch einmal meine Mama sehen! ..."

„Weine nicht", sagte Francisco, „wenn wir auch die Mama nicht mehr wiedersehen, was tut's? Opfern wir es auf für die Bekehrung der Sünder. Schlimmer wäre es, wenn die Madonna nicht mehr käme; das würde mich mehr schmerzen; aber auch das opfere ich für die Sünder auf." — Und er faltete die Hände: „O mein Jesus, aus Liebe zu dir und für die Bekehrung der Sünder!"

Da faltete auch Jacinta die Händchen, erhob die Augen zum Himmel und fügte weinend hinzu:

„Und auch für den Heiligen Vater und als Genugtuung für die Beleidigungen, die dem Unbefleckten Herzen Mariens zugefügt werden!"

Die Sträflinge waren gerührt und hätten den Kleinen gern geholfen:

„Warum sagt ihr dem Herrn Bezirksvorsteher nicht das Geheimnis? Was macht es euch schon, ob es die Dame erlaubt oder nicht!"

Doch da rief Jacinta entschieden: „Das werden wir nie tun! Lieber wollen wir sterben."

Dann fiel ihnen ein, daß sie den Rosenkranz noch nicht gebetet hatten. Jacinta nahm eine Medaille, die sie am Hals trug, und reichte sie einem der Gefangenen mit der Bitte, er möge sie an dem Nagel, der dort in der Wand steckte, aufhängen. Vor diesem improvisierten Altar knieten sie nieder und begannen zu beten. Und die Sträflinge folgten ihrem Beispiel.

Einige Stunden waren vergangen. Da öffnete sich die Tür des Gefängnisses, und die Kinder wurden aufs Bezirksamt zurückgeführt, wo sie von neuem einem strengen Verhör unterworfen wurden; doch alles Schmeicheln und alles Drohen war vergeblich.

Als der Bezirksvorsteher sah, daß er so nicht zum Ziel kam, versuchte er noch ein letztes Mittel. Zornig sprang er auf und schrie: „Wenn ihr nicht im Guten gehorchen wollt, wird es im Bösen gehen!"

Und er befahl einem seiner Angestellten, „eine große Pfanne mit siedendem Öl" vorzubereiten; darin sollten die Widerspenstigen gebraten werden. Einstweilen schloß er die Kinder in ein Zimmer ein.

Welch qualvolle Augenblicke für die Kleinen! Bald öffnete sich die Tür und der Bezirksvorsteher rief Jacinta:

„Wenn du nicht antwortest, bist du die erste, die verbrannt wird. Komm mit mir!"

Das Kind, das kaum sieben Jahre zählte und eben erst nach der Mutter geweint hatte, folgte ihm trockenen Auges, fest entschlossen, dem Befehl der Madonna treu zu gehorchen. „Sie folgte ihm sofort, ohne sich von uns zu verabschieden", erzählte Lucia im Prozeß.

Noch einmal versuchte man durch Fragen, Liebkosungen und Drohungen, die Kleine umzustimmen; endlich wurde sie in ein anderes Zimmer eingesperrt.

Francisco war unterdessen ganz ruhig, ja fröhlich:

„Wenn sie uns töten, wie sie sagen, sind wir bald im Himmel; wie schön ist das! Ich mache mir nichts daraus, zu sterben . . ."

Und nach einem Augenblick des Schweigens: „Gebe Gott, daß Jacinta nicht Angst bekommt; ich will ein Ave Maria für sie beten." — Und er nahm die Mütze ab, faltete die Hände und betete.

Da öffnete sich die Tür:

„Die ist jetzt tot. Nun kommst du daran!" schrie der Bezirksvorsteher, auf Francisco weisend: „Sag mir dein Geheimnis!"

„Ich kann es niemandem sagen."

„Niemandem? Das werden wir sehen!", und er packte ihn am Arm und schleppte ihn mit sich fort.

Der Knabe zeigte nicht weniger Festigkeit als Jacinta, doch war er heiterer als das Schwesterchen. Auch an ihm glitten Liebkosungen und Drohungen wirkungslos ab, und schließlich landete er im gleichen Zimmer wie Jacinta.

Jetzt kam Lucia an die Reihe:

„Wie war dir denn zumute?" — fragte man sie später.

„Ich war überzeugt, daß er Ernst mache und daß es mit mir aus sei; aber ich hatte keine Angst und empfahl mich der Madonna."

Nun gab der Bezirksvorsteher die grausame Komödie auf,

und die Kinder waren wieder vereint, wenn auch nicht von der Angst befreit.

Am 15. August wurden sie noch einmal aufs Bezirksamt geführt und einem letzten Verhör unterworfen, das ähnlich verlief wie die vorhergehenden. Nun sah der Bezirksvorsteher ein, daß seine Mühe vergeblich war, und brachte die Kinder selbst in das Pfarrhaus von Fàtima zurück, aus dem er sie zwei Tage zuvor entführt hatte.

Man kann sich die Freude der Familien vorstellen, als sie aus dem Hochamt kamen und ihre Kleinen gesund und munter wiederfanden. Das Ehepaar Marto hatte sich schon am Tage vorher bemüht, Nachrichten über den Verbleib der Kinder zu erhalten. Lucias energische Mutter hingegen hatte sich fast gleichgültig gezeigt; als man ihr erzählte, daß ihre Tochter im Gefängnis sei, antwortete sie:

„Laßt sie nur! Sie hat es verdient."

„Ja warum denn?"

„Doch, das könnt ihr mir glauben! Wenn das, was sie erzählt, erlogen ist, hat sie jetzt ihre Strafe; wenn es wahr ist, wird die Madonna sie verteidigen."

Und die Madonna verteidigte sie wirklich.

Da die Stunde der Verabredung so traurig verlaufen war, hatten die Kleinen keine Hoffnung, die schöne Dame vor dem 13. September wiederzusehen. Doch es kam anders.

Eine unerwartete Erscheinung

Sonntag, den 19. August, hüteten Lucia und ihr Vetter Francisco mit dessen älterem Bruder Joâo die Herde in den „Valinhos [28]". Plötzlich sahen sie, wie die Atmosphäre jene Färbung annahm, die man schon in der Cova da Iria während der Erscheinungen beobachtet hatte. Sprachlos betrachteten sie

---

[28] Valinhos bedeutet: die kleinen Täler.

das Phänomen. Da sah Lucia den Blitz, der ihr bereits als Vorbote der Himmelskönigin bekannt war. Nun war das Mädchen sicher, daß die schöne Frau kommen werde, und bat Joâo, sofort Jacinta zu holen, die damals daheim geblieben war. Als die Kleine bei ihnen anlangte, konnte ihr Lucia berichten, daß sie schon den zweiten Blitz gesehen hatte und daß die Madonna nun sicher bald erscheinen werde. Und tatsächlich, einen Augenblick später zeigte sie sich über einem Baum, der dem in der Cova da Iria ähnlich war, doch viel höher.

Die Erscheinung klagte darüber, daß man die Kinder gehindert hatte, sich am festgesetzten Tage zur Cova zu begeben, und fügte hinzu, aus diesem Grunde werde das versprochene Wunder im Oktober weniger eindrucksvoll sein. Sie ermahnte die Kinder neuerdings, den Rosenkranz zu beten und in den beiden folgenden Monaten Tag und Stunde der Verabredung einzuhalten. Lucia fragte: „Was wollt Ihr von mir?" „Ich will euch sagen, daß ihr weiterhin am 13. zur Cova da Iria kommen sollt bis zum Oktober und daß ihr täglich den Rosenkranz betet." Lucia dürfte die Bitte um ein Wunder erneuert haben, weil die Erscheinung fortfuhr: „Im letzten Monat werde ich ein Wunder wirken, auf daß alle glauben. Hätte man euch nicht nach Vila Nova d'Ourèm gebracht, würde das Wunder viel eindrucksvoller sein. Als Kompensation wird auch der heilige Joseph mit dem Jesuskind kommen, um der Welt den Frieden zu geben, Unser Herr, um das Volk zu segnen, Unsere Liebe Frau als schmerzhafte Mutter ..."
Weil die frommen Pilger viele Gaben bei der Steineiche niedergelegt hatten, fragte Lucia, was man damit machen solle. Die Dame antwortete, *man solle dafür zwei Traggestelle kaufen*[29], *eines solle von Lucia, Jacinta und zwei anderen weiß*

---

[29] In der Diözese Leirìa ist es üblich, das Geld und die Naturalien, die an Festtagen von den Gläubigen gespendet werden, von Kindern auf kleinen Traggestellen auf den Kirchplatz tragen zu lassen. Dort

gekleideten Mädchen getragen werden, das andere von Francisco und drei seiner Altersgenossen; auch die Knaben sollten mit weißen Mänteln bekleidet sein. Den Rest der Opfergaben solle man zur Feier des Rosenkranzfestes und für die Errichtung einer Kapelle verwenden.

Lucia bat noch um die Heilung einiger Kranker, die man ihrem Gebet empfohlen hatte, und die Erscheinung entgegnete, *einige von ihnen würden innerhalb eines Jahres genesen.* Doch der heiligsten Jungfrau schien etwas anderes weit mehr am Herzen zu liegen; mit traurigem Blick ermahnte sie die Kinder immer wieder voll mütterlicher Sorge zu Gebet und Abtötung; dann schloß sie:

„Betet, betet viel und bringt Opfer für die Sünder. Wisset, daß viele in die Hölle kommen (auf die Hölle zueilen), weil niemand für sie opfert und betet."

Die Vision dauerte wieder zehn Minuten; dann nahm die hohe Frau Abschied von den Kindern.

Auch diesmal war die heiligste Jungfrau nur den drei Bevorzugten erschienen. Als die Mutter am Abend Joâo fragte, was er in den Valinhos gesehen habe, erzählte er aufrichtig:

„Ich habe gesehen, wie Lucia, Francisco und Jacinta bei der Steineiche niederknieten, und dann hörte ich, was Lucia sprach. Als sie sagte: ‚Jetzt geht sie fort, schau, Jacinta!' habe ich einen Donner gehört, wie wenn eine Rakete explodiert; aber

---

werden die Naturalien versteigert; der Erlös wird kirchlichen Zwecken zugeführt. — Bei Prozessionen werden in Portugal häufig die Statuen von Heiligen mitgeführt; wenn es sich um kleinere Statuen handelt, werden sie zuweilen von Kindern getragen.

Um einen dieser beiden Zwecke handelte es sich wohl bei den erwähnten Traggestellen.

C. Bartas sieht in diesem Auftrag Marias einen Hinweis auf die „Pilgermadonna", die in großartigen Prozessionen ganze Länder durchwandert (Fàtima, Merveille du XX. siècle, 1952, 98.).

gesehen habe ich nichts. Mir tun jetzt noch die Augen weh, weil ich so lange in die Luft geschaut habe."

Noch eine kleine Begebenheit verdient Erwähnung. Die Kinder, die bis dahin nicht wollten, daß jemand die Steineiche in der Cova da Iria berühre, scheuten sich jetzt nicht, einen kleinen Ast abzubrechen, der in zwei Zweige auslief, auf denen scheinbar die Füße der Madonna geruht hatten. Jacinta und Francisco kehrten mit dem Ast sofort nach Hause zurück und gingen zur Tante, die vor der Haustür mit einigen Nachbarinnen plauderte.

„Tante", rief Jacinta, „wir haben wieder die Madonna gesehen!"

„Ihr habt nichts anderes im Kopf, als die Madonna zu sehen, ihr Lügner!"

„Aber wir haben sie wirklich gesehen! Schau, Tante: sie hatte einen Fuß auf dem und den anderen Fuß auf dem" — und dabei zeigten sie auf die beiden Zweige, die fast einen rechten Winkel bildeten.

„Ihr Lügner! . . . Laßt sehen."

Kaum hatte Frau Maria Rosa den Zweig in die Hand genommen, als die Umstehenden einen köstlichen, fremdartigen Duft wahrnahmen, der von ihm ausging. Das machte doch auch auf Frau Santos Eindruck, und zum ersten Male fragte sie sich, ob sie wohl den Kindern Unrecht tue und nicht doch etwas Wahres an dem sei, was sie erzählten. Dieser Zweifel wurde noch verstärkt, als sie erfuhr, was die Leute am 13. August in der Cova da Iria beobachtet hatten. Auch Herr Santos begann jetzt für Lucia einzutreten, und wenn die Mutter oder die Schwestern ihr Vorwürfe machten, gebot er ihnen zu schweigen:

„Laßt das Kind in Ruhe. Wir wissen nicht, ob es wahr ist, aber wir wissen auch nicht, ob es falsch ist, was sie behauptet."

So hatte es Lucia daheim nun wieder leichter. Dafür nahmen die äußeren Schwierigkeiten zu. Eine Menge Leute kam, um sie zu sehen, und es waren durchaus nicht nur gutgesinnte, sondern auch viele neugierige und übelwollende.

Eines Tages kamen drei Herren von der Polizei und verhörten die Kinder; beim Fortgehen sagten sie:

„Überlegt es euch gut und entschließt euch, das Geheimnis preiszugeben; andernfalls wird es euch das Leben kosten; das ist der feste Beschluß des Herrn Bezirksvorstehers."

„Gut!" rief Jacinta freudig aus. „Ich habe Jesus und die Muttergottes so lieb! Und so kommen wir schneller zu ihnen."

Als sich das Gerücht von den Absichten des Bezirksvorstehers verbreitete, wollte man die Kinder in einen anderen Regierungskreis bringen, damit sie dem Machtbereich von Vila Nova de Ourèm entzogen würden. Doch die Kinder weigerten sich, fortzugehen.

„Wenn sie uns töten, umso besser! So kommen wir früher ins Paradies!"

Die fünfte Erscheinung

Donnerstag, den 13. September 1917

Die Verfolgungen, denen die Seher durch den Bezirksvorsteher von Vila Nova de Ourèm ausgesetzt waren, übten eine ganz andere Wirkung aus, als dieser sich versprochen hatte. Von da an zweifelte niemand mehr an der Aufrichtigkeit der Kinder; im Gegenteil, viele, die über das Vorgefallene unterrichtet waren, kamen zur Überzeugung, es müsse sich wirklich um übernatürliche Geschehnisse handeln, denn sonst hätte man sich die heroische Standhaftigkeit, welche die Kleinen selbst im Gefängnis bewiesen hatten, nicht erklären können.

Von allen Seiten erhoben sich Proteste gegen die gewalttätige Einmischung der Zivilbehörde. Und schon am 13. September zeigte sich in überraschender Weise, wie sehr die Vorgänge zur Vertiefung des Glaubens und der Frömmigkeit beigetragen hatten.

Ein Augenzeuge

Wir geben die Worte wieder, in denen der bereits zitierte Augenzeuge in einem Privatbrief über die Ereignisse berichtet: „In diesem Monat hatte ich nicht vor, nach Fàtima zu gehen. Doch am Abend des 12. kam Freund F. in einem großen Wagen, mit dem er 16 Personen nach Fàtima befördern wollte, bei mir vorgefahren; alle waren begierig, den außergewöhnlichen Vorgängen, die sich seit dem Mai am 13. jeden Monats abspielten, beizuwohnen ...

Als mich mein Freund am folgenden Morgen einlud, in seinem Wagen Platz zu nehmen, willigte ich mit Begeisterung ein. Am vorhergehenden Tag war ein schier endloser Schwarm von Menschen bei uns vorbeigekommen, die aus den Dörfern an der Küste stammten... Während der Fahrt war ich tief ergriffen, und es kamen mir mehrmals die Tränen, als ich den Glauben und die glühende Frömmigkeit dieser vielen Tausende sah.

Straßen und Wege waren schwarz von Leuten. Es gab keinen Weg und Steg, auch nicht den schmalsten Pfad, auf dem nicht Männer und Frauen der Hauptstraße zueilten. Es war ein Pilgerzug, der wirklich diesen Namen verdiente und dessen bloßer Anblick schon Tränen der Ergriffenheit auslöste. Nie im Leben habe ich eine so große und feierliche Glaubenskundgebung gesehen. Man sah und hörte absolut nichts, was auch nur im mindesten auf Leichtfertigkeit oder Zerstreuung gedeutet hätte.

Gegen zehn Uhr kamen wir am Ziel unserer Fahrt an. Um diese Zeit war schon eine riesige Menschenmenge dort versammelt; alle nahten sich mit größter Ehrfurcht dem Orte der Erscheinungen. Die Männer nahmen den Hut ab. Fast alle knieten und beteten inbrünstig. F. und ich begaben uns zum Hause der Kinder, um sie zu photographieren und zu befragen. Dieses Zusammentreffen machte den tiefsten Eindruck auf mich. Ich war geradezu bezaubert; ihre engelhafte Einfalt bewies, daß sie nicht logen.

Vom Hause der Kinder gingen wir ins Pfarrhaus, wo wir mit dem Pfarrer und einigen Freunden die Eindrücke des Tages besprachen. Nach einer halben Stunde kehrten wir zur Cova zurück.

Genau zur Mittagszeit verminderte sich der Glanz der Sonne. Es gibt hier niemanden, der dieses Phänomen nicht beobachtet hätte, das sich seit dem Mai am 13. jeden Monats um dieselbe Stunde wiederholt [30]."

---

[30] Diese Behauptung ist nicht ganz richtig; denn einzelne der Anwesenden haben erklärt, nichts Außerordentliches gesehen zu haben.

Die drei Kinder waren kurz vorher angekommen; aber unter was für Schwierigkeiten! Lucia schrieb später darüber: „Als die Stunde herankam, begab ich mich mit Jacinta und Francisco auf den Weg; es drängten sich so viele Leute um uns, daß wir kaum gehen konnten. Die Wege waren voll von Menschen und alle wollten mit uns sprechen. Da gab es keine Menschenfurcht; viele, auch vornehme Personen, durchbrachen die Menge, die sich um uns drängte, fielen auf die Knie und baten uns, der Madonna ihre Wünsche vorzutragen. Andere, denen es nicht gelang, bis zu uns vorzudringen, schrien von weitem; sogar auf Mauern und Bäume waren sie gestiegen, um uns zu sehen:

,Um der Liebe Gottes willen bittet Unsere Liebe Frau, daß sie meinen verkrüppelten Sohn heile!' — Ein anderer: ,daß sie meinen heile, der blind ist!' . . . ,daß sie mir meinen Sohn zurückbringe' . . . ,meinen Mann, der an der Front ist' . . . ,daß sie einen Sünder bekehre, der mir teuer ist!' . . .

Das ganze Elend der armen Menschen wurde da offenbar.

Wir versprachen es den einen, reichten den anderen die Hände, um ihnen beim Aufstehen behilflich zu sein, und kamen so Schritt für Schritt vorwärts auf dem Wege, den uns ein Herr durch die Menge bahnte.

Wenn ich jetzt im Evangelium die bezaubernden Szenen lese, wo Jesus durch die Volksmenge schritt, erinnere ich mich immer daran, daß mir der Herr das gleiche auf den armseligen Wegen gezeigt hat, die von Aljustrel nach Fàtima und zur Cova da Iria führen. Dann danke ich dem Herrn und opfere ihm den Glauben unseres guten Volkes auf; dabei denke ich: Wenn sich diese Leute vor drei armen Kindern niederwarfen, nur, weil ihnen die Gnade gewährt wurde, mit der Mutter-

---

Andere bemerkten nur die Veränderungen der Farbe und Stärke des Sonnenlichtes.

gottes zu sprechen, was würden sie tun, wenn sie Jesus vor sich sähen? . . ."

„Als die Kinder endlich bei der Steineiche angelangt waren", so heißt es weiter in dem oben zitierten Brief, „forderte Lucia die Umstehenden auf, zu beten. Ich werde niemals den tiefen Eindruck vergessen, als ich so viele tausend Menschen auf die Knie sinken sah (es waren ca. 15.000—20.000 Personen anwesend), die weinten und beteten und voll Glauben mit lauter Stimme um die mütterliche Fürsprache der Himmelskönigin flehten . . .

Was wir in dieser kurzen Viertelstunde erlebten, kann man nie vergessen, aber es ist nicht leicht, es zu beschreiben. Der Anblick der riesigen Menge auf den Knien, die sehnsüchtige Erwartung, die auf ihr lag, die Andacht, mit der sie die Gottesmutter anrief, die erhabene Feierlichkeit des Augenblickes: das alles bildete ein wunderbares, erschütterndes Erlebnis."

Eine Lichtkugel

Wir führen die Worte eines anderen Augenzeugen an, des Generalvikars von Leirìa, der einige hundert Meter von der Menge entfernt mit einem befreundeten Priester die Geschehnisse beobachtete.

Die Menge betete noch, „als plötzlich Jubelrufe ertönten; Tausende von Armen erhoben sich und wiesen gen Himmel. ‚Schau, schau, dort — siehst du es nicht? Dort! O wie schön!'

Am Himmel stand nicht ein einziges Wölkchen. Ich hob den Blick, um den blauen Raum abzusuchen . . .

‚Was, du schaust auch in die Luft?' rief mein Freund. Zu meiner großen Überraschung sah ich deutlich eine Lichtkugel, die langsam und majestätisch gegen Osten schwebte. Auch mein Freund hatte das Glück, diese unerwartete und bezaubernde Erscheinung zu bewundern.

Plötzlich jedoch entschwand die wunderbare Kugel unseren Blicken. Neben uns stand ein Mädchen, etwa in Lucias Alter und auch gekleidet wie diese; sie schrie voll Freude:

‚Ich sehe sie! Ich sehe sie noch! . . . Jetzt geht sie hinunter.‘

Nach einigen Minuten — genau die Zeit, welche die Erscheinungen zu dauern pflegten — begann das Kind von neuem zu schreien:

‚Da ist sie! Da ist sie! Sie steigt noch einmal in die Höhe‘ — und es verfolgte die Kugel mit den Blicken, bis sie gegen die Sonne zu verschwand . . .

‚Was denkst du von dieser Kugel?‘ fragte ich meinen Freund, der von dem Gesehenen ganz begeistert war.

‚Es war die Madonna‘, entgegnete er ohne Zögern.

Und das ist auch meine innerste Überzeugung. Die kleinen Hirten durften in ihrer Vision die Muttergottes in eigener Person schauen; uns anderen war es vergönnt, sozusagen den Wagen zu sehen, der sie vom Himmel zur unwirtlichen Serra d'Aire getragen hatte. Wir waren überglücklich. In freudiger Erregung ging mein Freund in der Cova da Iria von einer Gruppe zur anderen, um zu hören, was die Leute beobachtet hatten. Die Personen, die er befragte, gehörten den verschiedensten sozialen Klassen an und alle versicherten einstimmig, die Phänomene, deren Zeugen wir selbst gewesen waren, ebenfalls deutlich beobachtet zu haben."

Die Madonna kommt

Lucia kniete bei der Steineiche. Plötzlich brach sie das Gebet ab und rief freudestrahlend: „Da ist sie! Da kommt sie!"

Bei diesem fünften Besuch sagte die heiligste Jungfrau zu den kleinen Sehern, *sie möchten fortfahren, den Rosenkranz zu beten, um das Ende des Krieges zu erbitten. Dann verkündete sie (indem sie das am 19. August gegebene Versprechen erneuerte), daß am letzten Tage der heilige Joseph und das Jesuskind kommen werden, um der Welt den Frieden zu bringen, und Unser Herr, um das Volk zu segnen ... Sie trug ihnen auf, sich am 13. des nächsten Monats ganz sicher in der Cova einzufinden.*

Einige hatten gebetet, Lucia möge der Muttergottes ihre Kranken empfehlen. Sie bat um deren Heilung.

Die Erscheinung antwortete, *einige würden genesen, andere nicht, weil sich der Herr ihnen nicht anvertraue.*

Ohne Zweifel waren nicht alle in der gleichen seelischen Verfassung; für manche Seele war das Kreuz der Krankheit heilsamer als die Genesung.

„Das Volk möchte eine Kapelle haben", berichtete Lucia der lieblichen Frau.

Das hieß die Madonna recht und bestimmte, mit der Hälfte des Geldes, das hier gespendet wurde, sollten die ersten Ausgaben für den Bau bestritten werden.

Man übergab Lucia zwei Briefe und ein Parfumfläschchen, um es der Madonna zu übergeben. Lucia sagte: „Man hat mir dies gegeben. Wollt Ihr es?" Die Erscheinung antwortete: *„Solche Sachen braucht man nicht im Himmel."* „Wirke doch ein Wunder, damit alle glauben!" drängte Lucia, vom Wunsche erfüllt, die Schwätzer möchten zum Schweigen gebracht werden, die sagten: „Sie ist eine Schwindlerin, die es verdient, aufgehängt oder lebendig verbrannt zu werden." *Die Erscheinung bestätigte noch einmal das Versprechen, im kommenden Monat ein Wunder zu wirken.*

Die Menge, die in frommer Ehrfurcht lauschte, hörte nicht die geheimnisvolle Stimme, doch alle konnten beobachten, daß sich Lucia mit einem unsichtbaren Wesen unterhielt. Endlich sagte das Mädchen: „Jetzt geht sie fort."

Die Sonne gewann ihren vollen Glanz wieder; die Kinder

70

kehrten in Begleitung der Eltern, die von weitem angstvoll den Vorgang verfolgt hatten, nach Hause zurück; die Menge verlief sich allmählich.

Außer der Lichtkugel und der Verminderung der Sonnenstrahlung, die so bedeutend war, daß man „den Mond und die Sterne sehen konnte", begleiteten noch andere Zeichen das geheimnisvolle Zwiegespräch oder folgten ihm. Die Atmosphäre nahm eine gelbliche Färbung an, eine weiße Wolke, die auf eine gewisse Entfernung sichtbar war, umgab die Steineiche und die Seher. Vom Himmel fielen seltsame weiße Flocken, kleinen Blümchen oder Schneeflocken ähnlich, die wenige Meter über dem Erdboden verschwanden. Das letztere Phänomen wiederholte sich mehrere Male, wenn Pilgerzüge zur Cova da Iria kamen, besonders am 13. Mai 1924; es wurde von völlig glaubwürdigen Personen bestätigt, auch vom Bischof von Leiria, der es einmal deutlich mit eigenen Augen sah.

Alle diese Phänomene, so außerordentlich sie waren, verblassen vor dem großen Wunder, das am 13. Oktober geschah [31].

Die Seher werden verhört

Diese seltsamen Geschehnisse bewirkten, daß man den Aussagen der Kinder größeren Glauben schenkte; sie erhöhten aber auch das Interesse und den Zustrom des Volkes: Fromme und Neugierige, Kritiker und Übelwollende kamen nach Alju-

---

[31] Am Schluß dieses Kapitels fügt Fonseca eine übersichtliche Zusammenstellung der außerordentlichen Phänomene („segni" del cielo?) bei; einleitend hebt er mit C. Bartas hervor, daß durch diese Zeichen die Botschaft, die durch die drei Kinder der Menschheit übermittelt wurde, bekräftigt und bezeugt werden sollte; der Inhalt dieser Botschaft sei das Wesentliche. Dann zählt er 13 solcher Phänomene auf, die bei den einzelnen Erscheinungen bereits angeführt wurden.

strel, um mit den Sehern zu sprechen. Jacinta und Francisco mußten schon gegen Ende August das Hüten ihrer Schafe andern überlassen, um den Besuchern zur Verfügung zu stehen. Aus dem gleichen Grunde war Lucias Mutter in der zweiten Hälfte des September gezwungen, ihre Herde zu verkaufen. „Es kommen so viele, um sie auszufragen", erklärte der Pfarrer von Fàtima am 25. Oktober, „daß man es als großes Wunder ansehen muß, wenn sie noch nicht krank geworden sind."

Es war jedoch nicht nur Neugierde und zudringliche Bewunderung, nicht nur positive und negative Voreingenommenheit, die so viele Leute nach Aljustrel führte. Es kamen auch Personen, die entschlossen und berechtigt waren, die Vorgänge unparteiisch zu untersuchen; unter anderen auch ein Theologieprofessor vom erzbischöflichen Seminar in Lissabon, M. Nunes Formigâo, der unter dem Pseudonym eines Visconde (Visconte) de Montelo zum Historiker von Fàtima geworden ist. Dieser erwarb sich durch seine liebenswürdige Art schon beim ersten Besuch das Vertrauen der Seher und ihrer Angehörigen, so daß er immer willkommen war; darum erhielt er ohne Schwierigkeit klare und vollständige Antworten auf seine Fragen. Der unten angeführte Bericht ist sehr interessant, auch wenn die Kinder Dinge angeben, die uns schon bekannt sind, weil er uns einen Einblick in ihre unschuldigen und naiven Seelen gewährt. Es ist nicht möglich, hier alle Protokolle über die Verhöre wiederzugeben, denen die Kinder unterworfen wurden; wir beschränken uns darauf, jene Teile anzuführen, die geeignet sind, das zu vervollständigen und zu bestätigen, was wir bereits erzählt haben.

Am 27. September begab sich der Visconde zum ersten Male in Lucias Elternhaus, um die Informationen zu vervollständigen, die er schon am 13. desselben Monats gesammelt hatte. Frau Maria Rosa empfing ihn liebenswürdig und sagte, ihre Tochter helfe augenblicklich in ihrem Weingarten, der etwa zwanzig Minuten vom Haus entfernt sei, bei der Traubenlese; sie werde jedoch das Mädchen sofort holen lassen.

In der Zwischenzeit waren Jacinta und Francisco vom Felde heimgekommen, und als sie hörten, daß sie im Hause Lucias erwartet würden, gingen sie sogleich dorthin. Die kleine Jacinta kam zuerst. Sie war die Tochter des Manuel Pedro Marto und der Olimpia von Jesus, die im Dorfe große Achtung genossen. Sie zählte damals sieben Jahre und war ziemlich groß für ihr Alter. Ihre Züge waren regelmäßig und sonnverbrannt; sie war bescheiden gekleidet; das Röcklein reichte fast bis zu den Knöcheln. Das Kind bot ein Bild körperlicher und seelischer Gesundheit.

Der Anblick des fremden Herrn verschüchterte die Kleine anfangs und ihre Antworten waren recht einsilbig und so leise, daß man sie kaum verstand. Zum Glück verschwand ihre Befangenheit, als der Bruder dazu kam.

Francisco trat mit der Mütze auf dem Kopf in die Stube; die Schwester machte ihm Zeichen, er möge sie abnehmen, doch der Knabe schien sie nicht zu verstehen; ganz ungeniert setzte er sich nieder und antwortete bereitwillig und unbefangen auf die Fragen des Besuchers.

Francisco wird verhört

„Was hast du in der Cova da Iria in den letzten Monaten gesehen?"

„Ich habe die Madonna gesehen."

„Wo ist sie erschienen?"

„Über einer kleinen Steineiche."

„Erscheint sie plötzlich oder siehst du sie von einer Seite herankommen?"

„Ich sehe sie von der Seite kommen, wo die Sonne aufgeht; dann bleibt sie über der Steineiche stehen."

„Kommt sie langsam oder schnell?"

„Sie kommt immer schnell."

„Verstehst du, was sie zu Lucia sagt?"

„Ich verstehe nichts."

„Hat sie dich angesprochen?"

„Nein! Ich habe sie nichts gefragt. Sie spricht nur mit Lucia."

„Wen schaut sie an, alle drei oder nur Lucia?"

„Alle drei; aber meistens schaut sie auf Lucia."

„Hat sie bisher manchmal geweint oder gelächelt?"

„Weder das eine noch das andere; sie ist immer ernst."

„Wie ist sie gekleidet?"

„Sie hat ein langes Kleid und darüber einen Mantel, der den Kopf bedeckt und bis zum Saum des Kleides reicht."

„Welche Farbe haben Kleid und Mantel?"

„Sie sind weiß und der Saum des Kleides ist golden umrandet."

„Was für eine Haltung hat die Dame?"

„Wie beim Beten; sie hat die Hände vor der Brust gefaltet."

„Trägt sie etwas in der Hand?"

„Sie trägt über der Handfläche und dem Rücken der rechten Hand einen Rosenkranz, der auf das Kleid herabhängt."

„Trägt sie etwas an den Ohren?"

„Die Ohren sieht man nicht, weil sie vom Mantel verdeckt sind."

„Von welcher Farbe sind die Perlen des Rosenkranzes?"

„Sie sind auch weiß."

„Ist die Dame schön?"

„O gewiß!"

„Schöner als das Mädchen, das du dort unten siehst?"

„Viel schöner!"

74

„Aber es gibt Damen, die viel schöner sind als das Mädchen dort."

„Sie ist schöner als alle, die ich jemals gesehen habe . . ."

Jacinta wird verhört

Während Francisco befragt wurde, war Jacinta auf die Straße gegangen und hatte dort mit ihren Altersgenossinnen gespielt, bis man sie rief. Jetzt gab sie nicht weniger vollständige und genaue Antworten als ihr Bruder.

„Hast du seit dem Mai am 13. jeden Monats die Madonna gesehen?"

„Ja, ich habe sie gesehen."

„Woher kommt sie?"

„Sie kommt vom Himmel, von der Sonnenseite."

„Wie ist sie gekleidet?"

„Sie hat ein weißes Kleid, mit Gold verziert, und auf dem Kopf auch einen weißen Mantel."

„Von welcher Farbe sind die Haare?"

„Die Haare sieht man nicht, weil sie unter dem Mantel versteckt sind."

„Trägt sie Ohrringe?"

„Das weiß ich nicht, weil man die Ohren nicht sieht.'

„Wie hält sie die Hände?"

„Sie hält die Hände vor der Brust gefaltet, die Finger in die Höhe."

„Ist der Rosenkranz in der rechten oder in der linken Hand?"

Auf diese Frage antwortete das Kind sofort: in der rechten Hand; doch da man die Frage wiederholte, um sie in Verlegenheit zu versetzen, wurde sie unsicher und verwirrt, weil sie nicht genau anzugeben wußte, welche ihrer Hände jener

entsprach, in der die Erscheinung den Rosenkranz zu tragen
pflegte.

„Was hat sie denn Lucia am meisten empfohlen?"

„Alle Tage den Rosenkranz zu beten."

„Und tust du das auch?"

„Ja, ich bete ihn alle Tage mit Francisco und Lucia."

Lucia wird verhört

Auf Lucia mußte man ungefähr eine halbe Stunde warten.
Endlich kam sie. Sie war größer und entwickelter als ihre Geschwisterkinder, gesund und kräftig; im Gegensatz zur
schüchternen Jacinta gab sie sich unbefangen und natürlich,
doch war keine Spur von Eitelkeit in ihrem Gebaren. Am vergangenen 22. März hatte sie das zehnte Lebensjahr vollendet.
Ihr Vater, Antonio dos Santos, war ein braver Mann, doch
nicht sehr fromm. Die Mutter hingegen, Frau Maria Rosa, war
das Muster einer christlichen Frau, eifrig bemüht, ihre Kinder
zu heiliger Gottesfurcht und treuer Pflichterfüllung anzuhalten. Die fromme Frau wußte nicht, was sie von den Visionen
ihrer Tochter denken sollte. Sie schwankte zwischen der Hoffnung, die heiligste Jungfrau erscheine ihr wirklich, und der
Furcht, sie sei das Opfer eines Trugbildes; darum beunruhigte
es sie sehr, daß ihr Heim plötzlich von Besuchern über-
schwemmt wurde. Sie beteuerte, seit den Erscheinungen sei
nicht die mindeste Veränderung mit Lucia vorgegangen; das
Mädchen bete mit dem gleichen Eifer und in der gleichen Art
wie früher, genau wie ihre Schwestern.

Obwohl für Lucia die vielen Fragen, die sie schon hatte
über sich ergehen lassen müssen, recht ermüdend waren, antwortete sie dem Visconde in liebenswürdigster Weise.

„Ist es wirklich wahr, daß dir in der Cova da Iria die Madonna erschienen ist?"

„Ja, es ist wahr."

„Wie oft ist sie dir schon erschienen?"

„Fünfmal; jeden Monat einmal."

„An welchem Tag des Monats?"

„Immer am 13., außer im August, weil ich damals verhaftet und vom Herrn Bezirksvorsteher in die Stadt gebracht worden war; in diesem Monat habe ich sie ein paar Tage später in den Valinhos gesehen."

„Man sagt, die Madonna sei dir auch im vorigen Jahr erschienen; ist das wahr?"

„Das ist nicht wahr; weder voriges Jahr noch in diesem Jahr vor dem Mai. Ich habe so etwas niemals gesagt, weil es nicht wahr ist."

„Woher kommt sie? Von Osten?"

„Ich weiß es nicht; ich sehe sie von keiner Seite kommen; wenn sie fortgeht, schlägt sie die Richtung ein, wo die Sonne aufgeht [32]."

„Wie lange bleibt sie? Lange oder kurze Zeit?"

„Kurze Zeit."

„So lange, wie man für ein Vaterunser und ein Ave Maria braucht oder länger?"

„O länger, viel länger; doch nicht immer gleich lange; aber vielleicht niemals so lange, wie man braucht, um einen Rosenkranz zu beten."

---

[32] Über die „Blitze", die den Erscheinungen vorangingen, schreibt Lucia: „Es waren nicht eigentliche Blitze, sondern der Widerschein eines Lichtes, das sich langsam näherte ... In diesem Lichte sahen wir die heilige Jungfrau erst dann, wenn sie schon über der Steineiche war. Weil ich das nicht erklären konnte und weiteren Fragen ausweichen wollte, sagten wir manchmal, daß wir sie kommen sehen, dann wieder, daß wir sie nicht kommen sehen. Wenn wir sagten, wir sähen sie kommen, meinten wir jenes Licht, das wir näherkommen sahen und das ja, wie wir nachher stets sahen, die heiligste Jungfrau selbst war; und wenn wir sagten, wir sähen sie nicht kommen, meinten wir, daß wir die Madonna erst dann sahen, wenn sie schon über der Steineiche war."

„Hattest du nicht Angst, als du sie zum ersten Male sahst?"

„Ja, ich wollte mit Jacinta und Francisco davonlaufen; aber sie sagte, wir sollten uns nicht fürchten, sie werde uns nichts zuleide tun [33]."

„Wie ist sie gekleidet?"

„Sie trägt ein weißes Kleid, das fast bis zu den Füßen reicht, und darüber hat sie einen Mantel von der gleichen Farbe, der auch den Kopf bedeckt und ebenso lang wie das Kleid ist."

„Sind Verzierungen an dem Kleid?"

„Von vorn sieht man zwei goldfarbene Schnüre, die vom Halse herabhängen und durch eine goldene Quaste zusammengehalten sind."

„Hat sie einen Gürtel oder Bänder?"

„Nein, das hat sie nicht."

„Trägt sie Ohrringe?"

„Ja, kleine Ringe [34]."

„In welcher Hand hält sie den Rosenkranz?"

„In der rechten Hand."

„War es ein gewöhnlicher Rosenkranz oder ein ganzer Psalter?"

„Ich habe nicht darauf achtgegeben."

„Endet er mit einem Kreuz?"

---

[33] (Ich habe schon geschrieben), „daß wir eigentlich nicht vor der Madonna Angst hatten, sondern vor dem Gewitter, von dem wir glaubten, es müsse gleich losbrechen; vor dem wollten wir fliehen. Die Erscheinungen Unserer Lieben Frau flößten nicht Angst oder Schrecken ein, sondern Überraschung" (Lucia).

[34] „Ich habe keine Ohrringe gesehen. Ich erinnere mich, daß der Goldfaden, der wie ein schimmernder Sonnenstrahl den Mantel einzufassen schien, in dem Zwischenraum glänzte, den der Mantel dort freiließ, wo er vom Kopf auf die Schultern fiel; der Strahl bildete dort verschiedene schöne Lichtwellen, und manchmal kamen mir diese vor wie kleine Ringe. Das muß ich gemeint haben, als ich jene Antwort gab."

„Ja, er endet mit einem weißen Kreuz; die Perlen sind von der gleichen Farbe und auch die Kette ist weiß."

„Hast du sie nie gefragt, wer sie ist?"

„Doch, aber sie antwortete, sie werde es am 13. Oktober sagen."

„Hast du sie gefragt, woher sie kommt?"

„Ja, und sie sagte mir: vom Himmel."

„Wann hast du sie das gefragt?"

„Beim zweiten Male: am 13. Juni."

„Hat sie manchmal gelächelt oder sich traurig gezeigt?"

„Ich habe sie niemals lächelnd oder traurig gesehen, doch sie war immer ernst."

„Hat sie euch ein Gebet angeraten?"

„Sie hat uns ermahnt, der Madonna zu Ehren den Rosenkranz für den Frieden der Welt zu beten."

„Hat sie den Wunsch geäußert, daß viele Leute am 13. jeden Monats den Erscheinungen beiwohnen?"

„Sie hat nichts dergleichen gesagt."

„Ist es wahr, daß sie dir ein Geheimnis anvertraut hat mit dem ausdrücklichen Verbot, es zu enthüllen?"

„Das ist wahr."

„Betrifft es nur dich oder auch deine Gefährten?"

„Es betrifft uns alle drei."

„Könntest du es nicht wenigstens deinem Beichvater sagen?"

Auf diese Frage blieb das Mädchen stumm, und da man sah, daß es in Verlegenheit geriet, glaubte man, nicht auf der Sache bestehen zu sollen [35].

---

[35] „Ich war unschlüssig und wußte nicht, was ich antworten sollte, weil ich manches als Geheimnis ansah, von dem mir nicht verboten war, es zu sagen. Ich danke Gott, daß er dem Frager eingab, weiterzugehen. Ich erinnere mich, daß ich aufgeatmet habe" (Lucia).

„Man sagt, du hättest dem Bezirksvorsteher etwas Falsches erzählt und ihn so getäuscht, damit er aufhöre, dich zu plagen, um dein Geheimnis zu erfahren; und du habest dich nachher gerühmt, ihn zum besten gehalten zu haben. Ist das wahr?"

„Das ist falsch. Der Herr Bezirksvorsteher wollte, daß ich ihm das Geheimnis sage, aber ich weigerte mich. Außer dem Geheimnis habe ich ihm alles erzählt, was mir die Madonna gesagt hat; vielleicht hat der Herr Bezirksvorsteher deshalb gedacht, ich hätte ihm das Geheimnis verraten. Doch ich wollte ihn nicht täuschen."

„Die Madonna hat dir befohlen, lesen zu lernen?"

„Ja, als sie mir zum zweiten Male erschien."

„Aber wenn sie dir gesagt hat, sie werde dich im Oktober in den Himmel holen, wozu sollst du da lesen lernen?"

„Es ist nicht wahr, daß die Dame das gesagt hat; es ist mir nicht im Traum eingefallen, so etwas zu behaupten."

„Was will denn die Dame, daß man mit dem Gelde mache, das die Leute bei der Steineiche in der Cova da Iria niederlegen?"

„Sie hat gesagt, es solle auf zwei Traggestellen in die Pfarrkirche getragen werden; ein Traggestell soll ich zusammen mit Jacinta und zwei anderen Mädchen tragen, das andere Francisco und drei andere Knaben. Ein Teil des Geldes soll für die Feier des Rosenkranzfestes verwendet werden, der andere zum Bau einer neuen Kapelle."

„Wo will sie, daß die Kapelle errichtet wird? In der Cova da Iria?"

„Ich weiß es nicht, weil sie es nicht gesagt hat."

„Freust du dich, daß dir die Madonna erschienen ist?"

„Und wie!"

„Wird die Madonna am 13. Oktober allein kommen?"

„Sie wird mit dem heiligen Joseph und dem Jesuskind kommen."

„Hat sie dir irgendeine andere Enthüllung gemacht?"

„Sie hat gesagt, es werde ein großes Wunder geschehen, damit alle glauben, daß sie wirklich erschienen ist."

„Warum senkst du oft die Augen und hörst auf, die heiligste Jungfrau anzuschauen?"

„Weil es mich manchmal blendet."

„Hat sie dich ein Gebet gelehrt?"

„Sie hat mich das gelehrt, das wir nach jedem Rosenkranzgeheimnis beten."

„Kannst du es auswendig sagen?"

„Ja."

„Sag es mir."

„O mein Jesus, verzeihe uns unsere Sünden, bewahre uns vor dem Feuer der Hölle, führe alle Seelen in den Himmel und hilf denen, die es am nötigsten haben."

Weitere Erkundigungen: 11. Oktober 1917

Zwei Tage vor dem Datum, an dem die Dame ein großes Wunder zu wirken versprochen hatte, kehrte der Visconde de Montelo nach Aljustrel zurück. Unterwegs suchte er in Vila Nova de Ourèm die Familie Gonçalves auf, eine der angesehensten der Stadt; dort erhielt er nachstehende Aufschlüsse:

Die Eltern von Francisco und Jacinta sind beide sehr gute, tief religiöse Menschen, allgemein hochgeachtet. Der Vater gilt als der ehrlichste Mann des Dorfes, ganz unfähig einer Lüge. — Lucias Vater sieht man wenig in der Kirche, doch hat er keine schlechte Einstellung. Die Mutter ist eine rechtschaffene Frau, fromm und sehr arbeitsam.

„Was denken die Bewohner von Fàtima über das, was die Kinder erzählen?"

„Am Anfang glaubte ihnen niemand. Jetzt glauben viele,

daß die Kinder die Wahrheit sagen. Ich persönlich bin fest davon überzeugt."

„An den Erscheinungstagen sollen außerordentliche Zeichen gesehen worden sein. Gibt es Leute, die behaupten, solche beobachtet zu haben?"

„Es gibt viele solcher Zeichen. Im August haben fast alle, die dort waren, sie beobachten können. Eine Wolke ließ sich auf die Steineiche nieder. Es war kein Staub dort, die Luft schien durch die Wolke getrübt. Das Sonnenlicht verlor an Intensität. Sowohl im Juli als auch im August hörte man ein Getöse . . ."

„Besteht vielleicht der Verdacht, die Kinder seien angestiftet worden, eine Komödie aufzuführen?"

„Nein, das ist ganz unwahrscheinlich."

„Kommen viele von auswärts, um die Kinder zu sehen und mit ihnen zu sprechen?"

„Unzählige kommen, aus allen Gegenden."

„Nehmen die Kinder Geld an, wenn man es ihnen anbietet?"

„Sie haben ein paarmal eine Kleinigkeit angenommen, wenn man sie sehr drängte, doch sichtlich ungern. Freiwillig nehmen sie niemals etwas an."

„Sind die Familien arm?"

„Sie sind nicht arm, man kann sogar sagen, sie sind gutgestellt. Und wenn es in Lucias Familie nicht besser steht, so ist das die Schuld des Vaters, der oft den Anbau seiner Felder vernachlässigt."

„Was macht Lucia während der Erscheinungen?"

„Sie betet den Rosenkranz. Wenn sie sich an die Erscheinung wendet, spricht sie laut. Ich habe es im Juni selbst gehört, weil ich nahe bei ihr stand."

„Der Ort der Erscheinungen wird wohl viel von Andächtigen und Neugierigen besucht?"

„Sehr viel, besonders an den Sonntagen; der Zustrom ist gegen Sonnenuntergang am größten. Es kommen Leute von nah und fern; die meisten sind aus fremden Pfarreien. Sie beten den Rosenkranz und singen Lieder zu Ehren der heiligsten Jungfrau."

In der Heimat der Seher

Nach dieser Unterredung fuhr der Visconde nach Aljustrel und ging sofort zu Lucias Elternhaus. Frau Santos empfing ihn freundlich und erlaubte gern, daß er ihre Tochter befrage; auch sie selbst beantwortete bereitwillig die Fragen, die der Besucher an sie richtete.

„Ihre Tochter ist verwandt mit Francisco und Jacinta?"

„Es sind Geschwisterkinder, denn mein Mann ist der Bruder ihrer Mutter."

„Wie haben Sie erfahren, daß die Dame Ihrer Tochter erschienen ist? Hat sie selbst es Ihnen erzählt?"

„Ich habe die Sache von der Familie der beiden andern Kinder erfahren; Lucia hatte ihnen geraten, nichts merken zu lassen, weil sie Vorwürfe befürchtete. Erst als ich sie fragte, erzählte sie mir, was sie gesehen hat."

„Haben Sie ihr immer erlaubt, am 13. des Monats zur Cova da Iria zu gehen?"

„Ich habe ihr nie verboten, hinzugehen."

„Wie sind die Kinder gekleidet, wenn sie dorthin gehen?"

„Das erstemal waren sie in nicht sehr gutem Aufzug, wie das bei armen Hirten vorkommt [36]. Die anderen Male sind sie in hellen Kleidern und mit weißen Kopftüchern hingegangen."

---

[36] Diese Angabe ist wohl nicht ganz exakt. Die erste Erscheinung war an einem Sonntag, und an den Festtagen legen die Hirten die Sonntagskleider, in denen sie der Messe beiwohnen, nicht ab, wenn sie auf die Weide gehen.

„Ist jemand nach Vila Nova gegangen, um die Kinder zurückzuholen, als sie im Hause des Bezirksvorstehers festgehalten wurden?"

„Ein Bruder von Francisco und Jacinta ging hin, um sie zu besuchen, aber nicht, um sie zu holen; sie wurden vom Bezirksvorsteher selbst nach Hause zurückgebracht."

„Sind viele Leute gekommen, um Ihre Tochter zu sehen?"

„Es vergeht kein Tag, an dem nicht Besuche kommen."

Lucia wird neuerlich einvernommen

Nach dieser Unterredung mit der Mutter richtete der Herr das Wort an die Tochter.

„Hör einmal, Lucia, du hast mir damals gesagt, das Geld, das die Leute gespendet haben, solle auf zwei Traggestellen in die Pfarrkirche getragen werden. Wie sollen wir uns die verschaffen und wann sollen wir sie in die Kirche tragen?"

„Sie sollen von dem gespendeten Geld gekauft und am Rosenkranzfest in die Kirche getragen werden."

„Weißt du mit Bestimmtheit, an welchem Platz die Madonna die Kapelle zu ihrer Ehre errichtet haben will?"

„Ich weiß es nicht genau, aber ich glaube, sie will die Kapelle in der Cova da Iria haben."

„Was hat sie gesagt, was sie tun wird, damit man an die Erscheinungen glaube?"

„Sie hat gesagt, sie werde ein Wunder wirken."

„Wann hat sie das gesagt?"

„Sie hat es mir mehrmals gesagt."

„Hast du nicht Angst, daß man dich auslachen wird, wenn an diesem Tage nichts Außerordentliches geschieht?"

„Ich habe keine Angst."

„Fühlst du dich am 13. innerlich gedrängt, zur Cova da Iria zu gehen?"

„Ich fühle ein starkes Verlangen hinzugehen, und ich wäre traurig, wenn ich es nicht tun könnte."

„Hast du gesehen, daß die Dame manchmal das Kreuzzeichen macht oder betet oder die Perlen des Rosenkranzes durch die Finger gleiten läßt?"

„Ich habe nie etwas von dem gesehen, was Sie sagen."

„Hat sie dir aufgetragen, zu beten?"

„Ja, mehrere Male."

„Hat sie dir gesagt, du solltest für die Bekehrung der Sünder beten?"

„Das hat sie mir nicht gesagt [37]. Sie hat uns nur aufgetragen, die Rosenkranzkönigin um die Beendigung des Krieges zu bitten."

„Hast du gesehen, was die Leute angeblich beobachtet haben: einen Stern oder Rosen, die sich vom Kleide der Dame gelöst haben?"

„Ich habe weder einen Stern noch außergewöhnliche Zeichen gesehen."

„Hast du irgendein Geräusch gehört, Donner oder Erdbeben?"

„Niemals."

„Kannst du lesen?"

„Nein, Herr."

„Lernst du es nicht?"

„Nein."

„So gehorchst du den Befehlen der Madonna?"

Die Seherin antwortete nicht [38].

---

[37] „Für die Sünder sollen wir Opfer bringen" (Lucia).

[38] „Ich schwieg, um nicht meine Mutter beschuldigen zu müssen, die mir noch nicht erlaubt hatte, zur Schule zu gehen. Zu Hause sagte man, es sei Eitelkeit, daß ich lesen lernen wollte. Damals war es noch eine Seltenheit, wenn Mädchen zur Schule gingen; die war nur für die Knaben. Später wurde in Fàtima auch eine Schule für Mädchen eröffnet" (Lucia).

„Geschieht es im Auftrag der Dame, wenn du zu den Leuten sagst, sie sollen niederknien und beten?"

„Die Dame hat es mir nie aufgetragen; ich selbst will es so."

„Kniest du jedesmal nieder, wenn sie dir erscheint?"

„Manchmal stehe ich auch."

„Hat sie eine weiche und angenehme Stimme?"

„Ja."

„Wie alt scheint sie zu sein?"

„Etwa 15 Jahre."

„Bedeckt der Schleier die Stirn?"

„Nein, die Stirn sieht man."

„Wie ist der Glanz, der sie umgibt?"

„Er ist schöner und leuchtender als das Sonnenlicht."

„Hat sie dir nie mit dem Kopf oder mit den Händen ein Zeichen des Grußes gemacht?"

„Nie."

„Hat sie dir zugelächelt?"

„Nein, nie."

„Hörst du vielleicht die Unterhaltung, den Lärm, das Geschrei der Leute, wenn du die Dame siehst?"

„Ich höre nichts."

Noch einmal die kleine Jacinta

Der Visconde de Montelo ging von Lucia sofort zu Jacinta, um auch sie zu befragen.

„Die Dame hat dir empfohlen, den Rosenkranz zu beten?"

„Ja."

„Wann?"

„Als sie zum ersten Male erschien."

„Hast du auch ein Geheimnis oder hat nur Lucia eines?"

„Ich habe auch eines."

„Wann hat sie es dir gesagt?"

„Beim zweiten Male, am Sankt-Antonius-Tag."

„Hat sie euch vielleicht gesagt, wie ihr reich werden könnt?"

„Nein."

„Ist es, um gut und glücklich zu werden?"

„Ja, es ist zum Wohle von uns dreien."

„Und um in den Himmel zu kommen?"

„Nein."

„Kannst du es mir nicht mitteilen?"

„Das kann ich nicht."

„Warum?"

„Weil die Dame gesagt hat, wir dürfen es niemandem sagen."

„Hätten die Leute Grund, traurig zu sein, wenn sie das Geheimnis wüßten?"

„Ja."

„Wie hält die Dame die Hände?"

„Sie hält sie erhoben. Oft kehrt sie die Handflächen gegen den Himmel."

„Hat sie einen Lichtschein um den Kopf?"

„Ja."

„Kannst du genau ihr Gesicht betrachten?"

„Das kann ich nicht, weil mir die Augen wehtun würden."

„Hast du immer gut verstanden, was die Dame sagte?"

„Das letztemal habe ich nicht alles gut verstanden, weil die Leute so viel Lärm machten."

Eine neuerliche Befragung Franciscos ergab keine weiteren Einzelheiten.

Sechste und letzte Erscheinung

Samstag, den 13. Oktober 1917

Doch nun zum wunderbaren Geschehen des letzten Erschei-
nungstages.

Die Erzählungen der Pilger und noch mehr die Berichte in
den liberalen Zeitungen, die in ironischer Weise über die Ereignisse referierten und aufmerksam machten, daß die Dame
für den 13. Oktober ein großes Wunder versprochen habe, riefen im ganzen Lande die hochgespanntesten Erwartungen hervor.

In Aljustrel, dem Geburtsort der Seher, erreichte die Erregung den höchsten Grad. Drohungen gegen die Kinder wurden laut: „Wenn dann nichts geschieht ... da sollt ihr sehen!
Das sollt ihr büßen!" Es verbreitete sich das Gerücht, die Zivilbehörden beabsichtigten, im Augenblick der Erscheinung
eine Bombe neben den Sehern zur Explosion zu bringen.

Die Verwandten der beiden Familien, von der feindseligen
Stimmung der Leute bedrückt, schwankten zwischen Furcht
und Hoffnung; und die Furcht flößte ihnen Zweifel ein:
„Wenn sich die Kinder getäuscht hätten?"

Einige rieten dem Ehepaar Marto, die Kinder allein zur
Cova da Iria gehen zu lassen, sie nicht dorthin zu begleiten:
„Den Kindern werden sie nichts Böses tun, weil sie zu klein
sind; aber den Eltern könnte es schlecht gehen, wenn die
Menge enttäuscht würde und in Wut geriete ..."

Lucias Mutter war in einem Zustand völliger Ratlosigkeit;
sie lebte in beständigem Zwiespalt zwischen dem Wunsch, der
Tochter zu glauben, und der stets wachsenden Angst, diese
sei das Opfer eines höllischen Trugbildes.

Der bedeutungsvolle Tag rückte immer näher ... Einige

rieten ihr, die Tochter an einen entfernten Ort zu bringen, wo sie niemand finden könne; sonst würde sowohl sie wie auch die beiden andern Kinder ohne Zweifel umgebracht, wenn das Wunder ausbliebe . . .

Am Morgen des 12. erhob sich die gute Frau, von Sorgen gequält, schon in aller Frühe; sie weckte das Mädchen und sagte zu ihm:

„Kind, es wird gut sein, wenn wir heute beichten gehen. Man sagt, daß wir morgen in der Cova da Iria sterben müssen. Wenn die Madonna nicht das versprochene Wunder wirkt, bringen uns die Leute um; deshalb ist es besser, wenn wir beichten, damit wir auf den Tod vorbereitet sind."

Lucia, deren Vertrauen auf das Wort der Madonna keinen Augenblick erschüttert worden war, antwortete ruhig:

„Wenn Ihr beichten wollt, Mama, komme ich mit Euch, aber nicht aus dem Grund, den Ihr angebt. Ich habe keine Angst zu sterben. Ich bin ganz sicher, daß die Madonna morgen ihr Versprechen halten wird."

Und so wurde nicht mehr von der Beichte gesprochen.

Die drei Kinder waren die einzigen, die ganz ruhig blieben. Sie hatten keine Ahnung, was für ein Wunder geschehen würde, aber sie waren überzeugt, daß eines käme; und die Bomben . . . „Oh, welches Glück, wenn wir von dort mit der Madonna ins Pardies gehen könnten!" riefen sie.

Eine ungeheure Menge Neugieriger und Pilger

Schon in den frühesten Morgenstunden des 12. setzte aus den entferntesten Teilen Portugals der Zustrom gegen Fàtima ein. Am Nachmittag waren die Straßen, die gegen die Cova da Iria führten, überfüllt mit Fahrzeugen jeder Art und Gruppen von Fußgängern, von denen viele barfuß, den Rosenkranz betend, dahinschritten. Trotz der feuchten Jahreszeit waren sie entschlossen, die Nacht im Freien zu verbringen, um am nächsten Tag einen besseren Platz zu haben.

Der 13. Oktober war ein kalter, trüber und regnerischer Tag. Doch das tat nichts; die Menge wuchs ständig. Die Leute kamen aus der Umgebung und von weither, aus den entferntesten Städten der Provinz, aus Porto, Coimbra, Lissabon, von wo auch die bedeutendsten Zeitungen ihre Berichterstatter entsandt hatten.

Der anhaltende Regen hatte die Cova da Iria in eine riesige Schmutzpfütze verwandelt und durchnäßte die Wartenden bis auf die Knochen.

Gleichwohl waren gegen halb zwölf mehr als 50.000 — nach anderen Angaben über 70.000 — Personen an dem Ort versammelt, die geduldig der kommenden Dinge harrten.

Kurz vor dem Mittag kamen die Hirtenkinder an; diesmal trugen sie ihre Sonntagskleider.

Die Menge machte ihnen ehrfurchtsvoll Platz, und sie gingen in Begleitung ihrer angsterfüllten Mütter zu dem Baum, von dem nichts mehr übrig geblieben war als der Stamm. Die Leute drängten sich um sie; jeder wollte in ihrer Nähe sein.

Die kleine Jacinta, die von allen Seiten gestoßen und gedrückt wurde, begann zu weinen und rief: „Nicht stoßen!" Da nahmen sie die beiden Größeren in die Mitte, um sie zu schützen.

Nun hieß Lucia die Leute die Schirme schließen. Alle gehorchten, und man betete den Rosenkranz.

Es war genau Mittag, als Lucia eine Gebärde der Überraschung machte; sie brach das Gebet ab und rief: „Jetzt hat es geblitzt!" Dann schaute sie in die Höhe: „Da ist sie! Da ist sie!"

„Gib gut acht, mein Kind", mahnte die Mutter, die sichtlich voll Angst war, wie dieses Drama wohl enden würde; „schau, ob du dich nicht täuschest."

90

Doch Lucia hörte sie nicht mehr; sie war bereits in Ekstase. „Das Gesicht der Kleinen wurde viel schöner, als es sonst war, es nahm eine rosige Färbung an, und die Lippen wurden schmäler", erklärte ein Augenzeuge im Prozeß (13. November 1917).

Die Erscheinung zeigte sich den drei begnadeten Kindern am gewöhnlichen Orte; die Anwesenden sahen, wie sich eine weiße Wolke um die Seher bildete, die dann zu einer Höhe von etwa fünf, sechs Metern aufstieg; es sah aus wie Weihrauch.

Lucia wiederholte noch einmal die Frage:

„Wer seid Ihr und was wollt Ihr von mir?"

Und die Erscheinung antwortete nun endlich, *sie sei die Rosenkranzkönigin und wolle, daß man an diesem Orte eine Kapelle zu ihrer Ehre errichte;* sie empfahl zum sechstenmal, *man solle fortfahren, alle Tage den Rosenkranz zu beten.* Sie fügte hinzu, *der Krieg gehe dem Ende entgegen und die Soldaten würden bald heimkehren* [39].

Lucia, die wieder von ungezählten Personen gebeten worden war, der Madonna ihre Nöte vorzutragen, sagte:

---

[39] Bei verschiedenen Befragungen (13. Oktober; 16. Oktober, 19. Oktober, 2. November) behaupteten Lucia und Jacinta, Maria habe gesagt: „Der Krieg wird *heute* zu Ende gehen und wir erwarten die baldige Rückkehr unserer Soldaten." Jacinta erinnert sich nicht, den zweiten Teil dieses Satzes gehört zu haben; am 19. Oktober hat Jacinta folgende Aussage gemacht: „Maria hat gesagt: ‚Ich komme, um dir zu sagen, daß die Menschen nicht länger Unseren Herrn beleidigen, weil er schon viel beleidigt ist; daß, wenn die Menschen sich bekehren, der Krieg zu Ende geht, und wenn sie sich nicht bekehren, die Welt aufhören wird.' Lucia hat besser gehört als ich, was die Jungfrau gesagt hat." „Hat sie gesagt, daß der Krieg heute zu Ende gehen oder daß er bald zu Ende gehen wird?" „Die Madonna hat gesagt, daß, wenn sie in den Himmel zurückgekehrt sein wird, der Krieg zu Ende geht." Die Mutter Lucias, Maria Rosa, die bei der Erscheinung ganz nahe bei ihrer Tochter stand, bezeugt am 28. Oktober 1923, daß Lucia gesagt habe: „Unsere Herrin hat gesagt, daß die Menschen sich bessern sollen und Gott nicht mehr

„Ich hätte um so vieles zu bitten. Ich möchte wissen, ob Ihr die Bitten erfüllt oder nicht."

Die heiligste Jungfrau entgegnete, *sie werde einige der Bitten erfüllen, die anderen nicht.* Dann kam sie sofort wieder auf den Hauptpunkt ihrer Botschaft zurück:

„*Die Leute sollen sich bessern und um Verzeihung ihrer Sünden bitten.*"

Traurigkeit überschattete ihre Züge, als sie mit flehender Stimme sprach:

„*Sie sollen den Herrn nicht mehr beleidigen, der schon zu viel beleidigt wurde* [40]*!*"

---

beleidigen, der schon so viel beleidigt wird, und daß der Krieg zu Ende gehe (daran sei, zu Ende zu gehen)." Und die Tante Olimpia sagte aus: „Lucia hat gesagt... ,Der Krieg wird zu Ende gehen, sobald Maria in den Himmel zurückgekehrt ist.'" Ein anderer Zeuge, der hochwürdige Bràs das Neves, Vikar in Freixianda, hatte am 20. Oktober 1917 eine Unterredung mit den Kindern; Lucia sagte: „Unsere Herrin hat am 13. Oktober versprochen, daß der Krieg an diesem Tage zu Ende gehe." „Am 8. Dezember befragt, antwortete sie auf die Bemerkung, der Krieg sei noch nicht zu Ende gegangen, sie habe sich vielleicht geirrt; denn ihre Begleiterin Jacinta habe behauptet, Unsere Herrin habe gesagt, daß der Krieg zu Ende gehe, wenn die Menschen sich bekehren." Ähnlich lauteten andere Aussagen. Besonders bedeutungsvoll ist, daß die Zeitungen, die doch ausführlich von den Vorgängen am 13. berichteten, allgemein — mit einer einzigen Ausnahme — nur behaupteten, der Krieg werde demnächst zu Ende gehen; viele der Berichterstatter waren ungläubig und hätten einen Irrtum sicher ausgenützt.

Das Ergebnis der verschiedenen Untersuchungen ist: Der Satz, um den es sich handelt, ist ausdrücklich oder wenigstens einschlußweise *bedingt:* „Tut Buße! Wenn ihr Buße tut, geht der Krieg demnächst zu Ende!" Die Bekanntmachung dieser Bedingung und ihre Erfüllung erfordern auf alle Fälle einen entsprechenden Zeitraum.

[40] Lucia gibt einige Jahre später dazu folgende Erklärung: „Die Worte der heiligsten Jungfrau bei jener Erscheinung, die mir am tiefsten ins Herz eingegraben blieben, waren jene, als unsere heiligste Mutter bat: ,Sie sollen den Herrn nicht mehr beleidigen, der schon zu viel beleidigt wurde.' Welch liebevolle Klage lag doch in jener innigen Bitte! O wie wünschte ich, daß die ganze Welt, daß alle Kinder der Himmelsmutter ihre Stimme hörten!"

Es war das letzte Wort, der Kern der Botschaft von Fàtima. Die Seher waren überzeugt, daß es die letzte Erscheinung sei. Beim Abschied öffnete die Gottesmutter die Hände, die wie Sonnenlicht strahlten, und zeigte — wie sich die beiden Kleinen ausdrückten — mit dem Finger auf die Sonne.

Das Sonnenwunder

In diesem Augenblick schrie Lucia:

„Schaut, die Sonne [41]!"

Welch überwältigendes, nie gesehenes Schauspiel!

Der Regen hörte plötzlich auf, die Wolken zerrisssen und die Sonnenscheibe wurde sichtbar; doch sie war silbern wie der Mond. Mit einem Male begann die Sonne mit ungeheurer Geschwindigkeit wie ein Feuerrad um sich selbst zu kreisen, gelbe, grüne, rote, blaue und violette Strahlenbündel werfend, die Wolken, Bäume, Felsen, Erde und die ungeheure Menge in phantastische Farben tauchten. Einen Augenblick hielt sie an, dann begann der Tanz der Feuerscheibe von neuem. Noch einmal stand sie still, um dann ein drittes Mal den wunderbaren Anblick zu bieten, noch farbenprächtiger, noch glänzender als vorher.

Atemlos, verzückt stand die Menge.

Plötzlich hatten alle den Eindruck, als löse sich die Sonne vom Firmament und eile auf sie zu. Ein vieltausendstimmiger Schreckensschrei gellte auf. Dann klang es durcheinander: „Ein Wunder, ein Wunder!" — „Ich glaube an Gott!" — „Ave Maria!" — „Mein Gott, Barmherzigkeit!" — Und die Leute war-

---

[41] Das Mädchen hatte nicht die Absicht, die Aufmerksamkeit der Leute auf die Sonne zu lenken, denn sie war sich „nicht einmal ihrer Anwesenheit bewußt". Sie rief, weil „ein innerer Impuls sie drängte, es zu tun".

fen sich in dem Schlamm auf die Knie und beteten laut einen Reueakt.

Dieses Schauspiel dauerte gut zehn Minuten. Es wurde von ca. 50.000 Personen gesehen, von Gläubigen und Ungläubigen, einfachen Bauern und gebildeten Städtern, Wissenschaftlern, Journalisten; und sie erlebten das Wunder ohne irgendwelche Vorbereitung, ohne eine andere Beeinflussung, als es der Ruf eines Mädchens ist: „Schaut, die Sonne!" Sie sahen die gleichen Phänomene, in den gleichen, deutlich unterscheidbaren Phasen, zur selben Zeit, an dem Tag und zu der Stunde, für die das Wunder seit Monaten versprochen und angekündigt war.

Außerdem entnimmt man aus dem Prozeß, daß das Wunder auch von Personen beobachtet wurde, die fünf und mehr Kilometer vom Ort der Erscheinungen entfernt waren und darum keinerlei Suggestion unterliegen konnten. Andere bezeugen, sie hätten während der ganzen Zeit die Seher im Auge behalten, um auch die kleinste Bewegung zu belauern; so konnten sie auf ihren Gestalten das wunderbare Farbenspiel wahrnehmen.

Noch ein anderer Umstand, der im Prozeß erhoben wurde, verdient Erwähnung. Er wurde von sehr vielen, die man darüber befragte, bestätigt: Nach dem Sonnenwunder waren zur allgemeinen Überraschung die Kleider, die eben noch ganz durchnäßt gewesen waren, vollständig trocken.

Warum alle diese Wunder? Offensichtlich, um uns von der Wahrheit der Erscheinungen zu überzeugen und um die außerordentliche Bedeutung der himmlischen Botschaft zu betonen, deren Überbringerin die Mutter der Barmherzigkeit war . . . Lassen wir sie darum nicht unbeachtet!

Während die Menge in sprachlosem Erstaunen die erste Phase des Sonnenphänomens betrachtete, genossen die Seher ein ganz anderes Schauspiel.

Bei der fünften Erscheinung hatte ihnen die Madonna versprochen, im Oktober mit dem heiligen Joseph und dem Jesuskinde zu kommen. Als ihr nun die Kinder mit den Blicken folgten, wie sie sich gegen die Sonne erhob und schließlich in der Unendlichkeit des Raumes verschwand, sahen sie plötzlich neben der Sonne die Heilige Familie: rechts die seligste Jungfrau mit einem weißen Gewand und himmelblauem Mantel bekleidet, das Antlitz leuchtender als die Sonne, links den heiligen Joseph mit dem Jesuskind, das ein bis zwei Jahre alt zu sein schien. Die Heilige Familie segnete die Welt mit dem Kreuzzeichen. Als diese Vision verschwunden war, sah Lucia den Heiland, wie er das Volk segnete, und dann noch einmal die Madonna in zwei verschiedenen Erscheinungsweisen: „Es schien die Schmerzensmutter zu sein, doch sie hatte nicht das Schwert in der Brust; und ich glaube, sie noch in einer anderen Weise gesehen zu haben: als Maria vom Berge Karmel." — Erst als diese Visionen verschwunden waren, konnten die Seher ihre Aufmerksamkeit auf die Sonnenphänomene richten.

Eine außerordentliche Heilung

Am gleichen Tage sprach man von einer außerordentlichen Heilung, die am Ort der Erscheinungen geschehen war.

Maria do Carmo, 47 Jahre alt, verheiratet mit Joaquim dos Santos, gebürtig aus Arnal (Maceira), Diözese Leirìa, war seit fünf Jahren schwer leidend; es zeigten sich bei ihr alle Symptome der Tuberkulose. Seit Beginn des Jahres 1916 hatte sich ihr Zustand verschlimmert; es waren andauernde heftige Schmerzen im ganzen Körper aufgetreten und verschiedene Anzeichen ließen vermuten, daß sich zu ihrer bisherigen Krankheit noch eine Gebärmuttergeschwulst gesellt hatte. Sie konnte weder schlafen noch essen und schien im

Juli 1917 dem Ende nahe. In dieser Zeit hörte sie von den außerordentlichen Geschehnissen in der Cova da Iria, die 35 Kilometer von Maceira entfernt ist.

Ein Hoffnungsstrahl erhellte ihre Seele, und sie versprach, viermal barfuß nach Fàtima zu gehen, um von der heiligsten Jungfrau Heilung zu erlangen. Am 13. August wollte sie zum ersten Male diese Pilgerfahrt antreten, doch ihr Mann wollte nichts davon wissen: „Wir sind arm und haben kein Geld, um einen Wagen zu nehmen; zu Fuß ist es unmöglich, du könntest unterwegs sterben. Habe Geduld! Ich lasse dich nicht gehen."

Sie beharrte jedoch auf ihrem Vorhaben, und um ein Uhr morgens trat sie, auf den Arm des Gatten gestützt, den Weg an. Als sie nach vielen Stunden in Fàtima ankamen, war die Arme völlig am Ende ihrer Kräfte, „vom Kopf bis zum Fuß Schmerzen", wie sie sagte. Nach wenigen Minuten jedoch fühlte sie sich zu ihrem Erstaunen wohler. Der Rückweg strengte sie weniger an, und sie konnte von nun an ein wenig Speise zu sich nehmen.

Am 13. September ging die Pilgerschaft leichter vonstatten, denn die Besserung hatte seither langsam Fortschritte gemacht.

Als sie sich am 13. Oktober zum dritten Male auf den Weg machten und noch nicht weit von ihrem Haus entfernt waren, begann es so stark zu regnen, daß sie ganz durchnäßt in der Cova da Iria anlangten. Doch hier fühlte sich die Frau plötzlich völlig wohl, Schmerzen und Husten waren verschwunden, ebenso die Anschwellung der Glieder und die übrigen Krankheitssymptome. Appetit und Kräfte kehrten zurück. Die Heilung war vollständig. Ein Jahr später erklärte sie, sich im ganzen Leben noch nie so wohl gefühlt zu haben wie jetzt.

Berichte über das Sonnenwunder

Um die geschichtliche Wahrheit zu erhärten, führen wir die Beschreibung an, die der hochwürdigste Bischof von Leiria im Hirtenbrief über die Verehrung Unserer Lieben Frau von Fàtima (S. 11) gibt: „Das Sonnenphänomen vom 13. Oktober 1917, über das die damaligen Tageszeitungen berichteten, war etwas Wunderbares und hinterließ in allen, die das Glück hatten, es zu sehen, einen unauslöschlichen Eindruck.

Die Kinder hatten im voraus den Tag und die Stunde angegeben, in der es eintreten sollte. Die Kunde davon verbreitete sich schnell in ganz Portugal, und obwohl das Wetter unfreundlich war und es in Strömen regnete, fanden sich Tausende und Tausende von Personen dort ein, die der letzten Erscheinung beiwohnten und Zuschauer aller Phänomene waren, durch die das Tagesgestirn der Königin des Himmels und der Erde seine Huldigung darbrachte, jener Königin, die heller strahlt als die Sonne im Mittagsglanze (Hohel. 6, 9).

Dieses Phänomen wurde von keiner Sternwarte registriert und war darum nicht natürlich; es wurde jedoch von Personen aller Stände und sozialen Klassen beobachtet, von Gläubigen und Ungläubigen, Journalisten der bedeutendsten portugiesischen Tageszeitungen, und auch von Leuten, die vom Orte des Geschehens mehrere Kilometer entfernt waren, wodurch die Erklärung, es könne sich um eine Massenillusion handeln, hinfällig wird."

Wir können uns kein maßgebenderes Zeugnis wünschen. Im übrigen beschäftigte sich auch die Presse ausführlich mit den Ereignissen jenes Tages, besonders mit dem „Sonnenwunder". Großes Aufsehen erregten zwei Artikel im „Sèculo": „Im Reiche des Übernatürlichen: die Erscheinungen von Fàtima" und „Erstaunliche Dinge: Sonnentanz am hellen Mittag in Fàtima" (13. und 15. Oktober 1917). Weil der Verfasser,

Chefredakteur Avellino d'Almeida, ungescheut der Wahrheit Zeugnis gab, trug ihm dies heftige Anfeindungen von seiten des „Freien Gedankens" ein.

Wir geben noch das Zeugnis des Dr. Josè Maria Proença de Almeida Garrett, Universitätsprofessor in Coimbra, wieder:

„Ich kam zu Mittag an.

Der dichte Regen, der seit dem Morgen unaufhörlich fiel, wurde jetzt durch einen wütenden Wind gepeitscht und drohte alles zu überschwemmen.

Ich blieb auf der Straße stehen . . ., die etwas höher liegt als der Ort, von dem sie sagten, daß dort die Erscheinungen stattfänden. Ich war etwa hundert Meter von jenem Platz entfernt . . .

Der Regen stürzte jetzt in Strömen auf die Köpfe der Wartenden und drang in ganzen Bächen in ihre Kleider ein.

Es war fast zwei Uhr nachmittags (wenig nach dem astronomischen Mittag). Ein paar Augenblicke vorher hatte die Sonne die dichte Wolkenschicht, die sie verhüllte, mit ihren Strahlen durchbrochen: aller Blicke richteten sich auf sie, wie magnetisch angezogen.

Auch ich versuchte, sie ins Auge zu fassen; sie sah aus wie eine Scheibe mit klaren Umrissen, glänzend, aber nicht blendend.

In Fàtima hörte ich, daß man sie als Scheibe aus mattem Silber beschrieb; dieser Vergleich schien mir nicht ganz zutreffend. Nein, sie hatte eine klare, schillernde Helligkeit, die an den Glanz einer Perle erinnerte. Sie ähnelte durchaus nicht dem Mond in einer klaren Nacht, denn sie hatte weder seine Farbe noch das eigenartige Hell-Dunkel. Sie sah aus wie ein glänzendes Rad, das der silbernen Hülle einer Muschel entnommen zu sein schien.

Das ist nicht Poesie; meine Augen haben es so gesehen.

Sie hatte auch keine Spur von Ähnlichkeit mit der Sonne,

wie sie aussieht, wenn sie durch eine Nebelwand scheint; die Sonnenscheibe war nicht undeutlich oder irgendwie verschleiert, sondern hob sich klar von ihrem Hintergrund und ihrem Umkreis ab.

Diese bunte und leuchtende Scheibe schien in rasender Bewegung. Es war nicht das lebhafte Glitzern des Sternenlichtes. Sie kreiste mit ungeheurer Geschwindigkeit um sich selbst.

Plötzlich erhob sich in der Volksmenge Geschrei, Angstrufe. Die Sonne kreiste noch immer mit der gleichen Geschwindigkeit, löste sich jedoch gleichzeitig vom Firmament und näherte sich blutigrot der Erde, alles unter ihrer feurigen, ungeheuren Wucht zu zermalmen drohend.

Es waren schreckliche Augenblicke . . .

Alle die Phänomene, die ich anführte und beschrieb, habe ich kaltblütig, heiter und ohne irgendeine Bewegung beobachtet.

Ich überlasse es andern, sie zu erklären und zu deuten."

Pater Ignacio Lourenço Pereira, der gegenwärtig als Missionar in Indien wirkt, beschrieb auf Verlangen von Monsignore Antonio M. Teixeira, damals Bischof von Meliapor, die Eindrücke, die er am 13. Oktober 1917 von den außerordentlichen Sonnenphänomenen in Fàtima empfing, in nachstehendem Brief. Dieser Brief wurde im „Catholic Register" (Juli 1931) veröffentlicht und in der Zeitschrift „Our Lady of Fatima her Wonders in India", Nr. 7, S. 1 bis 3 (Cochim 1934) abgedruckt:

„Es sind schon 14 Jahre seit jenem Ereignis vergangen, doch die tiefen Eindrücke, die mein jugendlicher Geist am 13. Oktober 1917 von dem wunderbaren Sonnenschauspiel empfing, sind noch ganz frisch in meinem Gedächtnis.

Ich war damals erst neun Jahre alt und besuchte die Elementarschule in meinem Geburtsort, einem kleinen Dorf, das auf einem einsamen Hügel gelegen ist, den Bergen von Fàtima gerade gegenüber, etwa zehn oder elf Kilometer von dort entfernt.

Es war ungefähr Mittag, als wir durch das Schreien einiger Männer und Frauen, die bei der Schule vorbeikamen, aufgeschreckt wurden. Die Lehrerin, ein sehr gutes und frommes Fräulein, doch leicht aufgeregt und sehr ängstlich, war die erste, die auf die Straße lief; natürlich konnte sie nicht verhindern, daß ihr die Kinder folgten. Draußen sammelten sich Leute an, die weinend und schreiend auf die Sonne zeigten, ohne auf die Fragen zu achten, die unsere zitternde Lehrerin an sie richtete. Es war das große Wunder, das man von der Anhöhe, auf der mein Heimatdorf liegt, ganz deutlich sah: das Sonnenwunder mit allen seinen außerordentlichen Phänomenen.

Ich fühle mich unfähig, zu beschreiben, was ich damals gesehen und empfunden habe. Ich blickte unverwandt die Sonne an; sie schien mir bleich, ohne den gewöhnlichen blendenden Glanz; sie kam mir vor wie eine Kugel aus Schnee, die um sich selbst kreist; dann plötzlich schien sie im Zickzack herunterzukommen und drohte auf die Erde zu stürzen. Aufs höchste erschrocken, lief ich, um mich hinter den Leuten zu verstecken.

Alle weinten und erwarteten jeden Augenblick den Weltuntergang.

Neben uns stand ein Ungläubiger, der den ganzen Vormittag über die Leute gespottet hatte, die eigens nach Fàtima gingen, um ein kleines Mädchen zu sehen ...! Ich schaute ihn an: er war wie gelähmt; mit weitaufgerissenen, staunenden Augen betrachtete er die Sonne; dann sah ich, wie er vom Kopf bis zum Fuß zitterte; endlich erhob er die Hände gegen den Himmel, fiel auf die Knie, ohne auf den Straßenschmutz zu achten, und schrie: ‚Die Madonna! Die Madonna!' Etwas anderes konnte er nicht sagen, der arme Ungläubige, dem endlich eine bessere Erkenntnis aufgegangen war.

Inzwischen hörten die Leute nicht auf zu schreien und ihre Sünden zu beweinen . . . Dann eilten sie von allen Seiten den zwei kleinen Dorfkapellen zu, die sich in wenigen Augenblikken füllten, so daß niemand mehr Platz fand . . .

Während der langen Minuten, die das Sonnenphänomen anhielt, strahlten die Gegenstände um uns alle Regenbogenfarben wider . . .

Wenn wir einander ins Gesicht schauten, sahen wir abwechselnd den einen blau, den andern gelb, einen dritten rot usw. Alle diese seltsamen Erscheinungen erhöhten den Schrecken des Volkes. Nach etwa zehn Minuten kehrte die Sonne in gleicher Weise an ihren Platz zurück, wie sie ihn verlassen hatte, bleich und ohne Glanz . . . Als die Leute merkten, daß die Gefahr vorüber war, strahlten sie vor Freude.

Wie aus einem Munde riefen sie: ,Ein Wunder! Ein Wunder! Unsere Liebe Frau sei gelobt!' "

Mangalore, Seminar des heiligen Josef, 13. Juli 1931

Ignacio Lourenço Pereira, Augenzeuge [42]

---

[42] P. J. M. De Marchi veröffentlichte in seinem bekannten Buch: Era una Senhora mais brilhante que o Sol . . . (Seite 187) dieses Dokument und sagt: es sei „die interessanteste Beschreibung, für deren Bekräftigung wir verschiedene Personen des Ortes Alburitell persönlich befragen konnten; unter anderem auch die Lehrerin, von welcher der Briefschreiber berichtet: D. Delfina Pereira Lopes." — P. Fonseca fügt noch ein Zeugnis von dessen älteren Bruder (Ignazio Lorenço) D. Gioachino, gegenwärtig Rektor des Heiligtums von Fàtima, bei, das dem obigen fast gleichlautig ist; auch er sah das Sonnenwunder zusammen mit einer Gruppe von Ortsbewohnern, die alle auf einem ungefähr 18 km vom Ort der Erscheinung entfernten Hügel versammelt waren. Am 13. Mai 1921, ungefähr zwei Stunden vor Sonnenuntergang, wurde das Sonnenwunder wieder beobachtet und ist auf vier Photographien festgehalten.

Nach dem großen Wunder

Als die großartigen Phänomene verschwunden waren, machte sich die Begeisterung der Menge in unbeschreiblicher Weise Luft. Alle drängten nach der Richtung, wo die Seher waren, deren Vorhersagen sich so wunderbar bewahrheitet hatten; jeder wollte sie sehen, berühren, befragen ... Jacinta begann angstvoll zu weinen. Da nahm ein braver Mann die Kleine auf den Arm und trug sie auf die Straße, wo er sie den Eltern übergab. Franciscos Heiterkeit und Mut waren nicht zu erschüttern; er bahnte sich selbst einen Weg durch die Menge. Nun konzentrierte sich alle Aufmerksamkeit auf Lucia. „Plötzlich sah sie sich über ein Meer von Köpfen erhoben, vom Arm eines Riesen getragen ..., der nicht sehen konnte, wohin er seine Füße setzte; er strauchelte über einen Steinhaufen und kam zu Fall; das Mädchen jedoch stürzte nicht, da es von den Wogen der Masse gehalten wurde ...''

Endlich konnten die Kinder den Heimweg antreten. „Ich erinnere mich gut'', schreibt Lucia, „daß ich an jenem Tag ohne meine langen Zöpfe heimkam, und ich sehe noch den Ärger meiner Mutter, als sie bemerkte, daß meine Haare kürzer waren als die Franciscos.'' Nicht nur das Kopftuch war in dem Gedränge verschwunden, sondern sogar die Haare hatten unvernünftige Leute in ihrer Begeisterung abgeschnitten.

Hunderte von Neugierigen folgten den Sehern und belästigten sie mit ihrer Zudringlichkeit bis Mitternacht und noch am folgenden Tage; die Fragen nahmen kein Ende. So ging es wochen- und monatelang, so daß diese endlosen Besuche — es waren durchaus nicht lauter wohlmeinende Leute, die zu ihnen kamen — für die Kinder zu einer wahren Pein wurden.

Es war deshalb für den Visconde de Montelo nicht leicht, sich noch am selben Abend Zutritt in das Haus Marto zu verschaffen, um die Kinder neuerdings zu befragen und seine Informationen zu vervollständigen.

Lucias Bericht

„Ist es wahr, daß dir heute in der Cova da Iria die Madonna erschienen ist?" fragte er Lucia.

„Ja."

„War sie gekleidet wie die anderen Male?"

„Sie hatte das gleiche Kleid."

„Ist es wahr, daß auch der heilige Joseph und das Jesuskind erschienen sind?"

„Ja, es ist wahr."

„Hast du noch andere Erscheinungen gesehen?"

„Auch der Heiland ist erschienen und hat das Volk gesegnet, und die Madonna habe ich auf zwei verschiedene Weisen gesehen."

„Was willst du sagen mit den Worten: auf zwei verschiedene Weisen?"

„Ich will sagen, daß sie als Schmerzensmutter erschienen ist, aber ohne das Schwert in der Brust; und dann — ich kann nicht richtig ausdrücken, wie sie gekleidet war — ungefähr wie Unsere Liebe Frau vom Berge Karmel."

„Hast du alle diese Erscheinungen gleichzeitig gesehen?"

„Nein; zuerst habe ich die Rosenkranzkönigin gesehen, den heiligen Joseph und das Jesuskind, dann den Heiland allein, dann Maria vom Berge Karmel."

„Hast du das Jesuskind stehend gesehen oder auf dem Arm des heiligen Joseph?"

„Auf dem Arm des heiligen Joseph."

„War das Kind ziemlich groß?"

„Nein, es war klein."

„Wie alt mochte es ungefähr sein?"

„Vielleicht ein Jahr."

„Erschienen sie auch über der Steineiche?"

„Nein, sie erschienen neben der Sonne, als die Madonna von der Steineiche verschwunden war."

„Hast du den Heiland stehend gesehen?"

„Ich habe nur den Oberkörper gesehen."

„Wie lange dauerte die Erscheinung über der Steineiche? So lange, wie man braucht, um den Rosenkranz zu beten?"

„Ich glaube, nicht so lange."

„Sind die Gestalten, die du neben der Sonne gesehen hast, lange Zeit sichtbar gewesen?"

„Nein, kurze Zeit."

„Hat dir die Dame gesagt, wer sie ist?"

„Sie sagte, daß sie die Rosenkranzkönigin sei."

„Hast du sie gefragt, was sie will?"

„Ja, ich habe sie gefragt."

„Und was hat sie dir geantwortet?"

„Sie sagte, man solle sich bekehren und nicht mehr den Herrn beleidigen, der schon zu viel beleidigt wurde, den Rosenkranz beten und um Verzeihung der Sünden bitten."

„Sonst hat sie nichts gesagt?"

„Sie hat noch den Wunsch ausgesprochen, daß in der Cova da Iria eine Kapelle errichtet werde."

„Mit welchem Geld soll diese Kapelle errichtet werden?"

„Ich denke mit dem, das man dort unten gesammelt hat."

„Sagte sie etwas über unsere Soldaten, die im Krieg gefallen sind?"

„Sie hat nicht von ihnen gesprochen."

„Hat sie dir gesagt, du solltest die Leute aufmerksam machen, daß sie auf die Sonne schauen?"

„Das hat sie mir nicht gesagt."

„Will sie, daß das Volk Buße tue?"

„Ja."

„Hat sie ausdrücklich das Wort Buße gesagt?"

„Nein, sie hat gesagt, wir sollen den Rosenkranz beten, uns bessern und den Herrn um Verzeihung unserer Sünden bitten; das Wort Buße hat sie nicht ausgesprochen."

„Wann hat das Sonnenwunder begonnen? Als die Dame verschwunden war?"

„Ja."

„Hast du sie kommen sehen?"

„Ja."

„Von welcher Seite?"

„Von Osten."

„Und die anderen Male?"

„Ich habe nie darauf achtgegeben."

„Hast du sie fortgehen sehen?"

„Ja."

„In welcher Richtung?"

„Gegen Osten."

„Ist sie zurückgeschritten oder wendete sie dem Volke den Rücken?"

„Sie wendete dem Volk den Rücken."

„Dauerte es lange, bis sie verschwunden war?"

„Nein, kurze Zeit."

„War sie von Glanz umgeben?"

„Sie ist immer glänzend erschienen, aber diesmal blendete es mich; fortwährend mußte ich mir die Augen reiben."

„Glaubst du, daß sie noch einmal erscheinen wird?"

„Ich rechne nicht damit, sie noch einmal zu sehen; sie hat mir nichts Diesbezügliches gesagt [43]."

---

[43] Lucia bemerkte dazu: „Ich bezog es auf die Erscheinungen des 13., die sich in gleicher Weise wie die vorhergehenden ereigneten. In diesem Sinn habe ich die Frage aufgefaßt."

„Hast du die Absicht, am 13. des nächsten Monats wieder in die Cova da Iria zu gehen?"

„Nein, Herr."

„Wird die Madonna nicht noch andere Wunder wirken? Wird sie nicht die Kranken heilen?"

„Ich weiß es nicht."

„Hast du ihr nicht einige Bitten vorgetragen?"

„Ich habe ihr heute gesagt, ich hätte viele Bitten vorzubringen. Sie hat mir geantwortet, daß einige gewährt werden, andere nicht."

„Hat sie dir nicht gesagt, wann das geschehen wird?"

„Nein."

„Unter welchem Titel soll nach ihrem Wunsch die Kapelle in der Cova da Iria errichtet werden?"

„Sie hat heute gesagt, sie sei die Rosenkranzkönigin."

„Will sie vielleicht, daß von überallher Leute dorthin kommen?"

„Sie hat keinen derartigen Auftrag gegeben."

„Hast du Zeichen an der Sonne gesehen?"

„Ja, ich habe sie kreisen sehen."

„Hast du andere Zeichen bei der Steineiche gesehen?"

„Ich habe nichts anderes gesehen."

„Wann schien dir die Dame schöner, diesmal oder die früheren Male?"

„Ich sah sie immer gleich schön."

„Von welcher Farbe war ihre Kleidung, als sie neben der Sonne erschien?"

„Der Mantel war himmelblau, das Kleid weiß."

„Und der Heiland, der heilige Joseph und das Jesuskind?"

„Sie trugen rote Kleider."

„Wann hast du die Madonna gefragt, was sie tun wird, damit alle an die Erscheinungen glauben?"

106

„Zum ersten Male im Monat Juni, glaube ich; später habe ich sie noch mehrere Male gefragt."

„Wann hat sie dir das Geheimnis gesagt?"

„Mir scheint, es war bei der zweiten Erscheinung."

Was Jacinta und Francisco sahen

Alle Angaben Lucias wurden durch die Antworten der kleinen Jacinta bestätigt. Wie bei den früheren Erscheinungen, so hatten auch diesmal nur die zwei Mädchen die Worte der Dame gehört. Francisco war bloß Zuschauer, doch er war oft gezwungen, die Augen zu schließen. Wir lassen hier einige der Aussagen folgen, die die Geschwister am 13. Oktober gemacht und am 19. Oktober bestätigt haben.

Jacinta erzählt

„Wen hast du außer der Madonna in der Cova da Iria gesehen?"

„Ich habe den heiligen Joseph und das Jesuskind gesehen."

„Wo hast du sie gesehen?"

„Ich habe sie neben der Sonne gesehen."

„Hast du auch den Heiland gesehen, die Schmerzhafte Mutter und Maria vom Berge Karmel?"

„Nein."

„Aber am 11. hast du mir doch gesagt, daß sie erscheinen werden!"

„Ich habe es gesagt. Lucia hat die andere Madonna gesehen, ich nicht."

„War das Jesuskind rechts oder links vom heiligen Joseph?"

„Es war rechts."

„Stand es oder war es auf dem Arm des heiligen Joseph?"

„Es stand."

107

„Sahst du den rechten Arm des heiligen Joseph?"

„Nein."

„Wie groß war das Kind?"

„Das Kind reichte dem heiligen Joseph nicht bis zum Gürtel."

„Wie alt schien das Kind zu sein?"

„Wie Deolinda das Neves [44]."

„Was hat die Madonna gesagt?"

„Sie hat gesagt, wir sollen alle Tage den Rosenkranz beten und in der Cova da Iria solle eine Kapelle errichtet werden . ."

„Hast du das von ihr selbst gehört oder hat es dir Lucia gesagt?"

„Ich habe es von ihr selbst gehört."

„Woher ist die Madonna gekommen?"

„Von Osten."

„Und wohin ist sie gegangen, als sie verschwand?"

„Gegen Osten."

„Ist sie beim Fortgehen rückwärts geschritten, auf das Volk blickend?"

„Nein, sie hat sich umgewendet."

„Sagte sie euch, daß ihr wieder zur Cova da Iria kommen solltet?"

„Sie hatte früher gesagt, daß es das letztemal sein werde, und heute hat sie wiederholt, daß es das letztemal sei."

„Hat euch die Madonna sonst nichts gesagt?"

„Heute hat sie gesagt, man solle der Rosenkranzkönigin zu Ehren alle Tage den Rosenkranz beten."

„Und hat sie gesagt, wo man den Rosenkranz beten soll?"

„Sie hat nicht gesagt, wo."

„Hat sie gesagt, man solle ihn in der Kirche beten?"

„Das hat sie nie gesagt."

---

[44] Ein kleines Mädchen von Aljustrel, das etwa zwei Jahre zählte.

„Wo betest du lieber den Rosenkranz, zu Hause oder in der Cova da Iria?"

„In der Cova da Iria."

„Und warum?"

„Nur so . . ."

„Mit welchem Geld soll man nach dem Willen der Madonna die Kapelle erbauen?"

„Sie hat gesagt, es solle eine Kapelle erbaut werden, aber sie hat nicht vom Geld gesprochen."

„Hast du die Sonne angeschaut?"

„Ja."

„Und was hast du gesehen?"

„Ich habe die Sonne rot, grün und in anderen Farben gesehen, und ich habe auch gesehen, daß sie sich drehte."

„Hast du gehört, wie Lucia das Volk auf die Sonne aufmerksam machte?"

„Ich habe es gehört, ja. Sie rief sehr laut, daß man auf die Sonne schauen solle. Die Sonne drehte sich schon."

„Hatte die Madonna aufgetragen, das Volk darauf aufmerksam zu machen?"

„Die Madonna hat nichts gesagt."

Franciscos Aussagen

„Hast du auch diesmal die Madonna gesehen?"

„Ja."

„Welche Madonna war es?"

„Es war die Rosenkranzkönigin."

„Wie war sie gekleidet?"

„Sie war weiß gekleidet und hielt den Rosenkranz in der Hand."

„Hast du auch den heiligen Joseph und das Jesuskind gesehen?"

„Ja."

„Wo hast du sie gesehen?"

„Neben der Sonne."

„War das Kind auf dem Arm des heiligen Joseph oder stand es neben ihm?"

„Es stand neben ihm."

„War es groß oder klein?"

„Es war klein."

„War es wie Deolinda das Neves?"

„Gerade so groß wie sie."

„Wie hielt die Madonna die Hände?"

„Sie hielt sie gefaltet."

„Hast du sie nur über der Steineiche gesehen oder auch neben der Sonne?"

„Ich habe sie auch neben der Sonne gesehen."

„Was leuchtete mehr, die Sonne oder das Gesicht der Madonna?"

„Das Gesicht der Madonna war leuchtender."

„Hast du verstanden, was sie sagte?"

„Ich habe nichts verstanden."

„Wer hat dir das Geheimnis gesagt? Die Madonna?"

„Nein, Lucia."

„Kannst du es mir anvertrauen?"

„Das kann ich nicht."

„Du willst nicht sprechen, weil du Angst vor Lucia hast; du fürchtest, daß sie dich schlägt, nicht wahr?"

„O nein."

„Also warum willst du es mir nicht sagen? Wäre es vielleicht eine Sünde?"

„Es kann sein, daß es eine Sünde wäre, das Geheimnis zu verraten."

„Ist das Geheimnis zu deinem Seelenheil und zu dem von Lucia und Jacinta?"

„Ja."

„Und auch zum Seelenheile des Herrn Pfarrers?"

„Das weiß ich nicht."

„Wären die Leute traurig, wenn sie es erführen?"

„Ja."

„Von welcher Seite ist die Dame gekommen?"

„Von Osten."

„Und verschwand sie nach derselben Richtung?"

„Ja."

„Ist sie rückwärts geschritten?"

„Nein, sie hat sich umgewendet."

„Langsam oder schnell?"

„Langsam."

„Machte sie Schritte wie wir?"

„Sie machte keine Schritte, sie entfernte sich ganz gerade, ohne die Füße zu bewegen."

„Wann schien sie dir schöner, heute oder die anderen Male?"

„Ich habe sie immer gleich schön gesehen."

„Hast du auch die Sonnenzeichen gesehen?"

„Ja, ich habe die Sonne kreisen sehen; sie sah aus wie ein Feuerrad."

„Geschah dieses Wunder vor oder nach dem Verschwinden der Dame?"

„Gleich nachdem sie verschwunden war."

„Hat die Dame Lucia aufgefordert, der Menge zu sagen, sie sollte die Sonne anschauen?"

„Sie sagte nichts, aber sie wies mit dem Finger auf die Sonne, bevor sie verschwand."

„Und begann das Wunder sofort?"

„Ja."

„Welche Farben hast du in der Sonne gesehen?"

111

„Ich habe sehr schöne Farben gesehen: Himmelblau, Gelb und andere." — —

Was die kleinen Vertrauten der Himmelskönigin aussagten, spricht für sich selbst und wirft ein helles Licht auf die Geschehnisse. Verfolgen wir den äußeren Verlauf derselben: die wunderbare, stets wachsende Harmonie der Erscheinungen, bis sie in der himmlischen Botschaft ihre Krönung fanden; die auffallend vielen Prüfungen der Glaubwürdigkeit; die verschiedenen Erscheinungsweisen, unter denen sich die heiligste Jungfrau, Unsere Liebe Frau vom Rosenkranz, beim Abschied zeigte.

Greifen wir nur diese eine Tatsache heraus: Die Madonna, die bisher immer in der gleichen Gestalt erschienen war, zeigte sich nun in schneller Aufeinanderfolge mit der Heiligen Familie, dann als Schmerzensmutter und endlich als Maria vom Berge Karmel.

Warum wohl? Wollte sie die einfachen Gläubigen belehren, daß sie immer die gleiche Mutter der Barmherzigkeit ist, unter welchem Titel man sie auch anrufe? Ohne Zweifel; aber vielleicht war es vor allem ihre Absicht, Liebe zum Rosenkranzgebet zu wecken und Eifer für die Übung der Tugenden, die sich in seinen Geheimnissen offenbaren.

In welch anziehender Weise lehrt uns doch der freudenreiche Rosenkranz die Heiligung des Alltags, wenn wir Jesu und Mariä verborgenes Leben im Schoße der Heiligen Familie betrachten. Und was wäre wohl besser geeignet, Reue und Bußgesinnung in uns zu wecken, als das Bild des gemarterten Erlösers und seiner leidgebeugten Mutter, das uns der schmerzhafte Rosenkranz vor Augen stellt? Die glorreichen Geheimnisse aber erfüllen die Seele mit Sehnsucht nach der ewigen Heimat, in die Jesus und Maria uns vorausgegangen sind; da erwachen Gottesliebe und tiefes Verlangen nach Vollkommenheit in uns, der ernste Wille, alles zu tun, um der

Hölle zu entgehen und auch das Fegfeuer zu verkürzen. Wie sehr vermag doch die Gestalt Mariens vom Berge Karmel, der wir das große Samstagprivileg verdanken, unsere Hoffnung zu beleben! So war diese dreifache Erscheinungsweise eine wunderbare Offenbarung des Titels der Königin des Rosenkranzes.

Warum hat wohl Maria den 13. des Monats für die Erscheinungen gewählt? Der 13. August ist nach der Überlieferung der Sterbetag der Gottesmutter, während sie am 15. August, also am dritten Tag ihrer Grabesruhe, in den Himmel aufgenommen wurde. Früher beging man in Portugal am 13. August ein eigenes Fest: Vom guten Tode Unserer Lieben Frau (Festum de Bona Morte BMV); es wurde namentlich von den Franziskanern und Jesuiten Portugals gefeiert. Prof. L. Fischer fand in spanischen und portugiesischen Archiven die geschichtlichen Beweise dafür [45].

---

[45] F. Fischer: Die Botschaft Unserer Lieben Frau von Fàtima, S. 103, 106, 201–205.

II.
DIE SEHER

Die drei Lieblinge der Himmelskönigin vor den Erscheinungen

Die Erscheinungen, von denen wir berichten konnten, sind zweifellos große Wunder, mag man nun die äußeren Geschehnisse betrachten oder ihren geistigen Gehalt und ihre Zielsetzung.

Doch nicht geringer ist das Wunder, mit dem wir uns jetzt beschäftigen wollen: die drei kleinen Hirten und ihre Treue zur Botschaft der Himmelskönigin. Wir wollen sie im Geiste aufsuchen und das Innenleben dieser bevorzugten Kinder Mariens erlauschen.

Tief ergriffen werden wir vor der heroischen Opferfreudigkeit und dem glühenden Seeleneifer dieser unschuldigen Seelen stehen und die Gnade preisen, die solche Wunder in ihnen vollbrachte; sind doch diese Kinder die besten Lehrmeister für uns, wenn wir in den wahren Geist der Verehrung Unserer Lieben Frau von Fàtima eindringen wollen [46].

Ihrer ist das Himmelreich

Bis zu den außerordentlichen Ereignissen des Jahres 1917 war das Leben der drei Kinder fröhlich und sorglos verlaufen, wohlgeborgen im Schoße einer friedliebenden, echt christlichen Familie. Wir erkennen das Walten der Vorsehung, wenn wir erfahren, daß Jacinta und Francisco von klein auf ihrer

---

[46] Wir bringen die Daten in Erinnerung: Lucia wurde am 22. März 1907 als letztes der sechs Kinder (ein Knabe und fünf Mädchen) des Antonio dos Santos (gest. 31. Juli 1919) und der Maria Rosa dos Santos (gest. 16. Juli 1942) geboren. Francisco erblickte am 11. Juni 1908 das Licht der Welt, Jacinta am 11. März 1910 (das im Jahre 1909 geborene Kind Teresa war bereits gestorben); auch sie sind die jüngsten aus der

Cousine Lucia herzlich zugetan waren und ihre Gesellschaft jeder anderen vorzogen. Sie sagten, es mache ihnen keine Freude, mit anderen Kindern zu spielen, und darum gingen sie sooft als möglich zu Lucia und holten sie zu ihrem Lieblingsplätzchen: einem Brunnen im elterlichen Garten, der zwischen Mandelbäumen, Oliven und Kastanien versteckt lag. Meist durfte Jacinta wählen, was gespielt werden sollte. Oft erzählten die Kinder einander auch die „Geschichten", die sie am Abend gehört hatten, wenn die ganze Familie um den Herd versammelt war. Wie schnell flogen da die Stunden dahin!

Auch später, als die Tage der Drangsal gekommen waren, suchten sie noch diesen Platz auf — doch nicht mehr, um zu spielen und sich an Geschichten zu ergötzen, sondern um zu weinen und zu beten . . .

Noch kannten ihre unschuldigen Herzen nichts als Fröhlichkeit, Lachen und Singen; und an jenem verborgenen Plätzchen störte niemand ihre Freude.

Es kam jedoch nicht selten vor, daß Lucia andere Pflichten zu erfüllen hatte. Die Nachbarinnen, die fern vom Hause arbeiteten, ließen nämlich ihre Kinder oft im Hofe der Frau Maria Rosa dos Santos unter der Obhut der noch nicht achtjährigen Lucia und ihrer zwei größeren Schwestern, die daheim das Schneiderhandwerk ausübten, zurück. So wurden der Hof und die daran anstoßende Tenne zu einem improvisierten Kindergarten, und der kleinen Lucia oblag es, die Aufsicht zu führen.

---

elfköpfigen Kinderschar der Frau Olimpia von Jesus (gest. 3. April 1956); zwei stammen aus ihrer ersten Ehe mit Josè Fernandes Rosa, der am 10. Oktober 1895 starb, und neun aus der zweiten mit Emanuele Pietro Marto (gest. 3. Februar 1957). Wie oft kommt es vor, daß gerade die letzten Sprosse einer kinderreichen christlichen Familie zum größten Segen für die Ihren werden!

An diesen Tagen mußten Francisco und Jacinta zu ihrem größten Bedauern darauf verzichten, sich mit der Freundin in ihre geliebte Einsiedelei zurückzuziehen; und so blieb ihnen nichts übrig, als an den Spielen der andern teilzunehmen.

Nach dem Mittagessen — besonders während der Fastenzeit — hielt Frau Maria Rosa gewöhnlich eine Katechismusstunde, „denn sie wollte nicht, daß sich ihre Kinder beim Religionsexamen vor dem Herrn Prior blamieren". Wenn andere Kinder anwesend waren, mußten auch diese den Unterricht anhören.

Eines Tages beschuldigte eines der Kinder seinen Gefährten, er habe häßliche Worte gesagt. Frau Maria Rosa erteilte dem Schuldigen vor den andern eine scharfe Rüge: „Solche häßliche Dinge darf man sicht sagen; das ist eine Sünde, und das Jesuskind weint deshalb; und die bösen Kinder, die gesündigt haben, kommen in die Hölle, wenn sie nicht beichten."

Das machte tiefen Eindruck auf die Kinder, vor allem auf Jacinta.

Als Jacinta ein paar Tage später wie gewöhnlich mit dem Brüderchen kam, um Lucia abzuholen, fand sie eine Gruppe Kinder im Hofe versammelt; sie überlegte ein Weilchen, dann fragte sie die Cousine:

„Läßt deine Mutter dich heute nicht mit uns gehen?"

„Nein."

„Dann gehen Francisco und ich allein in den Garten."

„Aber nein, bleibt doch lieber hier ... Wir können doch auch hier spielen."

„Die Mutter will nicht, daß wir bei den andern Kindern bleiben. Sie will nicht, daß wir häßliche Worte lernen, weil das eine Sünde ist und dem Jesuskind mißfällt."

Und sie nahm das Brüderlein an der Hand und ging mit ihm nach Hause.

Die Kinder hatten besondere Freude an Pfänderspielen: wer verliert, muß einen Befehl des andern ausführen. Jacinta verlangte meist von dem Besiegten, Schmetterlinge zu fangen oder auf der Wiese ihre Lieblingsblumen zu pflücken. Als eines Tages Lucia zu bestimmen hatte, befahl sie Jacinta, einen ihrer Brüder, der schreibend am Tische saß, zu umarmen und zu küssen. Doch die Kleine entgegnete lebhaft:

„Das gibt's nicht! Warum befiehlst du mir nicht lieber, den Heiland zu küssen?" Und dabei wies sie auf das Kruzifix an der Wand.

„Gut, bring einen Stuhl her und steige hinauf; dann gib dem Heiland kniend drei Küsse: einen für Francisco, einen für mich und einen für dich."

„Dem Heiland gebe ich so viele Küsse, als du nur willst!" Und sie küßte das Kruzifix mit solcher Andacht, daß Lucia heute noch sagt, sie werde den Anblick nie vergessen.

Die Kleine betrachtete das Kreuz und fragte:

„Warum ist der Heiland so angenagelt?"

„Weil er für uns gestorben ist."

„Erzähl mir, wie das war."

An den langen Winterabenden hatte Frau Maria Rosa ihren Kindern gar oft „die Geschichte von Jesus", sein Leiden, erzählt. Und da Lucia ein sehr gutes Gedächtnis hatte, konnte sie mit denselben Worten wiedergeben, was sie einmal gehört hatte; so war es ihr nicht schwer, das Cousinchen zufriedenzustellen. Jacinta lauschte tief ergriffen und vergoß Tränen des Mitleids. Oft noch bat sie Lucia, ihr „die Geschichte vom Heiland" zu erzählen, und jedesmal weinte sie und beteuerte:

„Armer Heiland! . . . Ich werde keine Sünde mehr begehen, ich will nicht, daß der Heiland leiden muß!"

Große Freude bereitete es den Kindern, die schönen Sonnenuntergänge zu betrachten. Wenn dann die Dunkelheit hereinbrach, zählten sie um die Wette die Sterne; jedes wollte die meisten zusammenbringen. Die sternhellen Nächte und der Mondschein versetzten die Kinder in wahres Entzücken. Waren doch für sie die Sterne die Lampen, welche die Engel an den Himmelsfenstern anzündeten; die Sonne aber war die Lampe Jesu und der Mond die der Madonna. Doch es gab Nächte, in denen der Lampe der Madonna das Öl ausgegangen zu sein schien, denn man konnte sie nicht sehen ... Jacinta sagte oft:

„Die Lampe der Madonna gefällt mir noch besser als die des Heilands, weil sie nicht brennt und nicht blendet."

Doch Francisco entgegnete:

„Aber nein, Jacinta, keine Lampe ist so schön wie die des Heilands."

Er konnte nie genug das Sonnenlicht bewundern, wenn es sich am Abend in den Fenstern der Häuser spiegelte, oder am Morgen, wenn es in den Tautropfen Tausende von Lichtlein erglühen ließ.

Blumen für Jesus

Anläßlich des Fronleichnamsfestes wurde Lucia einmal ausgewählt, als „Engel" gekleidet vor dem Baldachin zu gehen und Jesus im allerheiligsten Sakrament Blumen zu streuen.

Als Jacinta das erfuhr, bat sie die Cousine, ihr die gleiche Gunst zu erwirken.

„Ich möchte auch gern Jesus Blumen streuen."

Es war nicht schwer, die Erfüllung ihres Wunsches zu erreichen. Nun wurde geprobt. Die Lehrerin erklärte, wie man dem Jesuskinde Blumen streuen müsse.

„Und werden wir das Jesuskind sehen?" fragte Jacinta.

„Gewiß, der Herr Prior trägt es."

Die Kleine machte einen Freudensprung nach dem andern

und fragte unzählige Male, ob es noch lange dauere bis zum Fronleichnamsfest.

Endlich kam der ersehnte Tag, und die zwei Mädchen schritten in goldglänzenden Kleidern vor dem Baldachin, jedes ein Körbchen mit Blumen in der Hand.

An den dafür bestimmten Plätzen streute Lucia ihre Blumen und bedeutete Jacinta, es ebenso zu machen. Doch die hatte ihre schönen Augen auf den Herrn Prior gerichtet und schien nichts anderes zu sehen. Am Ende der Prozession war ihr Körbchen noch unberührt.

„Warum hast du denn Jesus keine Blumen gestreut?"

„Weil ich ihn nicht gesehen habe."

Als sie die Kirche verlassen hatten, fragte sie Lucia:

„Und du hast das Jesuskind gesehen?"

„Nein! Weißt du denn nicht, daß man das Jesuskind in der Hostie nicht sieht? Es ist verborgen. Wir empfangen es so in der heiligen Kommunion."

„Und sprichst du mit ihm, wenn du kommunizierst?"

„Sicher!"

„Und warum siehst du es nicht?"

„Weil es verborgen ist."

„Und wie ist es möglich, daß so viele Leute gleichzeitig das verborgene Jesuskind empfangen? Da bekommt wohl jeder nur ein kleines Stücklein von ihm?"

„Aber nein; siehst du nicht, daß so viele Hostien sind? In jeder von ihnen ist ein Jesuskind verborgen."

Mancher Theologe hätte über Lucias damaliges dogmatisches Wissen gelächelt, doch Jesus blickte mit göttlichem Wohlgefallen auf sie . . .

Jacinta fuhr fort:

„Ich will die Mutter bitten, daß sie mich zur Erstkommunion gehen läßt."

„Oh, der Herr Prior wird sie dir nicht geben, bevor du zehn Jahre alt bist."

„Aber du bist ja auch noch nicht zehn Jahre und hast sie schon empfangen."

„Weil ich den Katechismus gut kannte, und ihr kennt ihn noch nicht."

Da baten die zwei Kleinen die Cousine, ihnen Katechismusunterricht zu geben; und sie machten sich mit solcher Begeisterung ans Lernen, daß sie ganz aufs Spielen vergaßen. In wenigen Tagen wußten sie alles, was ihnen die kleine Lehrerin sagen konnte.

„Wir wollen noch mehr lernen; was du uns gesagt hast, wissen wir jetzt schon . . ." Und immer wieder mußte Lucia vom verborgenen Jesuskind erzählen.

Mit der Herde auf die Berge

Unterdessen war Lucia acht Jahre alt geworden. Nun schien es ihrer Mutter an der Zeit, dem Kinde eine Arbeit zuzuweisen. Sie bestimmte, daß ihr Töchterchen von jetzt an für die Herde zu sorgen habe. Lucia teilte ihren kleinen Freunden die Neuigkeit mit:

„Jetzt können wir nicht mehr miteinander spielen . . ."

Doch die Kleinen konnten sich nicht dareinfinden, die Gespielin entbehren zu müssen, und baten ihre Mutter, ihnen zu erlauben, mit Lucia Schafe hüten zu gehen. Die Mutter wollte anfangs nichts davon wissen, doch die Kinder baten so inständig, daß Frau Olimpia schließlich nachgab und ihnen einige Schafe aus ihrer Herde anvertraute, die sie auf die Weide führen sollten. Von diesem Tage an stiegen die drei Hirtenkinder jeden Morgen so froh und heiter mit der Herde zu Berge, als ob es zu einem Feste ging. Niemals jedoch verließen sie das Haus, ohne vorher das Vaterunser und eine

Empfehlung an den Schutzengel gebetet zu haben, wie die Mutter es sie gelehrt hatte.

Welch ein herrliches Leben führten sie in der freien Natur! Die neue Umgebung bot ihnen Anregung zu neuen Spielen. So machte es Jacinta große Freude, in den Tälern den Widerhall ihrer eigenen Stimme zu hören. Darum kletterte sie gern auf einen Felsen und rief mit lauter Stimme alle Namen, die ihr nur einfielen. „Am besten klang der Name Maria zurück." Oft rief Jacinta das ganze Ave Maria Wort für Wort in die Berge hinein, damit es im Echo widerklinge.

Franciscos Lieblinge waren die Vögel; großmütig teilte er sein Vesperbrot mit ihnen. Und wenn sie nach der Mahlzeit davongeflattert waren und in den Zweigen sangen und zwitscherten, dann sang und pfiff er mit ihnen um die Wette. Niemals duldete er, daß man ein Nest anrührte. Als er einmal einen Knaben sah, der einen Stieglitz gefangen hatte, kaufte er den Vogel für zwei Batzen — das war sein ganzes Vermögen! — und ließ ihn frei. „Gib acht!" — rief er ihm nach —, „laß dich nicht noch einmal fangen!"

Sein gütiges Herz zeigte sich jedoch auch bei andern Gelegenheiten. Oft trafen sie auf der Weide eine alte Frau, der eine kleine Herde anvertraut war. Nun kam es häufig vor, daß sich die Tiere zerstreuten; da machte es der armen Alten mit den steifgewordenen Beinen große Mühe, sie wieder zusammenzuholen. Wenn die Kinder gerade in der Nähe waren, lief Francisco sofort hin, um ihr zu helfen; und wenn die Schafe wieder beisammen waren, wollte er keinen Dank und ging davon. Die gute Alte nannte ihn ihren kleinen Schutzengel.

Jacinta liebte die kleinen weißen Lämmer sehr; oft drückte sie die Tierchen ans Herz, und am Abend trug sie sie auf den Armen nach Hause, damit sie nicht müde würden.

Als die Kinder eines Tages auf dem Heimweg waren, lief

Jacinta den Gefährten voraus und schritt mit einem Lämmchen auf dem Arm inmitten der Herde dahin.

„Jacinta, was machst du denn unter den Schafen?"

„Ich mache es wie Jesus auf dem Bild, das ich bekommen
habe; er geht zwischen den Schafen und trägt eines auf dem
Arm."

Die Kinder sollten jeden Tag nach der Vesper den Rosenkranz beten, jedes allein für sich, und sie gehorchten pünktlich dem elterlichen Auftrag. Doch manchmal fehlte dann die
Zeit zum Spielen ... Was war da zu machen? Den Rosenkranz
nicht beten? Das ginge gegen das Gewissen. Was sollten sie
also tun? Sie überlegten und überlegten. Und schließlich machten sie eine „geniale Erfindung", die es ihnen ermöglichte, weder die Andachtsübung zu unterlassen noch aufs Spielen zu
verzichten. Sie nahmen den Rosenkranz zur Hand und machten ein schönes Kreuzzeichen; bei der ersten Perle sagte eines
von ihnen nur die zwei Worte: Ave Maria; die andern antworteten bei der nächsten Perle ebenfalls nur: Ave Maria; bei
den großen Perlen sagten alle drei: Vater unser; und so ging
es bis zum Ende. Noch ein schönes Kreuzzeichen und der Rosenkranz war beendet; kaum eine Minute hatte er gedauert.
Nun konnte man mit gutem Gewissen weiterspielen.

Engelsbesuch

So wuchsen die drei Hirtenkinder in der Einsamkeit der
Berge heran, unschuldig und gut wie Lämmer und Vöglein,
oder besser: wie kleine Engel, denen nur die Flügel fehlten.
Und es würde mich nicht wundern, wenn Engel herabgestiegen wären, um sie auf die große Mission vorzubereiten, zu
der sie von der Vorsehung auserwählt waren.

Es scheint tatsächlich, daß sich ihnen Engel zeigten, und das
mehr als einmal.

125

a) Lucia empfing wohl schon im Jahre 1915 ein erstes, wenn auch unbestimmtes und unklares Zeichen. Sie war eben acht Jahre alt geworden und hatte die kleine Herde der Familie zu betreuen. Eines Tages befand sie sich mit drei befreundeten Hirtenkindern [47] auf dem „Cabeço", einem Hügel bei Aljustrel, der eine Windmühle trägt. Als sie nach dem Mittagessen den Rosenkranz zu beten begannen, sahen sie plötzlich über dem Gehölz des Tales, das sich zu ihren Füßen erstreckte, eine Gestalt schweben, einer Statue aus Schnee ähnlich, die in den Sonnenstrahlen des Mittags durchsichtig schien.

„Was ist das?" fragten sich die Kinder verängstigt. Mechanisch setzten sie ihr Gebet fort, doch ihre Augen waren unverwandt auf die Statue gerichtet und verfolgten jede ihrer Bewegungen. Als das Gebet beendet war, verschwand diese.

Die Erscheinung wiederholte sich in einem Zwischenraum von mehreren Wochen unter ähnlichen Umständen noch zweimal.

Lucia schwieg über das Vorgefallene, aber ihre Gefährtinnen sprachen darüber; so hörte auch ihre Mutter von mehreren Seiten davon; und eines Tages fragte sie das Kind etwas ärgerlich:

„Laß einmal hören, Lucia. Die Leute sagen, daß ihr — ich weiß nicht was für Dinge — seht. Was ist das?"

„Ich weiß es nicht, Mama." — Und sie beschrieb die Erscheinung, so gut sie es vermochte; sie wollte erklären, daß man wegen der Entfernung die Gesichtszüge nicht gut unterscheiden könne, und so sagte sie:

„Es sah aus wie ein in ein Bettlaken eingewickelter Mann."

Die Mutter schüttelte mit verächtlicher Miene den Kopf, als wollte sie sagen: Kindereien!

---

[47] Lucia hat uns die Namen dieser Kinder genannt; es waren Teresa Matias, deren Schwester Maria Rosa und Maria Justino.

Monate vergingen. Schon hatten die meisten die sonderbare Begebenheit vergessen; nur einigen wenigen machte es Spaß, Lucia mit dem Mann im Bettlaken zu necken. Da geschah es, daß sich der Vorfall wiederholte; diesmal jedoch viel eindrucksvoller und bestimmter.

b) Der Engel des Friedens. Es war im Jahre 1916, gegen Ende des Frühlings [48]. Francisco und Jacinta hatten damals von ihrer Mutter die Erlaubnis erhalten, ihre Herde auf die Weide zu führen, und so konnten sie wieder den ganzen Tag mit ihrer liebsten Freundin Lucia beisammen sein.

Eines Tages begann es zu regnen und die Kinder suchten auf halber Höhe des Berges in einer Felsengrotte Zuflucht, die hinter Bäumen versteckt lag; sie war gegen Osten geöffnet. Als sie das Vesperbrot verzehrt und den Rosenkranz gebetet hatten, nahmen sie ihr Spiel wieder auf. Plötzlich veranlaßte sie ein heftiger Windstoß, aufzuschauen ... Da sahen sie über dem Olivengarten, der sich am Fuße des Berges hinzog, ein weißes Etwas abgezeichnet, das auf sie zueilte. Es war die gleiche Gestalt oder Statue aus Schnee, die Lucia schon gesehen hatte; auch diesmal ließen die Sonnenstrahlen sie durchsichtig scheinen wie Kristall. Als die Erscheinung näher kam, konnten sie die Gesichtszüge unterscheiden; es waren die eines 14 oder 16 Jahre alten Jünglings von überirdischer Schönheit.

Bei den Kindern angelangt, beruhigte er sie:

„Habt keine Angst! Ich bin der Engel des Friedens. Betet mit mir."

Und er kniete nieder, neigte das Haupt bis zur Erde und sprach dreimal:

---

[48] „Ich kann das Datum nicht genau angeben, weil ich damals noch weder die Jahre noch die Monate noch die Wochentage zählen konnte" (Lucia).

„Mein Gott, ich glaube, ich bete an, ich hoffe, ich liebe dich. Ich bitte dich um Verzeihung für jene, die nicht glauben, nicht anbeten, nicht hoffen und dich nicht lieben."

Die Kleinen ahmten, wie von einer übernatürlichen Kraft gedrängt, die Bewegungen des Jünglings nach und wiederholten mit ihm: *Mein Gott, ich glaube, ich bete an* . . .

Er erhob sich und sprach zu den Kindern:

„Betet so. Die heiligsten Herzen Jesu und Mariä werden acht haben auf eure Bitten."

Und er verschwand. Aber seine Worte „prägten sich so tief in unser Gedächtnis ein, daß wir sie nicht mehr vergessen haben; von da an warfen wir uns oft für lange Zeit auf die Erde und beteten jene Worte, bis wir vor Müdigkeit hinsanken" (Lucia).

c) Die zweite Engelserscheinung, die den drei Kindern zuteil wurde. Ein anderes Mal, es war im Juli oder August, spielten die Kinder nach dem Mittagessen im Gemüsegarten von Lucias Elternhaus am Brunnen. Da stand plötzlich der gleiche Jüngling — oder Engel — neben ihnen und sprach:

„Was tut ihr? . . . Betet! Betet viel! Die heiligsten Herzen Jesu und Mariä wollen sich euer für die Pläne ihrer Barmherzigkeit bedienen . . . Bringt dem Herrn immerwährend Gebete und Opfer dar als Sühne für die vielen Sünden, durch die er beleidigt wird, und Bitten um die Bekehrung der Sünder. So werdet ihr den Frieden auf euer Vaterland herabziehen. Ich bin der Schutzgeist von Portugal . . .[49] Vor allem nehmt die Leiden, die euch der Herr senden wird, mit Ergebung an und ertragt sie geduldig."

„Diese Worte", so erzählt Lucia, „prägten sich unserem Geiste ein und wirkten wie ein Licht, in dem wir erkannten,

---

[49] P. J. Castelbranco, Maria erscheint und spricht in Fàtima, 1949, S. 63, Anm. I.

Jacinta   Francisco   Lucia

Die drei begnadeten Kinder

Ort der dritten Erscheinung am 13. Juli 1917

Die Eltern von Francisco und Jacinta

wie sehr Gott uns liebt und wie sehr er geliebt sein will; ferner erkannten wir den Wert des Opfers und daß der Herr um der Opfer willen die Sünder bekehrt. So begannen wir also dem Herrn alles aufzuopfern, wodurch wir uns abtöteten. Doch wir suchten damals keine andere Abtötung als die, stundenlang zur Erde niedergeworfen das Gebet des Engels zu wiederholen." — —

d) Die dritte Engelerscheinung mit der Darreichung der heiligen Kommunion. Zwei oder drei Monate waren vergangen. Wieder führten die Kinder ihre Herde an den Abhang jenes Berges, und nach der Vesper zogen sie sich in die Grotte zurück, um den Rosenkranz und das Gebet des Engels zu beten. Sie hatten es schon mehrere Male wiederholt, als sie sich plötzlich von einem außerordentlichen Glanz umgeben sahen. Sie erhoben sich und sahen den Engel, der einen Kelch in der Hand trug, über dem eine Hostie schwebte, von der Blutstropfen in den Kelch rannen ... Kelch und Hostie blieben in der Luft schweben, während der Engel neben den Kindern niederkniete und sie aufforderte, dreimal zu sprechen:

„Heiligste Dreifaltigkeit, Vater, Sohn und Heiliger Geist, ich bete dich aus tiefster Seele an und opfere dir den kostbarsten Leib, das Blut, die Seele und die Gottheit unseres Herrn Jesus Christus auf, der in allen Tabernakeln der ganzen Welt gegenwärtig ist, zur Genugtuung für die Schmähungen, Gotteslästerungen, Gleichgültigkeiten, durch die er selbst beleidigt wird. Durch die unendlichen Verdienste des heiligsten Herzens Jesu und die Fürsprache des Unbefleckten Herzens Mariä bitte ich um die Bekehrung der armen Sünder."

Sodann erhob er sich, nahm die Hostie und reichte sie Lucia, teilte den Kelchinhalt zwischen Jacinta und Francisco und sprach:

„Nehmet hin den Leib und das Blut Jesu Christi, die von

den undankbaren Menschen furchtbar beleidigt werden!" —
Und er warf sich aufs neue zur Erde nieder und betete drei-
mal: „Heiligste Dreifaltigkeit, Vater, Sohn und Heiliger
Geist . . ." Dann verschwand er.

Die Kinder verharrten in der Gebetshaltung und sprachen
immer wieder die Worte, die der Engel sie gelehrt hatte, bis
endlich Francisco bemerkte, daß der Abend hereinbrach und es
Zeit war, den Heimweg anzutreten.

Das Übernatürliche, das vom Engel ausstrahlte, hatte die
Kinder so überwältigt, daß ihre Sinne auch nachher noch wie
gelähmt und gebunden waren, so stark, daß sie es nicht vermochten, davon auch nur untereinander zu sprechen; erst am
nächsten Tage war ihnen das möglich.

„Ich weiß nicht, wie mir ist", sagte Jacinta. „Ich kann weder sprechen noch singen noch spielen; ich habe zu nichts
mehr Kraft."

„Ich auch nicht", beteuerte Francisco. „Doch was tut's? Der
Engel ist schöner als das alles."

Tagelang blieben die Kinder in diesem Zustand und nur
allmählich gewannen sie ihre natürlichen Kräfte wieder. Später konnten sie feststellen, daß die Erscheinungen der Muttergottes eine ganz andere Wirkung hatten: den gleichen Frieden und das gleiche Glücksgefühl der in Gott versenkten Seele,
doch damit verbunden körperliche Gewandtheit und eine Begeisterung, die zur Mitteilung drängte. — —

Welches ist wohl der Sinn dieser ersten außerordentlichen
Erlebnisse? Sie waren offensichtlich eine Vorbereitung auf die
späteren; Vorbereitung und Belehrung. Lassen sie uns nicht
einen Blick in das Halbdunkel der Zukunft tun, auf das neu-
erstehende Heidentum, auf die Horden der „kämpfenden
Gottlosen", die nicht glauben, nicht anbeten, nicht hoffen und
nicht lieben, wie sie gegen den Himmel anstürmen und in
satanischem Haß das erhabene Sakrament der göttlichen Liebe

entweihen? ... Vor allem aber sollten die Kinder vorbereitet werden, die Sorge der Mutter der Barmherzigkeit zu verstehen und zu teilen [50].

[50] Diese Engelserscheinungen sind seit je ein gewaltiger Stein des Anstoßes für die Kritiker von Fàtima; verschiedene Hypothesen wurden ersonnen, um sie irgendwie rein natürlich zu erklären; ganz besonders stützten sie sich auf die anfangs unbestimmte Form der Erscheinung. Das Hauptargument aber gegen die Echtheit dieser Erscheinungen war das absolute Stillschweigen der Kinder in betreff dieser Erscheinungen während ihres ganzen Lebens. Lucia hätte während ihres Klosterlebens, erst zehn oder zwölf Jahre später, die Sache sich eingebildet. P. Fonseca bringt sieben Gegengründe, von welchen hier nur die zwei wichtigsten genannt werden sollen. *Erster* (der sechste P. Fonsecas): Das Schweigen der Kinder war nicht ein vollständiges; die Kinder beteten bestimmte Gebete, die sie „Engelsgebete" nannten. Der Beichtvater verbot Jacinta, die bereits schwer krank war (1919/20), aus dem Bett zu steigen, um die Engelsgebete zu beten. *Zweiter* (der siebente bei P. Fonseca): Lucia trat am 17. Mai 1921 bei den Dorotheenschwestern in Porto ein und erhielt den Namen: „Maria von der schmerzhaften Mutter"; einmal sagte sie einer Gefährtin, mit der sie arbeitete: „Willst du, daß ich dich ein kleines Gebet lehre, welches du als Vorbereitung und Danksagung für die heilige Kommunion verwenden kannst, und welches kurz und schön die Akte des Glaubens, der Hoffnung und der Liebe enthält?" „Und wie lautet es?" „Es lautet so: ,Mein Gott, ich glaube, ich bete an, ich hoffe, und ich liebe dich; ich bitte um Verzeihung für jene, die nicht glauben, nicht anbeten, nicht hoffen und dich nicht lieben.' Es ist sehr schön!" „Wo hast du es gelernt?" — „Man betet es in meiner Heimat." Kurze Zeit darauf entnahm die Gefährtin, von Neugierde getrieben, ein Zettelchen aus dem Gebetbuch der Lucia und sagte: „Ich verstehe nichts davon." Sie konnte es nicht lesen, weil bloß die Anfangsbuchstaben der Worte dort standen. Bald aber stellte sie fest, daß es die Anfangsbuchstaben des vorgenannten Gebetes waren. Nach einigen Monaten wurde der Gefährtin die Sorge um das Gebetsapostolat übertragen (2. Oktober 1922). Einige Tage nachher sagte Lucia zu ihr: „Willst du, daß ich dich ein Gebet lehre, vorzüglich geeignet für Akte der Sühne gegenüber dem eucharistischen Jesus?" „Hören wir es!" — „Heiligste Dreifaltigkeit usw.." „Wie kannst du doch so schöne Gebete?" — „Man betet sie in meiner Heimat."
Es gibt aber eine Erklärung, warum Lucia über die Engelserscheinungen Stillschweigen bewahrte. Der Kanonikus M. N. Formigâo (Visconde de Montelo) erklärte auf eine Frage des P. Demarchi, daß

Lucia beim Verhör tatsächlich auf eine seiner Fragen geantwortet hätte, es hätten Erscheinungen eines Engels stattgefunden. Der Kanonikus meinte aber, dies sei eine Ausflucht, um nicht auf die Erscheinungen der Gottesmutter einzugehen, und darum bedeutete er dem Mädchen energisch: „Laß die Engel und antworte auf das, was ich dich frage!" So kam die wohl erschrockene Kleine nicht mehr auf den Engel zurück, und der Kanonikus wollte keine Erklärung darüber. — Noch ein Wort zu dem Gebet des Engels, gegen das einige Theologen dogmatische Bedenken erhoben haben, weil der Engel die Kinder gelehrt hatte, der Heiligsten Dreifaltigkeit nicht bloß den kostbaren Leib, das Blut, die Seele, sondern auch die Gottheit Jesu Christi aufzuopfern. Dazu sagt ein Kritiker: „Man opfert die heiligste Menschheit Christi der Gottheit, nicht aber die Gottheit sich selbst." Darauf erwidert P. Fonseca: „Ich gestehe, daß dieser Einwurf auf mich keinen größeren Eindruck macht als auf Lucia, die darauf mit ein wenig Bosheit entgegnete: ‚Vielleicht hatte der Engel nicht Theologie studiert.' " — Doch zunächst wäre es nicht zu verwundern, wenn die Kinder unabsichtlich die Erwähnung der Gottheit im Anschluß an volkstümliche Formen solcher eucharistischen Gebete beigefügt hätten, obwohl der Engel nicht ausdrücklich von der Gottheit gesprochen hatte. Dies wäre eine denkbare Hypothese oder Annahme. — Lucia aber ist davon überzeugt, daß der Engel die Gottheit ausdrücklich nannte. So bestätigte sie es 1946 gegenüber P. Jongen, es sei ihr in diesen Worten sicher kein Irrtum unterlaufen (H. Jongen S. M. M., En visite chez Lucia, 1946); denn kaum war der Engel verschwunden, begannen die Kinder die Formel zu wiederholen, die sie wenigstens sechsmal mit dem Engel zusammen gebetet hatten und die ihnen tief ins Gedächtnis eingeprägt war. Wenn es so ist, wollen wir dem Rat des heiligen Ignatius folgen, „daß jeder gute Christ mehr geneigt sein soll, die Worte des andern, die einen richtigen Sinn haben könnten, gut auszulegen als sie zu verurteilen". (So z. B. ist der Satz: „Der Sohn Gottes wurde gekreuzigt und getötet" ein Glaubensartikel und könnte auch eine Gotteslästerung sein). Wir wollen uns daher daran erinnern, daß die Aufopferung der heiligsten Menschheit nicht aus sich selbst unendlichen Wert hat, sondern insoweit diese mit der Gottheit verbunden ist. Wir können aber verstehen, daß der Engel sagen wollte: „Ich bringe dir dar den Leib, das Blut und die Seele Jesu Christi, die hypostatisch (in der Einheit der Person) mit der Gottheit verbunden sind", daß er dies aber volkstümlich ausdrückte. Welche Verstümmelungen hätte sich wohl das Wort „hypostatisch" im Munde der Kinder und der einfachen Leute gefallen lassen müssen, wenn es der Engel gebraucht hätte! Tatsächlich ist die Theologie des Engels, vorausgesetzt, daß diese Formel von ihm ist, nicht sehr verschieden von der Theologie der heiligen Messe. Nach der Wandlung bringt der Priester „der göttlichen Majestät dar die reine, heilige, makellose Hostie", und ich glaube nicht, daß hier ein Theologe, um die Rechtgläubigkeit zu retten, im Geiste hinzufügt: „Nur die Menschheit, nicht die Gottheit." (Und würde jemand das heilige Meßopfer wirklich darbringen, wenn er positiv die Gottheit ausschließen wollte?) — Ich muß gestehen, daß ich niemals daran dachte und einfach das darbringen wollte, was enthalten ist unter den Gestalten des „heiligen Brotes des ewigen Lebens und des Kelches des ewigen Heiles". Doch das Konzil von Trient und dessen Katechismus lehren, daß darin „wahrhaft und wesentlich der Leib, das Blut, die Seele und die Gottheit unseres Herrn Jesus Christus ist". Schließlich ist es mehr eine Frage des Ausdrucks: für den Berufstheologen eine ungewohnte und wenig wissenschaftliche Formel, für das einfache Volk aber leicht in ganz richtigem Sinne verständlich. (F. Baumann S. J., Fàtima und die Kritik: Bote von Fàtima 20, 1962, 5).

Die drei Vertrauten der Gottesmutter nach den Erscheinungen

So kamen die gnadenvollen Tage heran, durch welche die Cova da Iria zu einer unerschöpflichen Quelle himmlischer Hulderweise werden sollte. Die ersten, über die sich dieser Gnadensegen ergoß, waren unsere drei Hirtenkinder.

Es war am Tage nach der ersten Erscheinung. Als die Kinder auf dem Weideplatz angekommen waren, setzte sich Jacinta abseits von den Gespielen auf einen Felsen.

„Jacinta, kommst du nicht spielen?"

„Heute will ich nicht spielen."

„Warum denn?"

„Weil ich an das denke, was uns die Dame gesagt hat: wir sollen den Rosenkranz beten und Opfer bringen für die Bekehrung der Sünder. Wir müssen jetzt beim Rosenkranz immer das ganze Ave Maria und das ganze Vaterunser beten. — Aber wie sollen wir denn Opfer bringen?"

Das war nun freilich eine Frage, die ihr aszetisches Wissen überstieg. Niemand wußte eine Antwort.

„Jetzt hab' ich's", rief endlich Francisco. „Wir geben unser Vesperbrot den Schafen und bringen das Opfer, nicht zu essen." Wie gesagt, so getan. Es wurde ihr erster Fasttag.

Doch Jacinta saß noch immer nachdenklich auf dem Felsen.

„Die Dame hat gesagt, daß viele Seelen in die Hölle kommen. Was ist denn die Hölle?"

„Die Hölle" — erklärte Lucia, die von den dreien das größte theologische Wissen besaß —, „die Hölle ist eine tiefe Grube voll wilder Tiere mit einem großen Feuer, wo die hineingeworfen werden, die gesündigt und nicht gebeichtet haben; dort brennen sie für immer."

„Und kommen sie nicht mehr heraus?"

„Nein."

„Auch nicht nach vielen, vielen Jahren?"

„Nein, niemals. Die Hölle hört nie auf, der Himmel auch nicht. Wer in den Himmel kommt, bleibt immer darin."

„Und auch, wer in die Hölle kommt, kommt niemals mehr heraus?"

„Ich habe dir schon gesagt, nein. Weißt du nicht, daß der Himmel und die Hölle ewig sind? Und das heißt, sie hören niemals auf, sondern dauern ewig."

„Ohne es zu wissen", erzählte Lucia später, „hatten wir an jenem Tage die erste Betrachtung über Hölle und Ewigkeit gemacht."

Auf diese Weise bereitete die Muttergottes sie auf die furchtbare Höllenvision des 13. Juli vor. — —

Der Gedanke an die Ewigkeit machte tiefen Eindruck auf Jacinta. Oft hielt sie mitten im Spiel inne, um darüber zu fragen.

„Hör einmal ... auch nach vielen, vielen Jahren hört die Hölle nicht auf?"

Und ein andermal:

„Sterben denn die Leute nicht, die dort brennen? ... Und werden sie nicht zu Asche? ... Und wenn wir viel für die Sünder beten, wird sie dann der Heiland nicht mehr in die Hölle schicken? Und wenn wir Opfer bringen? ... Die Armen! Wir müssen beten und viele Opfer für sie bringen."

Und nach einer Pause:

„O wie gut ist doch die Dame! Sie hat ja versprochen, uns ins Paradies zu holen!"

Durch die Höllenvision wurden diese Vorstellungen so verstärkt, daß sie das Kind „fast verzehrten".

Oft saß sie gedankenvoll da und sagte:

„Die Hölle! Die Hölle! Mir tun die Seelen so leid, die in

die Hölle kommen. Und die Menschen brennen dort wie Kohlen im Feuer!..." Und zitternd kniete sie nieder, faltete die Hände und betete: „O mein Jesus, verzeihe uns unsere Sünden, bewahre uns vor dem Feuer der Hölle, führe alle Seelen in den Himmel, und hilf denen, die es am nötigsten haben."

Manchmal schien es, als ob sie aus einem Traum erwache; dann rief sie die andern:

„Lucia, Francisco, wollt ihr mit mir beten?... Wir müssen viel beten, um die Seelen vor der Hölle zu erretten. Es kommen so viele hinein!... Warum zeigt die Madonna nicht den Sündern die Hölle?... Wenn sie die sehen könnten, würden sie nicht mehr sündigen und kämen nicht hinein... Du mußt der Dame sagen, sie solle all den Leuten (die sich in der Cova da Iria einfinden) die Hölle zeigen. Du wirst sehen, wie sie sich bekehren werden."

Sie kam von dem Gedanken nicht los. Bald begann sie wieder zu fragen:

„Was für Sünden begehen denn diese Leute, die in die Hölle kommen?"

„Das weiß ich nicht. Vielleicht gehen sie nicht in die Messe, stehlen, sagen häßliche Worte, stoßen Verwünschungen aus, schwören — und was weiß ich!"

„Und wegen eines Wortes kommen sie in die Hölle?"

„Was willst du? Wenn es doch Sünde ist!"

„Aber was kostet es sie denn, still zu sein und in die Messe zu gehen? Was für Kummer machen mir doch die Sünder! Wenn ich ihnen nur die Hölle zeigen könnte!..."

Dann wieder klammerte sie sich an die Cousine und sagte:

„Ich gehe in den Himmel, aber weil du noch da unten bleibst, sag doch allen, wenn es dir die Madonna erlaubt, wie die Hölle ist, damit sie nicht mehr sündigen und nicht mehr hineinkommen."

Und ganz gedankenversunken wiederholte sie:

„So viele Leute kommen in die Hölle! So viele Leute! . . ."

„Hab keine Angst, du kommst in den Himmel."

„Ich weiß es; aber ich möchte, daß auch alle andern in den Himmel kommen."

Als sie einmal nicht essen wollte, sagte Lucia zu ihr:

„Jetzt iß aber, Jacinta!"

„Nein; ich bringe dieses Opfer für die Sünder, die zuviel essen."

Während ihrer letzten Krankheit wollte sie Lucia begleiten, wenn diese während der Woche zur Messe ging.

„Nein, Jacinta, du kannst nicht mitkommen, und heute ist ja auch nicht Sonntag."

„Das macht nichts; ich will für die Sünder hingehen, die es nicht einmal am Sonntag tun."

Wenn sie schamlose Worte hörte, bedeckte sie das Gesicht mit den Händen und sagte:

„Mein Gott, wissen denn diese Leute nicht, daß sie in die Hölle kommen können, wenn sie so häßliche Worte sagen? . . . Jesus, ich bitte für sie." Und inbrünstig sprach sie das Stoßgebetlein, das sie von der heiligsten Jungfrau gelernt hatte: „O mein Jesus, verzeihe uns unsere Sünden . . ."

Der Anblick der Hölle hatte sie dermaßen erschreckt, daß ihr alle Bußübungen und Abtötungen ein Nichts schienen, wenn sie nur dadurch eine oder die andere Seele davor bewahren konnte, in die Hölle zu kommen. — —

Obwohl Francisco ein ruhigeres und scheinbar kühleres Temperament hatte als das Schwesterlein, wurde doch auch er von der Höllenvision tief bewegt. Bei ihm herrschte jedoch der Eindruck vor, den die Schau Gottes auf ihn gemacht hatte, die die Kinder dreimal genießen durften, als sie sich in das unendliche Licht getaucht sahen. Oftmals sagte er:

„Wir brannten in dem Licht, das Gott ist, und verbrannten doch nicht! . . . Wie ist Gott! . . . Oh, das können wir nie-

mals sagen ... Wie weh tut es mir doch, daß er so betrübt
ist! Wenn ich ihn nur trösten könnte!"

Gott trösten in seiner göttlichen Betrübnis über die Sünden
der Welt, das wurde sein ständiger Gedanke.

Eines Tages, als sie auf der Weide angekommen waren,
stieg er auf einen hohen Felsen und sagte zu den Gespielin-
nen:

„Kommt nicht hieher! Laßt mich allein!"

Die zwei Mädchen liefen den Schmetterlingen nach, und
wenn sie einen gefangen hatten, ließen sie ihn wieder frei,
„um das Opfer zu bringen, ihn fliegen zu lassen". Erst zur
Vesperzeit erinnerten sie sich des Knaben; sie gingen hin und
riefen:

„Francisco, willst du nicht essen kommen?"

„Nein, eßt allein!"

„Und den Rosenkranz mit uns beten?"

„Zum Rosenkranz komme ich; ruft mich nur noch einmal!"

Als sie ihn riefen, wollte er, daß sie zu ihm auf den Felsen stiegen; doch der Platz war so eng, daß sie kaum knien
konnten.

„Was machst du denn so lange da oben?"

„Ich denke an den Herrn, der über die vielen Sünden so betrübt ist ... Wie gern möchte ich ihn froh machen! Wenn ich
das doch könnte! ... Deshalb verbringe ich heute den Tag mit
Fasten und Beten ..."

Und später fügte er hinzu:

„Es war mir eine große Freude, den Engel zu sehen; eine
noch größere, die Madonna zu sehen; doch die größte Freude
war es, Gott zu sehen in dem Licht, das die Madonna in unsere Brust strahlen ließ. Wie schön ist doch der Heiland! Aber
er ist so betrübt wegen der vielen Sünden! ... Wir dürfen
keine Sünde mehr begehen."

„Francisco", fragte ihn eines Tages Lucia, „was wäre dir

lieber: den Heiland zu trösten oder die Sünder zu bekehren, damit keine Seelen mehr in die Hölle kommen?"

„Ich möchte lieber den Heiland trösten. Hast du nicht bemerkt, wie traurig die Madonna im letzten Monat war, als sie sagte, wir sollten den Heiland nicht mehr beleidigen, der schon zu viel beleidigt wurde? Ich möchte erst den Heiland trösten und dann die Sünder bekehren, damit sie ihn nicht mehr beleidigen."

Als er schon krank war, sagte er einmal:

„Wird der Heiland noch immer so betrübt sein? Mir tut es so weh, daß er so betrübt ist! Ich bringe ihm so viele Opfer, als ich nur kann. Oft entziehe ich mich jetzt nicht mehr den Besuchen, um Opfer zu bringen . . ."

Für die Bekehrung der Sünder

Seit der ersten Erscheinung vervielfachten die Kinder ihre Opfer für die Bekehrung der Sünder. Die Kleinste schien am eifrigsten darauf bedacht, sich keine Gelegenheit dazu entgehen zu lassen.

Eines Tages begegneten ihnen die Kinder zweier armer Familien, die von Almosen lebten.

„Wollen wir den armen Kindern unser Vesperbrot geben — für die Bekehrung der Sünder?" fragte Jacinta — und lief schnell hin, um ihnen das ihre zu geben. Sie beschlossen, es jedesmal so zu halten, wenn sie die Bettelkinder treffen würden. Die waren natürlich über den unverhofften Glücksfall sehr erfreut und sorgten dafür, daß sie nun oft ihren großmütigen Wohltätern begegneten, denn sie wußten die Wege, wo diese gewöhnlich vorbeikamen. Und so gab es nur allzu viele Fasttage für die kleinen Apostel der Sünder. Wenn sich dann gegen Abend der Hunger einstellte, suchten sie ihn nach Möglichkeit mit Wurzeln, Maulbeeren und Eicheln zu stillen.

Doch auch da fand Jacinta Gelegenheit zu einem weiteren Opfer. Als Francisco zum ersten Male auf eine Steineiche stieg, um Eicheln zu pflücken, riet die Kleine, lieber von den gewöhnlichen Eicheln zu nehmen, weil die bitter sind. Diese Abtötung legte sie sich sehr oft auf.

„Jacinta, laß diese Eicheln; spürst du nicht, wie bitter sie sind?"

„Ich esse sie ja gerade, weil sie bitter sind; so können wir mehr Sünder bekehren."

Erhielten die Kinder eine schmackhafte Frucht oder einen anderen Leckerbissen, so war die Gelegenheit zum Opfer nicht weniger günstig.

Als sie eines Tages beim Brunnen spielten, brachte ihnen die Mutter ein paar schöne Trauben aus ihrem Weingarten. Die Kinder freuten sich sehr darüber; doch kaum war die Mutter fort, als Jacinta sagte:

„Essen wir sie nicht; bringen wir dieses Opfer für die Sünder." Und schon eilte sie auf die Straße, wo gerade „ihre alten Armen" vorübergingen und reichte ihnen die Trauben.

Ein andermal hatte ihnen die Mutter einen Korb voll frischer Feigen gebracht; sie hatten erst ein wenig davon gekostet, da rief die Kleine:

„Schaut, wir haben heute noch gar kein Opfer für die Sünder gebracht. Wir müssen dieses bringen." Und mit gefalteten Händen brachte sie dem Herrn im Namen aller drei den Verzicht auf die Früchte dar.

Francisco war nicht nur bereit, bei jenen Opfern mitzutun, die die andern vorschlugen, sondern er fügte diesen gemeinsamen noch andere hinzu. Einmal setzte ihnen Lucias Patin Apfelsaft vor. Sie stellte das Glas vor Francisco; doch er gab es an Jacinta weiter:

„Trinkt ihr zuerst!"

Unterdessen schlich er sich davon und ließ sich nicht mehr

blicken, obwohl er mehrmals gerufen wurde. Endlich verabschiedeten sich die zwei Mädchen und gingen zum Brunnen, überzeugt, ihn dort zu finden.

„Francisco, du hast ja keinen Apfelsaft getrunken. Die Patin hat dich so oft gerufen, und du hast dich nicht sehen lassen."

„Ja, als ich das Glas in die Hand nahm, kam mir der Gedanke, ich könnte das Opfer bringen, um den Heiland zu trösten; darum bin ich ausgerissen."

Solche Vorfälle waren an der Tagesordnung, und „wenn ich alles erzählen wollte", fügte Lucia hinzu, „käme ich an kein Ende."

Manchmal waren die Opfer der Kinder wirklich heroisch. Hier ein Beispiel davon:

Es war während der größten Sommerhitze. Am frühen Morgen schon verließen die Kinder das Haus; sie wollten die Herde heute auf einen ziemlich weit entfernten Weideplatz führen. Die Eltern trugen ihnen auf, tagsüber im Schatten der Bäume zu bleiben und nicht in der Sonnenglut des Mittags heimzukehren. Doch unterwegs trafen sie „ihre kleinen Freunde", und Jacinta gab ihnen frohen Herzens ihren ganzen Eßvorrat: Mittagessen und Vesperbrot.

Es war ein herrlicher Tag; die Sonne brannte außerordentlich heiß. Gegen elf Uhr schon schien die dürre und steinige Gegend in einen glühenden Backofen verwandelt. Mehr noch als vom Hunger wurden die Kinder vom Durst gequält; doch an jenem Platz gab es keinen Tropfen trinkbaren Wassers.

„Anfangs brachten wir unser Opfer für die Bekehrung der Sünder mit Freude und Großmut", erzählt Lucia. „Doch als der Mittag vorüber war, hielten wir es nicht mehr aus. So schlug ich meinen Gefährten vor, in das nahe Dorf zu gehen und ein wenig Wasser zu erbitten. Sie stimmten mir zu, und so begab ich mich auf den Weg. Ich klopfte an eine Tür; eine gute Alte öffnete mir und gab mir auf meine Bitte hin einen Krug mit Wasser; aus eigenem Antrieb reichte sie mir noch ein Stück Brot. Ich nahm es dankbar an und teilte es mit meinen Geschwisterkindern. Dann reichte ich Francisco den Krug:

,Trink!'

,Ich will nicht trinken.'

,Und warum?'

,Weil ich für die Bekehrung der Sünder leiden will.'

,So trink du, Jacinta!'

,Ich will auch das Opfer für die Sünder bringen.' "

Lucia sagt nicht, ob sie selbst als erste oder als letzte das Opfer brachte, doch sie erzählt, daß sie das ganze Wasser in eine steinerne Höhlung gossen, damit die Schafe es trinken konnten; dann trug sie den Krug zurück und dankte der alten Frau für ihre Güte.

Doch die erstickende Hitze ließ nicht nach. Zikaden und Grillen vollführten mit den Fröschen des nahen Sumpfes um die Wette ein ohrenbetäubendes Konzert. Jacinta fühlte sich vor Hunger und Durst ganz elend. Und in jener kindlichen Einfalt, die sie bis zum Tode bewahrte, sagte sie zur Cousine:

„Geh und sag den Fröschen und den Grillen, sie sollen still sein. Mir tut der Kopf so weh. Ich halte es nicht mehr aus."

„Willst du es nicht für die Sünder ertragen?" fragte Francisco das Schwesterchen.

„Ja . . . das will ich . . . Laß sie weiter lärmen!"

Doch bald lernten sie den Heroismus, den sie an jenem Tage geübt hatten, noch überbieten. Weil sie nun die Qual kannten, die der Durst verursacht, „wurde es ihnen zur Gewohnheit, oft eine ganze Woche oder auch einen vollen Monat lang nichts zu trinken", ein Opfer, das sie „einmal im August bei erstickender Hitze brachten".

Immer neue Gelegenheiten zu empfindlichen Opfern fanden die Kinder. Einmal pflückten sie am Nachmittag Blumen.

Dabei kam Jacinta unversehens an Brennesseln; sie hatte sich tüchtig verbrannt. Da nahm sie die Pflanzen fest in die Hände und rief:

„Schaut, ich habe wieder etwas entdeckt, womit wir uns abtöten können!"

Von nun an schlugen sie sich oftmals die Beine mit Brennesseln.

Einmal — es war Ende August, kurz nach der vierten Erscheinung, bei der die heiligste Jungfrau ihre Aufforderung wiederholt hatte, für die Sünder Opfer zu bringen — fanden sie auf dem Wege zur Weide einen Strick, und Lucia schlang ihn spielend um den Arm; da sie merkte, daß dies Schmerz bereitete, sagte sie zu den Geschwisterkindern:

„Wißt ihr, daß das weh tut? Wir können ihn uns um den Leib schnüren und dem Herrn das Opfer bringen."

Wie immer, gingen Francisco und Jacinta sofort auf den Vorschlag ein. Mit einem scharfen Stein schnitten sie den Strick in drei Teile, und jedes schlang seinen Bußgürtel auf der bloßen Haut um die Lenden.

„Sei es, weil der Strick so dick und rauh war", schreibt Lucia, „oder aber, weil wir ihn zu fest anzogen, dieses Bußinstrument bereitete uns schreckliche Schmerzen, so daß Jacinta oftmals nicht die Tränen zurückhalten konnte. Doch wenn wir ihr sagten, sie solle es ablegen, antwortete sie sofort:

‚Nein, ich will dem Herrn das Opfer bringen als Genugtuung für die Beleidigungen, die ihm zugefügt werden, und für die Bekehrung der Sünder.' "

Anfangs trugen sie den Strick Tag und Nacht; welche Qual und welchen Schaden für die Gesundheit das bedeutete, kann man sich vorstellen. Deshalb würdigte sich die Himmelskönigin, an den Kindern die Stelle eines Seelenführers zu vertreten. Bei der nächsten Erscheinung, am 13. September, sagte sie voll mütterlicher Güte:

„Der Herr ist sehr zufrieden mit euern Opfern, doch er will nicht, daß ihr mit dem Strick schlaft. Tragt ihn nur tagsüber!"

Die Kleinen gehorchten und setzten mit dieser Einschränkung, doch mit doppeltem Eifer diese harte Bußübung fort, weil sie jetzt wußten, daß sie Gott und der heiligsten Jungfrau Freude dadurch bereiteten. Die zwei Kleinen trugen den Strick sogar noch während ihrer Todeskrankheit; später sah man Blutflecke daran.

Wie viele andere Opfer die unschuldigen Herzen ersannen, weiß wohl nur der Herr, aus Liebe zu dem sie sie auf sich nahmen.

Es verdient Beachtung, daß die Kinder über die Aufforderung der Muttergottes, Opfer für die Rettung der Sünder zu bringen, strenges Stillschweigen bewahrten. Erst als der hochwürdigste Bischof von Leiria Lucia, die unterdessen ins Kloster der Dorotheerinnen eingetreten war, aufforderte, ihre persönlichen Erinnerungen niederzuschreiben, weil man sie für die Biographie der kleinen Jacinta verwenden wollte, brach sie in bescheidener Weise das Schweigen so vieler Jahre.

„Warum wolltet ihr denn nicht davon sprechen?"

„Weil wir nicht wollten, daß man uns fragt, was für Opfer wir bringen."

Bezaubernde Demut, untrügliches Zeichen göttlichen Gnadenwirkens! Und wie ergreifend ist es doch, die unschuldigen Kinder für die Sünder Durst leiden zu sehen! Die Glücklichen! In wenigen Tagen lernten sie so das Geheimnis des Kreuzes erfassen, den schwierigsten und erhabensten Teil der Wissenschaft der Heiligen.

Lucia
im
Kloster

Papst Johannes XXIII. besuchte am 13. Mai 1956 Fàtima
als Kardinal und Patriarch von Venedig

Papst Paul VI. in Fàtima, am 13. Mai 1967, während der hl. Messe

„Alles für Jesus und den Heiligen Vater!"

Bald brachen die Tage der Trübsal über die Kinder herein und zu den freiwilligen Opfern gesellten sich die noch schwereren Kreuze äußerer Leiden. Bei jedem einzelnen fragte Jacinta ihre Gefährten:

„Habt ihr Jesus gesagt, daß ihr es aus Liebe zu ihm ertragt?"

Wenn sie mit Nein antworteten, faltete die Kleine mit engelhafter Einfalt die Hände, erhob die Augen zum Himmel und sprach:

„O Jesus, aus Liebe zu dir und für die Bekehrung der Sünder."

Lucia war es, die körperlich und seelisch am meisten zu leiden hatte. Wenn es vorkam, daß sie wegen der Verfolgungen, die sie in und außerhalb der Familie zu erdulden hatte, niedergedrückt war, bemühte sich Francisco, ihr Mut zu machen:

„Kümmere dich nicht darum! Hat uns nicht die Madonna gesagt, daß wir viel zu leiden haben würden, um dem Herrn und dem Unbefleckten Herzen Mariens Genugtuung zu leisten für die vielen Sünden, durch die sie beleidigt werden? Sie sind so betrübt!... Wenn wir sie mit diesen Leiden ein wenig trösten können, müssen wir zufrieden sein."

Eines Tages empfahlen zwei fromme Priester den drei Kleinen, für den Heiligen Vater zu beten. Jacinta wollte wissen, wer der Heilige Vater sei und warum er Gebete brauche. Gern wurden alle ihre Fragen beantwortet.

Von diesem Augenblick an hatten alle drei eine so große Verehrung für den Heiligen Vater, daß sie niemals vergaßen, der Aufopferung ihrer Abtötungen hinzuzufügen: „... und für den Heiligen Vater." Sie machten es sich zur Gewohnheit, am Ende jedes Rosenkranzes drei Ave Maria für den Heiligen Vater zu beten. Jacinta beteuerte oft:

„O wie gern möchte ich den Heiligen Vater sehen! Es kommen so viele Leute hieher und der Heilige Vater kommt nie!"

Irgend jemand sagte — ich weiß nicht, bei welcher Gelegenheit —, es wäre möglich, daß Lucia nach Rom gerufen würde, um von Seiner Heiligkeit einvernommen zu werden. Eine größere Freude hätte man dem Mädchen nicht bereiten können, aber auch den Geschwisterkindern keinen größeren Schmerz; mit Tränen in den Augen sagten sie:

„Du Glückliche! Wir können nicht hingehen!... Doch wir opfern es für ihn auf."

In Jacintas Lebensbeschreibung sind zwei Vorfälle festgehalten, die von ihrer großen Liebe zum Heiligen Vater Zeugnis geben.

Das Kind blieb einmal allein beim Brunnen zurück, während Lucia und Francisco in einem nahen Dornbusch wilden Honig suchten; plötzlich hörten sie die Kleine rufen:

„Lucia, Lucia, hast du den Heiligen Vater gesehen?"

„Den Heiligen Vater?... Nein."

„Ich weiß nicht, wie es war; aber ich habe ihn in einem sehr großen Hause gesehen; er kniete vor einem Tischlein, hatte das Gesicht zwischen den Händen und weinte. Draußen waren viele Leute; manche warfen Steine, andere schrien Verwünschungen und häßliche Worte... Armer Heiliger Vater!"

Als dann jene zwei Priester vom Heiligen Vater sprachen, sagte Jacinta zu ihren Gefährten:

„Ach, das ist der, den ich habe weinen sehen und von dem die Dame in dem Geheimnis gesprochen hat, nicht wahr? Sicher hat ihn die Dame auch diesen hochwürdigen Herren gezeigt. Ihr seht also, daß ich mich nicht geirrt habe und daß man deshalb viel für ihn beten muß."

Während sie einmal in der Berggrotte die Gebete des Engels verrichteten, sprang Jacinta plötzlich auf und rief die Cousine:

„Schau! . . . Siehst du nicht die vielen Straßen und Wege, die Felder, voll von Leuten, die vor Hunger weinen und nichts zu essen haben? . . . Und den Heiligen Vater, wie er in einer Kirche vor dem Unbefleckten Herzen Mariens betet? Und so viele Leute, die mit ihm beten? . . ."

Sie fragte dann, ob sie erzählen dürfe, daß sie den Heiligen Vater gesehen habe; doch Lucia riet ihr ab, aus Besorgnis, daß sonst ein Teil des Geheimnisses erraten werden könnte.

Auf dem Wege der Heiligkeit

Mit der wahrhaft außerordentlichen Opferfreudigkeit ging der Fortschritt in den andern Tugenden Hand in Hand, besonders in der Demut, die allen dreien förmlich angeboren schien und sich oft in heroischer Weise äußerte. Bewundernswert waren auch ihr Gehorsam und ihr Gebetsgeist.

Je mehr Personen aller Stände herbeieilten, um die kleinen Seher kennenzulernen, desto mehr suchten sie sich zu verbergen.

„Und warum?" fragte man später Lucia.

„Weil mich die vielen Lobreden verdrossen. Was mich betrifft, so fühlte ich genau, daß das Gute, das sie von mir sagten, nicht wahr sei."

Eines Tages schlenderten sie ruhig der Hauptstraße zu. Etwa hundert Meter vor ihnen hielt ein großes Auto an, dem elegant gekleidete Damen und Herren entstiegen.

„Paß auf, die wollen uns besuchen."

„Reißen wir aus?"

„Das ist unmöglich, ohne daß sie uns bemerken. Gehen wir lieber weiter; ihr werdet sehen, daß sie uns nicht erkennen."

Die Fremden hielten sie an:

„Seid ihr von Aljustrel?"

„Ja, meine Herren."

„Kennt ihr die drei Hirtenkinder, denen die Madonna erschienen ist?"

„Ja, wir kennen sie."

„Könnt ihr uns sagen, wo sie wohnen?"

„Gehen Sie diesen Weg und biegen Sie unten nach links . ." Und sie beschrieben genau ihre Häuser.

Die Fremden dankten und schlugen die angegebene Richtung ein; die Kinder aber liefen davon, fröhlich wie die Lerchen, um sich im tiefsten Dickicht eines nahen Feldes zu verstecken.

Der Streich war gelungen und Jacinta meinte:

„Das müssen wir immer so machen."

Wie wir schon erzählt haben, mußten sich Jacinta und Francisco eine Zeitlang stets zur Verfügung der Besuche halten, während Lucia noch die Herde hütete. Doch die Kleinen verschwanden oft stundenlang und waren nicht aufzufinden. Wo mögen sie sich versteckt haben? Niemand hat es je erfahren.

Lucia berichtet uns, daß sich die Geschwister oft in die Berggrotte flüchteten, wenn sie voraussahen, daß viele Besuche kommen würden; dort verbrachten sie lange Stunden damit, den Rosenkranz und die Gebete des Engels zu beten und Opfer zu bringen, von denen Gott allein weiß.

Wenn sie die Schule in Fàtima besuchten, bot ihnen die Nähe der Kirche willkommene Gelegenheit, Jesus im heiligsten Sakrament zu besuchen. Besonders Jacinta wünschte stets, lange Zeit dort zu verweilen, um mit dem „verborgenen Jesus" Zwiesprache zu halten. Jedoch kaum betraten sie die Kirche, als sie auch schon von guten Leuten umgeben waren, die ihnen ihre Sorgen erzählten und sich in ihr Gebet empfahlen.

„Sie scheinen es schon im voraus zu wissen, wann wir kommen", klagte Jacinta — „und sie lassen uns nicht in Ruhe mit Jesus sprechen."

Doch wenn es sich um die Bekehrung eines Sünders handelte, zeigte sie großes Mitleid und sagte zu den Gefährten:

„Wir müssen beten und viele Opfer bringen, sonst kommt der Arme in die Hölle."

In Francisco war die Liebe zum sakramentalen Gott nicht geringer.

Wenn sie in Fàtima ankamen, sagte er oft zu Lucia:

„Höre: du gehst in die Schule, und ich bleibe in der Kirche beim verborgenen Jesus. Für mich ist das Lernen unnütze Mühe; ich gehe ja doch bald in den Himmel. Am Rückweg komm nur hier vorbei und hole mich."

Und nach der Schule fand sie ihn in einem Winkel beim Sakramentsaltar.

Als ihn schon die Krankheit befallen hatte, die zum Tode führen sollte, wurde ihm das Gehen oft sehr schwer:

„Mir tut der Kopf so weh! Mir kommt es vor, als müßte ich jeden Augenblick fallen . . ."

„Dann komm nicht mit! Bleib zu Hause!"

„Nein, nein! Ich will lieber in der Kirche beim verborgenen Jesus bleiben, während du in der Schule bist."

Und als ihn die Krankheit endlich zwang, daheim zu bleiben, war es sein größter Schmerz, nicht mehr Jesus besuchen zu können:

„Am meisten leid tut es mir, daß ich nicht mehr beim verborgenen Jesus sein kann! Höre: geh in die Kirche und sag Jesus viele Grüße von mir."

Oft schenkte die Madonna ihren Bitten ganz sichtlich Gehör. Lucia erlangte durch ihre Tränen und Gebete die fast plötzliche Genesung ihrer sterbenden Mutter. Einer alten Frau erbat Jacinta Heilung von ihren Leiden.

Ein andermal empfahl sich ein Soldat in ihr Gebet; er weinte wie ein Kind: er hatte den Befehl erhalten, an die Front abzureisen und sollte seine schwerkranke Frau mit drei kleinen Kindern zurücklassen. So wünschte er, daß ihm die Madonna entweder seine Frau gesund mache oder der Befehl zum Frontdienst zurückgezogen würde. Die Kinder forderten ihn auf, den Rosenkranz mit ihnen zu beten; dann trösteten sie ihn:

„Weinen Sie nicht mehr! Die Madonna ist so gut; sie wird Ihnen sicher helfen."

Und von dem Tage an beteten sie am Ende jeden Rosenkranzes ein Ave Maria „für ihren Soldaten". Einige Monate später kam dieser mit seiner Frau und den Kindern, um die Seher zu bitten, mit ihm der Madonna zu danken. Sie hatte ihm beide Gnaden gewährt: Am Vorabend des Tages, an dem er an die Front abgehen sollte, wurde er von einem heftigen Fieber befallen und deshalb mit unbegrenztem Urlaub nach Hause geschickt; dann war die Frau „durch ein wahres Wunder der Madonna" gesund geworden, wie der gute Mann dankbaren Herzens erzählte.

Noch zwei außerordentliche Vorkommnisse, die Francisco, beziehungsweise Jacinta betreffen.

Eine Familie des benachbarten Dorfes war von schwerem Unglück betroffen worden: man hatte den Sohn verhaftet, weil er einer Tat beschuldigt wurde, die ihn ins Zuchthaus gebracht hätte, wenn es ihm nicht gelang, seine Unschuld zu beweisen. Die tiefbekümmerten Eltern ersuchten Teresa, die älteste Schwester Lucias, diese zu bitten, sie möge ihnen von der Madonna die Befreiung des Sohnes erlangen. Lucia, die gerade zur Schule ging, erzählte den Geschwisterkindern von dem Vorfall. Als sie in Fàtima angelangt waren, sagte Francisco:

„Hört, ihr geht in die Schule, und ich bleibe beim verborgenen Jesus, um diese Gnade von ihm zu erbitten."

Aus der Schule zurückgekehrt, fragte ihn Lucia:

„Hast du den Heiland um die Gnade gebeten?"

„Ja, du kannst Teresa sagen, sie möge berichten, daß er in wenigen Tagen zu Hause sein wird."

Tatsächlich fand sich der junge Mann am 13. des Monats mit der ganzen Familie in der Cova da Iria ein, um der Madonna zu danken.

Eine Familie, die mit den Sehern verwandt war, hatte einen Sohn, der das väterliche Haus verlassen und keine Nachricht mehr gegeben hatte — wie der verlorene Sohn. Die Mutter bat Jacinta, ihn der Madonna zu empfehlen. Wenige Tage später kehrte der junge Mann heim, bat die Eltern um Verzeihung und erzählte sein tragisches Abenteuer: Zuerst hatte er viel Geld ausgegeben, dann hatte er gestohlen und schließlich war er als Vagabund verhaftet und eingesperrt worden. In einer Gewitternacht gelang es ihm, auszubrechen. Er floh in unbekannte Wälder und sah sich bald hoffnungslos verirrt; er wußte nicht mehr, nach welcher Richtung er sich wenden sollte. Da kniete er nieder und betete unter Tränen ... Plötzlich sah er Jacinta auf sich zukommen; sie nahm ihn an der Hand und führte ihn bis auf eine Straße; dort bedeutete sie ihm, auf dieser weiterzugehen und verließ ihn. Beim Morgengrauen hatte er einen bekannten Ort erreicht und ging heim. — So erzählte der junge Mann. — Als man Jacinta fragte, ob sie wirklich gegangen sei, um ihn zu holen, verneinte sie; sie kannte doch jene Wälder nicht. Sie hatte nur aus Mitleid mit Tante Victoria (das war die Mutter des jungen Mannes) inständig zur Madonna für ihn gebetet.

Begegnungen

Im Dorfe lebte eine alte Frau, die die Seher jedesmal, wenn sie ihnen begegnete, verspottete und beschimpfte. Eines Tages kam sie gerade aus dem Gasthaus; vom Wein erhitzt, stürzte sie sich auf die Kinder. Diesmal begnügte sie sich nicht mit

Schimpfworten, sondern schlug auf sie ein. Als die Kleinen ihren Händen entronnen waren, sagte Jacinta:

„Wir müssen viel zur Madonna beten und viele Opfer bringen, um diese Frau zu bekehren; sie ‚sagt‘ so viele Sünden, und wenn sie nicht beichtet, kommt sie sicher in die Hölle."

Wenige Tage später spielten die beiden Mädchen auf der Straße fangen; da blieb Jacinta plötzlich stehen und wendete sich an Lucia:

„Hör einmal, ist morgen der Tag, an dem wir die Dame sehen werden?"

„Gewiß, morgen ist der 13."

„Nun gut, so spielen wir nicht mehr; bringen wir dieses Opfer für die Bekehrung der Sünder."

Und da sie sich unbeobachtet glaubte, erhob sie mit der gewohnten Gebärde Hände und Augen zum Himmel und sprach mit engelgleicher Einfalt:

„O Jesus, aus Liebe zu dir und für die Bekehrung der Sünder."

Sie befanden sich gerade vor dem Hause der Frau, die sich so gehässig gegen sie verhielt; diese stand an einem halbgeöffneten Fensterchen und beobachtete die Kinder. Sie war von dem Anblick so gerührt, daß sie später bekannte, sie habe von diesem Augenblick an keine Beweise mehr gebraucht, um zu wissen, daß die Kinder die Wahrheit sprachen. Sie unterließ von da an nicht nur jede Kränkung, sondern empfahl sich auch oft in ihr Gebet, damit sie durch die Fürbitte der heiligsten Jungfrau Verzeihung ihrer Sünden erlange. — —

Von providentieller Bedeutung war der Besuch eines heiligmäßigen Priesters, der allgemein hohe Verehrung genoß. Der „Dr. Cruz", der „heilige Pater Cruz [51]" — so wird er in

---

[51] Der hochwürdige Dr. Francisco R. da Cruz, der bereits das einundachtzigste Lebensjahr vollendet hatte, durfte mit besonderer Erlaubnis

ganz Portugal genannt — war nach Fàtima gekommen, um die kleinen Seher zu befragen und sich ein klares Bild über die Vorgänge zu verschaffen, die das ganze Land in Bann hielten. Und siehe da — die Kinder fühlten sich sofort zu dem heiligmäßigen Mann hingezogen und eröffneten ihm vertrauensvoll ihre Herzen.

Er erkannte das Wirken Gottes und war felsenfest überzeugt von der vollkommenen Einfalt und Aufrichtigkeit der Kinder. Er ließ sich von ihnen zum Ort der Erscheinungen führen. Der ehrwürdige Greis ritt auf einem Eselchen, „so klein, daß die Füße von Hochwürden fast auf der Erde schleiften"; Jacinta ging auf der einen Seite, Lucia auf der andern. Man sprach von der Madonna und betete den Rosenkranz; dann lehrte Pater Cruz sie mehrere Stoßgebetlein, die sie tagsüber öfters beten sollten.

Jacinta gefielen besonders folgende Anrufungen: „O mein Jesus, ich liebe dich!" — und: „Süßestes Herz Mariä, sei meine Rettung!" — —

Ein anderer frommer Priester sagte eines Tages zu Lucia:

„Mein Kind, du mußt den Heiland sehr lieben, da er dir so viele Gnaden und Wohltaten erwiesen hat und immer noch erweist."

Diese Worte machten so tiefen Eindruck auf sie, daß sie sich daran gewöhnte, unzählige Male zu beten:

„Mein Gott, ich liebe dich zum Dank für die Gnaden, die du mir erwiesen hast."

Sie vertraute den Geschwisterkindern diese Übung an, und auch diese beteten nun das Stoßgebetlein mit größtem Eifer; oft fragte Jacinta mitten im schönsten Spiel:

Pius XII. in die Gesellschaft Jesu eintreten und legte am 3. Dezember 1940 die Ordensgelübde ab. Er starb im Ruf der Heiligkeit in Lissabon am 1. Oktober 1949. Sein Seligsprechungsprozeß ist bereits eingeleitet.

„Habt ihr daran gedacht, dem Heiland zu sagen, daß ihr ihn liebt wegen der Gnaden, die er euch geschenkt hat?"

Jacinta beteuerte oft:

„Ich habe den Heiland und die Gottesmutter so lieb, daß ich niemals müde werde, ihnen zu sagen, daß ich sie liebe ..."

Kurz bevor sie ins Krankenhaus übergeführt wurde, vertraute sie Lucia an:

„Es macht mir so große Freude, Jesus zu sagen, daß ich ihn liebe ...! Wenn ich es ihm oft sage, scheint es mir, als ob ich ein Feuer in der Brust hätte; aber es verbrennt mich nicht."

Wie sehr wünschte sie, dieses Feuer in allen Herzen entzünden zu können! Sie sagte zu Lucia:

„Es dauert nicht mehr lange, bis ich ins Paradies gehe. Du bleibst hier unten, um den Leuten zu sagen, daß der Herr die Andacht zum Unbefleckten Herzen Mariens in der Welt einführen will. Wenn du dann davon sprechen sollst, verbirg dich nicht! Erzähle nur von all den Gnaden, die uns Gott durch das Unbefleckte Herz Mariens gegeben hat, damit sie es auch anrufen. Sag ihnen, das Herz Jesu will, daß mit seinem Herzen auch das Herz Mariens verehrt werde; daß sie das Unbefleckte Herz Mariens um den Frieden bitten, weil der Herr ihn diesem Herzen anvertraut hat. Wenn ich doch in alle Herzen das Feuer senken könnte, das ich da drinnen spüre, durch das ich mich so sehr am Herzen Jesu und am Herzen Mariens freuen kann!"

Lucia gab ihr einst ein recht hübsches Herz-Jesu-Bild:

„Willst du das Bildchen?"

Jacinta betrachtete es aufmerksam; dann sagte sie:

„Es ist so häßlich! Es hat gar keine Ähnlichkeit mit dem Heiland, der doch so schön ist. Aber ich will es gern nehmen: es ist doch er."

Und sie trug es immer bei sich; in der Nacht und dann

während der Krankheit lag es stets unter ihrem Kopfkissen, bis es zerrissen war. Oft küßte sie es und sagte:

„Am liebsten küsse ich das Herz; ich möchte auch das Herz Mariens, damit ich beide beisammen hätte."

Es sind das ein paar kleine Züge, scheinbar ohne Bedeutung; und doch, welch ein inneres Leben verraten sie! Die kleinen Vertrauten der Himmelskönigin machten von der ersten Erscheinung an ganz überraschende Fortschritte in der Tugend. Ihr religiöses Wissen war gering, aszetische Bildung besaßen sie überhaupt keine. Und doch schienen sie von jenem Tage an die höchsten Geheimnisse der Vollkommenheit zu kennen und immer tiefer zu erfassen. Tag für Tag, Stunde für Stunde bemühten sie sich um die Tugend. Sie verloren nichts von ihrer kindlichen Art, die ganz Unschuld und Heiterkeit war. Sie sprachen, spielten, lachten und sangen wie vorher. Ein oberflächlicher Beobachter hätte überhaupt keine Veränderung feststellen können, umso mehr, als sie ihre „Opfer" und alles, was geeignet war, die Aufmerksamkeit auf sich zu lenken, sorgfältig verbargen. Wenn sie allein waren, plauderten sie ohne Unterlaß; kam jedoch jemand hinzu, senkten sie den Kopf und verstummten. Kein Wunder, sprachen sie doch meistens von dem, was ihre Gedanken stets beschäftigte: von der „Dame" und dem ihnen anvertrauten „Geheimnis". Und das war nicht für fremde Ohren bestimmt.

„Haben Sie eine große Veränderung an den zwei Kindern bemerkt?" fragte man Frau Olimpia Marto.

„Nichts Außerordentliches; sie waren brav wie vorher", erwiderte sie mit Tränen in den Augen.

Wer jedoch in den kleinen Herzen lesen konnte und in ihr Innenleben Einblick gewann, war überrascht. Sie hatten keinen anderen Lehrmeister als die Erscheinung und die Einsprechungen des Heiligen Geistes. Nur zwei- oder dreimal fügte es die Vorsehung, daß sie mit einem frommen Priester zusammentrafen, der sie in ungezwungener Unterhaltung mit einer oder der anderen Regel der Vollkommenheit bekannt machte; das war für die Kleinen, die einen wahren Durst nach Tugendübung hatten, ein kostbarer Schatz. Und in den reinen Seelen, die von himmlischem Licht bestrahlt wurden, trug jedes Samenkörnlein hundertfältige Frucht. Es waren liebliche Blüten, die Maria auf dem Boden Fàtimas sprießen ließ; bald kam die Zeit der Ernte.

Schon nahte die Stunde, da Francisco und Jacinta von der himmlischen Mutter ins Paradies geholt werden sollten. Vorher aber harrte ihrer noch eine letzte Läuterung im Feuerofen der Leiden.

Im Läuterungsfeuer der Leiden

Am 23. Dezember 1918 erkrankten die beiden Kleinen schwer; es war die sogenannte „Spanische Krankheit", die damals in ganz Europa, besonders aber in Portugal, so viele Opfer forderte. Von den Glockentürmen der Dörfer tönten fast ohne Unterlaß die Totenglocken. In manchen Gegenden unterließ man bei den Begräbnisfeierlichkeiten das Glockengeläute, um die Leute nicht zu erschrecken. Gleichzeitig erkrankten alle übrigen Familienmitglieder mit Ausnahme des Vaters, der mit Unterstützung einiger hilfsbereiter Nachbarinnen die Kranken pflegte.

Der Opfergeist der Kleinen wurde durch die Krankheit nicht im mindesten verringert, im Gegenteil, jetzt bot sich ihnen weit mehr Gelegenheit, ihn zu betätigen, als vorher. Lucia verbrachte jede Stunde, die ihr Hausarbeit und Schule übrig ließen, bei ihnen. Wenn sie zuerst zur kleinen Jacinta kam, sagte diese:

„Geh zuerst zu Francisco; ich bringe das Opfer, allein zu bleiben."

Dann wieder: „Hast du heute viele Opfer gebracht? Ich so viele! Die Mutter war ausgegangen, und ich wollte Francisco besuchen; aber ich bin nicht gegangen."

„Wie viele Opfer hast du in dieser Nacht für den Heiland gebracht?"

„Ich bin dreimal aufgestanden, um die Gebete des Engels zu verrichten", entgegnete Lucia.

„Ich habe so viele, viele gebracht! Ich konnte sie gar nicht mehr zählen. Ich hatte große Schmerzen und habe nicht geklagt."

Jacinta litt an großer Appetitlosigkeit. Eines Tages weigerte sie sich, ein wenig Milch zu nehmen, obwohl die Mutter sehr in sie drang. Als Frau Olimpia das Zimmer verlassen hatte, sagte Lucia zu ihr:

„So ungehorsam bist du gegen die Mutter? Warum bringst du nicht dem Heiland das Opfer?"

„Ich habe nicht daran gedacht", antwortete das Kind mit Tränen in den Augen; und sie rief die Mutter, bat um Verzeihung und versprach ihr, alles zu nehmen, was sie nur wolle. Tatsächlich schluckte sie die Milch hinunter, ohne den geringsten Widerwillen zu zeigen; doch der Cousine gestand sie:

„Wenn du wüßtest, was mich das gekostet hat!"

Einige Tage später bekannte sie:

„Ich habe jeden Tag größeren Widerwillen gegen Milch und Fleischbrühe, aber ich sage nichts und nehme alles aus Liebe zum Heiland und zum Unbefleckten Herzen Mariens."

Einmal fragte Lucia, ob es ihr besser gehe; sie antwortete:

„Du weißt gut, daß ich nicht mehr gesund werde. Ich habe so viele Schmerzen in der Brust! Aber ich sage nichts und leide für die Bekehrung der Sünder."

Die Krisis verlief günstig und so konnte Jacinta das Bett verlassen, obwohl sie äußerst schwach war.

Auch Francisco durfte nach fünfzehn Tagen, „in denen ihn die Gewalt der Krankheit im Bett zurückgehalten hatte", wie die Mutter sagte, aufstehen. Doch das Übel war nicht überwunden, sondern setzte sein Zerstörungswerk im Organismus fort; seine Schwäche wuchs von Tag zu Tag.

Francisco war weniger mitteilsam als das Schwesterchen, doch seit den Tagen der Erscheinungen nicht weniger eifrig. Ebenso wie Lucia und Jacinta betete und litt er und brachte alle Opfer, die die Mädchen ersannen; er selbst jedoch trat selten hervor, um einen Vorschlag zu machen.

Lucia schreibt: „In der Krankheit litt er mit heroischer Geduld; er ließ sich kein Stöhnen, nicht die leiseste Klage entschlüpfen. Er nahm alles, was ihm die Mutter brachte, und es ist mir nie gelungen, herauszufinden, ob er Widerwillen gegen etwas hatte.

Kurz vor seinem Tode fragte ich ihn:

‚Francisco, leidest du viel?'

‚Ja, viel. Aber ich leide alles aus Liebe zum Heiland und zur Madonna.'

Eines Tages übergab er mir den Strick (von dem schon die Rede war) und sagte:

‚Nimm ihn und trag ihn fort, bevor ihn die Mutter sieht; jetzt kann ich ihn nicht mehr anlegen.

Ungefähr zur selben Zeit gab mir auch Jacinta den ihren mit den Worten:

‚Bewahre du ihn auf, denn ich habe Angst, daß ihn die Mutter sieht. Aber wenn es mir wieder besser gehen sollte, will ich ihn wieder haben.'

Dieser Strick hatte drei Knoten und war mit Blut befleckt."

Kostbare Reliquie der zwei kleinen Engel, die sich als Schlachtopfer für die Sünder hingaben! Leider hat Lucia sie verbrannt, bevor sie in das Institut eintrat. — —

Doch zurück zu Francisco. Wir erinnern uns, daß Lucia die Dame bei der ersten Erscheinung gefragt hatte, ob auch er ins Paradies kommen werde, und sie hatte geantwortet: ja, doch müsse er vorher noch „seinen Rosenkranz" beten. Als ihm gleich nach der Erscheinung diese Worte berichtet wurden, kreuzte er mit freudestrahlendem Gesicht die Hände über der Brust und rief:

„O meine Muttergottes, Rosenkränze werde ich beten, so viele du willst!"

Von da an ließ er keinen Tag verstreichen, ohne der Himmelskönigin diese Huldigung darzubringen. Oft bat er die

Schwester oder die Cousine, mit ihm zu beten, doch wohl noch öfter betete er ihn allein.

Häufig entfernte er sich von den Mädchen, während sie spielten, und ging schweigend umher.

„Was machst du denn, Francisco?"

Als Antwort erhob er die Hände und zeigte den Rosenkranz.

„Komm jetzt spielen! Nachher beten wir alle drei."

„Nachher? Jetzt und nachher! Erinnerst du dich nicht, daß die Madonna gesagt hat, ich müsse den Rosenkranz beten?"

Manchmal schlich er davon und versteckte sich; wenn man ihn rief, kam seine Antwort hinter einer Mauer oder einem Gebüsch hervor, wo er betend auf den Knien lag.

„Warum rufst du uns nicht, daß wir mit dir beten?"

„Ich bete lieber allein, weil ich da nachdenken kann und den Heiland trösten, der über die vielen Sünden so betrübt ist."

Beten und nachdenken! Man möchte meinen, der Herr habe ihm die Gabe der Beschauung verliehen. Darauf weist auch ein Vorfall hin, den Lucia erzählt.

Sie hatten die Schafe in ein kleines Pinienwäldchen geführt, das auf zwei Seiten an bebautes Land grenzte. Da hieß es gut aufpassen, damit die Tiere nicht die magere Weide im Wäldchen verließen und in die Felder eindrangen.

„Bleibt ihr auf dieser Seite", sagte Lucia — „und ich gehe auf die andere."

Doch Jacinta hielt die Freundin zurück:

„Nein, du mußt bei mir bleiben; Francisco soll dort hinüber gehen."

„Ich möchte auch lieber bei euch bleiben; aber ich bringe dem Herrn das Opfer für die Sünder."

Eine geraume Zeit war vergangen. Da sagte Lucia zu der Cousine:

160

„Jacinta, jetzt aber gehe und leiste Francisco ein wenig Gesellschaft. Der Arme ist ganz allein dort!"

Hurtig lief die Kleine hin und begann unterwegs schon den Bruder zu rufen. Sie ging bis ans Ende des Wäldchens, suchte und rief, aber von Francisco war keine Spur zu entdecken. Weinend kehrte sie zu Lucia zurück:

„Francisco ist verschwunden!"

„Bleib du hier, ich werde ihn suchen gehen."

„Ich ging an den Platz, wo Francisco sein mußte" — erzählt Lucia — „und rief ihn; doch es kam keine Antwort. Ich suchte ihn überall. Endlich entdeckte ich ihn hinter einer Mauer. Er lag auf den Knien und hatte die Stirn bis zur Erde geneigt. Ich ging zu ihm, berührte seine Schulter und rief: ,Francisco!'

Da erhob er sich, als ob er aus tiefem Schlaf erwache.

,Hast du gebetet?'

,Ja. Ich habe mit dem Gebet des Engels angefangen und dann bin ich in Gedanken versunken geblieben.'

,Hast du nicht gehört, wie Jacinta dich gerufen hat?'

,Nein; ich habe nichts gehört.'

,Komm, gehen wir zu ihr; sie weint, weil sie glaubt, du habest dich verirrt.'

So gingen wir. Aber nach ein paar Minuten wollte er an den früheren Platz zurückkehren; er wollte allein sein, wie er sagte, ,um dem Herrn dieses Opfer zu bringen'."

Macht es nicht den Eindruck, als handle es sich um eine beschauliche Seele, die gewaltsam aus ihrer Versunkenheit gerissen wurde und nun den Drang fühlte, dahin zurückzukehren?

Jetzt jedoch war seine Schwäche so groß, daß er nicht mehr imstande war, den ganzen Rosenkranz zu beten; betrübt vertraute er der Mutter an, daß er höchstens einen halben Rosenkranz zustande bringe. Die gute Frau suchte ihn zu beruhigen durch den Hinweis, es genüge, die Worte nur im Geiste zu sagen, wenn er sie nicht mit den Lippen auszusprechen vermöge; das werde die Madonna ebenso gern annehmen.

Manchmal klagte er bitter, daß er nicht mit solcher Vollkommenheit zu beten verstehe wie andere, Glücklichere; das schmerzte ihn sehr.

Trotz seines schlechten Gesundheitszustandes machte er oft kleine Spaziergänge und manchmal schleppte er sich bis zur Cova da Iria. Der Anblick des Gnadenortes belebte ohne Zweifel die Erinnerung an die heiligste Jungfrau, und immer wieder sagte er, es sei sein größter Wunsch, so bald als möglich zur Madonna zu gehen.

Wenn jemand versicherte, er werde genesen, war seine Antwort stets ein „Nein", und niemand konnte sich dem tiefen Eindruck entziehen, den Gesichtsausdruck und Tonfall des Knaben machten, wenn er dieses Nein sprach. Eines Tages machte seine Patin in seiner Gegenwart das Gelübde, im Falle seiner Gesundung der Madonna so viel Weizen zu opfern, als sein Körpergewicht betrage; da erklärte Francisco, ein solches Versprechen sei ganz unnütz, weil er doch nicht genesen werde.

Trotz seines jugendlichen Alters und seiner mangelhaften Bildung war sein Gewissen überaus zart. Als man ihm einst sagte, er solle die Schafe am Rande der Wiesen weiden lassen, die der Patin gehörten, die sicher nichts dagegen haben werde, ließ er sich nicht davon überzeugen, bevor er nicht ihre ausdrückliche Erlaubnis eingeholt hatte, denn er fürchtete, sonst einen Diebstahl zu begehen.

Gegen Ende Februar 1919 verschlimmerte sich der Zustand des Knaben sichtlich. Zur Grippe gesellte sich noch eine heftige Lungenentzündung. Man brachte ihn zu Bett. Jacinta leistete ihm den ganzen Tag Gesellschaft. Einmal wurde Lucia eiligst herbeigeholt; als sie eintrat, berichtete Jacinta:

162

„Die Madonna hat uns besucht und gesagt, daß sie bald kommen werde, um Francisco in den Himmel zu holen. Mich hat sie gefragt, ob ich noch Sünder bekehren wolle. Ich habe geantwortet: ja. Da sagte sie, ich werde in ein Krankenhaus kommen, wo ich viel zu leiden haben werde, doch ich solle alles ertragen für die Bekehrung der Sünder, als Genugtuung für die Beleidigungen, die dem Unbefleckten Herzen Mariens zugefügt werden, und aus Liebe zu Jesus. Ich fragte sie, ob du mit mir kommen wirst. Sie antwortete: nein. Das tut mir so leid! Sie sagte, die Mutter werde mich begleiten, doch dann werde ich ganz allein dort bleiben . . .‟

Nachdenklich schwieg sie; dann fuhr sie fort:

„Wenn du mit mir kämest? . . . Wer weiß, das Krankenhaus ist vielleicht ein ganz finsteres Haus, wo man nichts sieht, und ich soll dort allein bleiben und so viel leiden! Doch es macht nichts: ich werde aus Liebe zum Heiland leiden, als Genugtuung für die Beleidigungen, die dem Unbefleckten Herzen Mariens zugefügt werden, für die Bekehrung der Sünder und für den Heiligen Vater! . . .‟

Franciscos sehnlichster Wunsch blieb es auch weiterhin, den Heiland und seine heiligste Mutter zu trösten.

Als Lucia und Jacinta eines Tages in sein Kämmerlein traten, sagte er zu ihnen:

„Sprecht heute wenig, weil ich starkes Kopfweh habe.‟

„Vergiß nicht, deine Schmerzen für die Sünder aufzuopfern‟, mahnte Jacinta.

„Gewiß; doch vor allem opfere ich es auf, um den Heiland und die Madonna zu trösten, dann für die Bekehrung der Sünder und für den Heiligen Vater.‟

Tags darauf, er stand schon an der Schwelle der Ewigkeit, sagte er zu Lucia:

„Höre: es geht mir sehr schlecht. Es dauert nicht mehr lange, bis ich in den Himmel gehe.‟

„Dann gib acht: vergiß nicht, dort oben für die Sünder und für den Heiligen Vater zu beten; aber auch für Jacinta und für mich."

„Ja, ich werde für alle beten. Aber höre: es ist besser, wenn du das Jacinta sagst, denn ich fürchte, ich werde alles vergessen, wenn ich den Heiland sehen werde; und ich will ja vor allem ihn trösten."

Franciscos heiliges Sterben

Am 2. April 1919 ließ das Befinden des Kranken es rat-
sam erscheinen, den Pfarrer zu rufen, damit er die Beichte des
Knaben höre. Er hatte noch nicht die Erstkommunion gefeiert
und fürchtete zu sterben, ohne vorher den Heiland empfangen zu haben; dieser Gedanke schmerzte ihn sehr, wie er der
Mutter gestand.

Doch überlassen wir Lucia das Wort, die besser als alle andern die Geheimnisse dieser engelreinen Seele kannte.

„In aller Morgenfrühe kam seine Schwester Teresa, um mich
zu holen:

‚Komm schnell, Francisco geht es sehr schlecht, und er hat
dir etwas zu sagen.‘

Ich kleidete mich eilig an und ging zu ihm. Er bat die Mutter und die Geschwister, das Zimmer zu verlassen, weil es ein
Geheimnis sei, was er mir sagen wolle. Als sie draußen waren, sagte er zu mir:

‚Heute muß ich beichten, damit ich die heilige Kommunion
empfangen kann, und dann werde ich sterben. Du sollst mir
sagen, ob du Sünden von mir weißt, und dann geh zu Jacinta
und frage sie auch.‘

‚Du hast manchmal der Mutter nicht gehorcht; wenn sie
dir sagte, du sollest zu Hause bleiben, liefst du davon, um
mich zu besuchen oder um dich zu verstecken.‘

‚Das ist wahr; das habe ich gemacht. Geh jetzt zu Jacinta
und frage sie, ob sie sich noch an etwas anderes erinnert.‘

Jacinta dachte ein wenig nach, dann antwortete sie:

‚Sag ihm, bevor uns die Madonna erschienen ist, hat er dem
Vater einmal einen halben Franken gestohlen, um eine Mund-

165

harmonika zu kaufen; und als die Buben von Aljustrel Steine auf die von Boleiros warfen, hat er mitgetan.'

Als ich ihm berichtete, was die Schwester gesagt hatte, antwortete er:

,Das habe ich schon gebeichtet; aber ich werde es noch einmal beichten. Wer weiß, ob ich nicht wegen dieser Sünden schuld bin, daß der Heiland so betrübt ist. Auch wenn ich nicht sterben müßte, würde ich es niemals mehr tun. Jetzt bereue ich es.' Und mit gefalteten Händen betete er: ,O mein Jesus, verzeihe uns unsere Sünden, bewahre uns vor dem Feuer der Hölle, führe alle Seelen in den Himmel und hilf denen, die es am nötigsten haben.' — Und dann:

,Höre: bitte auch du den Heiland, daß er mir meine Sünden verzeiht.'

,Ja, ich werde ihn darum bitten; aber wenn sie dir nicht schon verziehen wären, hätte nicht die Madonna vor ein paar Tagen zu Jacinta gesagt, daß sie bald kommen werde, um dich in den Himmel zu holen. Jetzt gehe ich in die Messe, und dort werde ich zum verborgenen Jesus für dich beten.'

,Höre: bitte ihn, daß mir der Herr Prior die heilige Kommunion bringt . . .'

Bei meiner Rückkehr fand ich Jacinta neben dem Bett des Kranken sitzend. Kaum hatte Francisco mich erblickt, da fragte er:

,Hast du den verborgenen Jesus gebeten, daß mir der Herr Prior die heilige Kommunion bringt?'

,Ja, ich habe ihn darum gebeten.'

,Im Himmel werde ich dann auch für dich beten.'

Ich verließ ihn, um meinen Beschäftigungen nachzugehen: Hausarbeit und Lernen. Als ich am Abend wieder zu ihm kam, fand ich ihn strahlend vor Freude: er hatte gebeichtet, und der Pfarrer hatte versprochen, ihm am nächsten Morgen die heilige Wegzehrung zu bringen."

166

Er wollte nüchtern bleiben, und als der Priester mit dem Allerheiligsten eintrat, wollte er sich im Bett aufsetzen, um nochmals zu beichten und mit größerer Ehrfurcht den Leib des Herrn zu empfangen. Wegen seiner außerordentlichen Schwäche wurde es ihm nicht gestattet.

Als er die heilige Kommunion empfangen hatte — „mit großer Klarheit des Geistes und Frömmigkeit [52]" — konnte er seine Freude nicht verbergen. Kaum hatte der Pfarrer das Haus verlassen, als er die Mutter fragte, ob er nicht noch einmal den Heiland empfangen dürfe.

Zum Schwesterchen sagte er:

„Heute bin ich glücklicher als du, weil ich den verborgenen Jesus in meinem Herzen habe."

Als ihn im Verlauf des Tages die Patin besuchen kam, bat er sie, ihn zu segnen und ihm zu verzeihen, wenn er ihr vielleicht manchmal Verdruß bereitet habe.

Lucia und Jacinta, die fast den ganzen Tag bei ihm waren, bat er, den Rosenkranz für ihn zu beten, weil er es nicht mehr konnte. Dann sagte er zu ihnen:

„Ich gehe jetzt ins Paradies; aber dort werde ich Jesus und die heiligste Jungfrau sehr bitten, daß sie auch euch so bald als möglich hinaufholen."

Als die Nacht hereinbrach, nahmen die Mädchen Abschied von ihm:

„Gott befohlen. Francisco! . . . Wenn du heute nacht ins Paradies gehst, so vergiß nicht auf mich; hast du verstanden?"

„Ich vergesse dich nicht, nein. Du kannst ruhig sein."

„Dann auf Wiedersehen im Himmel!"

„Im Himmel . . ."

---

[52] Worte des hochwürdigen P. Manuel Marques Ferreira im kanonischen Prozeß.

Der folgende Tag war ein Freitag: der 4. April. Gegen
sechs Uhr morgens sagte der Sterbende zur Mutter:

„Schau, Mutter, das schöne Licht bei der Tür!"

Ein paar Augenblicke später: „Jetzt sehe ich es nicht
mehr . . ."

Ein engelhaftes Lächeln verklärte seine Züge, und ohne
Todeskampf, ohne ein Stöhnen verschied er sanft.

„Lächelnd zu sterben ist das Privileg der Lieblinge Mariens."

Er war noch nicht elf Jahre alt, als er in die ewige Heimat
eingehen durfte [53].

---

[53] In dem Bericht, den der Pfarrer der kirchlichen Autorität vorlegte, lesen wir gegen Ende auf Blatt 17 folgende Note: „Der Seher
Francisco ist gestorben um 10 Uhr abends (sic!) am 4. April; als Opfer
eines langen Siechtums, das fünf Monate dauerte und verursacht war
durch die sogenannte Spanische Krankheit; die heiligen Sakramente hat
er empfangen mit großer Klarheit des Geistes und Frömmigkeit. Er
hat bezeugt, daß er Unsere Liebe Frau in der Cova da Iria und in
den Vallinhos gesehen hat. 18. April 1919, Pfarrer Manuel M. Ferreira.

Jacintas letzte Lebenstage

Auf dem Kreuzweg

Für Jacinta war der Tod des Bruders ein tiefer Schmerz.
Bevor er die Erde verließ, gab sie ihm ihre Aufträge.

„Grüße mir viele, viele Male den Heiland und die Muttergottes. Sage ihnen, daß ich leiden werde, soviel sie nur wollen, um die Sünder zu bekehren und um die Beleidigungen
gutzumachen, die man dem Unbefleckten Herzen Mariens zu-
fügt."

Oft fand man die Kleine gedankenverloren. Wenn man sie
fragte, woran sie denke, antwortete sie: „An Francisco! Wie
gern möchte ich ihn sehen!" — Und ihre Augen füllten sich
mit Tränen.

Sie sollte ihn bald wiedersehen, doch zuvor mußte sie noch
einen schweren Leidensweg zurücklegen.

Kurz nach Franciscos Tode trat bei ihr als Folge der „Spanischen Krankheit" eine eitrige Brustfellentzündung auf, die
von verschiedenen Komplikationen begleitet war. Auf Anordnung des Arztes wurde sie ins Krankenhaus von Vila Nova
de Ourèm gebracht, wo sie sich im Juli und August 1919
einer Kur unterziehen mußte, die jedoch nicht viel Erfolg
hatte.

Auf die Bitten der Kranken hin brachte die Mutter zweimal Lucia mit in die Stadt. Als Jacinta sie zum ersten Male
sah, umarmte sie die Freundin mit großer Freude und bat die
Mutter, sie bei ihr zu lassen, während sie ihre Einkäufe besorgte.

Als Lucia sie fragte, ob sie viel leide, antwortete das Kind:
„Ja, ich leide; doch es ist alles für die Bekehrung der Sün-

der und um die Beleidigungen gutzumachen, die dem Unbefleckten Herzen Mariens zugefügt werden."

Dann sprach sie mit großer Innigkeit vom Heiland und der
Muttergottes:

„Es ist mir eine große Freude, aus Liebe zu ihnen zu leiden. Sie haben die gar lieb, die für die Bekehrung der Sünder leiden."

„Das zweitemal", schreibt Lucia, „fand ich sie ebenso glücklich, aus Liebe zu Gott und dem Unbefleckten Herzen Mariens
für die Sünder und für den Heiligen Vater leiden zu dürfen.
Das war ihr Ideal, von dem sie immer sprach."

Jacinta kehrte nach Hause zurück; doch ihr Befinden war
durch die Kur kaum gebessert; dazu hatte sie nun noch eine
große Wunde an der Brust, die täglich verbunden werden
mußte. Es war ein fortgesetztes Martyrium, das dieser kleine
Engel erduldete, ohne jemals zu klagen. Vermutlich infolge
der mangelhaften hygienischen Maßnahmen bei der Behandlung der Wunde trat eine Infektion ein, die dem Kinde von
Tag zu Tag größere Qualen bereitete. Nun war es ihr auch
nicht mehr möglich, den vielen Besuchen und Verhören zu
entfliehen. Mit Sehnsucht erinnerte sie sich der Tage, da sie
sich mit dem Brüderlein in der Berggrotte verborgen hatte.

„Wie gern ginge ich auf den Berg, um in unserer Grotte
den Rosenkranz zu beten! Aber . . . ich kann nicht mehr",
sagte sie zu Lucia, während ihr die Tränen über die Wangen
rannen.

„Wenn du in die Cova da Iria gehst, bete für mich; ich
werde sicher nicht mehr dorthin kommen."

Sorgfältig suchte sie ihre Leiden vor den Augen ihrer Umgebung zu verbergen, auch vor denen der Mutter, um sie
nicht noch mehr zu betrüben; dann sagte sie zu Lucia:

„Sage niemandem, daß ich leide, auch nicht der Mutter; ich
will nicht, daß sie sich zu sehr kränkt."

Oft bemühte sie sich, die Mutter zu trösten:

„Weine nicht, Mama, es geht mir ja gut!"

Dann wieder: „Sei nicht traurig, Mama, ich gehe in den Himmel und dort werde ich viel für dich beten."

Die Menschen sollten nichts von ihren „Opfern" wissen, damit Jesus und Maria umso größeres Wohlgefallen daran hätten.

Man fragte sie, ob sie etwas brauche; sie antwortete: „Danke, ich brauche nichts."

Doch kaum war sie mit Lucia allein, da gestand sie:

„Ich habe soviel Durst! Aber ich will nicht trinken. Ich opfere es Jesus für die Sünder auf."

Die großen Leiden, die durch die Krankheit über sie gekommen waren, vermochten ihren Durst nach Opfern noch nicht zu stillen. — Da die Mutter wußte, welchen Widerwillen die Kranke gegen Milch hatte, brachte sie ihr eines Tages mit der Milch zusammen eine schöne Weintraube.

„Nimm, mein Kind! Und wenn du die Milch nicht hinunterbringst, so iß die Traube."

„Nein, Mama, ich will nicht die Traube; trag sie nur wieder weg! Gib mir lieber die Milch!"

Die Mutter war erfreut über diese Antwort, denn sie meinte, die Kleine habe wieder etwas Appetit. Doch als sie draußen war, gestand Jacinta der Cousine:

„Ich hatte so großes Verlangen nach der Traube, und es hat mich viel gekostet, die Milch zu trinken. Aber ich wollte dem Heiland dieses Opfer bringen."

Eines Morgens fiel Lucia das schlechte Aussehen des Kindes auf, und sie fragte, ob es sich schlechter fühle.

„Diese Nacht hatte ich so große Schmerzen, und ich habe Jesus das Opfer gebracht, mich im Bette nicht umzudrehen; deshalb konnte ich nicht schlafen."

Bei einer anderen Gelegenheit erzählte sie Lucia, daß sie,

wenn sie allein sei, oft aufstehe, um die Gebete des Engels zu verrichten. „Doch jetzt kann ich nicht mehr die Stirn zum Boden neigen, weil ich dabei falle; ich bete nur kniend."

Kurz darauf fragte der Erzpriester, Don Faustino Josè Jacinto Ferreira von Ourèm [54], Lucia, wie es der Kranken gehe; sie berichtete ihm, Jacinta sei so schwach, daß sie kaum mehr niederknien könne, um zu beten. Da ließ ihr der Priester sagen, er verbiete ihr, zum Beten aufzustehen; sie solle liegend beten, ohne sich viel anzustrengen.

„Und wird der verborgene Jesus damit zufrieden sein?" fragte die Kleine.

„Sicher", antwortete Lucia; „Jesus will, daß wir tun, was uns der Herr Dechant sagt."

„Gut, dann werde ich nicht mehr aufstehen."

Oft fand man Jacinta regungslos, in Nachdenken versunken, das Gesicht mit den Händen bedeckend.

„Jacinta, was denkst du denn schon so lange Zeit?" fragte die Mutter.

Das Töchterlein hob den Blick und lächelte; bald darauf sah man sie ebenso gesammelt wie vorher. Lucia vertraute sie an:

„Ich denke an den Heiland und die Muttergottes, an die Sünder und an den Krieg, der kommen soll: wie viele Menschen werden da sterben! Und so viele davon kommen in die Hölle! . . . Es werden so viele Häuser zerstört werden, so viele Priester sterben . . . Wie schrecklich ist das doch! Wenn sie aufhörten, den Herrn zu beleidigen, käme dieser Krieg nicht, sie kämen nicht in die Hölle . . . Schau: ich gehe jetzt ins Pa-

---

[54] D. Faustino Josè Jacinto Ferreira, Pfarrer von Olival und Dekan von Ourèm, ein Priester von beachtenswerter Tugend und apostolischem Eifer, hatte die Sorge um die Seele der Lucia übernommen. „Ich kann sagen, daß er mein erster geistlicher Führer war, obwohl ich damals noch nichts von Seelenführung verstand." (Lucia)

radies; und du, wenn du in der Nacht das Licht sehen wirst, von dem die Dame gesprochen hat, fliehst auch zu uns hinauf."

„Weißt du nicht, daß man nicht in den Himmel fliehen kann?"

„Das ist wahr; es geht nicht... Aber habe keine Angst; ich werde im Himmel viel für dich beten, für den Heiligen Vater, für Portugal, damit der Krieg nicht hieher kommt, und für alle Priester."

Manchmal waren ihre Betrachtungen froher und sie konnte sagen:

„Es macht mir so viel Freude, nachzudenken."

Sagt nicht der Heilige Geist, daß er sich an den unschuldigen und einfältigen Herzen ergötzt und wonnige Zwiesprache mit ihnen hält? — —

Während einer dieser Betrachtungen erschien ihr von neuem die Muttergottes (Jacinta fand diese Besuche der himmlischen Mutter ganz natürlich!), um ihr die letzte Strecke ihres Kreuzweges vorauszusagen und sie darauf vorzubereiten; sie erzählte Lucia:

„Die Madonna hat mir gesagt, daß man mich nach Lissabon in ein Krankenhaus bringen wird und daß ich weder dich noch meine Eltern wiedersehen werde; nach vielen Leiden werde ich ganz allein sterben... Doch ich solle keine Angst haben, denn sie selbst wird kommen, um mich in den Himmel zu holen..."

Und weinend umarmte sie die Vertraute ihres Herzens:

„Ich werde dich nie mehr wiedersehen — du kannst mich nicht besuchen kommen! Höre, du mußt viel für mich beten, weil ich ganz allein sterben werde..."

Der Gedanke, einsam zu sterben, quälte sie sehr.

Einmal kam Lucia dazu, wie sie ein Bild der Gottesmutter an die Brust drückte und flüsterte:

„O meine himmlische Mutter, ist es denn möglich, daß ich allein sterben muß?"

„Das macht doch nichts, wenn dich die Madonna holen kommt!"

„Es ist wahr, es macht mir nichts. Aber ich weiß nicht, wie es ist ... Manchmal denke ich nicht daran, daß die Madonna kommen wird, um mich zu holen, dann denke ich nur daran, daß ich allein sterben werde und daß du nicht bei mir sein wirst."

Oft umarmte sie die Cousine weinend:

„Ich werde dich niemals wiedersehen — nicht dich, nicht meine Mutter, nicht meinen Vater, nicht meine Geschwister, niemanden ... ich werde allein sterben!"

„Aber denk doch nicht daran!"

„Laß mich nur daran denken, denn je mehr ich daran denke, desto mehr leide ich, und ich will ja aus Liebe zum Heiland und für die Sünder leiden. Und überhaupt ... es macht mir nichts!"

Und Lucia hörte, wie sie flüsterte:

„O Jesus, jetzt kannst du viele Sünder bekehren, denn dieses Opfer ist gar groß!" — —

Ein unvorhergesehener Vorfall bewirkte, daß sich die Vorhersage der heiligsten Jungfrau erfüllte. Gegen Mitte Jänner 1920 kam mit einem Pilgerzug der berühmte Spezialist Doktor Enrico Lisboa nach Fàtima. Er benützte die Gelegenheit, um die beiden Seherinnen kennenzulernen. Als er Jacinta in einem so traurigen Gesundheitszustand sah, drängte er, daß sie nach Lissabon übergeführt werde; er hoffte, ein chirurgischer Eingriff werde ihr Heilung bringen. Die Angehörigen wendeten ein, die Kleine falle ja trotz ihres schweren Leidens niemandem zur Last; ihr einziger Wunsch sei, so bald als möglich zur Madonna zu gehen; und dasselbe wünsche auch die heiligste Jungfrau, die schon Francisco geholt habe; darum

wäre alle Mühe vergeblich; das habe man schon im Krankenhaus von Vila Nova de Ourèm gesehen.

Doch der hilfsbereite Arzt bestand darauf, daß man den
Versuch mache, und so reiste die Kleine in Begleitung der
Mutter nach Lissabon. Es war der Beginn ihres Aufstieges
zum Kalvarienberg.

„Der Abschied war herzzerreißend", schreibt Lucia. „Lange
hing das Kind an meinem Halse und schluchzte: ‚Bete viel
für mich, bis ich im Himmel bin; dann werde ich für dich
beten. Sage niemals jemandem das Geheimnis, selbst dann
nicht, wenn man dich töten will. Liebe Jesus und das Unbefleckte Herz Mariens und bringe viele Opfer für die Sünder.' " — —

Man hatte gehofft, Jacinta in Lissabon bei einer reichen Familie unterbringen zu können; aber da man ihren Gesundheitszustand sah, öffnete sich ihr keine Türe. Doch die Vorsehung sorgte auf das liebevollste für das Kind; sie fand im
Waisenhaus Unserer Lieben Frau von den Wundern (rua
Estrela, 17) Aufnahme.

Hier fühlte sie sich sofort wie zu Hause; für sie war das
Waisenhaus „das Haus Unserer Lieben Frau von Fàtima",
und die Oberin wurde ihre „Patin", der sie kindliches Vertrauen und grenzenlose Dankbarkeit entgegenbrachte.

Die Oberin, Mutter Maria von der Reinigung Godinho, erkannte sofort, welch ein Juwel ihr die Gottesmutter gesandt
hatte. Die Unschuld und Bescheidenheit, die Geduld und der
unübertreffliche Gehorsam, der Gebetsgeist dieses kleinen
Lieblings der Madonna übten vom ersten Tage an einen heil-
samen Einfluß auf die anderen Kinder aus. Eines der Mädchen, für das Jacinta sich besonders interessierte, ermahnte sie
oft, recht gehorsam zu sein, stets die Wahrheit zu sagen, den
Müßiggang zu meiden und alles mit Geduld zu ertragen,
wenn sie in den Himmel kommen wolle.

Besonders glücklich machte es sie, mit dem sakramentalen Jesus unter einem Dache leben zu können; sie sprach oft von ihm und zeigte große Sehnsucht nach der heiligen Kommunion; während ihres Aufenthaltes im Waisenhause durfte sie täglich kommunizieren [55].

Kaum war sie imstande, ein wenig zu gehen, da fand man sie oft in der Kapelle auf dem Stühlchen sitzend, wie sie den Blick unverwandt auf den Tabernakel gerichtet hielt und betete.

Himmlische Hulderweise

Die Madonna vergaß ihren Liebling in seinen Leidenstagen nicht. Mehr als einmal erschien sie ihr. Die Kleine erzählte der „Patin" von den Gnaden, die sie empfing, fast mit der gleichen Offenheit und der gleichen Einfalt wie einst ihren beiden Gefährten.

Eines Tages, als sie das Bett hüten mußte, kam die Oberin, um sie zu besuchen; da sagte Jacinta:

„Kommen Sie später, liebe Patin, denn jetzt erwarte ich die Madonna." Und ganz verklärt schaute sie nach der Richtung, aus der die heiligste Jungfrau kam.

Es scheint, daß sie manchmal nicht die Madonna sah, sondern nur eine Lichtkugel.

„Diesmal war sie nicht wie dort unten (in der Cova), aber ich wußte gut, wer es war", erzählte sie nachher.

---

[55] So erklärte die „Patin" mehrere Male; am 30. November 1937 fügte sie hinzu: „Ich glaube, sie hatte schon kommuniziert, als sie noch daheim war." Ihr Vater bestätigte, daß sie im Mai 1918 die Erstkommunion empfangen hatte, „mit einer Frömmigkeit, die jene der andern Kinder weit übertraf". (L. M. Fischer, Hyazintha, S. 107.) Lucia dagegen erklärt, daß sie noch nicht die heilige Kommunion empfangen hatte. Der Vater verwechselte wahrscheinlich Jacinta mit ihrer Schwester Teresa, welche mit Lucia die erste heilige Kommunion in feierlicher Weise empfing.

Die Aussprüche des Kindes nach diesen himmlischen Zwie-
sprachen übertrafen bei weitem das, was man in Anbetracht
ihres zarten Alters und ihrer geringen Bildung natürlicherweise erwarten konnte. Die „Patin" schrieb die charakteristi-
schesten dieser Worte auf. Wir führen einige davon an:

„Die Sünden, welche die meisten Seelen in die Hölle stürzen, sind die Sünden der Unreinheit."

„Es werden Moden aufkommen, die den Heiland sehr beleidigen. — Personen, die Gott dienen, dürfen die Moden nicht
mitmachen. — Die Kirche hat keine Mode. Der Heiland ist
immer derselbe."

„Die Sünden der Welt sind sehr groß."

„Die Madonna hat gesagt, daß es in der Welt viele Kriege
und viel Zwietracht gibt. Die Kriege sind nichts als Strafen
für die Sünden der Welt."

„Die Madonna kann den Arm ihres geliebten Sohnes, der
sich gegen die Welt erhebt, nicht mehr zurückhalten."

„Man muß Buße tun; wenn die Menschen bereuen, wird
ihnen der Heiland noch verzeihen, aber wenn sie ihr Leben
nicht ändern, wird die Strafe kommen . . . [56]"

Es scheint, daß sich die Muttergottes traurig zeigte, wenn
sie von diesen Dingen sprach, denn die Kleine sagte oft:

„Arme Madonna! Mir tut die Madonna so leid! Sie tut mir
so leid!"

„Wie würden doch die Menschen alles tun, um ein anderes
Leben zu beginnen, wenn sie wüßten, was die Ewigkeit ist!"

„Die Ärzte empfangen kein Licht, um die Kranken zu heilen, weil sie keine Gottesliebe haben."

---

[56] Die „Patin" schreibt (1937) in bezug auf diesen Ausspruch: „Das
betrifft eine große Strafe, von der sie mir im Vertrauen sprach. Möge
der Herr Erbarmen mit uns haben! Innerhalb weniger Jahre wird viel in
der Welt geschehen. Es ist wahr, daß die Madonna gesagt hat: ‚Wenn
die Menschen bereuen würden . . .' Es liegt alles in unserer Hand. Mein
Gott, erbarme dich unser!"

„Wenn die Regierung die Kirche in Frieden ließe und der heiligen Religion Freiheit gewährte, würde sie von Gott gesegnet."

„Meine gute Patin,

> beten Sie viel für die Sünder ...
> beten Sie viel für die Priester ...
> beten Sie viel für die Ordensleute ...
> beten Sie viel für die Regierungen ..."

„Die Priester sollten sich nur mit den Angelegenheiten der Kirche und der Seelen beschäftigen."

„Die Priester sollen rein sein, ganz rein."

„Der Ungehorsam von Priestern und Ordensleuten gegen die eigenen Obern und gegen den Heiligen Vater mißfällt dem Heiland sehr."

„Liebe Patin, fliehen Sie den Luxus, suchen Sie nicht den Reichtum, lieben Sie die Armut und das Schweigen."

„Bringen Sie auch den Bösen viel Liebe entgegen. Sagen Sie von niemandem etwas Böses und fliehen Sie jene, die Böses über den Nächsten reden. Haben Sie viel Geduld, denn die Geduld bringt uns ins Paradies."

„Abtötung und Opfer gefallen Jesus sehr."

„Ich möchte gern ins Kloster gehen; aber noch lieber ist es mir, bald in den Himmel zu gehen. Eine Klosterfrau muß an Seele und Leib sehr rein sein."

„Weißt du denn, was das ist, ‚rein sein'?" — fragte die „Patin".

„Ich weiß es. Rein sein am Leibe heißt, die Keuschheit bewahren; rein sein an der Seele heißt, nicht sündigen, nichts anschauen, was man nicht anschauen soll, nicht stehlen, nicht lügen, immer die Wahrheit sagen, mag es auch viel kosten."

„Aber von wem hast du das alles gelernt?" — wollte die Oberin eines Tages wissen.

178

„Von der Madonna; doch manches denke ich auch selbst. Ich denke so gern!" — —

„Die Madonna!" Anders läßt sich wohl auch eine solche Kenntnis der Welt und göttlicher Dinge in diesem Alter nicht erklären. Und enthüllen nicht die Aussprüche dieses Kindes die schwersten Übel unserer Zeit?

Auch einige Vorhersagen, die Jacinta in diesen Tagen machte und die genau eintrafen, verraten höhere Eingebung. Wir führen nur zwei oder drei davon an:

Als eines Tages Frau Olimpia von Jesus zu Besuch bei dem kranken Töchterchen weilte, fragte die Oberin sie, ob sie sich freuen würde, wenn Jacintas Schwestern Florinda und Teresa Klosterfrauen würden. Die gute Mutter antwortete: „Gott soll mich davor bewahren!"

Jacinta hatte diese Unterhaltung nicht mit angehört; trotzdem sagte sie später zur „Patin": „Die Madonna möchte, daß meine Schwestern Klosterfrauen werden; aber meine Mutter will es nicht; deshalb wird die Madonna bald kommen, um sie ins Paradies zu holen."

Wirklich starben die beiden Mädchen bald. — —

Schon lange hatte Mutter Maria von der Reinigung den Wunsch, einmal nach Fàtima zu gehen; doch es bestand keine Aussicht, daß ihre Sehnsucht erfüllt werden würde. Da sagte Jacinta eines Tages zu ihr:

„Die Patin wird nach Fàtima gehen, doch erst nach meinem Tode."

Tatsächlich war die Oberin durch eine unerwartete Verkettung von Umständen genötigt, die Leiche der Kleinen zu begleiten, und bei dieser Gelegenheit war es ihr vergönnt, am Ort der Erscheinungen der Himmelskönigin ihre Huldigung darzubringen.

Jacinta wurde in Lissabon von zwei tüchtigen Ärzten behandelt, die sich mit viel Eifer und christlicher Liebe ihrer annahmen. Das Kind bezeigte ihnen große Dankbarkeit. Einer von ihnen bat sie, ihn der Madonna zu empfehlen, wenn sie in den Himmel kommen werde. Die Kleine versprach es ihm, bat jedoch den Arzt, er solle auch für sie beten. Sie schaute ihn lange an: „Sie werden mir bald nachkommen."

Die gleiche Szene spielte sich ab, als der andere Arzt sich und seine Tochter in das Gebet der kleinen Kranken empfahl. Jacinta versprach ihr Gebet, heftete ihren Blick auf ihn und sprach:

„Auch Sie werden mir bald nachkommen, zuerst Ihre Tochter und dann Sie, Herr Doktor."

Beide Vorhersagen gingen in Erfüllung.

Himmelwärts

Jacinta versicherte immer wieder, daß eine Operation absolut nutzlos sei.

„Die heiligste Jungfrau hat mich wieder besucht und mir den Tag und die Stunde gesagt, da sie mich holen wird; und sie hat mich ermahnt, sehr brav zu sein [57]."

Doktor Lisboa bestand auf ihre Überführung in das Krankenhaus D. Estefânia, wo der chirurgische Eingriff durchgeführt werden sollte. Die Kleine mußte gehorchen.

Jesus wollte, daß sie auch dieses Opfer für die Bekehrung der Sünder bringe. Das ganze Leben der kleinen Martyrin war nunmehr ein überaus schmerzhaftes Brandopfer.

Es war am 2. Februar 1920. Sie beichtete und kommunizierte und nahm unter vielen Tränen Abschied vom „verborgenen Jesus" in der Hauskapelle. Dann verließ sie blutenden

---

[57] Von dieser Erscheinung spricht vielleicht Lucia, wenn sie schreibt: „Von Lissabon ließ sie mir schreiben, daß die seligste Jungfrau sie wieder besucht habe . . ."

Herzens das ihr so liebgewordene Haus „Unserer Lieben Frau von Fàtima". Die „Patin" begleitete sie ins Krankenhaus.

Wie so ganz anders war es doch hier als im Waisenhaus! Wohl kamen zwei oder drei gute Seelen und vor allem die treue „Patin", sie zu besuchen, sooft sie konnten; doch es war offensichtlich, daß sich die Vorhersage der Gottesmutter und die Ahnungen der Kleinen erfüllen sollten. Sie würde einsam sterben...

Am 10. Februar wurde sie operiert. Wegen ihrer großen Schwäche konnte die Kleine nicht chloroformiert werden; man mußte sich mit Lokalanästhesie begnügen. Deshalb sah und verstand sie alles, was mit ihr geschah. Als man sie entkleidete, weinte sie bitterlich.

Die Operation schien völlig gelungen zu sein; doch bald zeigte sich, daß die Hoffnung auf Genesung trügerisch war.

Man hatte auf der linken Seite zwei Rippen entfernt; eine handbreite Wunde blieb zurück. Krampfartige Schmerzen traten auf, besonders während des Verbindens. Doch die Geduld des kleinen Schlachtopfers war bewundernswert.

„O meine himmlische Mutter, o meine himmlische Mutter!" — das waren die einzigen Klagelaute, die sich bei den entsetzlichen Schmerzen ihren Lippen entrangen.

Oft ermutigte sie sich selbst und die andern mit den Worten:

„Geduld! Wir alle müssen leiden, um in den Himmel zu kommen!"

Und im Innern fügte sie sicher hinzu:

„O Jesus, alles aus Liebe zu dir und für die Bekehrung der Sünder! Jetzt kannst du viele Sünder bekehren, denn dieses Opfer kostet mich gar viel!" — —

Vier Tage vor dem Tode ermunterte die „Patin" Jacinta, ihre furchtbaren Schmerzen geduldig zu ertragen, weil dies dem Heiland große Freude bereite. Am nächsten Tage sagte das Kind:

„Hören Sie, Patin, jetzt klage ich nicht mehr. Die Madonna ist mir wieder erschienen und hat gesagt, sie werde bald kommen, um mich zu holen; und sie hat mir alle Schmerzen genommen."

Tatsächlich gab sie von da an nicht mehr den leisesten Schmerzenslaut von sich und auch in ihren Zügen verriet sie kein Leiden mehr. — —

Wenn sich die „Patin" dem Bett näherte oder sich neben das Kind setzen wollte und dabei an die Stelle kam, wo Jacinta die Gottesmutter gesehen hatte, bat die Kleine: „Gehen Sie dort weg, Patin; dort war die Madonna!" Das gleiche rief sie, wenn die Pflegerin an der Stelle vorbeikam.

Freitag, den 20. Februar, sagte die Kranke gegen sechs Uhr abends, sie fühle sich sehr unwohl und bat um die Sterbesakramente. Um acht Uhr abends legte sie bei dem Pfarrer der Kirche von den heiligen Engeln, Dr. Pereira dos Reis, ihre letzte Beichte ab und bat, ihr die heilige Wegzehrung zu bringen, weil sie bald sterben werde. Doch man glaubte nicht, daß der Tod schon so nahe sei; der Priester versprach deshalb, ihr am nächsten Morgen die heilige Kommunion zu bringen. Doch bald nachher, um halb elf Uhr nachts, kam die heiligste Jungfrau ihrem Versprechen gemäß und holte ihren Liebling in den Himmel.

Nur die Pflegerin, die Nachtdienst hatte, war bei ihr, als Jacinta in tiefem Frieden entschlief.

Sie war kaum zehn Jahre alt.

Im Duft der Heiligkeit

Das unschuldige Körperchen, das so viel „für die Bekehrung der Sünder" gelitten hatte, wurde in das weiße Erstkommunionkleidchen gehüllt und mit einem blauen Gürtel geschmückt, wie das Kind es gewünscht hatte.

Sodann wurde der kleine Leichnam in die nahe Pfarrkirche gebracht, von wo aus er in die Heimat übergeführt werden sollte.

Eine riesige Menschenmenge kam, „um den kleinen Engel zu sehen", ihn zu küssen und Andachtsgegenstände anzurühren, um eine Reliquie zu haben.

„Sie schien lebend in dem kleinen Sarg zu ruhen; Lippen und Wangen waren rosig, wunderschön . . . Die Begeisterung, die Bewunderung der Menge vor dem Leichnam waren grenzenlos. Ein angenehmer Duft, wie von wohlriechenden Blumen, strömte von ihr aus. Der schlimmste Ungläubige hätte nicht daran zweifeln können [58].

Diese Tatsache ist umso bemerkenswerter, wenn man den Charakter der Krankheit bedenkt und den Umstand, daß der Sarg dreieinhalb Tage offen blieb [59].

Am 24. Februar wurde der Sarg gegen Mittag geschlossen und mit großem Geleite zum Bahnhof gebracht, von wo er mit der Eisenbahn nach Vila Nova de Ourèm befördert wurde. Dort erfolgte die Beisetzung in der Gruft einer adeligen Familie, die von diesem Augenblick an den Liebling der Madonna als ihren kleinen Schutzengel betrachtete und dankbar bekannte, viele außerordentliche Gnaden durch ihn empfangen zu haben.

---

[58] Aus einem Briefe des Herrn Antonio Rebelo de Almeida, der mit der Bewachung und dem Transport der Leiche beauftragt war. Vergleiche L. Fischer, Hyazintha, S. 149–150.

[59] Dr. Enrico Lisboa in den „Notizen über Krankheit und Tod der Jacinta Marto". Vgl. L. Fischer, a. a. O., S. 150–151.

Bei einer Rekognoszierung, die am 13. September 1935 stattfand, wurde der Leichnam *unverwest* vorgefunden. Man überführte ihn feierlich auf den Friedhof von Fàtima, wo er gemeinsam mit den sterblichen Überresten Franciscos in einem einfachen, aber schönen Grabmal beigesetzt wurde.

Hier sollten beide Geschwister vereint des Tages harren, da es Gott gefallen würde, die kleinen Lieblinge der Madonna zu verherrlichen.

Auf den Grabstein ließ der Bischof von Leiría folgende klassisch einfache Inschrift einmeißeln:

> Hier ruhen die sterblichen Überreste
> von Francisco und Jacinta,
> welchen Unsere Liebe Frau erschienen ist.

Als dann von Jahr zu Jahr die Verehrung der Gläubigen zu den zwei Vertrauten der allerseligsten Jungfrau und der Ruf von Gnadengaben, die durch ihre Fürbitte erlangt wurden, wuchs, ernannte der Bischof mit Verordnung vom 21. Dezember 1949 die Mitglieder des Diözesantribunals für die Erstellung des Informativprozesses bezüglich der heroischen Tugend der beiden Seher; so veranlaßte er den Beginn des kanonischen Verfahrens für die Seligsprechung. Nachdem bereits die Übertragung der Gebeine der beiden Diener Gottes in die Basilika angeordnet war, fand am 30. April 1951 die kanonische Rekognoszierung statt. Jacintas Leichnam war leicht zu identifizieren. Er wurde aus dem Grab gehoben und der Sarg geöffnet — der Leib war eingetrocknet und einwandfrei erkennbar. Nur die Knochen der rechten Hand waren bloß und die Finger abgetrennt. Am folgenden Tag, dem 1. Mai, fand unter großer Teilnahme der Gläubigen die Übertragung in die Basilika statt, wo sie in einem besonderen, im Fußboden geöffneten Grab des Seitenschiffes auf der Evangelienseite bestattet wurde.

184

Die Gebeine Franciscos schienen zunächst unauffindbar. Bei der Eröffnung des Grabes konstatierten die Fachkundigen, daß es Knochen verschiedener Leiber enthielt, und zwar Knochen von neugeborenen Kindern; diese waren nach einem dortigen Brauch später einmal in geringer Tiefe im Grab des Francisco bestattet worden; anläßlich der ersten Übertragung mußten diese Gebeine ohne weitere Prüfung in der Annahme, es seien die Gebeine der Seher, zusammengetan worden sein. Wenn dem so war, so waren die Gebeine Franciscos noch immer in dem ursprünglichen Grab. Im Februar 1952 untersuchte man von neuem das Grab und fand in einer etwas größeren Tiefe den Sarg und in ihm die Gebeine; sie waren durch die Feuchtigkeit schon sehr beschädigt; Sachverständige aber rekognoszierten sie als die eines Knaben von ungefähr zehn Jahren. Die Familienangehörigen erkannten sie auf Grund verschiedener Kennzeichen unzweifelhaft als die Gebeine des Francisco, vor allem aber an dem Rosenkranz, den man ihm einst um die Hand geschlungen hatte und dessen Körner vollkommen erhalten waren. Man kann die Freude der Gläubigen nicht schildern, als bekannt wurde, daß man die Gebeine sicher aufgefunden hatte. Nachdem am 9. März die kanonische Untersuchung zu Ende geführt war, wurden die sterblichen Überreste in einen neuen, schönen Sarg gelegt und dieser verschlossen; am 13. März trug man sie in einer Prozession zur Basilika und bestattete sie in einem Grab auf der Epistelseite gegenüber jenem Jacintas. Die beiden Gräber sind dauernd bedeckt mit Blumen der Pilger und ihrer Kinder, die herkommen, um zu beten und Gnaden zu erflehen oder für empfangene zu danken.

Schwester Maria von der Schmerzhaften Mutter oder vom Unbefleckten Herzen

Von den drei Hirtenkindern, die am 13. Mai 1917 in der Cova da Iria ihre Herden weideten, weilt nun nur noch eines unter den Lebenden, Lucia. Oft sah man sie am Gnadenorte, wie sie in frommer, bescheidener Haltung mit der Menge den Rosenkranz betete. Doch eines Tages verschwand plötzlich auch sie aus dem Heimatdörfchen. Diese Tatsache erregte unter Wohlmeinenden und Übelwollenden großes Aufsehen, und allerhand Gerüchte verbreiteten sich, so daß sich der eifrige Bezirksvorsteher von Vila Nova de Ourèm noch einmal zum Eingreifen verpflichtet fühlte.

Er ließ die Mutter der Seherin rufen und verlangte Aufschluß über den Verbleib ihrer Tochter. Doch diese gab klipp und klar zur Antwort:

„Meine Tochter ist dort, wo sie selbst es will und wo auch ich es will. Andere Erklärungen habe ich nicht zu geben."

Der Bezirksvorsteher bestand nicht auf seiner Frage und entließ sie.

Das junge Mädchen war am 17. Mai 1921 in das Kollegium „Asilo do Villar" (Porto) eingetreten, das von den Schwestern der heiligen Dorothea geleitet wird. Bald darauf vernahm sie die Einladung des Herrn, ihm im Ordensstande zu dienen. Sie hätte es vorgezogen, in den Karmel einzutreten, aber man riet ihr davon ab, weil man fürchtete, ihre physischen Kräfte würden für die strengen Forderungen der theresianischen Regel nicht hinreichen; sie entschloß sich daher für das Institut ihrer Lehrerinnen.

So begab sie sich nach Tuy, einer alten spanischen Stadt am rechten Ufer des Minho, der an dieser Stelle die Grenze zwischen Nordportugal und Spanien bildet. Dort befand sich seit der im Jahre 1910 erfolgten Ausweisung aus Portugal das Noviziat der portugiesischen Provinz des Institutes der seligen Paula Frassinetti; in ihm fand Lucia am 2. Oktober 1926 Aufnahme.

Mit dem Habit empfing sie den Namen Maria das Dores, das heißt, von der Schmerzensmutter. Sie wurde zur Verrichtung häuslicher Arbeiten bestimmt.

Von Anfang an gereichten ihre tiefe Demut und ihr vollkommener Gehorsam, ihre beständige Fröhlichkeit, ihr außerordentlicher Gebetsgeist und ihre Treue gegen die Ordensregel den Mitschwestern zur Erbauung.

Am 3. Oktober 1928 legte sie die zeitlichen Gelübde ab und sechs Jahre später, am 3. Oktober 1934, die ewigen.

Man sagt, daß die seligste Jungfrau sie weiterhin mit besonderen Gaben bedacht habe; so Gott will, wird es eines Tages offenbar werden, was Jesus und Maria in dieser Seele wirkten. Für den Augenblick soll „das Geheimnis des Königs" gewahrt bleiben [60].

Bei Ausbruch der spanischen Revolution wurde Sr. Maria von der Schmerzhaften Mutter ins Collegio do Sardao in der Nähe von Porto versetzt; nach dem zweiten Weltkrieg finden wir Lucia wieder in Tuy (1946). Hier gab es immer wieder Besuche, wißbegierige Fragesteller beiderlei Geschlechtes, jeder

---

[60] Vieles berichtete der bekannte portugiesische Schriftsteller Antero di Figueiredo in dem außerordentlich interessanten Buch „Fàtima: Graças, segredos, mistérios (7. Auflage, Lissabon). Die Tatsachen, die dort mit großer literarischer Geschicklichkeit dargestellt werden, sind ihrem Kern nach authentisch; besonders die Aussprüche, die Lucia zugeschrieben werden, sind echt, wie die Provinzialoberin Eugènia Monfalim kurz vor ihrem heiligmäßigen Tode beteuerte. Der Verfasser hat sich darauf beschränkt, den sprachlichen Ausdruck zu verfeinern. — In dem Buche von Barthas, Die Kinder von Fàtima (Freiburg 1943), sind viele der von Figueiredo berichteten Begebenheiten wiedergegeben.

Stellung, jeder Nationalität — so ist es verständlich, daß in dem Herzen der frommen Ordensfrau der alte Wunsch, in den Karmel einzutreten, wieder erwachte; verständlich aber auch, wie viele und wie große Schwierigkeiten sich der Verwirklichung dieses Wunsches entgegenstellten. Schließlich erbat sie sich und erhielt unmittelbar vom Heiligen Vater Pius XII. die Erlaubnis zum Eintritt in den Karmel; am Gründonnerstag, 25. März 1948, überschritt Lucia die Schwelle des neuerrichteten Karmels von Coimbra; am 13. Mai erhielt sie das Kleid der Unbeschuhten Karmelitinnen; am 31. Mai 1949 legte sie die feierliche Profeß ab. Sie trägt jetzt den Namen Schwester Maria vom Unbefleckten Herzen.

Gestorben der Welt, lebt sie jetzt im Frieden Gottes hinter Karmelmauern.

Es sei hier noch angefügt, was sich mehr oder minder auf die Aussagen der Lucia bezieht:

1. Ein bemerkenswertes Interview:

Zu den vom Bischof zugelassenen Besuchen gehörte auch P. Jongen S.M.M., Schriftleiter der bekannten Zeitschrift „Im Dienst der Königin" (Salzburg). Anläßlich seiner fünften Fàtima-Pilgerreise kam er am 6. Februar 1946 nach Tuy, um Lucia zu sprechen und wichtige Fragen an sie zu stellen. Seinen veröffentlichten Berichten entnehmen wir folgende Einzelheiten, wobei wir unser besonderes Augenmerk auf die neuen Aussagen Lucias richten [61].

„Meiner Unterredung mit Lucia wohnte eine ihrer Mitschwestern bei. Auf dem blassen Angesicht der Seherin bemerkte ich einen etwas scheuen Ausdruck, der aber schon zu

---

[61] I. Jg. 1950, Nr. 7, 8, 10, S. 104—107, 130 f., 190 ff., „Auf Besuch bei Lucia" (Auszug).

Anfang des Gespräches wich. Sie benahm sich weder aufdringlich noch verlegen, erzählte nie ungefragt, antwortete aber auf alle Fragen einfach und mit Aufgeschlossenheit ... Wenn ich Lucia mit einem Wort kennzeichnen sollte, so würde ich sie die ‚Einfachheit in Person‘ nennen. Wenn Einfachheit reden könnte, so würde sie sprechen wie Lucia. Ihre Worte schienen mir die klare Widerspiegelung ihrer Gedanken und Gefühle; alle, mit denen wir in Portugal Bekanntschaft machten, hatten diese Einfachheit gerühmt, die einen tiefen Eindruck macht. Wenn man Lucia sprechen hört, ist es unmöglich, an ihrer Aufrichtigkeit zu zweifeln. Sie ist schlicht und ungekünstelt und kennt keine schlaue Berechnung. Der Grundton ihres Wesens ist stille, friedliche Heiterkeit; sie ist der Ansicht, daß geistliche Freude zur Heiligkeit und Vollkommenheit gehört. Im vertrauten Verkehr mit der Himmelskönigin scheint sie sich diesen Grundton ihres Lebens angeeignet zu haben, erhielt sie doch von der Madonná die Versicherung: ‚du wirst in den Himmel kommen‘."

Hier einige Fragen und Antworten über Punkte, die noch nicht ganz geklärt waren:

„Wann gab Ihnen der Himmel die Erlaubnis zur Offenbarung des Geheimnisses?"

„1927, hier in der Kapelle zu Tuy. Aber diese Erlaubnis erstreckt sich nicht auch auf den dritten Teil des Geheimnisses!"

„Haben Sie mit Ihrem Seelenführer davon gesprochen?"

„Ja, sofort."

„Was hat er gesagt?"

„Er befahl mir die Aufzeichnung des Geheimnisses mit Ausnahme des dritten Teiles. Ich glaube, er hat es nicht gelesen; dann gab er es mir zurück. Wenig später hatte ich einen anderen Seelenführer, der mir befohlen hat, es zu verbrennen. Dann wollte er, daß ich es von neuem schreibe!"

Schwester Lucia lächelte bei diesen Erinnerungen.

„Ist es nicht bedauerlich, daß das Geheimnis nicht v o r dem Kriege veröffentlicht worden ist?'

„Ja, hätte der liebe Gott mich aller Welt als Prophetin vorstellen wollen, dann wäre das wirklich bedauerlich gewesen. Aber das war anscheinend nicht seine Absicht . . . sonst hätte er mir sicherlich 1917 den Befehl gegeben, zu reden, während er mir doch Schweigen befohlen hat. Und seine Stellvertreter haben diesen Befehl bestätigt. Ich glaube also, daß Gott sich meiner nur dazu bedienen wollte, die Welt aufmerksam zu machen auf die Notwendigkeit, die Sünden zu meiden und durch Gebet und Buße Sühne zu leisten für die Beleidigungen Gottes . . . Wäre es anders gewesen . . . hätte ich vielleicht seine Pläne vereitelt. Das Schweigen war eine große Gnade für mich, wofür ich dem lieben Gott herzlich danke. Alles, was er tut, ist gut getan!"

„Haben Sie bei Niederschrift des Geheimnisses die Worte der Gottesmutter nur dem Sinn nach oder buchstäblich angeführt?"

„Ich habe das Geheimnis Wort für Wort aufschreiben wollen."

„Sind Sie auch gewiß, alles genau im Gedächtnis behalten zu haben?"

„O ja! Auch habe ich die Worte genau in der Reihenfolge geschrieben, wie sie ausgesprochen worden sind."

„Hat die heiligste Jungfrau wirklich den Namen von Pius XI. ausgesprochen?"

„Ja, wir wußten damals aber noch gar nicht, ob das ein Papst oder ein König sei. Aber die heilige Jungfrau hat von Pius XI. gesprochen."

„Aber der Krieg hat ja gar nicht unter Pius XI. begonnen!"

„Der Anschluß Österreichs war der entscheidende Anlaß. Als das Münchener Abkommen getroffen worden war, jubelten meine geistlichen Schwestern. Sie sagten: ‚Jetzt ist der Friede gesichert!' Ich aber wußte leider weit mehr!"

„Die Astronomen bezeichnen das ‚unbekannte Licht' in der Nacht vom 25. auf den 26. Januar 1938 als Nordlicht. Was halten Sie davon?"

„Bei Studium aller Umstände dieser Lichterscheinung würden sie wohl erkennen, daß das kein Nordlicht war, noch sein konnte."

„Nach dem Geheimnis hat Maria gesagt: ‚Dann werde ich kommen und eine Bitte an euch richten.' Ist sie wirklich wiedergekommen?"

„Ja."

„Wann?"

„Im Jahre 1925. Am 10. Dezember des genannten Jahres erschienen mir Unsere Liebe Frau und das Jesuskind."

„Was sagte Unsere Liebe Frau?"

„Sie sagte: ‚Siehe meine Tochter, mein Herz, das mit Dornen umgeben ist, mit denen die undankbaren Menschen es jeden Augenblick in ihren Flüchen und ihrer Undankbarkeit durchbohren. Suche wenigstens du mich zu trösten und feiere die ersten Samstage des Monats.' "

„Man hat dazu eingewendet, der Heiland habe fast mit denselben Worten die heilige Margareta Maria Alacoque um die Einführung der Herz-Jesu-Andacht gebeten. Das erinnert sehr stark an eine Wiederholung Paray-le Monials."

„Ich kann doch der Muttergottes nicht vorschreiben, wie sie sich ausdrücken muß!"

„Hat Maria Sie beauftragt, die Andacht zu verbreiten?"

„Nein, wohl aber sie bekanntzumachen."

„Haben Sie beim Bischof von Leirìa Schritte unternommen, daß er den Wunsch der Muttergottes bezüglich der Feier der ersten Monatssamstage erfüllen solle?"

„Ja."

„Warum? War die Muttergottes Ihnen wieder erschienen?"

„Nein, aber es tat mir leid, daß der Bitte Mariens nicht will-fahrt wurde."

„Haben Sie niemandem etwas von der Feier des ersten Mo-natssamstages gesagt?"

„Ich habe versucht, diese Andacht in meiner Umgebung zu verbreiten, ohne aber von der Erscheinung der Muttergottes oder vom Geheimnis zu sprechen."

„Hat die Muttergottes während der Erscheinung von 1925 auch von der Weihe Rußlands an ihr Unbeflecktes Herz ge-sprochen?"

„Nein!"

„Wann hat sie denn darum gebeten?"

„Im Jahre 1929."

„Was war die genaue Bitte der Muttergottes?"

„Sie verlangte, daß der Heilige Vater im Verein mit den Bischöfen der Welt Rußland dem Unbefleckten Herzen Marias weihe."

„Sprach sie nicht von der Weihe der Welt?"

„Nein!"

„Haben Sie dem Bischof von Leiria das Verlangen der Muttergottes mitgeteilt?"

„Ja!"

„Welchen Zeitpunkt des im Geheimnisse Angezeigten ha-ben wir augenblicklich erreicht?"

„Ich meine, es sei die Zeit, wo — ‚es (Rußland) seine Irr-tümer in der Welt verbreiten wird, usw. . . .' "

Ich sprach auch zu Sr. Lucia von den drei Gedanken des heiligen Grignion von Montfort: Christi Reich kommt — durch das Reich Mariens — nach der weltweiten Verbreitung der „Wahren Andacht". Augenblicklich fügte Lucia hinzu: „Und nach der Bekehrung Rußlands".

Bezüglich der Engelserscheinungen fragte ich wie folgt:

„Viele Menschen können den Erscheinungen des Engels im Jahre 1916 keinen Glauben beimessen, weil die drei Seher ganz und gar darüber geschwiegen haben. Können Sie dieses Stillschweigen erklären?"

„Es ist nicht wahr, daß wir mit niemand davon gesprochen haben."

„Mit wem haben Sie denn darüber gesprochen?"

„Zunächst habe ich es dem Erzpriester von Olival gemeldet. Er hatte mein ganzes Vertrauen. Ich habe ihm alles erzählt. Da hat er mir gesagt, ich soll mit niemand davon sprechen."

„Und haben Sie das getan?"

„Doch! Nur habe ich es nachher dem Bischof von Leirìa mitgeteilt."

„Und was sagte Seine Exzellenz dazu?"

„Auch er empfahl mir, dies alles geheimzuhalten."

„Weshalb haben Sie zur Zeit dieser Erscheinungen mit niemand über den Engel gesprochen?"

„Ich und mehrere andere Mädchen hatten im Jahre 1915 schon eine Erscheinung des Engels, aber nicht ganz klar und bestimmt. Francisco und Jacinta gingen damals noch nicht mit, die Schafe zu hüten. Die anderen Kinder hatten darüber gesprochen und im Dorfe machte man sich sehr lustig darüber. Dies war für mich eine Lehre, die ich im Jahre 1916 — als der Engel uns ganz deutlich erschien und mit uns sprach — noch nicht vergessen hatte. Nachdem der Engel uns auf dem Cabeço erschienen war, verabredeten wir, keinem etwas davon zu sagen."

„Daß Sie dies verabredeten, verstehe ich. Der Jesuitenpater kann sich aber kaum vorstellen, daß drei Kinder von diesem Alter jahrelang solche außerordentliche Tatsachen verschweigen könnten."

„Hätte der Pater mitmachen müssen, was wir mitgemacht haben, so könnte er es sich wahrscheinlich doch vorstellen."

„Wie meinen Sie das?"

„Als Jacinta über die erste Erscheinung der Muttergottes gesprochen hatte, wurden wir fortwährend durch Befragungen über allerlei Einzelheiten belästigt. Jedes Wort, das wir sprachen, wurde ins Lächerliche gezogen. Da haben wir uns gesagt, wenn man uns noch einmal fragt, ob wir Unsere Liebe Frau gesehen haben, so antworten wir: ‚Jawohl!' Und wenn man weiter fragt, was sie gesagt habe, so antworten wir einfach: ‚Den Rosenkranz beten', und weiter sagen wir nichts!"

Lucia lachte kindlich froh, als sie mir das erzählte. Ich fuhr fort:

„Das erklärt gewiß, daß diese Erscheinungen längere Zeit verborgen blieben; warum aber bis 1936?"

„Nun, der Erzpriester von Olival, der Bischof von Leirìa, die Verhältnisse — alles sprach fürs Schweigen. Genügt das nicht, diese Geheimnisse zu bewahren, bis der Bischof mich hieß, alles bekanntzumachen?"

2. Lucia und die Verehrung des Unbefleckten Herzens Mariens:

Wer aufmerksam die Berichte über die sechs Erscheinungen gelesen hat, weiß, daß bereits in den Engelserscheinungen von der Verehrung des Herzens Mariens die Rede ist; er weiß, daß in den ersten drei Erscheinungen Maria von ihrem Unbefleckten Herzen gesprochen hat; als Lucia gesagt wurde, sie werde die beiden anderen Kinder überleben, weil sie Gott als Werkzeug für die Verbreitung der Verehrung des Unbefleckten Herzens benützen wolle. Es ist also ganz richtig, wenn behauptet wird, die Verehrung des Unbefleckten Herzens sei ein wesentlich zentrales Moment in den Offenbarungen von Fàtima.

Als Lucia 1926 und anfangs 1927 den Auftrag erhielt, die neuerlichen Offenbarungen des Herzens Mariens bekanntzugeben, befand sie sich in ernstlicher Verlegenheit, weil sie einen Teil des Geheimnisses enthüllen sollte. In dem von ihr verfaßten Schriftstück ist daher nichts anderes zu finden als ein diesbezüglicher Satz, daß nämlich Lucia eines Tages die Verehrung des Unbefleckten Herzens verbreiten sollte.

Die Bittschrift an den Papst unterscheidet fast ängstlich die 1917 empfangenen Offenbarungen von den späteren: 1925, 1926, 1929. Ein ausgeglichenes Gemüt, das vor dem geringsten Betrug zurückschreckt, lügt nicht in einem an den Papst gerichteten Schreiben und verwechselt nicht Dinge, die es mit größter Genauigkeit unterscheidet. Lucia ist viel zu ehrlich und gewissenhaft, mit sehr klarer Einsicht ausgestattet, zu ausgeglichen, als daß man annehmen könnte, sie hätte die Dinge in den wesentlichen Belangen verändert.

Das Lucia von der seligsten Jungfrau auferlegte Stillschweigen war nach den Worten Lucias selbst eine große Gnade, wahrhaftig providentiell. Hätte Lucia 1917 vom Inhalt der Geheimnisse sprechen müssen, sie hätte bei der Beschränktheit ihrer Vorstellungswelt und bei dem Mangel an Wortreichtum im Angesicht von unzähligen Fragestellern eine solche Verwirrung angerichtet, daß Gottes Werk dadurch wahrscheinlich Schaden gelitten hätte.

P. J. Aparicio S. J. berichtet unter dem 10. Jänner 1938: „. . . Im Jahre 1927 berichtet Lucia einem ihrer ersten Seelenführer über die Andacht der fünf ersten Samstage an fünf aufeinanderfolgenden Monaten. Ich fragte sie, ob sie davon schon zu jemandem gesprochen habe. Sie bejahte es und sagte, sie hätte im Auftrage des vorangegangenen Seelenführers alles schriftlich niedergelegt; dann aber habe sie, nachdem sie mit der Mutter Oberin gesprochen, und ohne mitzuteilen, was in dieser Schrift niedergelegt war, gebeten, es verbrennen zu dürfen. Und das hätte sie auch sofort getan. Ich befahl ihr, das ganze noch einmal niederzuschreiben und es mir zu geben. In ihrer Demut empfand sie ein Widerstreben, in der ersten Person zu schreiben; darauf antwortete ich, sie könne in der dritten Person schreiben; und so machte sie es auch."

3. Die Weihe Rußlands:

Dazu bemerkt Lucia: „Es war in dieser Epoche (1929), daß Unser Herr mir kundtat, es sei der Augenblick gekommen, der heiligen Kirche seinen Wunsch der Weihe Rußlands und sein Versprechen der Bekehrung dieses Landes mitzuteilen. Diese Offenbarung geschah in folgender Weise: Ich hatte von meinen Vorgesetzten und dem Beichtvater die Erlaubnis bekommen, die Heilige Stunde von elf Uhr bis Mitternacht von jedem Donnerstag auf Freitag zu halten. Eines Nachts, ich war ganz allein, bloß das ewige Licht brannte ... da plötzlich erleuchtete ein übernatürliches Licht die ganze Kapelle und über dem Altar zeigte sich die Erscheinung, von der ich ganz besondere Erleuchtungen erhielt. Gegen Ende sagte Unsere Liebe Frau: ,Es ist der Zeitpunkt gekommen, in dem nach dem Wunsch des Herrn der Heilige Vater in Vereinigung mit allen Bischöfen der Welt die Weihe Rußlands an mein Unbeflecktes Herz vornehmen sollte; dafür verspricht er, es durch dieses Mittel zu retten. Es sind so viele Seelen, die der Verdammung durch die göttliche Gerechtigkeit verfallen.' Ich habe dem Beichtvater von allem Rechenschaft gegeben, der mir auftrug, den Wunsch des Herrn aufzuschreiben."

„Etwas später, mittels einer innerlichen Erleuchtung, beklagte sich der Herr, daß man seinen Wunsch nicht habe beachten wollen ... man wird es tun, aber es wird spät sein. Rußland wird seine Irrtümer in der Welt verbreiten, wird

Kriege hervorrufen, die Kirche verfolgen, der Heilige Vater wird viel zu leiden haben."

Unter dem 18. Mai 1936 sagt Lucia: „Was die Weihe Rußlands und der ganzen Welt an das Reinste Herz Mariens betrifft, kann ich nur das wiederholen, was ich andere Male gesagt habe. Ich höre, daß sie nicht gemacht wurde; aber es ist Gott selbst, der es aufgetragen hat; er ist es, der dies zuläßt."

P. J. Aparicio sagt weiter, Lucia habe noch folgende Mitteilung gemacht, und zwar unter dem 6. Februar 1939: „In einer innerlichen Mitteilung ließ mich der Herr erkennen, daß der gnadenvolle Augenblick, von dem er im Mai 1938 gesprochen hat, zu Ende geht. Der Krieg mit allen Schrecken, die ihn begleiten, wird bald beginnen ... Er verspricht den besonderen Schutz des Unbefleckten Herzens Mariens für Portugal im Hinblick auf die Weihe, welche der Episkopat mit dem Volk an das Unbefleckte Herz vorgenommen hat ..., aber weil auch Portugal in die Schuld verstrickt ist, muß es einige Folgen des Krieges erleiden, der enden wird, wenn die Zahl und das Blut der Märtyrer seine Gerechtigkeit versöhnt haben wird."

20. Juni 1939: „... Unsere Liebe Frau hat versprochen, die Geißel des Krieges zurückzudrängen, spätestens dann, wenn diese Andacht gepflegt und verbreitet wird; und wir sehen tatsächlich, daß Maria diese Strafe wegnimmt in dem Maß, als man sich bemüht, die Verehrung zu verbreiten; aber ich hege die Befürchtung, daß wir viel mehr tun müßten, als wir tun, und daß Gott, wenig zufrieden, den Arm seiner Barmherzigkeit zurückzieht und die Welt durch den Krieg verwüsten läßt, der schrecklich sein wird, schrecklicher denn je." Ihr Seelenführer bemerkt hinzu: „Diese Worte sind von Lucia unterstrichen." „Es hat auf mich die Art und Weise

197

einen Eindruck gemacht, in welcher sie die Ereignisse behauptet und voraussagt. Ich zweifle nicht, sie spricht kategorisch, als ob sie die Zukunft sehe. Ich bin überzeugt, daß Unsere Liebe Frau es ihr gezeigt hat."

Unter dem 18. August 1940: „Ich setze voraus, daß es Unserem Herrn gefallen würde, wenn man bei seinem Stellvertreter auf Erden für die Verwirklichung seiner Wünsche eintreten würde; aber der Heilige Vater wird es nicht gleich machen; er hegt Zweifel an der Wahrheit, und er hat recht. Der gütige Gott könnte durch ein Wunder zeigen, daß er es ist, der das wünscht. Aber er benützt die Zeit, um durch seine Gerechtigkeit die Welt für die so großen Verbrechen zu strafen und sie vorzubereiten für eine vollkommene Rückkehr zum Herrn. Der Beweis, den er führt, ist der besondere Schutz des heiligsten Herzens Mariens über Portugal im Hinblick auf die vorgenommene Weihe."

„... die Furcht ist berechtigt; alles das wird geschehen, wenn unsere Würdenträger nicht auf die Aufträge unseres gütigen Herrn eingehen und um seine Barmherzigkeit und um den Schutz unserer lieben Himmelmutter bitten."

„... aber es ist notwendig, weiterzubeten; darum glaube ich, daß es gut sein würde, mit einem großen Vertrauen auf die Barmherzigkeit Gottes und auf den Schutz des Unbefleckten Herzens Mariens die Notwendigkeit des Gebetes einzuschärfen, des Gebetes, das begleitet ist von Opfern, besonders jenen, die notwendig sind, um die Sünde zu vermeiden. Es ist der Wunsch unserer gütigen Himmelsmutter vom Jahre 1917, den sie mit einer tiefen Traurigkeit und Zartheit ihres Unbefleckten Herzens geäußert hat: ,Sie sollen nicht mehr unsern Herrn beleidigen, denn er ist schon zuviel beleidigt!' Welche Strafe, daß wir diese Worte und ihre ganze Bedeutung nicht genügend betrachtet haben."

4. Brief des Bischofs von Leirìa an Pius XI. (1937):

„Heiliger Vater,

in Demut vor den Füßen Eurer Heiligkeit kniend, glaube ich, die Pflicht zu haben, Eurer Heiligkeit folgendes unterbreiten zu müssen:

In dieser Diözese ist ein Heiligtum Unserer Lieben Frau von Fàtima; dieses ist das größte Zentrum der Frömmigkeit in Portugal und seine Verehrung ist unter vielen Nationen verbreitet. Betrachtet man die Aufträge der seligsten Jungfrau vom Jahre 1917, die sich in besonderer Weise auf die Rosenkranzandacht, auf die Abwendung von Luxus, auf die Buße beziehen, so sieht man, daß Unsere Liebe Frau den Kampf gegen den Kommunismus vorbereitet hat, von dem Portugal bis jetzt trotz der Nähe Spaniens bewahrt geblieben ist. Wir portugiesischen Bischöfe haben im vergangenen Jahr, als wir unsere Exerzitien in diesem Heiligtum machten, versprochen, eine große Landeswallfahrt zu veranstalten, wenn bis zum Ende des Jahres 1937 das furchtbare Unglück des Kommunismus nicht in unser Land eingedrungen ist. Dank der heiligsten Jungfrau sind wir in Frieden geblieben.

Von den drei Kindern, denen Unsere Liebe Frau erschienen ist, sind zwei gestorben; die noch lebende ist Ordensfrau im Institut der heiligen Dorothea in Spanien; diese bittet mich, Eurer Heiligkeit mitzuteilen, daß nach himmlischer Offenbarung Gott verspricht, die Verfolgung in Rußland zu beenden, wenn Eure Heiligkeit sich würdigen, einen feierlichen und öffentlichen Akt der Sühne und der Weihe Rußlands an das heiligste Herz Jesu und Marias vorzunehmen; zugleich mögen Eure Heiligkeit allen Bischöfen der katholischen Welt den Auftrag erteilen, das gleiche zu tun; deshalb möchten Eure Heiligkeit die Sühneandacht approbieren und empfehlen, welche darin besteht, während fünf aufeinander-

199

folgenden Monaten am ersten Samstag die heilige Kommunion zu empfangen, einen Rosenkranz zu beten und 15 Minuten lang in Vereinigung mit Unserer Lieben Frau die Geheimnisse des Rosenkranzes zu betrachten; diese Andacht sollte zum Ziele haben:

1. Genugtuung zu leisten für die Lästerungen der Unbefleckten Empfängnis, Jungfräulichkeit und Mutterschaft der seligsten Jungfrau und die Beleidigungen der Bildnisse Unserer Lieben Frau; 2. zu beten für die Kinder, in deren Herzen Verachtung und sogar Haß gegen die Himmelsmutter gesät wurde [62]."

Das ist, Heiliger Vater, die Mitteilung, die ich erhalten habe, um sie Eurer Heiligkeit zu übersenden. Bei den Wallfahrten zum Heiligtum beten wir immer für Euer Heiligkeit.

Demütig bitte ich um den Apostolischen Segen Eurer Heiligkeit für diese Diözese, für ihren Hirten und für die Wallfahrt des Heiligtums Unserer Lieben Frau von Fàtima."

5. Brief der Lucia an Pius XII. (verfaßt am 24. Oktober 1940, verbessert und geschrieben am 2. Dezember 1940):

„Heiliger Vater,
in Demut vor den Füßen Eurer Heiligkeit kniend, komme ich, das kleinste Schäflein der Euer Heiligkeit anvertrauten Herde, um gemäß dem Auftrag meines Seelenführers mein kindliches Herz zu eröffnen.

---

[62] Als das erste Mal Lucia von den fünf Samstagen sprach, fragte sie der Beichtvater, warum gerade fünf Samstage und nicht neun, also eine Novene? Oder sieben zur Ehre der sieben Schmerzen der Gottesmutter? Sie antwortete: „Ich weiß es nicht. Der Herr hat es mir nicht gesagt!" Während sie sich in der Nacht vom 29. zum 30. Mai im Gebet befand, „fühlte ich plötzlich im Innersten Gottes Gegenwart" und dabei wurde mir, „wenn ich mich nicht täusche, folgendes geoffenbart: es handelt sich um die fünf Arten der Beleidigungen und Flüche gegen das Unbefleckte Herz."

Ich bin die einzige Überlebende der drei Kinder, denen Unsere Liebe Frau in Fàtima (Portugal) vom 13. Mai bis zum 13. Oktober 1917 erschienen ist. Ich komme, Heiliger Vater, um eine Bitte zu erneuern, welche schon zu wiederholten Malen Eurer Heiligkeit überbracht worden ist.

Die Bitte kommt von unserem Herrn und von unserer gütigen Himmelmutter. In dem Teil der Offenbarungen, welche wir als „Geheimnis" bezeichneten, hat im Jahre 1917 die seligste Jungfrau das Ende des Krieges, welcher damals noch Europa erfüllte, und einen zweiten künftigen angekündigt; um diesen zu verhindern — so sagte Maria — sei sie gekommen, die Weihe Rußlands an ihr Unbeflecktes Herz und die Sühnekommunion an den ersten Samstagen zu fordern. Sie versprach, vorausgesetzt, daß man ihren Forderungen nachkommt, die Bekehrung dieses Volkes und den Frieden. Im gegenteiligen Falle verkündete sie die Verbreitung der Irrtümer des russischen Kommunismus über die ganze Welt, Kriege, Verfolgung der heiligen Kirche, die Martyrien vieler Christen, verschiedene Verfolgungen und Leiden für Eure Heiligkeit und die Vernichtung verschiedener Völker.

Heiliger Vater, bis 1926 ist das alles Geheimnis geblieben gemäß dem ausdrücklichen Auftrag Unserer Lieben Frau; dann, nach einer Offenbarung, verlangte sie die Verbreitung der Sühnekommunion an den fünf ersten Monatssamstagen mit der Beichte, einer viertelstündigen Betrachtung der Rosenkranzgeheimnisse und Gebet eines Rosenkranzes in der Meinung, Sühne zu leisten für die Verunehrungen, Gotteslästerungen und Gleichgültigkeiten gegenüber ihrem Unbeflecktem Herzen; sie versprach jenen, die diese Andacht üben, beizustehen in der Sterbestunde und alle notwendigen Gnaden, um gerettet zu werden. Ich habe diese Forderungen Unserer Lieben Frau dem Beichtvater mitgeteilt, der sich um die Verwirklichung bemühte; am 13. April 1939 hat der Bischof von Leiria sich gewürdigt, in Fàtima diese Forderungen Unserer Lieben Frau zu veröffentlichen. Ich bitte Eure Heiligkeit, diese Andacht auf die ganze Welt auszudehnen.

Im Jahre 1929 verlangte Unsere Liebe Frau in einer anderen Erscheinung die Weihe Rußlands an ihr Unbeflecktes Herz, indem sie versprach, durch dieses Mittel die Verbreitung der Irrtümer des kommunistischen Rußland zu verhindern und die Bekehrung dieses Volkes.

Nach Ablauf einer bestimmten Zeit gab ich dem Beichtvater Rechenschaft von dieser Forderung Unserer Lieben Frau; er veranlaßte, daß diese zur Kenntnis Eurer Heiligkeit gelange.

In verschiedenen inneren Mitteilungen hat unser Herr nicht aufgehört, die Erfüllung dieser Forderungen zu verlangen; wenn Euer Heiligkeit sich würdigt, die Weihe der Welt an das Unbefleckte Herz Marias unter besonderer Erwähnung Rußlands vorzunehmen und anzuordnen, daß in Vereinigung mit Euer Heiligkeit alle Bischöfe der Welt dasselbe tun, verspricht er schließlich, die Tage der Trübsal abzukürzen, die er zur Bestrafung der Völker für ihre Sünden mittels des Krieges, des Hungers und verschiedener Verfolgungen der heiligen Kirche und Eurer Heiligkeit bestimmt hat.

Heiliger Vater, wenn ich in der Vereinigung meiner Seele mit Gott nicht ein Opfer der Täuschung bin, versprach unser Herr im Hinblick der Weihe, die unsere portugiesischen Bischöfe im Namen des Volkes an das Unbefleckte Herz gemacht haben, den besonderen Schutz für unser Vaterland während dieses Krieges, und dieser Schutz wird der Beweis sein für die Gnade, die andern Völkern gegeben würde, wenn für sie wie für das portugiesische Volk die Weihe vollzogen würde. Und jetzt, Heiliger Vater, erlaube ich mir, noch eine Bitte vorzutragen, die ein glühendes Verlangen meines armen Herzens ist: daß das Fest zu Ehren des Unbefleckten Herzens Marias als eines der großen Feste der Kirche auf die ganze Welt ausgedehnt werde.

In größter Ehrerbietung und Ehrfurcht erbitte ich den Apostolischen Segen.

Tuy (Spanien), 2. Dezember 1940

Maria Lucia de Jesus

Nachträgliche Erklärung: Luzia sprach später nochmals über die Beleidigungen des Unbefleckten Herzens, deretwegen die fünf Sühnesamstage gehalten werden sollen. Sie unterschied folgende fünf Arten:

1. Die Schmähungen des Unbefleckten Herzens Marias.
2. Die Verunglimpfungen der immerwährenden Jungfräulichkeit Marias.
3. Die Beleidigung, die Maria durch die Leugnung ihrer Gottesmutterschaft zugefügt wird.
4. Die Verunehrung der Bilder Marias.
5. Die Bosheit jener, die in den Herzen der Jugend die Abneigung, ja, den Haß gegen die Gottesmutter säen.

III.

DER KULT

Die Auswirkung der Ereignisse in Portugal

Nach den Erscheinungen im Jahre 1917 dachte niemand daran, für Fàtima zu werben. Die Leute kamen von selbst, in der Hoffnung, an dem Gnadensegen Anteil zu erhalten, den die Rosenkranzkönigin in so reichem Maße spendete.

An Werktagen kamen anfangs vereinzelte Wallfahrer oder höchstens hie und da kleine Gruppen von Pilgern; an Sonn- und Festtagen jedoch, am 13. jeden Monats, vor allem aber am 13. Mai und am 13. Oktober, strömten Tausende und Zehntausende in der Cova da Iria zusammen.

Bald nach dem Sonnenwunder wurde der Platz, an dem sich die Muttergottes gezeigt hatte, durch einen plumpen Bogen gekennzeichnet.

1919 errichtete das Volk an der Erscheinungsstelle eine ärmliche, kleine Kapelle. Fàtima wurde als neues Lourdes betrachtet. Hieher kamen die Pilger, um Hilfe zu erbitten oder für erhaltene Gnaden zu danken, um durch Rosenkranzgebet und fromme Lieder der Madonna zu huldigen. Manchmal nahm die Verehrung Marias recht originelle Formen an, blieb jedoch immer würdig und aufrichtig. Nachstehend ein Beispiel hiefür:

Der dankbare Feuerwerker

Es war am 13. Oktober 1919. Bei der kleinen Kapelle, die seit kurzer Zeit errichtet war, verharrten mehr als 600 Personen in andächtigem Gebet, während viele andere Pilger sich über das weite Gelände verstreut hatten, um unter den Bäumen auszuruhen und eine Erfrischung einzunehmen. Plötzlich stieg etwa fünfzig Meter von der Kapelle entfernt eine riesige Rakete in die Luft und explodierte mit kanonendonnerähnlichem Getöse. Und schon stieg eine zweite Rakete, eine dritte... einundzwanzig „Schüsse" zählte man: eine regelrechte Salve.

Der Visconde de Montelo erzählt: „Ich hörte, wie in meiner Umgebung einige Andächtige ihrem Mißfallen an einer solchen Profanierung des Erscheinungsortes Ausdruck gaben und mit Bedauern darauf hinwiesen, daß sich der Klerus gar nicht darum kümmere, was in der Cova da Iria vorging; wenn eine Aufsicht von kirchlicher Seite bestünde, wäre solcher Unfug nicht möglich.

Mit Notizbuch und Bleistift in der Hand ging ich auf den Raketenmann zu: ,Wollen Sie mir Ihren Namen angeben?'

Der schaute erschrocken auf, nahm Habtachtstellung ein, antwortete aber ganz trocken:

,Wenn Sie ein Vertreter der Behörde sind und mich verhaften wollen, weil ich ohne Erlaubnis Raketen abgefeuert habe, so tun Sie es ruhig. Ich habe nur mein Gelübde erfüllt, und jetzt macht es mir nichts, wenn ich Strafe zahlen muß oder eingesperrt werde. Ich bin zu allem bereit.'

Ich beruhigte ihn, indem ich versicherte, ich wolle nur wissen, ob er die Salve etwa auf Grund eines Versprechens abgegeben habe.

Nun faßte der gute Mann Vertrauen. Sein Gesicht hellte sich auf und in seiner einfachen Ausdrucksweise, aber mit einer Beredsamkeit, wie sie die Begeisterung verleiht, erzählte er seine Geschichte:

Er sei Pyrotechniker und seine Fabrik liege in einem der größten Dörfer der Umgebung von Porto de Mòs. Im vergangenen Juni sei er von einem schweren Magen-Darm-Leiden befallen worden. Alle Bemühungen der Ärzte seien vergeblich gewesen, alle Mittel wirkungslos.

Nach menschlichem Ermessen gab es keine Hoffnung mehr. Am meisten quälte ihn der Gedanke, seine unversorgten Kinder im Elend zurücklassen zu müssen. In dieser Not wendete er sich voll Vertrauen an die Trösterin der Betrübten und machte das Gelübde, nach Fàtima zu gehen und dort durch eine Salve von einundzwanzig ‚Mörserraketen', eigens zu diesem Zweck hergestellt, die Himmelskönigin zu grüßen.

Kaum hatte er das Gelübde gemacht, besserte sich sein Befinden, und nach kurzer Zeit war er vollständig wiederhergestellt. Jetzt war er mit der ganzen Familie nach Fàtima gekommen, um der Madonna zu danken und sein Gelübde zu erfüllen." — —

Wenn wir die Entwicklung der Verehrung Unserer Lieben Frau von Fàtima überschauen, so fällt uns auf, daß es drei Faktoren sind, die ein geradezu lawinenartiges Anwachsen der Bewegung verursachten: der Kampf, den die Hölle gegen den Gnadenort führte, das Eingreifen der kirchlichen Behörde, vor allem aber das immer auffallender in Erscheinung tretende Wirken des Himmels durch Gnadenwunder und Krankenheilungen.

Die Freimaurer auf dem Plan

Je mehr Pilger nach Fàtima strömten, desto heftiger wurde der Kampf, den die Freimaurer gegen den Klerus und den „wachsenden Aberglauben von Fàtima" führten. Man begnügte sich nicht mit Hohn und Verleumdungen, mit denen die glaubenslose Presse vom Juli 1917 an mehrere Jahre hindurch nicht sparte; man ließ sich zu unqualifizierbaren Gewaltakten hinreißen und fand dabei die Unterstützung der Behörden, die damals völlig unter dem Einfluß der Loge standen. Wir führen die wichtigsten Daten dieses Kampfes an:

Verhaftung und Gefangenschaft der Seher vom 13. bis 15. August 1917.

Propaganda- und Protestversammlung „gegen die klerikalen Umtriebe", von den Freimaurerlogen mit Unterstützung der Behörden organisiert, die am Sonntag, der dem 19. August 1917 folgte, in Fàtima abgehalten wurde; sie trug den Veranstaltern dank der klugen Voraussicht des Pfarrers und des Humors der Gläubigen eine schmähliche Niederlage ein.

Die Profanierung und sakrilegische Plünderung von Andachtsgegenständen in der Cova da Iria, die in der Nacht vom 22. zum 23. Oktober geschah[63], und die darauffolgende Parodie einer nächtlichen Prozession, bei der unanständige Lieder gesungen und Reden gehalten wurden, die von Gotteslästerungen strotzten, durch die gut hundert Mitglieder der Geheimbünde die Stadt Santarèm entehrten.

Die boshafte und gewalttätige Verfolgung des Klerus von Fàtima und Umgebung, die in den Jahren 1918 bis 1920 besonders heftig war.

Der peremptorische Befehl, der in vielen Fällen an die Geistlichkeit und die lokalen Behörden erging, jedweden Zustrom zur Cova da Iria zu verhindern.

Die Maßnahmen, die in den Jahren 1920, 1922, 1923 und 1924 direkt von der Regierung ergriffen wurden, um den Pilgerzügen im Mai und Oktober Schwierigkeiten zu bereiten.

Bemerkenswert ist die Episode, die sich am 13. Mai 1920 abspielte, sowohl in Hinsicht auf die Kräfte, die aufgeboten wurden, wie auch auf die Niederlage, die den Feinden der Gottesmutter beschieden war.

---

[63] Der Bogen, der den Platz der Erscheinung kennzeichnete, wurde niedergerissen. Dann wollte man noch die Steineiche entwurzeln, doch in der Eile riß man eine andere aus.

Schauplatz des Geschehens war Torres Novas, eine Stadt, die unweit von Fàtima liegt. Ein junger Bürger dieser Stadt, erst kürzlich konvertiert, hatte nach den genauen Angaben der Seher eine Statue der Madonna [64] herstellen lassen, die in der kleinen Kapelle in der Cova da Iria Aufstellung finden sollte. Anfang Mai traf die Statue in Torres Novas ein, begrüßt von dem Jubel der Bevölkerung. Groß und klein eilte herbei, um sie zu bewundern. Doch die Aufregung der Jakobiner war nicht geringer als die der begeisterten Verehrer Unserer Lieben Frau, und sie veranlaßten den Bezirksvorsteher zum Einschreiten. Dieser ordnete an, der Auftraggeber habe die Statue zu behalten und dürfe sie nicht nach Fàtima bringen lassen. Um die Befolgung dieses Befehles zu sichern, wurde das Haus mit Polizei umstellt. Doch man verbarg die Statue auf einem Ochsenkarren, und so kam sie unbemerkt durch die Absperrungskette. Im Triumph wurde sie in die Cova da Iria getragen, wo sie noch heute die Bitten von Millionen Gläubigen

---

[64] *„Die wundertätige Statue des Heiligtums"*. Man beachte, was Gilbert F. Santos, der junge Mann, welcher die Statue herstellen ließ, in seinem Buch „Os grandes fenomenos da Cova da Iria: A història da primeira Imagem de Nossa Senhora de Fàtima" (Die großartigen Phänomene in der Cova da Iria: Die Geschichte des ersten Bildes Unserer Lieben Frau von Fàtima) niedergeschrieben hat.

Die Statue wurde 1920 hergestellt. Sie ist aus brasilianischem Zedernholz erster Qualität; die Höhe beträgt ein Meter. Am 13. Mai desselben Jahres wurde sie in der Cova da Iria aufgestellt. In den frühen Morgenstunden anfangs Mai 1920 verließ die Statue in einer Holzkiste verwahrt den Hof des Gilbert Santos (in Torre Novas) auf einem zweirädrigen Karren (nicht aber auf einem Ochsenwagen zur Beförderung von Bauerngeräten: die andere Kiste auf dem Karren war bloß ein Heubündel für das Zugtier). Als der Karren das Portal durchfuhr, wurden zwei republikanische Polizisten, die der Straße entlang auf und ab gingen, aufmerksam, stellten sich, der eine rechts, der andere links, auf, ließen aber den Karren durch; dann setzten sie ihren Wachgang während des ganzen Morgens fort, ohne einen Argwohn zu hegen. In Fàtima angekommen, trug Santos die Statue in das Haus des Pfarrers Don Manuel Bento Moreira. Lucia kam auf den Platz

entgegennimmt und eine Fülle wunderbarer Gnaden austeilt.

Die gleiche Behörde hatte den Bürgermeistern der benachbarten Ortschaften den Auftrag erteilt, alle Fahrzeuge anzuhalten, die gegen Fàtima fahren. Schon beim Tagesgrauen des 13. Mai sammelten sich starke Abteilungen von Kavallerie und Infanterie der Republikanischen Garde in der Nähe der Cova da Iria an, um den Zugang abzusperren. Doch die „heilige Halsstarrigkeit" der Wallfahrer besiegte auch diese Schwierigkeit. Da die Fahrzeuge nicht passieren durften, setzten sie den Weg zu Fuß fort; die Absperrungskette des Militärs wurde einfach durchbrochen.

Das war übrigens nicht allzu schwer, denn die meisten der Soldaten waren gutmütige Bauern, die innerlich Partei für die Gläubigen ergriffen und sich darum schnell und gern von der Menge „überwältigen" ließen; ja nicht wenige erbaten dann von den Offizieren die Erlaubnis, selbst in die Kapelle gehen zu dürfen, um zu beten.

---

vor der Kirche; gerufen, um die Statue zu sehen, sagte sie ganz ruhig, fast gleichgültig: „Ganz gut; aber Unsere Liebe Frau war viel schöner, sie war weiß, aber es war ein helleuchtendes Weiß; ihr Antlitz war viel schöner; man kann sie schwer beschreiben — sie strahlte ein Licht aus, so hell, daß es fast blendete; der Rosenkranz war weiß und erstrahlte hell; die Füße waren weiß und leuchtend, so daß man nicht wußte, ob sie beschuht oder unbeschuht waren. Aber die Darstellung ist recht ähnlich." Am 13. Mai 1920 wurde die Statue vom Pfarrer geweiht, aber sie konnte nicht in die Cova da Iria geschafft werden, weil Abteilungen von Kavallerie und Infanterie der republikanischen Polizei den Zutritt absperrten. Am 13. Juni beförderte man die Statue auf demselben Karren, auf welchem man sie nach Fàtima gebracht hatte; in dem Augenblick, da sie auf dem kleinen Altar der Kapelle aufgestellt wurde, fiel auf die Statue von oben eine ganze Flut von buntem Licht; die Kerzen, die die Statue beleuchteten, gossen buntes, schillerndes Licht aus; blau, rot, violett ... die Farben waren gleichzeitig verschieden in den verschiedenen Kerzen ... das Licht, das von oben herabfiel, verschwand dann, und die Kerzenflammen nahmen ihre natürliche Farbe an. Das Phänomen wurde von allen Teilnehmern beobachtet.

Einer von ihnen gab dem Visconde de Montelo gegenüber dem wahren Empfinden des Großteils der Soldaten Ausdruck: „Wenn Euer Exzellenz wüßten, wie ungern ich hier bin! Ich tue, was man mir befiehlt, aber glauben Sie mir, alles in mir ist in Aufruhr. Ich bin selbst gläubig und verstehe nicht, welchen Nutzen es haben soll, diese armen Leute zu hindern, hieherzukommen, um zu beten ... Es ist zum Weinen ..." Und mit Tränen in den Augen fügte er hinzu: „Ich habe eine Schwester, der hat Unsere Liebe Frau von Fàtima das Leben gerettet!"

An jenem Tage waren mehrere tausend Pilger in der Cova da Iria, und jeder kehrte mit dem Entschluß heim, alles zu tun, um den Widerstand gegen die Maßnahmen der Kirchenfeinde im gläubigen Volke zu stärken.

Die Erfolglosigkeit ihrer Maßnahmen versetzte die Freimaurer in solche Wut, daß sie in der Nacht zum 6. März 1922 die kleine Gnadenkapelle mit Dynamit in die Luft sprengten.

Es wurde als Zeichen des Himmels angesehen, daß von den fünf Bomben, die gelegt wurden, nur eine nicht explodierte: jene unter der Steineiche, über der die Himmelskönigin erschienen war.

Dieses Sakrileg wurde durch die Presse in ganz Portugal bekannt und erregte allgemeine Entrüstung. Von allen Seiten erhoben sich Proteste gegen ein solches Vorgehen, sogar im Parlament, obwohl der Minister gedroht hatte, die Maßnahmen noch zu verschärfen. Es wurden Sühnewallfahrten veranstaltet. Schon acht Tage nach dem Vorfall, am 13. März, fand auf Anregung des Pfarrers von Fàtima eine Prozession zu den Ruinen der Kapelle statt, an der ungefähr 10.000 Personen teilnahmen, die durch ihre Ehrfurcht und kindliche Liebe der Gottesmutter Genugtuung leisten wollten.

Doch damit war dem tiefverletzten Empfinden des Volkes

noch nicht Genüge getan. Und so wurde für den 13. Mai 1923 eine große Landeswallfahrt als Sühne für die Untat angesetzt.

Der Zivilgouverneur des Distriktes wollte aus eigener Initiative diese Kundgebung untersagen, in der er eine „Auflehnung aller reaktionären Kräfte des Landes" erblickte. Doch der Bezirksvorsteher von Vila Nova de Ourèm, dem Fàtima unterstand, folgte diesmal einer besseren Eingebung und hielt es für vernünftiger, die Anordnung seines unmittelbaren Vorgesetzten unberücksichtigt zu lassen; dessen Einmischung wurde übrigens dann auch vom Ministerpräsidenten mißbilligt.

Die Zahl der Teilnehmer an jenem Pilgerzug wird mit 60.000 angegeben; alle Provinzen, alle Gesellschaftsklassen und alle Berufe waren vertreten. Der Anblick der Ruinen des Kapellchens, das man auf ausdrücklichen Wunsch der Himmelskönigin erbaut hatte, vertiefte in allen Herzen die Liebe zu diesem Heiligtum und entfachte großmütigen Eifer, für die Errichtung einer neuen Kapelle Sorge zu tragen. Von jenem Tage an liefen so reiche Spenden ein, daß man nicht zögerte, mit dem Neubau zu beginnen, sobald man die Bewilligung der kirchlichen Behörde erhalten hatte.

Es besteht kein Zweifel, daß alle Feindseligkeiten und Gewaltakte den Ruhm Fàtimas nur vermehrten. Die Verleumdungen, die durch die Zeitungen ausgestreut wurden, hatten keinen besseren Erfolg.

Man ging so weit, die Behauptung aufzustellen, die drei Seher seien gedrillt worden, eine Komödie aufzuführen, und die Veranstalter derselben hätten die Kinder dann beizeiten verschwinden lassen, damit sie nicht schließlich doch noch ausplauderten, wie alles zugegangen war, und daß sie nur Werkzeuge dieser Machenschaften gewesen seien.

Es ist richtig, daß die drei Kinder in einem Zeitraum von drei, vier Jahren verschwanden, doch nicht auf eine geheimnisvolle und verdächtige Art. Es stand genügend Zeit zur Verfügung, um sie zu sehen und zu befragen und sich über die Vorgänge gründlich zu unterrichten. Alle, die ohne Vorurteil die kleinen Seher besuchten, nur von dem Wunsche beseelt, den wahren Sachverhalt kennenzulernen — und deren gab es Tausende —, erklärten einstimmig, sie könnten unmöglich an der Aufrichtigkeit der Kinder zweifeln, nachdem sie mit ihnen gesprochen hatten.

Im übrigen ist das Innenleben der Kinder nach den Erscheinungen und die Gnadenwunder, die an ihnen geschahen, der überzeugendste Beweis für ihre Wahrhaftigkeit wie auch für die Tatsache eines übernatürlichen Geschehens.

Eingreifen der kirchlichen Obrigkeit

Die kirchlichen Behörden hatten die Vorgänge in der Cova da Iria mit der größten Zurückhaltung verfolgt. Da jedoch die Bewegung ständig wuchs und sich außerordentliche Früchte der Andacht zu „Unserer Lieben Frau von Fàtima" zeigten, glaubte man den Augenblick gekommen, um offiziell einzugreifen. Folgende Entwicklungsstufen zeichnen sich ab:

Im Jahre 1917 stand die Diözese Leirìa unter der Jurisdiktion des Kardinal-Patriarchen von Lissabon, Don Antonio Mendes Bello († 4. August 1929).

Als dieser von den aufsehenerregenden Vorkommnissen in Fàtima hörte, erließ er eine Verordnung, die dem Klerus jedwede Einmischung streng untersagte. Diese Weisung wurde so pünktlich befolgt, daß die eifrigen Pfarrer von Fàtima und den umliegenden Orten schon scheel angesehen und verdächtigt wurden, auf Seite der Freidenker zu stehen.

Am 3. November desselben Jahres ordnete der Erzbischof von Mitilene, Msgr. Lima Vidal, Generalvikar von Lissabon, infolge der Abwesenheit des exilierten Kardinals, eine erste provisorische Untersuchung an, die sofort durchgeführt wurde, obschon der diesbezügliche Bericht dem Auftraggeber erst am 28. April übergeben wurde, weil man zuvor ganz klar sehen und die weitere Entwicklung der Dinge abwarten wollte.

Die ersten Bauten

Im folgenden Jahr wurde die Diözese Leirìa wiederhergestellt und Msgr. Josè Correia da Silvia nahm am 5. April 1920 feierlich Besitz von ihr. Anfangs verhielt sich auch der neue Oberhirte den Ereignissen von Fàtima gegenüber zurückhaltend, da er es als seine Pflicht ansah, zunächst genau die Sachlage zu studieren.

Doch diese Prüfung zeigte ihm von Tag zu Tag klarer, daß hier der Finger Gottes am Werk war. Darum entschloß er sich, ohne noch ein offizielles Urteil abzugeben, die Leitung des Kultes in dem künftigen Heiligtum selbst in die Hand zu nehmen. Zu diesem Zweck ließ er die Cova da Iria käuflich erwerben und Pläne zur Ausgestaltung der riesigen Fläche (mehr als 125.000 Quadratmeter, also doppelt so groß wie der Petersplatz in Rom) [65] entwerfen.

Im Oktober 1921 erteilte der Bischof die Erlaubnis, für die Pilger Feldmessen zu zelebrieren. Bis dahin hatten sie der Messe in der Pfarrkirche von Fàtima beigewohnt, dort die Sakramente empfangen und sich von da aus in feierlicher Prozession zur Cova da Iria begeben.

Zum Schutz gegen die Wetterunbilden ließ der Bischof alsbald eine Notkapelle errichten, in der vorläufig die Gottesdienste abgehalten werden konnten und Gelegenheit zum Beichthören gegeben war.

Wunderbares Wasser

Es scheint, als habe die heiligste Jungfrau zeigen wollen, daß sie diese Bemühungen mit Wohlgefallen betrachte.

Der Bischof gab den Auftrag, an dem Platz, wo sich die

---

[65] Jetzt sind daselbst zwei große Krankenanstalten, zwei Häuser für geschlossene Exerzitien, andere Werke der Katholischen Aktion und die große Basilika (diese erhielt 1957 das Privilegium einer Basilika) mit einer Monumentalorgel. Im April 1951 wurde eifrig gearbeitet, um der Basilika und den anderen Gebäuden eine künstlerische Note zu geben und auch das Heiligtum dem großen Zustrom von Menschen anzupassen; der Voranschlag betrug 160 Millionen Lire; es arbeiteten ständig 150 Arbeiter. Die gewaltigen Ausgaben werden einzig durch die freiwilligen Spenden der Gläubigen gedeckt ohne Unterstützung des Staates, der nur technische Beihilfe leistet.

Seher während der Erscheinungen befanden [66], eine Zisterne anzulegen, in der das Regenwasser gesammelt werden sollte. Doch kaum hatte man die ersten Steine ausgehoben, als man auf ein dünnes Wasseräderchen stieß, zu dem sich bald andere gesellten, die in der Nähe des ersten hervorsprudelten. Das erregte bei den Kennern des Terrains großes Erstaunen, denn die Kalkerde ist sehr porös und ungeeignet, Feuchtigkeit zu sammeln; niemals hatte man in jener Gegend auch nur die kleinste Quelle gefunden. Das Volk war darum überzeugt, die Quelle sei ein Wunder der Madonna!

So hatte die Gottesmutter ein Problem gelöst, das von größter Bedeutung für Fàtima war. Denn wie sollten die großen Pilgerzüge durchgeführt werden, besonders in den Sommermonaten, wenn kein Trinkwasser in der Nähe war? Von jenem Tage an gab es niemals Mangel daran. In einem großen Reservoir gesammelt, dient es nicht nur dem gewöhnlichen Gebrauch, sondern ist schon zum Werkzeug wunderbarer Gnaden geworden.

Der kanonische Prozeß

Am 13. Mai 1922 wurde der kanonische Prozeß eröffnet. Die Prüfung der Geschehnisse von Fàtima wurde einer Kommission übertragen, deren sieben Glieder sich alle durch Wissenschaft und Tugend auszeichneten.

Die „Stimme von Fàtima"

Am 13. Oktober desselben Jahres erschien mit Bewilligung der kirchlichen Obrigkeit und unter deren Aufsicht zum ersten Male die Monatsschrift „Voz da Fàtima" (Stimme von Fà-

---

[66] Genauer: die Quelle kam genau an dem Ort zum Vorschein, wo Lucia am 13. Mai 1917 von jenem zweiten Blitz, der der Erscheinung vorangegangen war, so stark erschreckt worden war.

tima), deren Bestimmung es ist, die Großtaten Unserer Lieben Frau von Fàtima der Mitwelt und Nachwelt zu verkünden.

Ihre Auflage betrug anfangs 3000 und stieg im Mai 1929 auf 100.000; Ende 1934 waren es schon 214.000, im folgenden Jahre 323.000 und im Dezember 1937 380.000 Exemplare.

Die Fromme Vereinigung der Diener Unserer Lieben Frau von Fàtima

In den Jahren 1924 bis 1926 bildete sich zum Beistand der Kranken, die nach Fàtima kommen, die Fromme Vereinigung der Diener Unserer Lieben Frau von Fàtima. Sie gliedert sich in vier Gruppen:

1. Gruppe der Priester, die sich der Kranken und der übrigen Pilger annehmen, vor allem im Beichtstuhl;

2. Gruppe der Ärzte, die den Kranken Beistand leisten;

3. Gruppe der Diener Unserer Lieben Frau, denen der Transport der Kranken und der Ordnungsdienst im Heiligtum obliegt;

4. Gruppe der Dienerinnen Unserer Lieben Frau, die sich als Krankenpflegerinnen betätigen und auch sonst wertvolle Hilfsdienste leisten.

Alle verrichten ihre Arbeit ohne jede Bezahlung in edler Selbstverleugnung aus Liebe zur heiligsten Jungfrau. Der Heilige Stuhl hat der Frommen Vereinigung am 11. März 1931 viele Ablässe verliehen.

Der Kreuzweg

Es waren erst zehn Jahre seit den Erscheinungen verflossen, als der Bischof von Leirìa feierlich den Kreuzweg einweihte.

Da sich die meisten Pilgerzüge Fàtima zu Fuß nähern, beschlossen die Gläubigen der umliegenden Pfarreien, auf der

Bezirksstraße einen Kreuzweg zu errichten, damit die Pilger auf das Betreten des Gnadenortes umso besser vorbereitet seien. Bald erhoben sich große Steinkreuze, deren erstes etwa 13 Kilometer vom Heiligtum entfernt ist. Zur Einweihung, die am 26. Juni 1927 stattfand, organisierte man einen großen Pilgerzug, der vom hochwürdigsten Bischof geleitet wurde. Der Oberhirte erläuterte die einzelnen Stationen, die erste um acht Uhr morgens, die letzte um zwei Uhr nachmittags; dann feierte er die heilige Messe, bei der trotz der vorgerückten Stunde noch über 400 Pilger kommunizierten! Eines der vielen Beispiele von Frömmigkeit und Opfersinn, wie man sie in Fàtima so oft bewundern kann.

Die Bruderschaft Unserer Lieben Frau vom Rosenkranz in Fàtima

Am 15. Januar 1928 erfolgte die kanonische Errichtung der Bruderschaft Unserer Lieben Frau vom Rosenkranz in Fàtima.

Grundsteinlegung der Basilika

Am 13. Mai 1928 nahm der Erzbischof von Evora, Msgr. Emanuele da Conceicâo Santos, gelegentlich der größten Landeswallfahrt, die bis dahin stattgefunden hatte, die Grundsteinlegung der Rosenkranzbasilika vor. 25 Jahre wurde an dieser größten Kirche Portugals gebaut; durchschnittlich waren täglich 150 Arbeiter beschäftigt. Endlich, am 6. und 7. Oktober 1953, fand die Weihe des Heiligtums mit seinen 15 Altären statt. Sämtliche Bischöfe Portugals — fünfzehn an der Zahl — unter Führung des Kardinalpatriarchen von Lissabon, nahmen die Konsekration vor. Nach dem Evangelium hielt der Kardinal-Patriarch eine kurze, sehr bedeutsame Ansprache.

Spital und Exerzitienwerk

Im Jahre 1929 wurde das Krankenhaus, das Hospiz Unserer Lieben Frau von Fàtima, eröffnet; die Betreuung der Kranken, die bei der Gnadenmutter Hilfe suchen, ist gut organisiert und genau geregelt. Bald darauf begann man mit dem Bau eines Hauses für geschlossene Exerzitien, durch das die Cova da Iria zu einem Quell des inneren Lebens und der Heiligkeit für ganz Portugal geworden ist. Die wachsende Bedeutung dieses unvergleichlichen Werkes wird uns klar, wenn wir uns einige Zahlen und die Zusammensetzung der Teilnehmer an den Exerzitien vor Augen führen. Im ersten Jahre (1930) fanden sich etwas über 200 Exerzitanten ein, in den folgenden 831, 905, mehr als tausend in den Jahren 1935 bis 1937. Man veranstaltet regelmäßig Kurse für die verschiedenen Sektionen der Katholischen Aktion, für die Mitglieder der Dritten Orden, der St.-Vinzenz-Konferenzen, für Hochschüler, Professoren, Rechtsanwälte, Ärzte und für den Klerus der einzelnen Diözesen, denen der portugiesische Episkopat mit seinem Beispiel vorangeht, da er seit 1934 alljährlich in der Cova da Iria seine Exerzitien macht [67].

Approbation durch die kirchliche Obrigkeit

Die Kommission, die mit der Durchführung des kanonischen Prozesses beauftragt war, arbeitete gewissenhaft, doch langsam. Erst am 14. April 1930 wurde die letzte Sitzung abgehalten, bei der noch einmal die 31 Kapitel des langen

---

[67] 1949 zum Beipiel fanden ungefähr 20 Exerzitienkurse statt, an denen teilnahmen: 20 Bischöfe, 400 Priester verschiedener Diözesen, 40 Weihekandidaten, 110 Intellektuelle, 1000 Mitglieder der Katholischen Aktion, 500 Angehörige der Dritten Orden und anderer Vereinigungen, 100 „Diener" von Fàtima, 120 Mütter und Schwestern von Priestern, 160 Arbeiter im Heiligtum.

Berichtes überprüft wurden, den man der Diözesanbehörde vorzulegen hatte. Der hochwürdigste Bischof widmete dem Studium desselben und der Vorbereitung des Urteils volle sechs Monate. Endlich erschien ein Hirtenbrief über den Kult der Madonna von Fàtima, der feierlich „die Erscheinungen in der Cova da Iria vom 13. Mai bis zum Oktober 1917 als glaubwürdig erklärte und die öffentliche Verehrung Unserer Lieben Frau von Fàtima gestattete".

Das bedeutungsvolle Dokument wurde am 13. Oktober 1930 in der Cova da Iria angesichts einer Menge von mehr als 100.000 Pilgern veröffentlicht, genau 13 Jahre nach der letzten Erscheinung.

Diese kirchliche Gutheißung wurde von den Millionen Verehrern der heiligsten Jungfrau von Fàtima mit ungeheurem Jubel begrüßt. Sofort beschloß man, eine große Dankeswallfahrt der ganzen Nation zu veranstalten, die am 13. Mai 1931 unter der Leitung Sr. Eminenz, des Kardinal-Patriarchen, und des ganzen portugiesischen Episkopates stattfand; gut 300.000 Pilger aus allen Teilen des Landes nahmen daran teil. Es war dies ein erster Höhepunkt in der Geschichte Fàtimas.

Katholische Aktion und Kreuzfahrer von Fàtima

Nach diesem großen Tage begann man, unter dem Schutze Christi, des Königs, und der Madonna von Fàtima, offiziell die Katholische Aktion zu organisieren; hatte doch Maria durch ihr wunderbares Wirken den Boden dafür vorbereitet und dem Reiche Christi neue Streiter erweckt.

Das wurde vom Heiligen Vater Pius XI. ausdrücklich betont, als er am 10. November 1933 in seiner Antwort an den portugiesischen Episkopat schrieb:

„In Eurer Nation, in der die christliche Gesinnung blüht, die so reich ist an Denkmälern und Erinnerungen der katholischen Kirche und die von der jungfräulichen Gottesmutter erst kürzlich außerordentlicher Wohltaten gewürdigt wurde, wird es ohne Zweifel nicht schwer sein, gute Bürger zu finden, die sich gern und mit gutem Willen dieser heiligen Truppe Jesu Christi anschließen [68].

Worte der höchsten Autorität, die von größter Bedeutung sind, sowohl hinsichtlich dessen, was sie ausdrücklich sagen, wie auch wegen der indirekten Anerkennung der wunderbaren Geschehnisse in Fàtima, wenngleich der Heilige Stuhl damals noch die kluge Zurückhaltung beobachtete, die ihm stets in solchen Fällen eigen ist [69].

Als Hilfswerk der Katholischen Aktion wurde am 18. Februar 1934 die Fromme Vereinigung der Kreuzfahrer von Fàtima kanonisch errichtet, die am 28. April die kanonische Bestätigung erhielt, eine Institution, auf der sichtlich der Segen Gottes ruht, denn sie weckte so große Begeisterung, daß ihre Mitgliederzahl nach kaum vier Jahren bereits mehr als 500.000 betrug.

Das Goldene Buch

Zur Feier der zwanzigsten Wiederkehr der Erscheinungstage ordnete am 20. Juli 1937 der hochwürdigste Bischof von Leiria die Anlegung eines Sammelwerkes an, des Goldenen Buches, dem die Namen aller Verehrer der heiligsten Jung-

---

[68] Ep. Ap. Ex officiosis litteris (Acta Ap. Sedis 26 [1934] 628).

[69] Viel bestimmter ist die Erwähnung dieser Ereignisse durch Se. Heiligkeit Pius XII. in der Enzyklika „Saeculo exeunte VIII" vom 13. Juni 1940, in der er vom „Rezitieren des heiligen Rosenkranzes, das von Unserer Lieben Frau von Fàtima so sehr empfohlen wurde", spricht und wo er dann die Missionare versichert, daß „Unsere Liebe Frau vom Rosenkranz zu Fàtima, die Rosenkranzkönigin, die bei Lepanto gesiegt hat", auch ihnen „mit ihrem mächtigen Schutz beistehen wird" (Acta Ap. Sedis 32 [1940] 253, 260).

frau einverleibt werden sollen, die ihre Unterschrift einsenden und dadurch die Ehrenpflicht übernehmen, jeden Tag im Familienkreise oder mit dem Volk in der Kirche oder zumindest privatim den Rosenkranz zu beten. Sobald ein Band gefüllt ist, wird er der Madonna von Fàtima aufgeopfert und findet einen Ehrenplatz in ihrem Heiligtum. Der erste Band, der 23.000 Unterschriften enthält, wurde der Gottesmutter gelegentlich der großen Landeswallfahrt am 13. Mai 1938 zu Füßen gelegt. Es folgten dann weitere Bände mit mehr als 50.000 Unterschriften [69a].

Das Gelübde zur Abwendung der Roten Gefahr

Einen Akt von weittragendster Bedeutung vollbrachte der portugiesische Episkopat durch das Gelübde, das im Mai 1936 abgelegt und am 13. Mai 1938 erfüllt wurde.

Die portugiesischen Bischöfe verfolgten gleich den Zivilbehörden mit größter Besorgnis das Anwachsen der kommunistischen Propaganda, die sich zum Ziel gesetzt hatte, noch im Jahre 1936 eine Revolution zu entfachen, durch welche die iberische Halbinsel zu einem Glied der Sowjetrepublik werden sollte. In dieser Gefahr machte der Episkopat das Gelübde, wenn das Unbefleckte Herz sich würdigte, das „Marienland" bis zum Ende des Jahres 1937 vor der schrecklichen Geißel zu bewahren, eine feierliche Landeswallfahrt nach Fàtima zu veranstalten, um der Himmelskönigin zu danken und die Weihe des ganzen Landes an das Unbefleckte Herz Mariens zu erneuern.

[69a] Jetzt sind es drei Bände mit Unterschriften aus Portugal und fünf Bände mit solchen aus dem Auslande. Außerdem existiert noch ein „Blaues Buch" — ein Band für Familien, die sich verpflichten, täglich den Rosenkranz zu beten.

Die folgenden Ereignisse sind wohlbekannt. Im benachbarten Spanien brach im Juli die kommunistische Revolution aus; ihr Programm war die Ausrottung des Welt- und Ordensklerus, unerbittliche Unterdrückung aller konservativen Elemente, vollständige Vernichtung der katholischen Religion und alles dessen, was in den Gütern der Nation, vor allem in Geschichte, Kunst und Wissenschaft, daran erinnern konnte. Man sprach von einem Bürgerkrieg, in Wirklichkeit jedoch war es der Kampf des christlichen Glaubens und der christlichen Zivilisation gegen den internationalen Kommunismus. Ganz Spanien wurde für zwei lange Jahre zum Schlachtfeld. Noch heute erzählen viele Ruinen von den beispiellosen Zerstörungen, dem unaussprechlichen Jammer und den ungeheuren Blutopfern, die dieser Krieg im Gefolge hatte.

Während dieser furchtbaren Zeit war es Portugal vergönnt, trotz kommunistischer Verschwörungen und Attentate, trotz der offenen und geheimen Anstrengungen der satanischen Mächte, Friede und Ordnung zu bewahren und ruhig am moralischen und wirtschaftlichen Aufbau des Landes zu arbeiten.

Wäre Portugal gemäß den Plänen der Sowjets von Spanien oder mit diesem zugleich in die Wirren hineingerissen worden, hätte dann wohl jemals der Befreiungskreuzzug gelingen können?

So gingen denn Episkopat und Volk an die Erfüllung des Gelübdes.

Man kann sagen, die ganze Nation griff zum Pilgerstab, um der Himmelskönigin zu Fàtima in unaussprechlicher Dankbarkeit ihre Huldigung darzubringen.

Zwanzig Erzbischöfe und Bischöfe mit dem Kardinal-Patriarchen an der Spitze, tausend Priester und eine halbe Million Gläubige erneuerten ihre persönliche Weihe und die ihres Vaterlandes an das Unbefleckte Herz Mariens, während in den

Kirchen des ganzen Landes Hunderte und Tausende, die hatten zurückbleiben müssen, mit den Pilgern geistig vereint der Jungfrau-Mutter ihre Liebe und Dankbarkeit, Verehrung und Treue bekundeten.

Der 25. Jahrestag der Erscheinungen

Er wurde vom portugiesischen Episkopat zu einem feierlichen und großartigen Akt gestaltet. Durch eine glückliche Fügung fiel die Feier des 25. Jahrestages der Erscheinungen mit dem Bischofsjubiläum Sr. Heiligkeit Pius XII. zusammen: 13. Mai 1917 bis 13. Mai 1942.

Ganz Portugal bereitete mit unbeschreiblicher Begeisterung eine würdige Feier dieses Doppeljubiläums vor. Man begnügte sich durchaus nicht mit äußeren Festlichkeiten, sondern bemühte sich, dem Geiste der Botschaft von Fàtima entsprechend, vor allem um die Erneuerung und Vertiefung des religiösen Lebens.

In eindrucksvoller Weise trat dieses Bestreben in den vorbereitenden Kongressen der männlichen und weiblichen katholischen Jugend in Erscheinung. Für den letzten holte man mit einem wahrhaft himmlischen Gefolge die Statue aus dem Heiligtum in Fàtima nach Lissabon.

Die eigentlichen Jubiläumsfeierlichkeiten wurden durch den herrlichen Hirtenbrief eingeleitet, den die portugiesischen Bischöfe am 11. Februar veröffentlichten: „Im 25. Jahre der Erscheinungen von Fàtima und der Bischofsweihe Sr. Heiligkeit Pius XII. . . .‟

In diesem Schreiben ziehen die Bischöfe zunächst die Bilanz des Gnadensegens, der sich seit fünfundzwanzig Jahren von den Höhen Fàtimas über ganz Portugal ergießt: wunderbare Hilfe in zeitlichen wie in geistigen Nöten, in persönlichen wie in nationalen Anliegen. „Wenn jemand vor 25 Jah-

226

ren die Augen geschlossen hätte und sie jetzt öffnete, würde er Portugal nicht wiedererkennen: so tief und so durchgreifend ist die Umwandlung, die durch den bescheidenen und unsichtbaren Faktor der Erscheinungen der heiligsten Jungfrau in Fàtima bewirkt wurde."

Dann wiesen die Oberhirten mit apostolischem Eifer auf das hin, was noch zu tun sei, um die Wünsche der Rosenkranzkönigin immer besser zu erfüllen.

Am Schluß entwarfen sie die allgemeinen Bestimmungen für die Erinnerungsfeierlichkeiten: a) vom 3. bis zum 11. Mai sollten in allen Pfarrkirchen und nach Möglichkeit in allen Kirchen jeder Pfarrei Missionspredigten gehalten werden; b) Sonntag, den 10. Mai, sollten in den gleichen Kirchen feierliche Dankgottesdienste, Generalkommunionen, Anbetungsstunden stattfinden; in der Kathedrale ein Pontifikalamt und Te Deum für das doppelte Jubiläum; c) am Abend, 12. Mai, eine Lichterprozession zur ,Cova da Iria' und soweit möglich auch in allen Pfarrkirchen in Portugal; d) am 13. Mai wird im Heiligtum der Cova da Iria ein feierliches Pontifikalamt vom Kardinal-Patriarchen in Gegenwart des ganzen Episkopates gefeiert und die Weihe Portugals an das Unbefleckte Herz Mariens vorgenommen; e) die Gründung eines „Bundes der Bescheidenheit" wird veranlaßt, dem beizutreten alle Männer Portugals und besonders alle Familienväter eingeladen werden sollen; sie verpflichten sich, die dem christlichen Empfinden nicht entsprechende Mode sowohl im gewöhnlichen Leben als auch am Strand nicht zu dulden; auch nicht zu gestatten, daß die ihnen anvertrauten Personen unmoralische Filme und Theateraufführungen besuchen usw.

Endlich wurde ein Projekt angeregt: die Krönung der wundertätigen Statue mit einer von Edelsteinen besetzten goldenen Krone, als Zeichen der Dankbarkeit von den portugiesischen Frauen gewidmet; dieser Plan wurde mit großer Begeisterung aufgenommen und gab Veranlassung für die ergreifendsten Akte einer großmütigen Frömmigkeit. Als am 31. Oktober der Kardinal-Patriarch, umgeben vom ganzen Episkopat und von vielen Repräsentanten aus allen Ständen der Nation, in der geräumigen Kathedrale von Lissabon und mit außerordentlicher liturgischer Pracht die Feierlichkeiten beschloß, war das großartige Programm vollkommen ausgeführt; die Teilnahme der Gläubigen übertraf bei weitem alle Erwartungen. Das erste Jubiläum der Erscheinungen wird so unaustilgbar aufgezeichnet bleiben in den Annalen der Jungfrau von Fàtima als ein Jahr des Dankes und des wunderbaren Triumphes. So konnte man mit Recht den Dankeshymnus vor dem Allerheiligsten anstimmen. Aber es fehlte noch der größte und unerwartetste Triumph.

Als der Kardinal-Patriarch in Anwesenheit des ganzen Episkopates und ungezählter Vertreter aller Klassen der Nation am 31. Oktober 1942 im größten Gotteshaus von Lissabon unter außerordentlicher liturgischer Pracht die Jubiläumsfeierlichkeiten abschloß, war das grandiose Programm, das der Hirtenbrief gezeichnet hatte, vollständig verwirklicht. Die Teilnahme der Gläubigen jeden Standes übertraf auch die kühnsten Erwartungen. Diese erste Jubiläumsfeier wird in den Ruhmesblättern der Madonna von Fàtima mit unauslöschlichen Lettern als Jahr der Gnade und herrlicher Triumphe der Unbefleckten eingetragen bleiben. Das bedeutendste und unerwartetste Ereignis sollte jedoch erst kommen.

Die Radiobotschaft des Heiligen Vaters
Die Weltweihe an das Unbefleckte Herz Mariens

Noch waren die Gläubigen in Lissabon und in allen Kirchen des Landes zur Abschlußfeier vereint. Da ertönte plötzlich aus den Lautsprechern die Stimme des Stellvertreters Christi, der sich „mit der ganzen Liebe seines Herzens" mit seinen Kindern in Portugal vereinigte, um im Geiste mit ihnen „auf den heiligen Berg von Fàtima" zu steigen und dort „der jungfräulichen Schutzherrin Portugals Preis und Dank zu sagen".

In tiefster Bewegung lauschte ganz Portugal seinen Worten, viele auf den Knien.

Doch der Heilige Vater begnügte sich nicht mit einem Gebet für Portugal; der Eingebung des Heiligen Geistes folgend, der dem obersten Hirten seinen besonderen Beistand leiht, umfaßten sein Blick, sein Geist, sein Herz die ganze Welt und vertrauten sie „in dieser tragischen Stunde der Menschheitsgeschichte" dem Unbefleckten Herzen Mariens an. Ihr weihte er die Kirche und das ganze Menschengeschlecht. In erschütternden Worten flehte er zur Friedenskönigin um Frieden [70]. —

Nun ist der glühendste Wunsch von Millionen Gläubigen erfüllt. Dem Verlangen der heiligsten Jungfrau von Fàtima ist entsprochen. Der Wille des Herzens Jesu, „das zusammen mit dem Unbefleckten Herzen Mariens verehrt sein will", ist vollbracht. Der Triumph des Unbefleckten Herzens Mariä hat seinen Anfang genommen und verheißt uns den vollen Sieg der Himmelskönigin in einem neuen, marianischen Zeitalter.

Damit ist die Tragweite der Botschaft von Fàtima auf das feierlichste anerkannt und ihre Durchführung eingeleitet.

---

[70] Die Ansprache und Weihe ist im Anhang dieses Buches: Seite 448

Unsere Liebe Frau von Fàtima:
„Königin der Welt"

Nach Beendigung des Krieges war es an der Zeit, an die Krönung der wundertätigen Statue zu denken. Ein Anlaß bot sich im Jahre 1946, der Dreihundertjahrfeier der Ausrufung der Unbefleckten als Königin und Patronin Portugals. Die Krone, die „der Monarch der Wiederherstellung als Zeichen seiner und des Volkes Liebe und Dankbarkeit zu Füßen der Immaculata niedergelegt hatte", sollte jetzt „das ganze Volk des Marienlandes gemeinsam mit seinen Seelenhirten und der Regierung" auf das Haupt Unserer Lieben Frau von Fàtima setzen [71].

Der gemeinsame Hirtenbrief des portugiesischen Episkopates vom 18. Jänner, der das Programm für die Hundertjahrfeier festlegte, verfügte an erster Stelle eine Landeswallfahrt für den 13. Mai und lud alle bedeutenden und vornehmen Persönlichkeiten Portugals ein, daran teilzunehmen; es wurde mitgeteilt, daß der Heilige Vater durch seinen Legaten die feierliche Krönung der Statue Unserer Lieben Frau von Fàtima mit der kostbaren Krone, die von den frommen portugiesischen Frauen vier Jahre vorher gespendet wurde, vornehmen werde. Diese unvergleichliche Verherrlichung der heiligen Jungfrau — ohne Zweifel die erhabenste in der Geschichte Portugals, ja eine der größten in der Welt — läßt sich in wenigen Worten nicht beschreiben.

Interessant aber ist vor allem die Bedeutung des Ereignisses. Kardinal Benedetto Aloysi-Masella, mit der Würde eines Legaten a Latere ausgezeichnet, verließ Rom am 10. Mai mit einem zweimotorigen Flugzeug, das ihm die portugiesische Regierung zur Verfügung gestellt hatte, und traf in Lissabon

---

[71] Radioansprache Pius XII. vom 13. Mai 1946: Act. Apost. Sedis 38, 1946, 265.

um 19.30 Uhr ein. Vor seiner Abreise begab er sich mit seinem Gefolge zum Heiligen Vater, um den Segen zu erbitten; dieser empfahl ihnen das lebendige Bewußtsein der erhabenen Mission, die sie jetzt erfüllen, Unsere Liebe Frau als Königin der Welt zu krönen, immer vor Augen zu haben. Das war der erste Hinweis auf die erhabene Bedeutung, welche der Papst der feierlichen Krönung beimaß. Am Nachmittag des 12. Mai, nach einer wahrhaft triumphalen Fahrt von Lissabon nach Fàtima, hielt der Kardinal-Legat seinen feierlichen Einzug ins Heiligtum, wo er die Huldigung der hohen Behörden der Nation, durch die Inhaber des Justiz-, Kriegs- und Marineministeriums repräsentiert, entgegennahm; dann assistierte er den Zeremonien, die trotz des schlechten Wetters in großartiger Pracht und unübertroffener Frömmigkeit pünktlich abgehalten wurden.

Am 13. Mai, 9.30 Uhr, fand die Prozession statt, in der man die Statue von der Kapelle der Erscheinungen zum Platz vor der Basilika, der für die Krönung ausersehen war, trug. Der kalte Windstoß und der ihn begleitende Platzregen vermochte nicht den Glanz zu verhindern, den der Glaube, der Opfergeist und die Frömmigkeit der 500.000 Pilger ausstrahlten.

Der feierliche Augenblick war nun gekommen. Die Präsidentin der weiblichen Katholischen Aktion übergab die Krone dem Innenminister, und dieser als Repräsentant des Staatsoberhauptes bot sie dem Kardinal-Legaten dar, der den Stellvertreter Christi auf Erden vertrat. Es war, als hätte ganz Portugal das Kleinod, das seine Hingabe, seine Liebe und seine Dankbarkeit in sich schloß, in die geweihten Hände des „süßen Christus auf Erden" gegeben, auf daß er damit die Stirne der himmlischen Königin und Mutter schmücke.

Da erschallten die Beifallsrufe, „Evviva"- und Hosannarufe, Bitten, es flossen Tränen der Liebe, der Hingabe, der Begeisterung, Äußerungen der Gefühle, die den Herzen entströmten . . . Nur wer diesen außergewöhnlichen Augenblick in der Geschichte Portugals und der Welt gesehen und erlebt hat, kann sich davon einen Begriff machen.

Es wurde die Weihe an das Unbefleckte Herz Mariens erneuert, es erklangen wiederum die Gesänge, die Hosannarufe, die Anrufungen der Königin, Patronin und Schutzfrau — da erscholl auf dem weiten Platz unter tiefem Schweigen, es war 11.30 Uhr — die Stimme des Papstes: „Gepriesen sei der Herr, Gott und Vater unseres Herrn Jesus Christus, der Vater der Barmherzigkeit, der Gott alles Trostes, der uns stärkt in allen unseren Bedrängnissen; und mit dem Herrn sei gepriesen sie, die er zur Mutter der Barmherzigkeit, Königin und unserer Fürsprecherin, Mittlerin seiner Gnaden, zur Ausspenderin seiner Reichtümer bestellt hat." Der Papst begann mit der Erinnerung seiner Botschaft von 1942; in dieser verbindet sich mit dem Magnifikat der Dankbarkeit das Bekenntnis des kindlichen Vertrauens: Die Unbefleckte, Königin und Patronin von Portugal, führt ihre wunderbare Schutzherrschaft fort; dann stellte er fest: „Indem ihr am heutigen Tag in diesem Gotteshaus in einer so gewaltigen Zahl, die niemand schätzen kann, gegenwärtig seid, bezeugt ihr, daß die seligste Jungfrau, die Unbefleckte Königin, deren mütterliches und mitleidsvolles Herz das Wunder von Fàtima gewirkt hat, Unsere Bitte in überfließendem Maße erhört hat."

„Wie sollten wir nicht dankbar sein?" Umsomehr, als es nicht bloß diese Wohltat ist; es sind drei Jahrhunderte, ja es sind acht Jahrhunderte von Wohltaten; die ganze Geschichte Portugals vollzieht sich unter dem Schutzschild Mariens: Maria von Alcobaça, Maria vom Siege, Maria von Bethlehem, Unsere Liebe Frau von der Empfängnis von Villa Vicosa, Unsere Liebe Frau von Fàtima. „Es genügt zu denken an die drei Jahrzehnte, an die überwundenen Schwierigkeiten, an die empfangenen Wohltaten, gleichwertig jenen der Jahrhun-

derte . . ." „Wie sollten wir nicht dankbar sein? Oder vielmehr: Wie könnte man würdig danken?" „Diese kostbare
Krone, die Frucht von solcher Großmut und so vielen Opfern,
mit der Wir durch die Hände Unseres Kardinal-Legaten in diesem Augenblick die wundertätige Statue gekrönt haben",
bleibt ein beredtes Symbol, ein ewiges Denkmal sowohl der
Wohltaten Mariens als auch der Liebe und der Dankbarkeit
von ganz Portugal.

Aber hier ist viel, viel mehr! Die Krone ist nicht bloß ein
Symbol. Vor den Augen des Heiligen Vaters, gleichsam hingerissen in eine apokalyptische Schau, entrollte sich das geschichtliche Ereignis selbst in seiner unvergleichlichen Groß-
artigkeit als ein Sinnbild von tiefster und universaler Bedeutung. In der gewaltigen Menge der Fàtimapilger, im Klang
ihrer Jubelrufe, in den eben zu Ende gegangenen Zeremonien,
in allem, was in dieser Stunde zum unvergleichlichen Triumph
der seligsten Jungfrau beitrug, sieht er andere Ansammlun-
gen, andere Triumphe, eine andere Stunde ewiger Feierlichkeit, eines ewigen Tages ohne Untergang, da die glorreiche
Jungfrau im Triumphzug in die himmlische Heimat eintrat
und von der Heiligsten Dreifaltigkeit zur Königin des Weltalls gekrönt worden ist.

Der Stellvertreter Christi legt in geflügelter Beredtsamkeit
die Hauptargumente vor, welche zeigen, daß Maria durch Jesus, mit Jesus, aber in Unterordnung unter Jesus Königin ist
durch Gnade, durch göttliche Verwandtschaft, durch Erwer-
bung und durch einzigartige Auserwählung — daß sie ein
Königtum besitzt, so umfassend wie das ihres göttlichen Sohnes; ist ja von ihrer Herrschaft nichts ausgeschlossen, „aber
es ist ein wesenhaft mütterliches, ausschließlich wohltätiges
Königtum".

Dieses Königtum ist es gerade, dem die Pilger da zujubelten, dieses mütterlich-gütige, absolute, universale Königtum

ist es, das der Papst in den feierlichen Zeremonien bezeugen wollte und jetzt vor der ganzen Welt verkündet. So wurde das weltweite Echo von Fàtima anerkannt, bezeugt und verkündet, der Heilige Vater hatte schon längst die „Cova da Iria" als „unerschöpflichen Quell der Gnaden, Großtaten und Wunder" bezeichnet, „als eine Quelle, von welcher sich Ströme über Portugal und von da über die ganze Kirche und die ganze Welt ergießen". Noch mehr: „Als gesegnete Oase, von übernatürlicher Erfülltheit, wodurch der wunderbare Schutz Unserer Lieben Frau von Fàtima viel sichtbarer hervortritt und ihr alle noch mehr erfahrt die Nähe des Unbefleckten Herzens, das mit unermeßlicher Zartheit und mütterlicher Sorge für euch und für die ganze Welt schlägt." Und endlich ruft er aus: „Ihr krönt sie zur Königin nicht bloß von Portugal, sondern auch zur Königin des Friedens und der Welt, damit sie ihr helfe, den Frieden wiederzufinden und sich aus ihren Wunden zu erheben." Infolgedessen ist die kostbare Krone zunächst ein Symbol der Dankbarkeit und der Liebe der portugiesischen Frauen und ganz Portugals gegenüber ihrer Unbefleckten Königin, noch mehr aber „ein Glaubensbekenntnis an das allgemeine Königtum Mariens"; und alle, die die wundertätige Statue gekrönt haben, sind eingeschrieben als Kreuzfahrer zur Eroberung oder Rückeroberung ihres Reiches, das das Reich Gottes selbst ist; wir sind verpflichtet, zu arbeiten, auf daß sie geliebt, geehrt und ihr gedient werde . . . in der Familie, in der Gesellschaft, in der Welt [72].

Ein spanischer Pilger hat Fàtima „den Altar der Welt" genannt. Ein Telegramm aus Holland besagt, daß „in Fàtima der Himmel die Erde berührt hat und von da aus die Wiederverchristlichung Europas beginnt". Ein anderes Telegramm aus Brasilien grüßt, indem es sich dem Fest der „Krönung der

---

[72] Act. Apost. Sedis 38, 1946, 264—267.

glorreichen Schutzfrau" anschließt, vorausahnend Maria als „Unsere Liebe Frau von Fàtima, Königin des Weltalls". Es war genau das, was Pius XII. verkünden wollte. Gleichsam um die Universalität von Marias Königtum zu unterstreichen, sandten die Katholiken Hollands ein mit wunderbaren Rosen und Tulpen (250 Kilogramm) beladenes Flugzeug, mit denen das Fahrzeug, die Altäre, das ganze Heiligtum geschmückt wurden. Auch Spanien schickte Blumen, unter denen besonders ein Nelkenstrauß der Familie des Staatsoberhauptes auffiel; mit Blumen kamen drei Pilgerzüge von Galicia, Barcelona und von den Balearen. Nicht wenige Wallfahrer waren einzeln oder in Gruppen aus Frankreich, Italien, Belgien, Holland, Nordamerika, Kolumbien, Brasilien, Chile u. a. gekommen.

Die Entwicklung des Kultes
Unserer Lieben Frau von Fàtima

Wie ein stürmischer Wildbach

Schon lange bevor sich die kirchliche Obrigkeit in der ersten Zeit nach den Erscheinungen zum Anwalt Unserer Lieben Frau von Fàtima machte, von dem Tage an, da die bischöfliche Behörde die Verordnung aufgehoben hatte, die es dem Klerus verbot, an den Veranstaltungen in der Cova da Iria teilzunehmen, hatte der Zustrom der Pilger geradezu phantastische Ausmaße angenommen.

In den Wintermonaten tritt natürlich eine gewisse Stockung ein; es kommen etwa 2000, 3000, 5000 Wallfahrer an den Gnadenort. Man muß bedenken, daß die Verkehrsverhältnisse bisher noch recht ungünstig sind, da die nächsten Bahnstationen in der Ebene liegen, fünfzehn oder sechszehn Kilometer von der Cova da Iria entfernt. Und im steinigen Gelände fehlt jede Bequemlichkeit; nicht einmal eine Unterkunft für die Nacht ist zu finden. Im übrigen geht man nach Fàtima nur „um zu beten, um Buße zu tun, um von der heiligsten Jungfrau die geistige und physische Heilung der an Leib und Seele Kranken zu erbitten", wie es in der Regel des Handbuches für Fàtima-Pilger heißt. Wer in anderer Gesinnung hinginge, nicht als Pilger, sondern als Vergnügungsreisender, der hätte eine große Enttäuschung zu gewärtigen.

In der guten Jahreszeit steigt die Zahl der Wallfahrer auf 100.000, ja 150.000 bis 200.000 Personen, die bei den Landeswallfahrten im Mai und Oktober alljährlich zusammenströmen.

Ein deutscher Wissenschaftler, Dr. Ludwig Fischer († 3. Jänner 1957), Geschichtsprofessor an der Hochschule von Bamberg, der am 13. Mai 1929 mit eigenen Augen die Menge sah, schreibt voll Staunen:

„Ich glaube, dieses Schauspiel ist einzig in der Welt. Ich wohnte im Jahre 1925 der Heiligsprechung der kleinen Theresia vom Kinde Jesu bei, wo in St. Peter in Rom an 80.000 Menschen versammelt waren. Doch was war das im Vergleich zu diesen Volksmassen hier, die voll des Opfergeistes für die allerseligste Jungfrau sind, voll des Glaubens an das allerheiligste Sakrament [73]!"

Ein anderer Augenzeuge, P. Luigi Gonzaga Labral S. J., der an der Wallfahrt vom 13. Mai 1930 als offizieller Prediger teilnahm, schrieb über seine Eindrücke an einen Freund:

„Was ich dort sah, übertraf bei weitem meine Vorstellung. Ich glaube, menschliche Worte, seien es geschriebene oder gesprochene, können niemals die Gefühle wiedergeben, die einen dort überwältigen. Das muß man selbst erleben! . . .

Ich hatte kurz vorher das Buch von Dr. Fischer: Fàtima, das portugiesische Lourdes, gelesen. Es ist das ein bemerkenswertes Buch, wohl das beste, was bisher über diesen Gegenstand veröffentlicht wurde . . . Aber nachdem ich dort gewesen bin, muß ich bekennen: Der Eindruck, den die Lektüre jenes Buches in mir hervorgerufen hatte, war nichts im Vergleich zu dem, was ich dort sah.

Der Unterschied beginnt bei dem Vergleich, den der Titel nahelegt: Fàtima, das portugiesische Lourdes. Ich bin mehrere Male in Lourdes gewesen, ich war auch in Rom an einem Tage größten Zustromes. Nun, ich erkläre, daß ich mir weder in der einen noch in der anderen Stadt eine Vorstellung von dem machen konnte, was ich dann in Fàtima sah.

---

[73] Dr. Ludwig Maria Fischer, Fàtima, das portugiesische Lourdes (1940), S. 88.

Ich will bei der Menschenmenge beginnen: Wie kann man die in Fàtima mit jener von Lourdes vergleichen? In Fàtima spielt der Umstand eine große Rolle, daß sich die großen Pilgerzüge, vor allem am 13. jeden Monats, besonders im Mai und Oktober, in der Cova da Iria einfinden, und dieses Schauspiel wiederholt sich jedes Jahr, ohne Verminderung, ohne Ermüdung, im Gegenteil, stets wachsend. An einem Tage hatte ich mehr als 260.000 Menschen vor mir, vielleicht 300.000 [74]."

Ähnliche Eindrücke empfing Msgr. Beda Cardinale — damals Apostolischer Nuntius in Lissabon —, der am 13. Mai 1932 die Landeswallfahrt nach Fàtima leitete; er schrieb:

„Ich gestehe aufrichtig, daß ich niemals einem ähnlichen Schauspiel beigewohnt habe wie dem, das sich mir am 13. dieses Monats in Fàtima bot.

Diese ungeheure Menschenmenge, die in unbeschreiblicher Glut des Glaubens und der Liebe der Jungfrau-Mutter zujubelt, in der alle sozialen Unterschiede verschwinden, weil sich alle als Kinder Mariens fühlen und alle vereint sind, um sie anzurufen und zu ehren: das ist etwas, was zu Tränen rührt, was einen tiefen, unvergeßlichen Eindruck auf die Seele macht.

In Fàtima gibt es nichts, was natürlicherweise anziehen könnte. Die Wallfahrt ist ein wirkliches Opfer. Und doch wächst die Zahl der Pilger ständig. Es ist eine innere Macht, die sie an diesen Gnadenort zieht, wo die Jungfrau-Mutter ihre Gunsterweise austeilt, wo unzählige Seelen zu Gott zurückfinden, wo jeder seelische Kraft schöpft, die den Willen erneuert und stärkt und die Beharrlichkeit in der Übung christlicher Tugend sichert.

Fàtima ist ein wahrer Segen für Portugal. Und ich bin überzeugt, daß Maria diese Nation, deren tausendjährige Geschichte so viele Blätter wahrhaft christlicher Ruhmestaten

---

[74] Mensageiro de Maria, 7 (1930) 52 f.

aufweist, stets beschützen und aus den schrecklichen Gefahren, die die ganze menschliche Gesellschaft bedrohen, erretten wird.

Lissabon, den 16. Mai 1932

† Joannes Beda Cardinale
Apostolischer Nuntius"

Insgesamt betrug die Zahl der Pilger im Jahre 1928, wenn wir die bescheidensten Berechnungen zugrundelegen, die von der Presse geliefert wurden, etwa eine Million, fast ausschließlich Portugiesen. Die Statistiken von Lourdes geben für das gleiche Jahr 654.000 Pilger verschiedenster Nationalität an.

Im Mai 1929 wurde durch Regierungsbeamte die Zählung der Autobusse und Autos, die Pilger nach Fàtima brachten, vorgenommen. Man zählte allein am 12. des Monats ungefähr 11.000, bei der Maiwallfahrt im Jahre 1931 .fast 15.000 und bei dem Pilgerzug zur Danksagung für die Abwendung der kommunistischen Gefahr ungefähr 25.000 Kraftfahrzeuge, die etwa 260.000 oder 300.000 Personen transportiert hatten. Wenn man bedenkt, daß ein Großteil der Pilger zu Fuß kommt, scheinen die Angaben der Pressevertreter und vieler Augenzeugen nicht übertrieben, wenn sie von 500.000 Pilgern sprechen.

Doch mehr als die Anzahl ist es der Geist, von dem fast alle Wallfahrer beseelt sind, der tiefen Eindruck macht. Viel beigetragen zu dieser erbaulichen Haltung haben die

Richtlinien Sr. Exzellenz des Bischofs von Leiria:

1. Die Wallfahrten zu Unserer Lieben Frau von Fàtima sollen den Charakter der Frömmigkeit, der Buße und der Nächstenliebe bewahren.

Man geht nach Fàtima, um zu beten, um Buße zu tun und um von der heiligsten Jungfrau die geistige und physische Gesundung der an Leib und Seele Kranken zu erbitten, die dort in immer größerer Zahl zusammenströmen, um jene anzurufen, die das Heil der Kranken ist.

2. Stets, doch besonders unterwegs und in der Cova da Iria, sollen sich die Pilger gegenseitig beistehen, füreinander beten und während der gottesdienstlichen Handlungen die größte Ehrfurcht und Sammlung bewahren.

3. Den Kranken, ob reich oder arm, kommt stets der erste Platz zu. Man gebe ihnen den Durchgang frei und sei ihnen behilflich in allem, was sie nötig haben.

4. Der ummauerte Bezirk soll während der Wallfahrten als Gotteshaus betrachtet werden. Die Pilger mögen deshalb dort jede Unterhaltung unterlassen; wenn es notwendig ist zu sprechen, geschehe es mit leiser Stimme.

5. In ihre Gebete und guten Werke empfehle ich die Anliegen der heiligen Kirche, unseres Vaterlandes sowie jene der „Diener Unserer Lieben Frau von Fàtima", denen ich für ihre eifrige und selbstlose Arbeit danke.

† Josè, Bischof [75]

Damit der Leser mit eigenen Augen sehen kann, wie diese Richtlinien in der Praxis durchgeführt werden und die Frömmigkeit, die die Pilger von Fàtima beseelt, bewundern kann, laden wir ihn ein, im Geist an einer der großen Landeswallfahrten teilzunehmen.

---

[75] Manual do Peregrino da Fàtima, pg. 22 ss (Handbuch für Fàtima-Pilger, S. 22 f).

Papst Paul der VI. begrüßt nach der hl. Messe Schwester Lucia

Hunderttausende von Pilgern ziehen alljährlich am 13. Mai zur Gnadenstätte

Gracinda M. Costa, von der Gottesmutter wunderbar geheilt

Eine Landeswallfahrt

Für ein gläubiges Herz kann es kein erhebenderes Schauspiel geben als eine Maienwallfahrt nach Fàtima. Schon vom Vortag an gleichen alle Straßen und Wege und Pfade Flüssen, deren Wasser gegen die Cova da Iria strömen.

Wenn man inmitten einer der Staubwolken, die alles einhüllen, stehenbleibt, um einen dieser Ströme zu betrachten, glaubt man eine endlose Prozession vor sich zu haben, so groß ist die Andacht, mit der diese guten Leute den Rosenkranz beten und fromme Lieder singen. Doch gleichzeitig meint man einer folkloristischen Schaustellung beizuwohnen, die uns alle Volkstrachten Portugals und alle nur erdenklichen Verkehrsmittel vorführt. Endlos sind die Reihen, die an uns vorbeiziehen; jedes Alter und jeder Stand, jede soziale Klasse ist vertreten. Die meisten kommen zu Fuß; manche wandern 24, 48 und mehr Stunden; im Mai 1931 legte eine kleine Gruppe in neun Tagen 300 Kilometer zu Fuß zurück. Andere kommen zu Pferd, in Wagen, Lastwagen, Autos, Autobussen, ja sogar auf Ochsenkarren, die sich langsam ihren Weg durch das Getümmel bahnen.

Der Menschenstrom mündet in die Erscheinungskapelle: jeder will dort die Madonna grüßen und sein Versprechen erfüllen. Und Maria steht dort in einer Ecke der Kapelle und empfängt alle ihre Kinder mit mütterlicher Liebe; kennt sie doch jedes von ihnen und wartete schon auf sein Kommen. Doch auch die Pilger kennen gar gut die Mutter. Mit inbrünstigem Glauben, mit Freudentränen in den Augen begrüßen sie sie, schütten ihr Herz aus, erbitten ihre Hilfe, ja sie möchten ihr die Gnaden gleichsam abringen. Die Eltern heben ihre Kleinen empor, damit sie das Gnadenbild mit den Händchen

241

erreichen, es küssen können, alle wollen ihren Rosenkranz und eine Menge Andachtsgegenstände daran anrühren, die sie dann, gleichsam ausgestattet mit einer übernatürlichen Kraft, als Andenken mit nach Hause nehmen wollen.

Viele Männer und Frauen, oft ganze Familien, machen auf den Knien die Runde um die Kapelle, um ein Versprechen einzulösen, um Gnaden zu erlangen oder für schon gewährte Wohltaten zu danken; es ist das kein geringes Opfer inmitten dieses Gedränges, das dichter ist als ein Bienenschwarm, so daß die Knienden, wenn auch ungewollt, doch ganz unvermeidlich gestoßen und getreten werden; oft ist ihr Weg von Blut gezeichnet, denn die scharfen Steine zerreißen die Knie.

Leuchtende Nacht

Langsam bricht die Nacht herein. Wo werden die vielen Pilger Zuflucht finden? Niemand denkt daran. Sie verharren weiter im Gebet, haben sie doch der Gottesmutter so viel zu sagen, so viel von ihr zu erbitten! Und überdies überbringt jeder dieser Pilger der Gnadenvollen die Bitten und Versprechen vieler, die nicht selber kommen konnten.

Es schlägt zehn Uhr. Doch überlassen wir das Wort dem schon erwähnten Dr. Fischer.

„Ich stand oben am Rand der Cova da Iria, dort, wo die Fundamente der künftigen Rosenkranzbasilika liegen, und schaute hinab in dieses von der Natur gebildete, große Amphitheater, in dem die Menschen auf und nieder wogten wie im nächtlichen Sturm die Wellen des düsteren, von den Armen der Bergriesen festumschlossenen Alpensees. Da und dort flammte in diesem dunklen Talkessel ein Licht auf. Bald waren es Hunderte. Und aus Hunderten wurden Tausende und Zehntausende. Der dunkle Talkessel ward in einen lebendigen Feuersee verwandelt.

242

Man fühlt es sofort: Was man hier sieht, ist ein einzigartiges Schauspiel, wie es auf der Welt nicht seinesgleichen hat. Was bedeuten da die Lichter von Kevelaer oder Einsiedeln oder Altötting oder selbst von Lourdes im Vergleich zu diesem Lichtmeer? Diese leuchtende Maiandacht in der Mulde von Iria läßt alles hinter sich zurücktreten. Es ist wahrhaftig eine heilige, von Licht erfüllte Nacht inmitten einer im Dunkel der Sünde begrabenen Welt."

Die Lichterprozession

„Das Erscheinen des Bischofs war das Zeichen für den offiziellen Beginn der Lichterprozession. Eine Prozession freilich in unserem Sinne war es nicht und konnte es nicht sein. Bei solch riesigen Menschenmassen fehlte ja jede Möglichkeit, eine geordnete Prozession zu entfalten. Man brauchte kilometerlange Wege, um für diese Mengen Platz zu bieten. Gleichwohl war alles in Bewegung. Die Leute gingen dahin und dorthin und erbauten sich gegenseitig an ihrem Glauben und ihrer Andacht.

Oben auf der Tribüne des Krankenpavillons stand ein Priester vor dem Mikrophon, das seine Worte an acht Lautsprecher weitergab ... Dank dieser Lautsprecher vollzog sich das Rosenkranzgebet der Zehntausende in musterhafter Ordnung. Zwischen den einzelnen Dekaden des Rosenkranzes erklangen die lieblichen Weisen des Ave von Fàtima.

Den offiziellen Schluß der Lichterprozession — kurz vor Mitternacht — bildete das gemeinsame Glaubensbekenntnis. Diese Choralmelodien des *Credo* der heiligen Messe, gesungen von Zehntausenden, gesungen um Mitternacht, gesungen im Scheine ungezählter Kerzen, sind etwas Ergreifendes. Das weckt Katakombenstimmung! Sind diese Melodien, diese Lichter, diese Menschen nicht ein flammender Protest, ein edler

Protest des Opfers und des Gebetes gegen die Irrtümer einer in Sünde und Unglauben versinkenden Mitwelt [76]?"

Ein berühmter Professor, der 1927 zum ersten Male diese Glaubenskundgebung erlebte, rief mit Tränen in den Augen: „Wenn die Madonna sichtbar erschienen wäre, hätte man ihr keinen besseren Empfang bereiten können!"

„Es ist Mitternacht. Die nächtliche Anbetung wurde viele Jahre vom unvergeßlichen Bischof von Leirìa (Don Josè) geleitet; heute ist es der Nachfolger Msgr. J. Pereira Venâncio oder ein von ihm Beauftragter. Am Lautsprecher erklärte er dem Volke in herzlich warmen Worten die Geheimnisse des Rosenkranzes. Nicht weniger als sechsmal ergriff er das Wort und empfahl den Gebeten der Gläubigen den Heiligen Vater, die Bischöfe, das Vaterland, alle den Pilgern von Fàtima anvertrauten Meinungen. So wird die Mulde von Iria, wenn die Hunderttausend ebenso innig beten für die großen Nöte und Anliegen der Kirche des Erdkreises wie für die kleinen Alltagssorgen des Kleinsten unter ihnen, der Schauplatz einer großen, heiligen, nur auf dem Grunde des Katholizismus möglichen Bruderliebe. Das heißt man Gemeinschaft der Heiligen."

Einer der Diözesanpilgerzüge nach dem andern hält seine Anbetungsstunde. Die andern suchen unterdessen ein wenig auszuruhen; die meisten legen sich einfach auf den Boden, manche finden im Fahrzeug, das sie herbrachte, ein Plätzchen.

Die Männer, die noch beichten wollen, stellen sich in langen Reihen vor den zwanzig Beichtstühlen auf und warten geduldig drei, vier Stunden, bis sie darankommen.

Nachts werden nur Männer beichtgehört. Eines Tages, als der Bischof von Leirìa nach Sonnenuntergang den Beichtstuhl verließ, in dem er viele Stunden verbracht hatte, trat eine von den vielen Frauen, die noch warteten, auf ihn zu: „Hochwürdigster Herr, hören Sie um Gottes willen meine Beichte."

---

[76] L. M. Fischer, Fàtima, das portugiesische Lourdes, S. 71 ff.

„Es hat schon Angelus geläutet. Jetzt beichten nur die Männer."

„O ich Arme! Seit dem Morgen warte ich schon auf die Beicht, um kommunizieren zu können ... Und jetzt muß ich so weggehen ..."

„Ja sind Sie denn noch nüchtern?"

„Gewiß, hochwürdigster Herr."

„Hier hat das kanonische Recht keine Geltung!" rief der Bischof ergriffen. Und er begab sich noch einmal in den Beichtstuhl, hörte das Bekenntnis der guten Frau an, die weiß Gott wie weit hergekommen war, und reichte ihr die heilige Kommunion.

Es ließen sich ungezählte ähnliche Fälle berichten.

Jesus geht durch die Menge

Bei Tagesanbruch wird die Messe für die „Diener Unserer Lieben Frau" gelesen, damit sie dann für den Ordnungsdienst und den Beistand der Kranken frei sind.

Dann zelebrieren an den verschiedenen Altären die zweihundert oder mehr Priester, die mit den Pilgerzügen gekommen sind.

Gegen sieben Uhr feiert einer der Bischöfe am Hauptaltar, der vor der Fassade der künftigen Basilika errichtet ist, eine Messe mit Generalkommunion. Über zwei oder drei riesige Ziborien von 25 cm Durchmesser, deren jedes 6000 Hostien enthält, werden die Konsekrationsworte gesprochen. Dann füllen fünfundzwanzig Priester ihre kleinen Ziborien und gehen damit unter das kniende Volk, um das Engelsbrot auszuteilen. Die ganze Cova da Iria ist zu einem Gotteshaus geworden!

Während der Feier singt die Schola cantorum am Mikrophon den unvergleichlichen eucharistischen Hymnus, den niemand vergißt, der ihm einmal in dieser Gnadenstunde lauschen durfte.

> Heil'ge Engel und Erzengel,
> eilet mit uns zu lobsingen,
> neiget eure lichten Schwingen
> vor dem großen Sakrament!

Es scheint wirklich als ob Engelsschwingen über jenem Orte wehten, während die Menge, von der Erhabenheit des Augenblicks hingerissen, mit glühender Andacht in den Chor einstimmt:

> Heil dir, Jesus, Gnadenspender!
> Heil dir, Jesus, unser Herr!
> Heil dir, unsrer Zukunft Vater!
> Heil, geliebter Liebender [77]!

In tiefer Sammlung warten sie, bis ihnen der Priester den Leib des Herrn reicht. Professor Dr. Ludwig Fischer schreibt: „Ich wollte eben wieder zur Beichtkapelle zurückkehren..., da rief mir eine der Frauen auf Spanisch zu: ‚Padre, wir warten schon zwei Stunden! Bringen Sie uns doch bitte die heilige Kommunion!'

Mit der Freude und Seligkeit eines jungen Diakons, der zum erstenmal in seinem Leben die heilige Hostie berührt, ging ich an den Altar. Woher auf einmal diese Freude aus den priesterlichen Erstlingstagen? Fàtima ist ein Gnadenort. Da ist alles anders als im Alltag...

Ich schritt mit dem Allerheiligsten durch die Reihen... Ehrfurchtsvoll bilden die Pilger eine Gasse. Sie knien alle im Staube vor dem eucharistischen Gott. Und hier fange ich nun an, die heilige Kommunion zu spenden. Wie sie sich mit heiligem Ungestüm drängen um das Brot des Lebens, Männer,

---

[77] Übertragung von Ancilla, s. L. M. Fischer, Fàtima, das portugiesische Lourdes, S. 127 f.

Frauen und Kinder! Sie können es kaum erwarten, bis der Heiland zu ihnen kommt! Sie haben Sorge, es möchten die heiligen Hostien nicht reichen, denn sie sehen, daß jeder Pilger nur eine halbe Hostie erhält. Leise höre ich, wie sie mir zuflüstern: Padre! Padre! Wie viele von ihnen haben eine durchwachte oder durchwanderte Nacht hinter sich! ...

Ich bewundere diesen Glauben! ... Ich bewundere diesen Hunger nach Jesus! Man kann sie nicht schildern, diese einzig-liebliche Szene: Jesus wandelnd durch seine Priester unter seinen nach ihm hungernden Kindern! ... Ich bewundere diese Liebe der Gläubigen untereinander! Mit welcher Sorgfalt geben sie acht, daß alle an die Reihe kommen ... So mögen an diesem Tage bei ganz vorsichtiger Schätzung wenigstens 25.000 Kommunionen ausgeteilt worden sein [78]."

Doch selbst diese Zahl wurde in der Folge noch weit übertroffen: im Mai 1931 teilten fünfundzwanzig Priester in dreieinhalb Stunden 33.000 Hostien aus; bei der National-Wallfahrt zur Danksagung für die Bewahrung von dem Kommunismus spendeten sechzig Priester 45.000 Kommunionen.

In den Jahren 1930 bis 1933 empfingen laut den statistischen Aufzeichnungen 390.191 Personen in der Cova da Iria den Leib des Herrn, in den nächsten vier Jahren (1934 bis 1937) 522.300. Die Zahl ist ständig gestiegen: 1933 waren es 115.977, in den folgenden Jahren 120.994, 127.462, 133.500 und schließlich mehr als 140.500. In den letzten Jahren erhöhte sich die Zahl auf ungefähr 300.000. Das Heilige Jahr 1951 war auch unter diesem Gesichtspunkte außerordentlich: es wurden mehr als 400.000 Kommunionen gespendet.

Mit Recht schreibt Dr. Fischer:

„Das schönste, was ich in Fàtima schaute, war: Jesus wandeln sehen mittels seiner Priester unter seinen Gläubigen und

---

[78] L. M. Fischer, Fàtima, das portugiesische Lourdes, S. 81 ff.

seinen Kranken, die alle voll des Hungers nach ihm sind und voll des Verlangens, ihn im heiligsten Sakrament zu empfangen [79]."

Das Volk huldigt seiner geliebten Königin

Es ist Mittag, die gesegnete Stunde der Erscheinungen. Das ist in der Cova da Iria die Zeit der grandiosesten und ergreifendsten Glaubenskundgebung, die man auf Erden sehen kann.

Um diese Zeit formt sich die Prozession, in welcher man die wundertätige Statue von der Erscheinungskapelle auf den Altar, an dem die Krankenmesse gefeiert wird, überträgt. Vier „Diener Unserer Lieben Frau" nehmen das Gnadenbild auf die Schultern und der Zug setzt sich in Bewegung. Voran schreiten Pfadfinder, die mit Mühe einen Weg durch die Menge bahnen, denn jeder drängt sich heran, um die himmlische Mutter von nahe zu sehen und mit ihr zu sprechen; es ist ja allen, als ob die Hochgebenedeite in eigener Gestalt unter ihnen weilte. Nun folgen die vielen Fahnen der verschiedenen Pilgerzüge, dann der Klerus und endlich das Gnadenbild. Langsam, langsam kommt es vorwärts.

„Kaum hatte das Bild den gedeckten Gang verlassen", so erzählt Dr. Fischer, „da setzte ein Regen von Rosen ein, wie ich ihn in meinem Leben noch nie gesehen. Das Bild und alle, die in seiner Nähe waren, wurden mit Rosenblättern förmlich überschüttet ... Diese Rosen wachsen nicht auf der steinigen Serra d'Aire. Die Pilger haben sie von zu Hause mitgebracht und für diesen Augenblick aufgespart. Das mag den Rosenregen in den Augen der Rosenkranzkönigin besonders lieb und angenehm machen ...

Kaum noch war mir dieses überwältigende Schauspiel des

---

[79] A. a. O. S. 88.

Rosenregens recht zum Bewußtsein gekommen, als mich der Visconde de Montelo aufmerksam machte: ‚Schauen Sie rückwärts!' Ich blickte mich um und glaubte, ein glänzendes Schneefeld zu sehen. Die ganze Mulde, von ihrem tiefsten Punkte, wo wir eben standen, bis hinauf an den Rand, leuchtete im Sonnenglanz von den weißen Taschentüchern, mit denen die Pilger dem Gnadenbild zuwinkten. Das war wiederum ein grandioses Schauspiel, wie es nur die Mulde von Iria bietet. Diese Tausende und Zehntausende von weißen Taschentüchern, die wie Schneeflocken im Winde flatterten!

‚Du Zuflucht der Sünder!' ‚Du Heil der Kranken!' ‚Du Mutter der Barmherzigkeit!' ‚Unsere Liebe Frau von Fàtima!' So und anders rauschten die tausend Grüße über die Mulde hin. Nicht alle können bis in die Nähe des Gnadenbildes kommen, aber ihre Grüße flattern herüber zur Mutter, und ihre Herzen sind bei ihr. Wahrhaftig, diese Cova da Iria, wenn sie nicht schon wäre, sie müßte geschaffen werden!

Das antike Heidentum ersann mit raffinierter Schlauheit die Form des Amphitheaters, um die Massen zu fesseln und das Böse seine Triumphe feiern zu lassen. Das moderne Heidentum macht's nicht anders, es greift wieder zurück auf das Stadion und Amphitheater. Kein Wunder, der Teufel bleibt sich ja gleich und geht am liebsten auf Massen aus.

Das Stadion, das Maria sich für ihre Triumphe erwählt hat, ist das große, von der Natur geschaffene Amphitheater der Cova da Iria. Da ruft man jenem Weibe Beifall zu, das Siegerin ist über Sünde und Hölle, das den Lilienkranz der Reinheit trägt, das Königin ist im Himmel und auf Erden, das der Schlange den Kopf zertreten und ‚alle Irrlehren in der ganzen Welt allein getötet hat'.

Während sich der Zug langsam vorwärts bewegte, reichten die Pilger ihre Wallfahrtsandenken, wie Rosenkränze und Medaillen, her, um sie an der Statue berühren zu lassen. Geben

Sie acht', sagte mein Mentor Visconde de Montelo, ,jetzt weint alles! So ist's jedesmal!' Er hatte mich schon vor Beginn der Prozession darauf aufmerksam gemacht, daß dies kommen werde, und als er es abermals sagte, sah ich bereits Tränen in den Augen der Pilger, während sie mit den Taschentüchern dem Gnadenbilde zuwinkten. Tränen nicht bloß in den Augen der Frauen, Tränen auch in den Augen der Männer, Tränen in den Augen der Priester, und um es gleich zu sagen, Tränen in den Augen der beiden Bischöfe, als wir mit dem Gnadenbild an den Stufen der Tribüne angelangt waren . . .

Erklären kann mir dieses allgemeine Wunder keiner . . . Und wenn ich nur die Frauen hätte weinen sehen, dann würde ich kein Wort darüber verlieren.

Tausende weinen sehen ist ein Schauspiel für sich. Ich habe es bisher nur einmal in meinem Leben gesehen: am 13. Mai 1929 in der Mulde von Iria.

Fàtima ist ein Gnadenort von ganz einziger Art. Es gibt nur *ein* Fàtima [80]!"

Die Krankenmesse

Feierlich hält die Madonna in die Abteilung Einzug, wo die Kranken, von Zelten geschützt, auf ihren Betten liegen oder auf den Bänken sitzen. Flehend wenden sich alle Blicke ihr zu, wenn jetzt die Statue auf den Altar gestellt wird.

Zu Beginn der Messe singt das ganze Volk das *Credo*. Dann werden die Gläubigen aufgefordert, ihre Gebete mit denen des Bischofs zu vereinen, der das heilige Opfer für die Bekehrung der Sünder und nach den Meinungen der anwesenden Pilger und jener, die sich in ihre Gebete empfohlen haben, darbringt. Nach dieser Meinung wird auch der Rosenkranz gebetet.

---

[80] A. a. O. S. 91 ff.

Nach der Messe wird jedem einzelnen der Schwerkranken, für die ein besonderer Platz reserviert ist, der sakramentale Segen erteilt. Im Mai 1931 waren es 269, 1938 mehr als 400, von denen 285 von den Ärzten als unheilbar bezeichnet waren. Oft ist der Andrang Schwerkranker so groß, daß der Chefarzt gezwungen ist, Hunderten den Ausweis für die Krankenabteilung zu verweigern.

Nun ist der Heiland, vom Bischof getragen, mitten unter den Unglücklichen, die von den „Dienern und Dienerinnen Unserer Lieben Frau" liebevoll betreut werden, und gibt einem nach dem andern seinen Segen . . . Blicke und Lippen flehen mit glühender Inbrunst um Hilfe. Mit ihnen und für sie betet das ganze Volk.

Auf der Tribüne betet unterdessen ein Priester — meist ist es der Vize-Rektor des Diözesanseminars, Dr. Marques dos Santos — vor dem Mikrophon die Anrufungen, die der Bischof von Leirìa vorgeschrieben hat: Herr, wir lieben dich! Und wie Donnerrollen klingt das Echo von allen Lippen, steigt auf aus 300.000 Herzen: Herr, wir lieben dich! Ein zweites und drittes Mal wird die Anrufung mit unbeschreiblicher Innigkeit wiederholt. Und dann auf gleiche Weise die anderen Anrufungen.

Zum Schluß wird dem ganzen Volk der Segen erteilt. Es folgt noch eine Predigt, die gleichzeitig die Abschiedsansprache ist, dann wird die Feier mit der Übertragung des Gnadenbildes in die Erscheinungskapelle abgeschlossen.

Jetzt sind es die „Dienerinnen Unserer Lieben Frau", denen die Ehre zukommt, es zu tragen. Der Jubel des Volkes ist womöglich noch größer als bei der Anfangsprozession; und die Begeisterung kennt keine Grenzen mehr, wenn sich die Nachricht von den Wundern verbreitet, die an diesem Tage geschehen sind.

IV.

DIE WUNDER

Heil der Kranken

Die Nachricht von dem Wunder, das am 13. Oktober 1917 als Abschluß und Krönung der Ereignisse in Fàtima geschehen war, erreichte binnen 24 Stunden auch den entferntesten Winkel des Landes. Nicht nur die vielen Augenzeugen sorgten dafür, sondern mehr noch die Zeitungen. Die Wirkung war unbeschreiblich. Von jenem Tage an wurde Fàtima das Ziel ungezählter Pilger. Immer mehr erkannte man es als Gnadenort, als ein neues Lourdes.

Wie hätte sich ein solch inbrünstiges Vertrauen entwickeln können, wie vermöchte es sich zu erhalten, ja ständig zu steigern, wenn nicht der ausschlaggebende Faktor hinzukäme: das Wirken des Himmels! Tagtäglich tut es sich kund, ja es wird immer offensichtlicher: die Rosenkranzkönigin erhört die Bitten ihrer Kinder.

Wunder sind in Fàtima an der Tagesordnung: wunderbare Heilungen des Leibes und wunderbare Heilungen der Seele; und wenngleich die letzteren weniger in die Augen fallen, so ist doch ihre Bedeutung nicht geringer, sondern größer.[81]

---

[81] Die Berichte über die Wunderheilungen hier in diesem und in den folgenden Kapiteln sind wohl aus den Quellen genau übernommen; aber es ist festzuhalten, daß sie vom Verfasser und Übersetzer nicht überprüft werden konnten. Da auch die kirchliche Autorität keine amtliche Entscheidung gefällt hat, ist diesen Berichten bloß menschlicher Glaube beizumessen.

Hiermit erklären wir, gemäß dem Dekret des Papstes Urban VIII., daß wir alles, was in diesem Buch von den Ereignissen und Wundern in Fàtima berichtet wird, nur so verstanden wissen wollen, wie es die kirchliche Autorität am 13. Oktober 1930 gebilligt hat.

Schon seit dem Jahre 1917 strömen die Kranken aus allen
Teilen Portugals nach Fàtima. Vom Mai 1926 bis Dezember
1937 meldeten sich im Konstatierungsbüro von Fàtima
14.725 Kranke, und zwar:

1926 = 965	1930 = 1195	1934 = 1069
1927 = 1546	1931 = 1151	1935 = 1206
1928 = 1639	1932 = 1162	1936 = 1074
1929 = 1336	1933 = 1092	1937 = 1290 [82]

Und wie viele Kranke waren wohl dort, die sich nicht meldeten und nicht registriert wurden? Und wie viele haben die
Madonna von Fàtima um Hilfe angefleht, denen es nicht möglich war, den Gnadenort aufzusuchen?

In der Cova da Iria stehen heute zwei geräumige, moderne
Krankenhäuser; dort finden die kranken Pilger liebevolle Aufnahme und Pflege durch die „Diener und Dienerinnen Unserer Lieben Frau von Fàtima". Im Konstatierungsbüro
amtiert als Chefarzt Dr. Pereira Gens. Er wird von einer ganzen Reihe von Ärzten unterstützt; zum Teil sind es „Diener
Unserer Lieben Frau", zum Teil andere Ärzte, die gerade anwesend sind; oft sind es gut dreißig. Dort werden zunächst
die Zeugnisse eingesehen, welche die Pilger mitbringen, dann
wird eine gründliche ärztliche Untersuchung vorgenommen.
Die schwersten Fälle erhalten einen Ausweis, der sie zum Eintritt in den Krankenpavillon oder in die für die Kranken reser-
vierte Abteilung des Heiligtums berechtigt, damit sie der Mit-
tagsmesse beiwohnen und einzeln den Segen mit dem Allerheiligsten empfangen können.

---

[82] Das Zahlenverhältnis blieb fast konstant: 1948 = 1599, 1949 =
1242, 1950 = mehr als 1800.

256

Richtlinien für die Kranken

Wir empfehlen die größtmöglichste Liebe gegenüber den Kranken.

1. Die „Diener Unserer Lieben Frau" werden jene, die nicht gehen können, auf Tragbahren oder in entsprechend hergerichteten Wagen transportieren.

2. Die Kranken müssen sich zuerst in das Konstatierungsbüro begeben; hier werden sie von den Ärzten untersucht; bei der Einschreibung werden jene bevorzugt, die schon ein ärztliches Zeugnis mitbringen.

3. Nach Feststellung der Krankheit werden die Männer den „Dienern Unserer Lieben Frau" anvertraut, die ihnen jede nur mögliche Sorge zuwenden.

4. Die Diener, Ärzte, Krankenpfleger, Pfadfinder leisten ihre Dienste zur Ehre Unserer Lieben Frau ohne jedes Entgelt.

Leirìa, 31. Mai 1928   † Josè, Bischof

„Wenn in Fàtima nichts anderes an Gutem geschähe als diese reine Liebe gegenüber den Kranken, die sich umso größer und umso selbstloser zeigt, je bedürftiger der unglückliche Kranke der Hilfe ist, so würde das genügen, um sagen zu können: ,Wahrhaftig, hier ist der Finger Gottes!' " (L. M. Fischer.)

Die Heilungen

Selbstverständlich werden nicht alle Kranken, die nach Fàtima kommen, geheilt. Es wäre unvernünftig, so etwas zu erwarten, gereicht doch nicht jedem die leibliche Gesundheit zum wahren Heil; doch alle — oder wenigstens fast alle — empfangen reichen Trost und die Gnade, das Kreuz, welches ihnen von der göttlichen Vorsehung auferlegt wurde, ergeben und verdienstvoll zu tragen. Ungezählte Kranke haben Erleichterung ihrer Leiden gefunden, viele völlige Genesung.

Die „Stimme von Fàtima" hat seit 1942 mehr als 800 Heilungen registriert; unter diesen sind die verschiedensten Krankheiten: Schwindsucht, Blindheit, Meningitis (Hirnhautentzündung), Pleuritis (Rippenfellentzündung), Paralyse (Lähmung, „Gehirnerweichung"), Geschwüre verschiedener Art, unheilbare Zustände; hier nur die bekanntesten. Einige seien hier vorgelegt.

Von Pott'scher Krankheit geheilt

Josè d'Oliveira Carvalho, 27 Jahre alt, gebürtig aus Adaufe (Braga), Kaufmann in Porto, litt seit zwei Jahren an der schrecklichen Pott'schen Krankheit, von der Rückenwirbel und Lendengegend befallen waren. Er hatte sich mehreren Kuren unterzogen, die nichts genützt, sondern eher geschadet hatten. Seinen Zustand kennzeichnet das ärztliche Zeugnis: „Einer meiner Kollegen erklärte der Familie nach der Untersuchung, daß der Kranke höchstens noch acht Tage leben könne. Jedoch wenige Tage später verspürte er eine außerordentliche Besserung, fast plötzlich verschwand das Fieber, die Fistel schloß sich, die Beine wurden wieder bewegungsfähig, die Schmerzen in der Lendengegend hörten auf, er konnte das Bett verlassen. Einen Monat später hatte er vollständig das gute Aussehen von früher wiedererlangt und spürte keinerlei Beschwerden mehr." So der behandelnde Arzt, Dr. Soares Junior, am 20. Januar 1925.

Doch er sagt nicht, daß dieser fast plötzliche Umschwung im Befinden eintrat, nachdem der Kranke begonnen hatte, Wasser von Fàtima zu gebrauchen und gemeinsam mit den Seinen die Madonna anzurufen.

Heilung einer Schwindsucht im letzten Stadium

Teresa de Jesus Martins, 19 Jahre alt, gebürtig aus A-dos-Cunhados (Torres Vedras), verheiratet, wohnhaft in Lissabon. Im März 1922, drei Monate nach der Hochzeit, begann sie sich krank zu fühlen und spuckte in großen Mengen Blut. Nach verschiedenen Wechselfällen wurde sie in einem Spital untergebracht. Doch als sie durch die Indiskretion eines Angestellten erfuhr, wie es um sie stand: Schwindsucht im letzten Stadium — hielt sie es dort nicht mehr aus und verlangte, in die Heimat transportiert zu werden, um — wie sie sagte — in den Armen der Mutter zu sterben. Sie empfahl sich der Madonna von Fàtima. Jeden Tag nahm sie einen Schluck des wunderbaren Wassers und betete den Rosenkranz. Vom ersten Tage an konnte sie feststellen, daß nach dem Gebet jedesmal für ein paar Stunden die Schmerzen schwanden und sie sich wohl fühlte. Der Bluthusten ging langsam zurück. So vergingen drei Wochen, und der kleine Vorrat an Wasser von Fàtima war verbraucht. Da verschwanden plötzlich die Schmerzen — diesmal für immer — und mit ihnen alle übrigen Symptome des schrecklichen Leidens.

„Ein wahres und wirkliches Wunder"

Die 22jährige Cecilia Augusta Gouveia Prestes, gebürtig aus Torres Novas, litt seit drei Jahren an Lungentuberkulose und Bauchfellentzündung, die durch Bauchwassersucht kompliziert war. Auf Anraten der Ärzte empfing sie die Sterbesakramente, und die Familie ließ bereits den Sarg anfertigen. Die Kranke wollte jedoch um jeden Preis nach Fàtima gebracht werden. Als man einen Arzt, Dr. Augusto Mendes, einen ausgezeichneten Katholiken, darüber befragte, entgegnete er: „Als Arzt muß ich mich einer solchen Reise absolut widersetzen; sie könnte verhängnisvoll werden. Doch als Katholik kann ich es ihr nicht verbieten, wenn sie Vertrauen zur Muttergottes hat. Nur dazu raten kann ich nicht."

Die Kranke war nicht von ihrem Vorhaben abzubringen, und am 13. Juli 1923 wurde sie mit unendlicher Vorsicht in die Cova da Iria transportiert. Die Reise war ein Kreuzweg für sie wie auch für ihre Begleiter, die befürchteten, es könnte jeden Augenblick der Tod eintreten. Im Heiligtum fühlte sie keine Besserung; im Gegenteil, als sie den Segen mit dem Allerheiligsten empfing, erfolgte ein neuer Anfall.

Einige Stunden später wurde der Heimweg angetreten. Unterwegs hielt man ein Weilchen an, um auszuruhen. Plötzlich wurde die Kranke von gierigem Hunger befallen und machte sich über den Rest des Proviants her, den ihre Begleiter mitgenommen hatten. Anfangs ließ man sie gewähren, doch als man sah, daß dieser Hunger nicht zu stillen war, gab man ihr keine Speisen mehr, weil man die Folgen einer so ungewohnten Nahrungsaufnahme fürchtete. Jedoch die Kranke wurde plötzlich außerordentlich gesprächig, sie erzählte, lachte und sang: sie war geheilt. Geheilt entgegen allen Prognosen der Ärzte. Als sie beim Apotheker erschien, um eine Rechnung zu bezahlen, rief dieser aus:

„Das ist ein wahres Wunder!" Denn er hatte sie bereits tot geglaubt.

„Glauben Sie denn noch an Wunder?" wurde er gefragt.

„Wie sollte ich nicht daran glauben, wenn ich mit meinen eigenen Augen ein wahres und wirkliches Wunder sehe!"

Aufsehenerregende Heilung eines Arztes

Der folgende Bericht scheint mir besonders interessant, vor allem durch das Geschehen an sich, aber auch, weil die Hauptperson, Dr. Acacio da Silva Ribeiro, ein Arzt ist, der besser als andere beurteilen konnte, was an dem Geschehnis außerordentlich war. Wir fassen die ausführliche Schilderung, die er selbst in der „Stimme von Fàtima" veröffentlichte, zusammen:

„Ich bin absolut überzeugt, daß ich nur durch das Eingreifen der heiligsten Jungfrau, Unserer Lieben Frau von Fàtima, vom Tode gerettet wurde, als ich bei einem schweren Unfall einen Bruch des Beines, eines Schlüsselbeines und der Mittelhand erlitt, außerdem verschiedene Rißquetschwunden, von denen einige außerordentlich gefährlich waren, sowohl mit Rücksicht auf die betroffene Stelle als auch wegen der starken Blutung ...

Es war am Abend des 9. März 1926 gegen halb sieben Uhr auf offener Straße, nicht weit vom Bahnhof Canas de Senhorim (Beira Alta); ich fuhr auf meinem Motorrad mit großer Geschwindigkeit. Als ich einem Wagen ausweichen wollte, hörte ich plötzlich eine heftige Explosion und fühlte mich durch die Luft geschleudert.

Ein Pneumatik, der sich vom Rade gelöst hatte, und eine geplatzte Luftkammer dürften die Ursache des Unglücks gewesen sein, bei dem ich nur durch ein Wunder mit dem Leben davongekommen bin ... Es war ein schrecklicher Augenblick; ich glaubte meine letzte Stunde gekommen, denn als Arzt mußte ich mir sagen, daß mir nur noch wenige Minuten vergönnt sein konnten nach diesem furchtbaren Sturz und bei den starken Blutungen, die ich nicht zu stillen vermochte ...

Ich dachte an meine Frau und meine kleinen Kinder, die nur drei- oder vierhundert Meter entfernt auf mich warteten. Ich rief die Rosenkranzkönigin von Fàtima an und erwartete den Tod, indem ich mir sagte: Gott hat es so gewollt.

Einige Minuten vergingen in höchster Angst. Da ich bemerkte, daß ich nicht das Bewußtsein verlor, faßte ich neue

Hoffnung, am Leben zu bleiben und meine Lieben wiederzusehen. So machte ich Unserer Lieben Frau von Fàtima ein Versprechen und flehte inständig zu ihr, mir zu helfen und mir das Leben zu retten.

Ich muß auf ein merkwürdiges Zusammentreffen hinweisen. Meine Frau wurde wenige Minuten nach dem Unglück vom Vorgefallenen verständigt; doch noch bevor sie mir zu Hilfe eilte, kniete sie auf der Straße nieder, hob Hände und Blicke zum Himmel und bat Unsere Liebe Frau von Fàtima um die Gnade, mich noch lebend anzutreffen; und auch sie legte ein Versprechen ab.

Ich gab mir Rechenschaft über meinen Zustand: das rechte Bein war an zwei Stellen gebrochen... Ein Ende des gebrochenen Schienbeines hatte die Muskeln durchbohrt und war durch Haut, Hose und Motorraddreß gedrungen, so daß man es sehen konnte. Der Blutverlust war so stark, daß er allein hingereicht hätte, um meinen Tod herbeizuführen. Die rechte Hand war angeschwollen und bereitete mir bei der geringsten Bewegung furchtbare Schmerzen, ebenso der Arm und das Schlüsselbein; alles Anzeichen für einen mehrfachen Bruch, das rechte Auge, von dem Blut in Strömen herabbrann, glaubte ich verloren.

Ein paar Frauen, die sich mir klagend und weinend näherten, bat ich, das zu tun, was ich ihnen sagen würde. Da eine von ihnen einen Eimer mit Wasser bei sich trug, spülte ich mit der linken Hand das rechte Auge, weil es mir schien, daß dort das Blut hervorströme; ich stellte fest, daß das Auge unverletzt war. Ich ließ mir dann ein Taschentuch auf den Kopf legen, um ein wenig die Blutung zu stillen, die von einer Verletzung in der Gegend des Scheitelbeines herrührte, die acht Zentimeter lang war und durch die die Gewebe bis zum Knochen durchschnitten waren. Ich bat sie, das gebrochene

Bein mit einer Schürze, die man in Streifen riß, zu verbinden, um die Blutung zu vermindern, während ich mit der Hand die Schenkelarterie zu schließen versuchte.

Endlich kam meine Frau mit einigen befreundeten Personen an. Unter schrecklichen Schmerzen wurde ich im Auto nach Hause transportiert, wo sich zwei Kollegen meiner annahmen: Dr. Aurelius Gonçalves und Dr. Justinus Lopes. Erst jetzt, eine Stunde nach dem Unglück, konnte die erste Desinfektion vorgenommen und ein provisorischer Verband angelegt werden.

Ich bat meine Frau, den Pfarrer von Oliveira do Conde kommen zu lassen, damit er meine Beichte höre und mir gleich nach Mitternacht die heilige Kommunion spende. Ich erinnere mich gut, daß ich jene Beichte mit den Worten begann:

‚Ich weiß nicht, ob ich in einer halben Stunde noch am Leben sein werde!' — Tatsächlich war ich überzeugt, daß ich den Tag nicht überleben würde ...

Um sieben Uhr früh wurde ich auf einer Bahre mit der Eisenbahn nach Coimbra ins Universitätskrankenhaus gebracht, wo mir um 13 Uhr Dr. Bissàia Barretto den definitiven Verband anlegte, nachdem er zuvor eine Röntgenaufnahme gemacht hatte.

Einer der Schienbeinbrüche, der mit Erde verunreinigt war, war noch mit der schmutzigen Schürze bedeckt, die man als Notverband verwendet hatte. Aus der Kopfwunde wurden Steinchen und Sand von der Straße entfernt.

Doch trotz alledem, trotz der großen Gefahr einer Sepsis, entgegen der Erwartung aller, entgegen dem, was für gewöhnlich schon bei viel leichteren Fällen dieser Art eintritt, zu meiner und meiner Kollegen größter Überraschung, zeigte sich nicht die mindeste Infektion, und ich hatte kein Fieber!

Es ist zu bedenken, daß eine Infektion zweifellos Brand und

263

die Amputierung des Beines zur Folge gehabt hätte, denn in der Gegend des Bruches bestand schon eine enorme Blutgeschwulst, deren Inhalt Dr. Bissàia Barretto auf 8 bis 10 dl schätzte.

Wenn man sich vom wissenschaftlichen Standpunkt aus unparteiisch und ehrlich fragt, wie ein solcher Krankheitsverlauf möglich war, kann man nur sagen, daß er weder zu erklären noch zu verstehen ist. Zumindest ist es ein so außerordentlicher und ausnahmsweiser Fall, daß ich mich im Hinblick auf das Zusammentreffen aller dieser offensichtlich providentiellen Umstände nicht enthalten kann, zu sagen: Es ist ein Wunder! Ich finde kein anderes Wort, das richtiger wiedergeben könnte, was ich nach dem Vorgefallenen empfinde und was ich bekunde.

Außer den dargelegten Gründen gibt es einen, der noch stärker und überzeugender ist; dieser kann jedoch nicht bekanntgegeben werden, weil er zu tief in mein Privatleben Einblick gäbe ...

Wie ich damals dem Dr. Bissàia erklärte, hätte ich mich glücklich geschätzt, nur mit dem Leben davonzukommen, selbst wenn die Amputierung des Beines notwendig gewesen wäre; doch nun sehe ich mich vollständig geheilt. Ohne zu hinken, ohne die geringste Behinderung konnte ich mein normales Leben wieder aufnehmen und meine Kinder erziehen!

Gebe Gott, daß die Erinnerung an ein so großes Wunder stets in meinem Gedächtnis eingeschrieben bleibe! ...

Ich vergaß, einen Umstand anzuführen: durch einen befreundeten Kollegen bekam ich im Spital eine Flasche mit Wasser von Fàtima, von dem ich trank und mit dem ich den Verband befeuchtete.

Lissabon, 13. September 1927

Acacio da Silva Ribeiro"

Eine blitzartige Heilung

Die soeben berichtete Heilung hatte ein unerwartetes Nach-
spiel. Herr Joaquim Duarte de Oliveira, aus einer vornehmen
Familie in Lissabon (Avenida Fontes Pereira de Melo), war
seit acht Jahren bettlägerig und ersehnte den Tod als Erlösung
von seinem unheilbaren Leiden.

Er hatte die berühmtesten Ärzte Portugals und des Auslan-
des konsultiert, doch die Krankheit — es handelte sich um ein
Krebsgeschwür und andere Leiden — verschlimmerte sich ständig und beeinträchtigte schließlich auch seine geistigen Fähigkeiten. Der arme Kranke war von tiefer Schwermut befallen
und konnte den Anblick keines Menschen mehr ertragen; die
Ärzte hatten ihn bereits aufgegeben. Sein Glaube war erkaltet, wie er selbst bekannte; von religiöser Betätigung kaum
eine Spur; und doch war sein Geist nicht so getrübt, daß es
ihm unmöglich gewesen wäre, sich aufzuraffen, um im Glauben Trost zu finden.

Nur seine fromme Gattin stand ihm bei; ihr lebendiger
Glaube gab ihr Kraft zu heroischen Opfern. Sie schloß sich
ins Krankenzimmer ein, um dem Unglücklichen unermüdlich
„Mutter, Pflegerin und Schutzengel" zu sein.

Einige Tage vor dem 13. Oktober 1927 wandte sich die
fromme Dame erneut an die Madonna von Fàtima und
machte ihr ein Versprechen. Gleichzeitig flößte sie dem Kranken, ohne daß er es bemerkte, ein paar Tropfen Wasser von
Fàtima ein. Dann legte sie eine Nummer der „Stimme von
Fàtima" auf sein Bett; es war gerade jene, in der die Heilung des Dr. Acacio Ribeiro erzählt wurde. Der Kranke, der
sich seit Jahren weigerte, etwas zu lesen, fühlte plötzlich eine
ganz ungewöhnliche Neugierde; er begann zu lesen, und mit
der Lektüre schien sein Glaube wieder zu erwachen. Noch

ohne recht zu wissen, was er tat, bat er am 12. Oktober die Madonna, ihn zu heilen, wie sie jenen Arzt geheilt hatte.

„Diesmal ließ die Antwort auf meine Bitte und die meiner Frau keinen Augenblick auf sich warten; die Heilung erfolgte blitzartig." Im gleichen Moment fühlte er sich physisch, moralisch, geistig und seelisch umgewandelt. Am nächsten Tage nahm er seine normale Lebensführung wieder auf und widmete sich seinen Geschäften, die er vor acht Jahren hatte im Stich lassen müssen. Einen Monat später machte er mit seiner Familie eine Dankeswallfahrt nach Fàtima und veröffentlichte in der „Stimme von Fàtima" den Bericht über die Gnade, die ihm zuteil geworden war.

Als Dr. Acacio Ribeiro, der unterdessen nach Lourenço Marques übersiedelt war, diesen Bericht las, war er tief ergriffen. Er schrieb an Herrn Joaquim Duarte de Oliveira; das war der Beginn eines religiösen Briefwechsels zwischen den beiden Begnadeten, aus dem wir nur wenige Sätze anführen wollen: „Mit Tränen in den Augen habe ich den Bericht über Ihre wunderbare Heilung gelesen... Der Arzt, auf den sich Ew. Hochwohlgeboren beriefen, bin ich... Welch eine Freude für mich, daß die Lektüre meines Falles Ihren Glauben wiedererweckt und Sie bewogen hat, sich an jene zu wenden, die alles vermag!... Das war meine Absicht, als ich mich entschloß, meinen Fall bekanntzumachen; andere Unglückliche sollten sich daran erinnern, daß sie bei Unserer Lieben Frau Hilfe erbitten können... Zu wie vielen Kranken (es ist ein Arzt, der dieses schreibt) habe ich schon von Unserer Lieben Frau gesprochen, und ich werde immer wieder von ihr sprechen, um sie zu ermutigen, um ihren Glauben zu stärken und um mich selbst des großen Wunders, das an mir geschah, weniger unwürdig zu erweisen" (11. Februar 1928).

Der andere Geheilte antwortete: „Tatsächlich war es Ihr Bericht, den ich las, als ich noch krank war, der dazu beitrug,

266

meinem Geist das Licht der Vernunft und des Glaubens wiederzugeben, wodurch das Wunder ermöglicht wurde, mit dem
mich die heiligste Jungfrau begnadet hat ... Jetzt ist es an
uns, wie Ew. Hochwohlgeboren sagen, uns der gewährten
Wohltaten würdig zu zeigen, indem wir offen unseren Glauben bekennen und uns bemühen, ihn auch in anderen zu beleben ... In diesem Tribut, den wir der Güte Gottes zollen,
können wir nie zuviel tun" (11. März 1928).

„Das wäre Selbstmord!"

D. Emilia de Jesus Marques aus Lousada (Porto), 32 Jahre
alt, war seit ihrem 15. Lebensjahre krank; seit Monaten war
sie nun ans Bett gefesselt, unfähig, sich zu bewegen. Ihr Arzt,
Dr. Joaquim Hermano Mendes de Carvalho, hatte alle Hilfs-
mittel der Medizin angewendet, doch vergeblich; das Leiden
verschlimmerte sich von Tag zu Tag. Sie hatte andauernde
Schmerzen und war völlig appetitlos; nur ganz selten konnte
sie ein wenig Nahrung zu sich nehmen und immer nur in
Gegenwart und unter Beihilfe des Arztes. Sie schien mehr tot
als lebendig.

In diesem Zustand hörte sie, daß eine Landsmännin in Fàtima Heilung gefunden habe. Sofort beschloß sie, auch dorthin zu gehen. Doch der Arzt verbot es ihr ausdrücklich, weil
es seiner Meinung nach „ein wahrer Selbstmord" gewesen
wäre.

Trotzdem reiste sie am 11. Mai 1929 an den Gnadenort.
Wie man sich denken kann, wurde die Fahrt zu einem wahren Martyrium. Die zwei Nächte in Fàtima, wo sie nicht ruhen konnte, verbrachte sie in furchtbaren Schmerzen; es schien
ein endloser Todeskampf. Am frühen Morgen des 13. wurde
sie in den Krankenpavillon getragen; dort blieb sie mehrere
Stunden und wartete auf die Krankenmesse und den sakra-

mentalen Segen. Die „Dienerin", der sie anvertraut war, sagte von ihr: „Sie schien tot."

Als zu Mittag die wundertätige Statue in den Pavillon gebracht wurde, spürte die Sterbende etwas Unbeschreibliches, „man weiß nicht, wie man es erklären soll". Die Schmerzen hörten auf, und sie hatte den Eindruck, als strömte neues Leben in die gelähmte linke Seite; sie war sicher, gehen zu können.

Nach der Schlußprozession erhob sie sich und ging zu Fuß ins Konstatierungsbüro.

Während die Ärzte, unter denen sich der sie behandelnde Dr. Mendes de Carvalho befand, noch ihren Fall diskutierten, traten zwei Frauen ein, an denen das größte Wunder geschehen war, das man in den letzten Monaten gesehen hatte: ihre Landsmännin D. Margarida Maria Teixeria Lopes und D. Maria dos Santos Nunes von Lissabon. Die Frauen umarmten und beglückwünschten einander in überströmender Freude; die Anwesenden waren tief ergriffen.

Fast zwei Jahre später, am 25. März 1931, antwortete Doktor Mendes de Carvalho auf eine Anfrage des Direktors der Zeitschrift „Brotèria", Professor Joaquim da Silva Tavares: „Ich habe die Freude, Ew. Hochwohlgeboren mitzuteilen, daß die Heilung, die D. Emilia de Jesus Marques am 13. Mai 1929 in Fàtima erlangte, wirklich vollkommen anhält."

Wir berichten kurz über die beiden anderen Frauen, mit denen sie im Konstatierungsbüro zusammentraf.

Von 500 Geschwülsten und einem Geschwür geheilt

D. Margarida Maria Teixeria Lopes, die einer vornehmen Familie aus einem Vorort von Lousada entstammt, litt seit zehn Jahren an einer Krankheit, in deren Verlauf sich nicht weniger als 500 Geschwülste bildeten; nach dem Ausspruch

268

des Arztes schien sie „vom Kopf bis zu den Füßen in Kork gehüllt". Bald machte sich auch ein Magengeschwür bemerkbar, dem die tüchtigsten Ärzte der Klinik von Porto nicht beizukommen vermochten. Am 13. Oktober 1928 begab sie sich nach Fàtima. Im Augenblick, da sie den Segen mit dem Allerheiligsten empfing, wurde sie geheilt. Am 20. November erklärte Dr. Mendes de Carvalho, seine einstige Patientin „zeige keine Spur des alten Leidens mehr".

Von einem Tumor im Gehirn und von Schwindsucht geheilt

Maria Josè dos Santos Nunes, 28 Jahre alt, gebürtig aus Alcochete, wohnhaft in Lissabon, ist die dritte der genannten Frauen. Im Mai 1914 zeigten sich bei ihr die ersten Symptome der Lungentuberkulose. Im Jahre 1925 gesellte sich noch ein Darmleiden hinzu. Trotz aller Kuren machte das Leiden ständig Fortschritte. Im Jänner 1929 traten außerdem schwere Anzeichen einer Gehirnerkrankung auf. Der berühmte Spezialist Dr. Egas Moniz erklärte der Familie, der Zustand der Kranken sei sehr ernst und er könne nichts tun. Zu einer befreundeten Person sagte er: „Es handelt sich um einen Tumor im Gehirn; in wenigen Tagen wird die Unglückliche eines schrecklichen Todes sterben. Nur ein Wunder könnte sie retten."

Tatsächlich traten zwei Tage darauf, einem Montag, zwei Krisen ein, die unter entsetzlichen Schmerzen und Krämpfen verliefen; der zweite Anfall dauerte vier Stunden. Der behandelnde Arzt sagte zu den verzweifelten Angehörigen: „Wenn dieser Zustand andauert, sollten Sie selbst aus Mitleid mit der teuren Kranken den Herrn bitten, sie so bald als möglich durch den Tod zu erlösen." Diese jedoch wandten sich an die Madonna von Fàtima, tränkten Tücher mit dem wunderbaren Wasser und legten sie auf den Kopf der Leidenden. Daraufhin kehrte ihr Bewußtsein zurück. Zwei Tage lang blieb ihr Zustand unverändert. Am Montag machte sie das Gelübde, eine Dankeswallfahrt nach Fàtima zu unternehmen, wenn ihr die Madonna die Gesundheit schenke. „Gegen 6.30 Uhr abends", so erzählte sie selbst, „verspürte ich einen so starken Glauben wie noch nie im Leben. Ich rief meine Schwester, die mich unermüdlich pflegte, und bat sie, der Madonna von Fàtima zu Ehren den Rosenkranz mit mir zu beten. Bevor wir damit begannen, rief ich noch in einer Aufwallung des Glaubens und unter Tränen: ‚Meine heiligste Mutter, hilf mir und heile meine Krankheiten!' Gleichzeitig nahm ich einen Schluck von dem wunderbaren Wasser. Ich kann nicht beschreiben, was ich in jenem Augenblick empfand... Ich stieß einen lauten Schrei aus... Zu meinen Angehörigen, die mein Bett umstanden, sagte ich lächelnd: ‚Weinet nicht, die Madonna hat mich erhört. Ich spüre keine Schmerzen mehr! Ich bin geheilt! Es war ein Freudenschrei, den ich ausstieß.' " Und sie kniete nieder und sprach ein inbrünstiges Dankgebet.

Der behandelnde Arzt bezeugte unter dem 8. April: „In der Überzeugung, daß die Kranke nur mehr kurze Zeit am Leben bleiben könne (nach der zweiten überaus schweren Krise) und weil ich nur mehr wenig zu tun vermochte, um der Kranken Erleichterung zu verschaffen, kam ich erst nach acht Tagen wieder zur Visite. Die Kranke, deren Zustand vor dem berichteten Ereignis schon prekär war, befand sich in der besten Verfassung, war wieder im Besitz all ihrer Fähigkeiten; die Besserung ist evident, die sich auch im Atmungsorgan zeigt."

Von Schwindsucht im letzten Stadium geheilt

D. Maria Josè Sanches, ein junges Mädchen, lag mit Schwindsucht im letzten Stadium im Spital von Alcobaça.

Da sie wußte, daß sie von den Ärzten aufgegeben war, verlangte sie, nach Fàtima gebracht zu werden. Doch obwohl die Entfernung nicht groß war, weniger als 30 Kilometer, widersetzten sich die Ärzte diesem Vorhaben: „Es ist unmöglich. Es wäre Ihr Tod."

Doch die Kranke gab nicht nach: „Wenn ich sterbe", sagte sie, „haben Sie keinerlei Verantwortung. Denn ich selbst will ja die Wallfahrt."

Wirklich trat sie die Reise an. Ihre Begleiterinnen mußten sich mit Tüchern und Becken versehen, weil fortwährend Blutbrechen auftrat. Im Heiligtum wohnte sie in der Krankenabteilung der Messe bei; als ihr der Segen mit dem Allerheiligsten erteilt wurde, ließ sie sich von zwei „Dienerinnen Unserer Lieben Frau" stützen und betete auf den Knien mit glühender Inbrunst.

Kaum hatte sie den Segen empfangen, als sie der Pflegerin zurief: „Ich bin geheilt!"

Es wurde ihr jedoch nicht gestattet, aufzustehen; man trug sie ins Auto zurück und trat die Heimreise an. Als die Spitalsangestellten in Alcobaça das Auto so früh zurückkommen sahen, liefen sie herbei, um den Leichnam in Empfang zu nehmen. Zu ihrem namenlosen Erstaunen sahen sie, wie das junge Mädchen flink ausstieg, die Treppe hinauflief und rief: „Ich bin geheilt!"

Tatsächlich konnte sie sofort aus dem Spital entlassen werden. Einige Monate später bat sie, versehen mit einer Empfehlung des hochwürdigsten Bischofs, um Aufnahme in das Kolleg Unserer Lieben Frau von Fàtima in Leirìa. Die Mutter Direktorin fürchtete Ansteckungsgefahr für die Kinder und ließ sie mehrmals gründlich untersuchen. Doch alles Abhören, alle Röntgenaufnahmen und alle Analysen ergaben nicht das geringste Anzeichen für das frühere Leiden; ihre Lunge war vollständig gesund.

„Sie ist tot!"

D. Emilia Martins Baptista, 42 Jahre alt, gebürtig aus San Tiago de Aldreu (Barcelos), befand sich seit sechs Jahren in einem Spital und mußte ständig das Bett hüten. Sie konnte sich fast nicht bewegen, und zuletzt war ihr Zustand ganz hoffnungslos, weil ihr Magen keinerlei Speise mehr vertrug, nicht einmal das bißchen Milch, das sie zu sich nahm. Voll Vertrauen äußerte sie den Wunsch, nach Fàtima zu gehen; doch da sie ganz arm war, fehlten ihr die Mittel für die Reise.

Einige fromme, mitleidige Personen brachten den Betrag auf, den die Autofahrt nach Fàtima kostete, und so trug man sie am 12. Oktober 1928 vom Bett in den Wagen; eine Krankenpflegerin und zwei Schwestern begleiteten sie.

Als man in Porto anlangte, war ihr Befinden derartig, daß man es nötig fand, anzuhalten, um ihr die Sterbesakramente spenden zu lassen. Sie empfing dieselben mit großer Andacht, doch dann bestand sie darauf, daß man „um der Liebe Gottes willen nicht zurückfahre".

Diese Bitte mußte sie während der langen Reise noch mehrmals aussprechen, denn die Anfälle wiederholten sich und ließen einen tödlichen Ausgang befürchten. Am Gnadenort wurde sie auf einer Bahre ins Krankenhaus getragen, von dort am nächsten Tage in den Krankenpavillon. Hier erlitt sie mehrere schwere Anfälle. Einer der Ärzte, der sie flüchtig untersuchte, erklärte: „Sie ist tot." Doch die „Dienerin", welche die Kranke betreute, D. Francesca Fitipalda, eine Italienerin, sagte: „Entschuldigen Sie, Herr Doktor, sie lebt noch. Ab und zu ist ganz schwacher Pulsschlag zu spüren."

Man machte ihr belebende Injektionen, doch vergeblich; es zeigte sich nicht die geringste Reaktion. So kam die Stunde des sakramentalen Segens heran. Kaum hatte ihn die Kranke empfangen, als sie aus tiefem Schlaf zu erwachen schien: sie

272

öffnete die Augen, erhob sich allmählich und hatte bald das volle Bewußtsein erlangt. Plötzlich fühlte sie ein unbeschreibliches Wohlbefinden und rief: „Ich bin geheilt!" Und sie hob die Hände: „Gelobt und gebenedeit sei Unsere Liebe Frau von Fàtima!" Sie wollte sich erheben, doch die „Diener", die einen allzu stürmischen Begeisterungsausbruch der Menge fürchteten, hielten sie bis zur Endprozession zurück; dann erst führte man sie ins Konstatierungsbüro.

Im Februar des folgenden Jahres bestätigte der Arzt, Doktor Matos Graça, in dessen Behandlung sie gestanden, die Heilung. Nach einer genauen Beschreibung des Krankheitsverlaufes schloß er: „Heute bewegt sie sich ohne Schwierigkeit, ißt gut, fühlt keine Schmerzen im Magen, es sind keine Krankheitssymptome mehr da. Und das alles ist ganz plötzlich gekommen. Der Fall ist klinisch nicht erklärbar. Die Wahrheit dieser Aussage bezeugt der Gefertigte.

Barcelos, 4. Februar 1929

J. G. Matos Graça"

Heilung eines Kindes

Die heiligste Jungfrau ist Mutter — und was für eine Mutter! Kein anderes Herz versteht wie sie die Qual bedrängter Mutterherzen, die um das Leben ihrer Lieben zittern. Darum erhört sie oft selbst in den verzweifeltsten Fällen ihre Bitten.

Am 13. Oktober 1928 stand vor der wunderbaren Quelle in der Cova da Iria eine arme Frau mit einem Kind auf dem Arm, das blind und stumm war. Plötzlich rief die Kleine: „Mama!" Und sie nahm die Medaille der Madonna von Fàtima, die sie am Halse trug, in die Händchen und betrachtete sie verwundert ... zum ersten Male im Leben.

Die Freude der Mutter war unbeschreiblich; ganz außer sich küßte und herzte sie ihren Liebling, der so begnadet worden war. Nicht geringer war die Begeisterung des Volkes, das wie gewöhnlich in großer Zahl die Quelle umgab. Alle wollten das glückliche Kind sehen und berühren, bis einer der Anwesenden es in die Höhe hob und der Menge zeigte — und es so zugleich aus der Gefahr rettete, erdrückt zu werden.

Von der Genickstarre geheilt

João, Sohn des Maximiano Correia Sanches da Costa Ferreira und der Belmira Pereira, aus Lissabon, wurde im Alter von vier Jahren von einer schweren Krankheit befallen. Im November 1924 kamen erschreckende Symptome hinzu: der Kleine verlor Augenlicht und Sprache. Teilnahmslos und unbeweglich lag er in seinem Bettchen, mehr tot als lebendig. Der Arzt erklärte, daß es sich um einen schweren Fall von Genickstarre handle, und rechnete mit einem baldigen Ende. Da brachte eine befreundete Dame den verzweifelten Eltern ein Fläschchen mit Wasser von Fàtima, damit man es für den Sterbenden gebrauche. Vierundzwanzig Stunden darauf gab er Lebenszeichen von sich. Eilig wurde der Arzt gerufen, der ihn bereits tot geglaubt hatte; zu seiner Verwunderung mußte er nun feststellen, daß der Kleine gerettet und keine Schädigung zurückgeblieben war.

Von Hirnhautentzündung geheilt

Miguel Vieira de Sousa Basto, ein herziger Bub von fünf Jahren, gebürtig aus Barcelos (Erzdiözese Braga), zeigte schon in diesem zarten Alter große Frömmigkeit und eine innige Liebe zur Madonna von Fàtima, die er gleichsam mit der Muttermilch eingesogen hatte.

Eines schönen Tages — es war im Mai 1928 — begann der Kleine plötzlich mit herzzerreißendem Schreien Unsere Liebe

Frau von Fàtima anzuflehen, sie möge ihn von den unerträglichen Kopfschmerzen befreien, die ihn befallen hatten. Die erschreckte Mutter rief den Arzt. Der zeigte sich besorgt und zog drei Kollegen bei. Nach eingehender Untersuchung erklärten die Ärzte einstimmig, daß es sich um eine schwere Hirnhautentzündung handle, die von Komplikationen in Lunge, Leber und den Eingeweiden begleitet sei. Ein Spezialist von Porto, den man eiligst kommen ließ, bestätigte die Diagnose und sagte zur Mutter: „Verlieren Sie nicht den Mut. Empfehlen Sie das Kind einem Heiligen, zu dem Sie Vertrauen haben!"

Die arme Mutter begriff, was diese Worte besagten. Kaum waren die Ärzte gegangen, da warf sie sich vor einer Statue der Madonna von Fàtima nieder, die in ihrem kleinen Oratorium stand, und flehte um das Leben ihres Kindes. Der Kleine fuhr fort, in seinen furchtbaren Schmerzen zu schreien: „Meine Mutter, Unsere Liebe Frau von Fàtima, hilf mir!" Und er wollte keine Medizin nehmen, bevor man ihr nicht ein paar Tropfen des wunderbaren Wassers beigefügt hatte. Gott allein weiß, was geschehen war. Tatsache ist, daß der Kleine nach wenigen Tagen das Bett verließ und lustig spielte. Er war geheilt. Als der Spezialist von der Heilung erfuhr, die er natürlicherweise für unmöglich gehalten hatte, ließ er sich genau über die Phasen des Krankheitsverlaufes berichten und schrieb über den „abnormen Fall" einen Artikel, den er in der Pariser Zeitschrift für Medizin veröffentlichte.

Vom Tode zum Leben zurückgekehrt

Gumerzindo Henriques da Silva, ein Bübchen von 18 Monaten, geboren in Aveiro, erkrankte im März 1928 an Darmkatarrh und Bronchitis. Trotz aller Bemühungen der Ärzte verschlimmerte sich sein Zustand. Nach 14 Tagen, am 27. März, kam eine schwere Lungenentzündung hinzu, so daß der Arzt jede Hoffnung aufgab. Trotzdem blieb er den ganzen Tag am Krankenbett und tat sein Möglichstes, um dem Tode seine Beute zu entreißen. Doch kurz vor sieben Uhr abends erklärte er den Eltern, er könne nun nichts mehr tun. Damit verließ er das Haus.

Tatsächlich lag das Kind bereits in Agonie, und das Körperchen war schon erkaltet. Um sieben Uhr tönte das Angelusläuten von der nahen Kirche. Der verzweifelten Mutter schien es, als sei es die Totenglocke. Sie fiel auf die Knie und schrie: „Meine Mutter, hab Erbarmen, gib mir mein Kind wieder!"

In diesem Augenblick — es war offensichtlich die Antwort des Himmels — erinnerte sie sich an das Wasser von Fàtima, das die Patin des Kleinen vor ein paar Stunden gebracht hatte; in der allgemeinen Aufregung hatte man darauf vergessen. Mit zitternden Händen nahm die Mutter das Fläschchen, netzte den Finger mit Wasser und bestrich damit die schon erkalteten Lippen des Knäbleins. Zum Erstaunen aller öffnete es die Augen. In inbrünstigem Vertrauen benetzte nun die Mutter auch die Stirn und das ganze Gesicht des Kindes. Und sie spürte, wie unter ihren Händen langsam, langsam die Lebenswärme zurückkehrte. Wenige Minuten später hatte das sterbende Kind seine Kräfte wiedererlangt und begann zu sprechen ... als ob nichts vorgefallen wäre. Man ließ den Arzt kommen; der rief in höchster Überraschung aus: „Was für eine Wandlung ist mit diesem Kind vor sich gegangen!"

Als er am nächsten Tage wiederkam, konnte er konstatieren, daß die Lungenentzündung vollständig verschwunden war, doch er konnte „diese Auferstehung" nicht erklären.

Aus einem „Fegfeuer des Dunkels" befreit

Es war am 13. Juni 1931. Die Prozession war zu Ende, die wundertätige Statue in ihre Nische zurückgebracht, als man plötzlich von außen schreien hörte: Ein Wunder! Ein Wunder! Von allen Seiten strömten die Leute zum Krankenpavillon.

Was war geschehen? Links vom Altar lag ein junges Mädchen auf einer Bahre, die 17jährige Carmina da Conceiçao, gebürtig aus Almoster (Santarèm), wohnhaft seit langer Zeit in Lissabon. Seit fünf Monaten war sie krank, die vier letzten hatte sie im Bett verbracht. Sie hatte furchtbare Schmerzen am ganzen Körper, vor allem in Lunge und Nieren. Das Leiden wurde schließlich so heftig, daß die Unglückliche nicht mehr das geringste Geräusch, nicht den schwächsten Lichtstrahl ertragen konnte. Sie lebte, wie die untröstliche Mutter sagte, „in einem Fegfeuer des Dunkels". Drei Ärzte behandelten sie und taten ihr Möglichstes, um den Krankheitsprozeß zum Stillstand zu bringen, doch ihr Bemühen war vergeblich. Im Mai konstatierte der Arzt galoppierende Schwindsucht. Nun gab es keine Hoffnung mehr.

Die Familie ließ also den Pfarrer holen, damit er ihr die Tröstungen der heiligen Religion spende. Carmina war noch nicht einmal getauft! Jetzt empfing sie die Taufe, die heilige Wegzehrung und die letzte Ölung. Die Sakramente übten eine wunderbare Wirkung auf die junge Seele aus; ein kindliches Vertrauen auf die Madonna von Fàtima erwachte in ihr. Sie verlangte, nach dem Gnadenort gebracht zu werden, und sagte zu den Angehörigen, sie sollten die große Ausgabe nicht scheuen, denn sie werde geheilt zurückkehren.

So wurde die Kranke am 12. Juni auf einer Bahre, die im Auto aufgehängt war, nach Fàtima gebracht; Mutter und Schwester begleiteten sie. Was die Arme auf der zehnstündigen Reise litt, ist unbeschreiblich. Mehrere Male trat Blutbrechen ein.

Am folgenden Tage wurde sie auf der Bahre vom Spital in die Krankenabteilung getragen; dort hörte sie die Messe, empfing den sakramentalen Segen und wohnte noch den Schlußfeierlichkeiten bei. In ihrem Befinden zeigte sich jedoch keinerlei Veränderung. Die wunderbare Statue entfernte sich und mit ihr die letzte Hoffnung . . .

Ein Priester, der in ihrer Nähe stand, wurde von Mitleid gerührt, als er die unendliche Traurigkeit auf den jungen Zügen sah. Er näherte sich ihr, um sie zu trösten.

„Sie möchten gern gesund werden, nicht wahr?"

„O ja!"

„Wünschen Sie das nicht! Der Herr hat Ihnen ein besseres Los beschieden . . . Hören Sie! Jesus ist unser Haupt, und wir Christen sind seine Glieder. Wenn ein Arm krank ist, der andere gesund, welchen wird wohl der Herr bevorzugen?"

„Ich denke, den kranken . . ."

„Also sehen Sie!"

Die Kranke neigte den Kopf und suchte sich in den Willen Gottes und der heiligsten Jungfrau zu ergeben. In diesem Augenblick fühlte sie sich plötzlich wohl. Sie setzte sich auf, erhob sich von der Bahre . . . Das Volk strömte herbei, wurde jedoch von den „Dienern" in angemessener Entfernung gehalten. Sodann wurde die Begnadete zum Konstatierungsbüro geführt.

Dr. Pereira Gens, der sie vor wenigen Stunden untersucht und ihren Zustand als äußerst ernst bezeichnet hatte, erbleichte vor Überraschung und Bewegung, als er sie kommen sah. Er sagte zu den anwesenden Ärzten:

„Man sollte es nicht für möglich halten! Auf der Bahre hat man sie fortgetragen, und jetzt kommt sie zu Fuß zurück! . ."

Das junge Mädchen wurde nochmals untersucht; dann

faßte man ein Protokoll ab. Die Geheilte ging noch im Krankenhaus umher, dann begab sie sich in die Erscheinungskapelle, wo sie mit glühender Andacht betete; die Umstehenden konnten sich der Tränen nicht erwehren.

Die Heimreise machte keinerlei Schwierigkeit; sie konnte
bequem im Auto sitzen. Die Bahre, die nun überflüssig geworden war, wurde auf dem Dach des Wagens untergebracht.
Man kann sich die Überraschung der Angehörigen und Bekannten nach ihrer Rückkehr vorstellen! ... Die Großmutter
hatte vom Fenster aus das Auto gesehen, und als sie bemerkte,
daß die Bahre auf dem Dach angeschnallt war, schrie sie auf:
„Meine arme Carmina! Sie ist tot!" Und weinend wandte sie
sich vom Fenster ab. Umso größer war ihre Freude, als sie
ein paar Minuten später die Enkelin gesund und glücklich in
die Arme schließen konnte.

„Wer hat je umsonst deine Hilfe angefleht?

Unter den erfolgten Heilungen wählen wir noch einige besonders auffallende aus.

Natàlia Maria dos Santos, geboren am 3. Januar 1927,
wohnhaft in Lissabon, litt seit ihrer Kindheit an einer Erkran-
kung des linken Ohres. Trotz eines chirurgischen Eingriffes
verschlimmerte sich das Übel von Jahr zu Jahr. Im Jahre 1934
wurde sie einer sechswöchigen Spezialkur unterworfen; doch
nach Beendigung derselben war sie gezwungen, das Krankenhaus aufzusuchen, da sich eine neue Operation als notwendig erwies (9. bis 11. April). Am 19. Juni mußte sie sich in
das gleiche Krankenhaus begeben, um eine Nasenoperation
ausführen zu lassen. Anfang August kehrte sie nach Hause
zurück; obwohl dort die Behandlung fortgesetzt wurde, spürte
sie keinerlei Erleichterung. Am 22. Februar 1935 wurde
sie wegen Sinusitis (Kieferhöhlenerkrankung) operiert, am

11. August im Ohr und an der Wirbelsäule. Man machte ihr Lumbalpunktionen. Ihr Zustand war hoffnungslos. Sie wurde mit den Sterbesakramenten versehen.

Allmählich erholte sie sich jedoch ein wenig und verließ Anfang Oktober das Spital; die Behandlung wurde fortgesetzt. Die Schmerzen im Kopf verminderten sich nicht; es kamen Augenschmerzen, Schwindel und Tertianfieber hinzu, so daß sie sich am 14. Oktober wieder ins Krankenhaus aufnehmen lassen mußte. Am 3. November wurde nochmals eine Lumbalpunktion vorgenommen. In der Folge stellten sich überaus heftige Schmerzen ein; wenige Stunden danach schien sie fast gelähmt; der Kopf war nach hinten gebogen, sie war unfähig, sich zu bewegen. Nicht einmal ein Kissen unter dem Kopf konnte sie ertragen. Der Magen verweigerte jede Nahrungsaufnahme, und die Ohrenschmerzen nahmen krampfhaften Charakter an.

Am 8. Januar 1936 wurde sie neuerdings operiert (Mastoiditis, d. i. eine schwere Ohrenentzündung). Ihr Befinden verschlechterte sich derart, daß sie von den anderen Kranken abgesondert werden mußte und wiederum die Sterbesakramente empfing. Sieben Tage danach traten beim Verbinden so furchtbare Schmerzen im Kopf und im Rückgrat auf, daß es die arme Kranke nicht mehr aushalten konnte; sie schrie unaufhörlich. Am 17. Januar verlor sie vollständig das Augenlicht, das Gehör und die Sprache.

Anfangs Februar trat eine leichte Besserung ein, die fortschritt, so daß sie am 11. Oktober die Erlaubnis erhielt, nach Hause gebracht zu werden. Das neuerliche Wiedersehen mit der Familie bewirkte eine gewisse physische und moralische Stärkung, die aber nur ganz kurze Zeit anhielt; am folgenden Tag verschlechterte sich ihr Zustand; sehr heftige Schmerzen im Kopf und in der Wirbelsäule lähmten die Bewegungen; glücklicherweise konnte sie ein wenig die Arme bewegen.

280

Am 13. fühlte sie sich ein wenig erleichtert und begann eine Novene zu Unserer Lieben Frau von Fàtima; gleichzeitig bat sie, Wasser von Fàtima zu gebrauchen, um mit diesem das Ohr zu waschen. Am 21. Oktober nach einer heftigen Krise besserte sich etwas der Zustand, ohne daß sie sich aber im Bett hätte bewegen können. Die geringste Bewegung verursachte unerträgliche Schmerzen. Am 20. Geburtstag (3. Jänner 1937) schenkte man ihr einen Fahrstuhl; auf diesen wurde sie vorsichtig gebettet mit Polstern seitlich der Schultern, da sie sie unter dem Kopf nicht ertragen konnte. Am 13. dieses Monats gelang es ihr, mit großer Willensanstrengung aufzustehen, aber sie konnte nicht sitzen. Eine Stunde lang blieb sie auf den Beinen, indem sie einige Schritte zu machen vermochte, aber sie blieb immer mit den Schultern und dem Kopf an die Mauer gestützt. So blieb der Zustand bis 19. März; an diesem Tag trat eine neue Krise ein, die sie zwang, im Bett zu bleiben; an den folgenden Tagen trat eine kleine Besserung ein. Am 27. Jänner 1938 konnte sie einer Messe beiwohnen und so ein Versprechen erfüllen. Nach 14 Tagen konnte sie mit etwas weniger Schwierigkeiten gehen; sie konnte sich aber nicht beugen, um zu sitzen; das dauerte 16 Monate an. Die Schwäche war sehr groß; Dynamolinjektionen und Elektroschocks vermochten nicht, die Schmerzen im Kopf und in der Wirbelsäule noch auch die Eiterungen im Ohr zu beseitigen.

Am 12. Mai entschloß sie sich zu einer Wallfahrt nach Fàtima. Die Reise war eine Qual für die arme Kranke. In Fàtima wurde sie von den anwesenden Ärzten untersucht und im Krankenhaus des Heiligtums untergebracht. Am 13. wohnte sie unter furchtbaren Schmerzen, die das Mitleid ihrer Umgebung erregten, der Krankenmesse bei.

„Während der Prozession" — so sagt Dr. Cursino Dias in seinem Bericht, dem wir diese Notizen entnehmen — „bat mich eine ‚Dienerin', rasch zu einer Kranken zu kommen, die sich in einem sehr schlechten Zustand befände. Ich eilte sogleich hin und sah, daß es sich um eine Lipotomie (Ohnmacht) handelte. Ich spritzte ein wenig Wasser über ihr Gesicht, das von Schweiß feucht war; als ich versuchte, sie ein wenig zu heben, um ihr ein paar Schluck Wasser einzuträufeln, war die Kranke noch nicht ganz bei sich und stieß heftige Schmerzensschreie aus. Eine ihrer Begleiterinnen machte mich aufmerksam, daß es unmöglich sei, sie auf der Bahre aufzusetzen, da sie es seit 18 Monaten nicht vermocht hätte. Es glückte mir aber, obwohl sie immer ausgestreckt blieb, ihr einige Tropfen Wasser einzuträufeln." Dann bestimmte der Arzt, sie ins Krankenhaus zurückzubringen; aber die Kranke bat: „Lassen Sie mich hier!" So ging der Arzt weg, ohne etwas anderes hinzuzufügen.

Die wundertätige Statue wurde in die Erscheinungskapelle zurückgetragen. Die Kranke bat ihre Begleiterin, ihr zu helfen, weil sie sich aufsetzen wollte. Nun war die Stunde der Gnade gekommen. „Einige Augenblicke später" — so fährt Dr. Cursino Dias fort — „wurde meine Aufmerksamkeit wieder auf Natàlia dos Santos gelenkt; sie hatte sich aufgesetzt, und dann stieg sie mit Leichtigkeit von der Bahre und ging. Diese Tatsache löste bei allen, die den Zustand der Kranken kannten, größte Verwunderung aus und lockte viele Leute herbei, die über das Wunder staunten. Ich wollte verhindern, daß sie von dem Andrang der Menschenmenge erdrückt würde, aber ich sah, daß sie sich zum Krankenhaus wandte und ohne Schwierigkeit dorthin ging. Etwas später fand ich sie beim Krankenhaus sitzen ohne irgendwelche Schmerzen . . . In Lissabon kam sie in meine Ordination, und ich weiß, daß sie ein vollkommen normales Leben ohne irgendwelche Krankheitssymptome führt. Das kann und muß ich in meiner Eigenschaft als Arzt und Katholik erklären."

D. Gloria Ferreira da Rocha Malheiro, Gattin des Dr. Antonio Malheiro de S. Freire, Rechtsanwalt in Paredes (Douro), hatte sich im Jahre 1929 wegen eines Geschwüres am Pylorus (Schließmuskel des Magenausganges) einer Operation unterziehen müssen. Wenige Tage später zeigte sich — vielleicht als Folge des Geschwürs und der Operation — ein Leberleiden. Sie hatte starke Leber- und Kopfschmerzen, und mehrmals waren die Anfälle so heftig, daß man glaubte, ihre letzte Stunde sei gekommen. Am 27. Februar 1934 lag sie bereits in tiefer Bewußtlosigkeit, und die Ärzte erklärten einstimmig, daß der Tod noch diese Nacht eintreten werde.

Im November desselben Jahres zeigte das Röntgenbild eine Lähmung der rechten Niere und eine totale Lähmung der Eingeweide; dazu kam eine sehr schmerzhafte Blinddarmentzündung und ein Krampfzustand im Segment. Nach einiger Zeit trat noch eine Eierstockentzündung auf, die einen chirurgischen Eingriff notwendig machte, der jedoch wegen der außerordentlichen Schwächung des Organismus nicht durchgeführt werden konnte. Außerdem bestanden Verwachsungen unheilbarer Art. Es kam einige Male zu einer kleinen Besserung, der jedesmal ein Rückschlag folgte; im allgemeinen machte das Leiden ständig Fortschritte, so daß die Ärzte nur noch versuchen konnten, die entsetzlichen Leiden der Kranken ein wenig zu lindern; an Heilung war nicht mehr zu denken. Die arterielle Insuffizienz wuchs ständig, ebenso die Schwierigkeit beim Gehen, beim Essen.

Am 26. November 1936 traten starke Blutungen auf. Ihre Schwäche war so groß, daß sie, wenn sie im Bett saß, nicht mehr den Kopf zu halten vermochte. Sie wog noch 36,5 kg. Sie konnte kein Licht mehr ertragen, nicht gehen, weil sich die Nerven zusammenzogen. Nächtelang fand sie keinen Schlaf; das geringste Geräusch verursachte ihr Pein; nahm sie ein wenig Speise zu sich, so stellten sich heftige Schmerzen ein; immer häufiger traten nervöse Krisen und Schlaganfälle auf.

Die Katastrophe schien unmittelbar bevorzustehen. Sie selbst war überzeugt, daß sie nur noch wenige Tage zu leben habe, und äußerte den Wunsch, nach Fàtima zu gehen, nicht um ihre Genesung zu erbitten, sondern um die Reinheit ihrer beiden Töchterchen, die sie als Waisen zurücklassen sollte, dem Schutze der himmlischen Mutter zu empfehlen. Sie hatte jedoch schwere Bedenken, ob sie die Wallfahrt unternehmen sollte, weil sie sich sagte, wenn Ungläubige und Schwachgläubige sie ebenso krank zurückkehren sähen, wie sie fortgegangen war, könnte es ihnen Anlaß geben, die heiligste Jungfrau zu lästern. Aber der Beichtvater nahm ihr jeden Zweifel, indem er ihr befahl, nach Fàtima zu gehen und dort um ihre Genesung zu bitten, falls diese zur Verherrlichung des seligen Johannes von Britto gereiche.

Am 12. Mai 1937 reiste sie ab. Man kann sich denken, wie qualvoll die lange Reise für die Kranke trotz aller Vorsichtsmaßnahmen war. Am Gnadenort angelangt, wurde sie auf den Armen ins Krankenhaus getragen; der diensthabende Arzt erkannte leicht die großen Schmerzen, die sie zu ertragen hatte, und wies ihr ein Bett unter den Schwerkranken an. Als sie zur Krankenmesse getragen wurde, trank sie ein wenig von dem wunderbaren Wasser und wandte sich unter Tränen an die Madonna: „O meine himmlische Mutter! Mir ist befohlen worden, um meine Genesung zu beten, und im Gehorsam bitte ich dich nun darum. Wenn es dein Wille ist, so mache mich zu deiner größeren Ehre gesund. Doch ich will gern zugunsten eines dieser armen Kranken hier auf meine Heilung verzichten, und ich werde zufrieden sein, wenn ich dich im Paradies sehen werde."

Als während der Prozession die wundertätige Statue vorbeigetragen wurde, geschah etwas Außerordentliches; doch die

Frau erklärte, sie könne nicht darüber sprechen; nur dem Beichtvater habe sie es anvertraut. Sie setzte sich auf, erhob die Hände gegen das Gnadenbild und schluchzte: „O meine himmlische Mutter! Nimm dich meiner Töchterchen an, deiner Reinheit übergebe ich sie." Während sie das sagte, spürte sie, wie sich die Binden, mit denen sie vom Kopf bis zu den Füßen umwickelt war, lösten und ihr die Bewegungsfreiheit wiedergegeben war. Sie betastete Magen und Bauch; die Schmerzen waren verschwunden ... Und mit leiser Stimme, aber aus tiefster Seele betete sie dreimal: „O meine himmlische Mutter, ich will lieber in meinem Zimmer leiden, als dich in der Welt beleidigen. Aus mir kann ich nichts."

Sie sah nichts von dem, was um sie her vorging; ihre Blicke suchten immer nur die Madonna, ohne sie jedoch zu finden. Erst gegen Ende der Messe konnte sie die Statue auf dem Sockel neben dem Altar sehen.

Da sie befürchtete, die neue Lebenskraft, die sie in sich spürte, könnte Täuschung sein, ließ sie die Umstehenden nichts merken, und erst im Krankenhaus sagte sie zu ihrem jüngeren Töchterlein: „Ich glaube, ich könnte zu Fuß zum Auto gehen; aber sage es niemand."

Gegen 5 Uhr nachmittags wurde sie auf den Armen ins Auto getragen; die Angehörigen bemerkten, daß sie sich auf der Matratze mit Leichtigkeit bewegte und die Decken zurechtrückte; doch niemand dachte an eine Heilung. „Vielleicht hatte Unsre Liebe Frau es uns verborgen, damit wir nicht mit unserer Freude den Frieden der lieben Kranken störten, die so begnadet worden war", schreibt Dr. Antonio Malheiro. Vor der Abfahrt verlangte sie noch Wasser von der wunderbaren Quelle und trank, ohne sich Rechenschaft zu geben, daß sie von den Ihren beobachtet wurde, zwei Gläser davon. Dann wollte sie essen und nahm von den mitgebrachten Speisen mit Appetit und ohne die geringsten Beschwerden. Die Heimreise verlief bei bestem körperlichem und seelischem Befinden. Die Kranke plauderte lebhaft, beobachtete die Scharen der Pilger, interessierte sich für alles, was um sie vorging, ganz im Gegensatz zu ihrem Verhalten auf der Herreise.

Am Abend des 14. Mai langten die Wallfahrer zu Hause an; das Befinden der Kranken war ausgezeichnet; sie aß und schlief ruhig. Am nächsten Morgen erhob sie sich und lief flink und mühelos umher; die Nervenfunktionen waren normal. Zur Überraschung ihrer Angehörigen erklärte sie, Bewegung nötig zu haben, und ging an ihre häuslichen Beschäftigungen, zu denen sie seit Jahren nicht mehr fähig gewesen. Jetzt erst erkannte man, welch ein Wunder an ihr geschehen war. Bald konnte man auch die Heilung der Eierstockentzündung feststellen; sie kam schnell zu Kräften. Bei einer Untersuchung am 25. November wog sie bereits 47,56 kg, der Blutdruck war normal. Obwohl der Arzt nichts von Wundern wissen wollte, erklärte er, „daß bei dem früheren Zustand der Kranken die Wissenschaft nicht in der Lage gewesen wäre, den Blutdruck in der Weise zu erhöhen. Auf jeden Fall kann sie der Madonna danken, denn schon allein ihr Leben ist ein Wunder."

Am 13. Oktober 1937 und am 13. Mai 1938 stellte sich die Begnadete in Fàtima der Ärztekommission vor; es wurde festgestellt, daß es sich um eine vollständige Heilung handelt. Deshalb entschied die kirchliche Behörde, den kanonischen Prozeß über den Fall einzuleiten.

Er wurde auch im Heiligsprechungsprozeß des portugiesischen Martyrers Johannes von Britto aus der Gesellschaft Jesu von der Ritenkongregation mit der gewohnten Strenge überprüft und einstimmig als Wunder erster Ordnung bezeichnet und als solches am 30. Juni 1941 vom Heiligen Vater bestätigt [83].

---

[83] Acta Ap. Sedis 33 (1941) 402 ss.

Unter Verzicht auf die Anführung interessanter Einzelheiten berichten wir über eine Heilung, die am 13. Mai 1940 erfolgte.

D. Dulce Magalhaes Moreira da Sà, 55 Jahre alt, Gattin des Fernando Moreira da Sà, Leutnant der Genietruppe, wohnhaft in der Straße Unserer Lieben Frau von Fàtima in Porto, litt seit ihrem 16. Lebensjahr an einer schweren Affektion des linken Ohres, die der Behandlung der berühmtesten Ärzte trotzte. Da im Jahre 1935 eine Röntgenaufnahme zeigte, daß eine schwere Mastoiditis vorlag, unterzog sich die Kranke einer Operation. Zehn Tage nach dieser Operation war sie nicht mehr imstande, den Kopf zu bewegen; dazu kamen furchtbare Kopfschmerzen und starker Schwindel. Endlich stellten die Ärzte eine innere Verletzung fest; doch war es ihnen nicht möglich, deren Charakter zu erkennen, noch weniger, sie zu heilen, obwohl vier Jahre lang alle erdenklichen Mittel angewendet wurden. Diese ganze Zeit verbrachte die Kranke in fast völliger Dunkelheit, von heftigen Schmerzen in Kopf und Rückgrat, von Schwindel und Blutandrang gequält. Bald kamen noch Atrophie und Kontraktion des linken Beines hinzu. Eine neue Operation schien unvermeidlich; diese wäre jedoch so schwierig gewesen, daß man dazu hätte einen berühmten Spezialisten aus London berufen müssen; die Aussicht auf ein Gelingen war gering.

Die Kranke war nun überzeugt, daß ihr die medizinische Wissenschaft nicht mehr zu helfen vermöge, und wandte sich an die Madonna von Fàtima, für die sie große Verehrung hegte. Im Mai 1940 bat sie, an den Gnadenort gebracht zu werden. Die Ärzte widersetzten sich diesem Vorhaben, da sie überzeugt waren, daß die Reise eine schwere Gefahr für die Kranke darstelle. Tatsächlich wurde es ein furchtbarer Leidensweg. Sie lag auf einer Bahre, einen Umschlag auf dem Kopf, unfähig, ein Wort zu sprechen oder Speise zu sich zu nehmen.

So ging es zwei Tage lang. Man mußte ihr häufig Injektionen verabreichen. Sie fand Aufnahme im Krankenhaus des Heiligtums und wurde am 13. Mai mit größter Vorsicht in die Krankenabteilung zur Messe und Segnung getragen. Kaum hatte sie den Segen mit dem Allerheiligsten empfangen, als sie zu ihrem Gatten sagte: „Ich will aufstehen." — „Im gleichen Augenblick" — so erklärte der Leutnant — „sehe ich, wie sich meine Frau erhebt; ich wollte ihr behilflich sein, doch sie war bereits allein aufgestanden und verrichtete mit ruhiger, heiterer Miene ein inbrünstiges Dankgebet ..."

Die Heilung war vollständig und anhaltend, wie die Ärzte feststellten; einer von ihnen bekannte voll Staunen, er „sehe sich gezwungen, anzuerkennen, daß hier eine Macht walte, welche die ihre übersteige, der gegenüber er genötigt sei, die eigene Unwissenheit zu gestehen". So lauten die wichtigsten Aufzeichnungen im Diözesanprozeß, der im folgenden Jahre (25. bis 27. August 1941) stattfand.

Wir führen noch ein Wunder an, über das der Diözesanprozeß am 31. Mai 1942 eröffnet und am 13. Juni 1942 abgeschlossen worden ist.

Die Begnadete ist D. Assunta da Lança Palma, 36 Jahre alt, Gattin des Jacinto Guerreiro da Lança, Grundbesitzer in Almondovar (Beja). Seit dem Jahre 1925 trat ein Leberleiden auf, das Kolikanfälle und Gelbsucht zur Folge hatte. Später kam eine Blinddarmentzündung hinzu, die eine Operation erforderlich machte. 1935 zeigten sich schwere Symptome: hohes Fieber, kalter Schweiß, krampfhaftes Zittern, heftiger Husten, andauernde quälende Schmerzen, die nur durch betäubende Injektionen gelindert werden konnten. Wiederholte Röntgenaufnahmen zeigten eine Wasserziste an der Basis der rechten Lunge, die nahe dem Herzen mit dem Zwerchfell verwachsen war. Die Schmerzen rührten von einer Spondylitis (Wirbelsäulenerkrankung) im vierten und fünften Wirbel her.

Die besten Ärzte von Almondovar, Beja und Lissabon bemühten sich um die Kranke; doch die Ergebnisse waren außerordentlich gering. Ein chirurgischer Eingriff, der eine Lokalisierung der Ziste bezweckte, nahm einen verhängnisvollen Verlauf. Einige Zeit danach kam es zu einer noch schwereren Krise: der Tumor platzte und verursachte starken Bluthusten. Zwei Monate Bettruhe schienen eine kleine Besserung gebracht zu haben; doch der Tumor bildete sich aufs neue, und die Krisen wiederholten sich nun alle sechs Monate mit immer größerer Heftigkeit. Am 12. Januar 1941 erlitt die Kranke einen so schweren Anfall, daß man das Ende nahe glaubte und ihr die Sterbesakramente spendete.

Nun wandte sie sich an Unsere Liebe Frau von Fàtima, denn sie war überzeugt, daß „nur sie ihr helfen könnte". So beschloß sie, sich im Mai mit dem Diözesanpilgerzug nach Fàtima zu begeben, und bereitete sich durch ein Triduum des Schweigens und des Gebetes darauf vor. Die lange Reise im Eisenbahnwagen dritter Klasse, wo ihr nicht die geringste Bequemlichkeit geboten werden konnte, war eine unbeschreibliche Qual. „Das ist wirklich eine Unklugheit", äußerte sich Dr. Manuel Trigueiros Sampaio, der den Pilgerzug begleitete, als er während der Fahrt zu der Kranken gerufen wurde. Er mußte ihr Morphiuminjektionen verabreichen, weil die Schmerzen unerträglich waren. Am 13. Mai wurde sie vom Krankenhaus des Heiligtums auf der Bahre in die Krankenabteilung getragen, um der heiligen Messe beizuwohnen. Die Schmerzen waren unbeschreiblich groß, wie sie selbst im Prozeß erzählte. Als ihr der hochwürdigste Bischof von Leiria den Segen mit dem Allerheiligsten gab, durchzuckte es sie wie ein elektrischer Schlag: die Schmerzen waren verschwunden. Sie sprang auf die Füße, bewegte die Arme, was ihr seit drei Jahren nicht mehr möglich gewesen war, wollte das Gipskorsett ablegen und gehen. Doch mit Rücksicht auf die Menschenmenge wurde es ihr nicht erlaubt. Auf der Rückreise war ihr Befinden ausgezeichnet, wie Dr. Trigueiros Sampaio erzählt. Ihre natürliche Fröhlichkeit ließ sie keinen Augenblick ruhen; sie plauderte, aß, interessierte sich für alles und wollte allen ihre lange Leidensgeschichte erzählen. Ihre Rückkehr in den Heimatort löste eine große Begeisterung aus; eine sehr große Volksmenge wollte sie in die Kirche begleiten, um dem Herrn zu danken; von diesem Tag an erfreute sie sich immer der besten Gesundheit. „Am 12. und 13. Mai 1942" — fährt der gleiche Arzt fort — „traf ich sie wieder im Heiligtum, diesmal unter den Dienerinnen Unserer Lieben Frau. Den ganzen Tag und die ganze Nacht widmete sie sich dem Dienste der vielen Kranken, ohne das geringste Zeichen von Unwohlsein oder Müdigkeit." Das Röntgenbild zeigte, daß die Wasserziste an der rechten Lunge verschwunden war, wie der behandelnde Arzt, Dr. Josè Rodrigues, bezeugt.

Wir wollen die Reihe der Wunder beschließen mit dem Bericht von einigen Heilungen, die wir aus der großen Zahl der von der „Pilgermadonna" auf ihren weiten Pilgerfahrten gewirkten entnehmen.

„Ich habe Unserer Lieben Frau eine Kerze versprochen"

Im Krankenhaus von Alfândega da Fé (Portugal) befand sich seit dem 27. Mai 1949 das Mädchen Maria Alice Cordeiro, 13 Jahre alt, geboren in Eucísia. Die Röntgenaufnahme, die beim Eintritt ins Krankenhaus gemacht und am 2. Juni wiederholt wurde, und zwar von den Ärzten Dr. Mario Miranda und Peçanha de Oliveira, hatte eine tuberkulöse Rippenfellentzündung mit einer solchen Flüssigkeitsmenge gezeigt, daß die linke Lungenhälfte ganz dunkel erschien und das Herz nach rechts verlagert war; Temperatur

38,5; der allgemeine Zustand sehr schlecht. Da kam in den Ort die Statue der „Pilgermadonna".

Die Kranke, die wußte, daß der Arzt sie nicht ausgehen lassen würde, ging heimlich aus dem Krankenhaus, ohne sich die Erlaubnis dazu zu verschaffen, und wohnte der Krankenmesse bei; sie beichtete und empfing die heilige Kommunion. Als sie den Segen mit dem Allerheiligsten erhielt, fühlte sie sich geheilt: das Fieber, der Husten, das Stechen und die Brustschmerzen — alles das war in einem Augenblick verschwunden. Glücklich und dankbar wollte sie die Statue während des ganzen Tages nicht verlassen und kehrte ins Krankenhaus erst am Abend zurück.

Beim Eingang begegnete sie dem Dr. Miranda, der sie ausschalt: „Zu dieser Stunde? Du wirst schön ausschauen! Morgen werden wir sehen." Er trug ihr auf, zu Bett zu gehen, konnte aber doch dem Wunsch nicht widerstehen, die Verschlechterung der Krankheit zu sehen. Als er bei der Durchleuchtung die vollkommene Genesung feststellte, rief er verwundert: „Mädchen, du bist geheilt! Was hast du getan?" Das Mädchen stammelte, vor dem Röntgenschirm mit gefalteten Händen stehend, furchtsam: „Ich habe Unserer Lieben Frau von Fàtima eine Kerze versprochen."

Dr. Peçanha de Oliveira, vom Vorfall verständigt, glaubte es nicht; er kam von Montecorva nach Alfândega, um die Sache persönlich zu überprüfen; um jede Selbsttäuschung zu vermeiden, machte er auf einem Stück Papier eine Skizze des Röntgenbildes, so wie er es vor zwei Tagen gesehen hatte. Von der Eindeutigkeit des Falles überzeugt, stellte er ein ähnliches Zeugnis aus wie Dr. Miranda; wir geben hier den Schluß wieder: „Am 6., nach Vornahme einer neuen Röntgenaufnahme, stellte ich mit Staunen das vollkommene Fehlen der Flüssigkeit und das Verschwinden aller früheren Symptome fest: das steht in vollkommenem Gegensatz zum gewöhnlichen klinischen Ablauf in ähnlichen Fällen.

Alfândega da Fé, 21. Juni 1949

Mario da Conçeicao Miranda"

„Ich habe ganz klar gesehen, wie das Wunder kam"

Das folgende Wunder ereignete sich in Granada am 3. Oktober 1949. Wir legen hier den Bericht vor, den der Militärgeneralgouverneur machte [84].

Wir geben ihn fast zur Gänze wieder, indem wir mit Rücksicht auf die größere geschichtliche Genauigkeit einiges aus der Krankheitsgeschichte einflechten, die vom behandelnden Arzt, Dr. M. Darrido, während der ganzen Krankheit angelegt wurde: »Gerne erfülle ich das Versprechen, von dem Wunder Unserer Lieben Frau von Fàtima zu berichten, das zu sehen ich das große Glück hatte. Ich hatte das Amt des Militärgeneralgouverneurs, als der Besuch der Fàtima-Madonna in Granada angekündigt wurde.

Die Statue wurde im Auto abgeholt, und ich begab mich mit allen kirchlichen, zivilen und militärischen Behörden in einen benachbarten Ort, um sie dort zu empfangen. Am folgenden Tag sollte eine Krankenmesse im Passeo de la Bomba gefeiert werden; da man voraussah, daß nicht genügend Autoambulanzen und Betten zum Transport der vielen Kranken von den Zivilbehörden zur Verfügung stünden, wurde auch meine Mitwirkung erbeten, die ich mit großer Freude leistete; ich stellte fünf Ambulanzwagen und 100 Tragbahren mit dem Militärarzt den Organisatoren bereit.

Der Ort, auf dem die heilige Messe gefeiert werden sollte, war von Polizeikräften abgesperrt; diese hatten den Auftrag,

---

[84] In einem Brief an einen Freund, der im Mensajero del C. de J. (Bilbao 1952, Seite 497–499) veröffentlicht wurde.

nur Kranken und einigen ihrer Angehörigen den Zutritt zu gestatten.

Eine der Kranken war die Mutter Maria Màrques, welche bat, möglichst in der Nähe der Statue Unserer Lieben Frau von Fàtima sein zu dürfen; diese Ordensperson war begleitet von einer Mitschwester der Kommunität, der Tochter eines guten Freundes von mir, des Herrn Ramòn Contreras... dieser stellte das Ansuchen, mich begleiten zu dürfen, um in der Nähe seiner Tochter und der Mutter Màrques zu stehen; ich stimmte gern zu, und gemeinsam betraten wir den Ort; unseren Augen bot sich ein eindrucksvolles Schauspiel dar: 400 Schwerkranke waren hergebracht worden mit kleinen Fahrzeugen, Tragbahren und -sesseln. Herr Contreras erkannte sofort die Mutter Maria Màrques und zeigte mir seine Tochter, die Ordensfrau zu Füßen der Kranken; er wollte sie grüßen, und wir begaben uns zu ihnen.

Ich fragte die Kranke, ob sie viel leide. Mit einem Seufzer antwortete sie mir, daß sie infolge der heftigen physischen Schmerzen nicht einmal die Berührung mit den Bettüchern ertragen könne; durch eine besondere Vorrichtung würde deshalb in ihrem Lager das Bettuch ein wenig in die Höhe gehoben; von ihren Füßen fließe ständig Eiter; aber sie fügte hinzu: „Herr General, aber nur noch kurze Zeit brauche ich leiden, denn die seligste Jungfrau wird mich gesund machen."

Vielleicht machte ich instinktiv eine Bewegung des Zweifels, denn die Mutter fuhr mit großer Energie fort: „Zweifeln Sie nicht, Herr! Ich war mir dessen so sicher, daß ich sogar ein Paar Schuhe mitnehmen ließ, damit ich zu Fuß heimkehren könne."

Bevor ich den Bericht fortsetze, muß ich bekennen, daß ich auf Grund dessen, was ich mit meinen Augen sah, sogar schlecht über diese Ordensfrau dachte; mir kam der Zweifel, ob sich hier nicht eine Komödie abspielte, eigens zu dem

Zweck, um die einfachen Leute zu täuschen. Ich vermochte nicht zu denken, wie eine Kranke, die schon an der Wirbelsäule operiert worden war und seit mehr als einem Jahr ans Lager gebunden war, ohne jede Hoffnung auf die Wissenschaft, nunmehr geheilt werden könnte, vorausgesetzt, daß das ein Wunder erforderte. Ich glaubte nicht an eine solche Art von Wundern.

Man meldete mir die Ankunft des Erzbischofs, und ich verließ die Kranke, um ihn zu empfangen; ich dachte aber sehr intensiv an das, was die Mutter Màrques mir gesagt hatte und hielt es für ein Märchen.

Zu Beginn der heiligen Messe nahm ich meinen Platz auf der Evangelienseite ein, zirka 30 m von der Tragbahre entfernt, auf welcher die genannte Ordensfrau lag.

Im Augenblick der Wandlung erhebt sich ein lautes Rufen aus der Menge: „Ein Wunder! Ein Wunder!" Tausende von Tüchern wurden im Winde geschwenkt. Ich erhob mich vielleicht vorschnell und unehrerbietig und sah die Ordensfrau auf ihrer Tragbahre sitzen. In Eile begab ich mich zu ihr und fragte: „Was ist hier geschehen?" „Die Jungfrau hat mich geheilt!" „Welche Krankheit hatten Sie?"

Auf meine Frage, die deutlich meinen Verdacht offenbarte, antwortete sie, indem sie die Füße vom Erdboden erhob und den Eiter zeigte, der von der Spitze der Zehen herausfloß; ich sah klar, wie er sich verdickte; sie zeigte mir das Bein (Dr. Oloriz, hier anwesend, hatte es bis zum Knie abgedeckt); es war infolge einer furchtbaren Entzündung angeschwollen und hatte infolgedessen eine dunkle Farbe: ich sah es abschwellen wie einen durchlöcherten großen Spielball. Ich wollte mich nicht überzeugen lassen, ich dachte, der Eiter käme von weiß Gott wo heraus. Aber es war so. Dieses Bein gewann allmählich seine normale Form, und langsam, langsam verging, man weiß nicht warum, die dunkle Farbe. Der Umfang des abgeschwollenen Beines betrug 29 cm.

Nach ein paar Augenblicken eilte Dr. Alfredo de Federico, der Direktor des Roten Kreuzes und angesehener Chirurg in Granada, herbei, der mir seine Beobachtungen mitteilte. Er prüfte alles und bezeugte: „Nicht bloß das Bein bekommt seinen normalen Zustand, sondern die Blutzirkulation normalisiert sich."

„Und gibt es dafür irgendeine wissenschaftliche Erklärung?" fragte ich. „Keine! Ich habe den Ablauf dieser Krankheit verfolgt und weiß gut, wie es um diese arme Ordensfrau stand; es gelingt mir nicht, dieses Phänomen zu erklären; es ist auch nicht erklärlich, daß der Eiter, der ununterbrochen herausfloß, getrocknet ist; noch kann ich verstehen, wie die Schmerzen verschwunden sind. Das, mein General, ist ein wahres Wunder."

Ich hatte viele Erlebnisse in meinem langen Soldatenleben und meiner Zugehörigkeit zur Legion während sechs Jahren; keines kann sich vergleichen mit der Erfahrung dieses Tages.

Unter jenen, die herbeieilten, um das Wunder zu sehen, war die Präsidentin des Roten Kreuzes von Granada, die eine kleine Spritze mit sich hatte, um der Kranken eine Injektion zu machen; diese aber lehnte ab und sagte: „Es ist nicht notwendig, es geht mir ausgezeichnet, und ich möchte aufstehen."

Tatsächlich erhob sie sich und richtete sich zum Gehen, aber sie sagte: „Ich kann nicht, ich fühle Schwindel." Das war verständlich: nach mehr als einjährigem Krankenlager. Sie fügte daher in voller Überzeugung hinzu: „Morgen, wenn Gott will, werde ich gehen. Ich fühle ja keine Schmerzen mehr!"

Ich kehrte an meinen Platz zurück, um die heilige Messe zu hören; nachher sah ich unsere Mutter Maria Màrques wieder — ihr Bein war ganz und vollkommen in jeder Beziehung normal; auch die Farbe war natürlich. Nach ungefähr 40 Tagen wohnte ich einer Dankmesse im Kloster bei und sah die Mutter die Stiegen mit großer Leichtigkeit auf- und absteigen; sie war vollkommen geheilt.«

Luis Moliner Martinez
(gegenwärtig) Generalgouverneur von León

Nach späteren Informationen (21. August 1956) hielt die wunderbar wiedererlangte Gesundheit, was im Diözesanprozeß anerkannt worden ist, ohne die geringste Störung an; und das, obwohl die Mutter ein sehr aktives Leben führt, ständig auf Reisen ist, um über Neugründungen zu verhandeln, und in der Ausübung der der Kongregation eigenen Arbeiten.

Ich glaube, daß diese Wunder genügen, um die mütterliche Güte Unserer Lieben Frau von Fàtima gegenüber jenen, die sie anrufen, darzutun. Wer noch andere kennenlernen will, möge die Zeitschrift „Stimme von Fàtima" zur Hand nehmen, und er wird davon in allen Nummern viele Berichte finden.

Richtlinien über empfangene Gnaden

Anstatt die den Leser ermüdenden Berichte über die Wunder zu vermehren, ziehe ich es vor, die Richtlinien bekanntzugeben, die für die empfangenen Gnaden und für die Art und Weise, am Heiligtum von Fàtima teilzuhaben, gelten; in Überzeugung, daß auch in unsern Ländern, in welchen sich die Verehrung Unserer Lieben Frau von Fàtima sehr ausbreitet und in welchen Maria ihre Gnaden immer reichlicher austeilt, auch schon außerordentliche Gebetserhörungen zu registrieren sind.

Personen, die Kenntnis von außerordentlichen, durch die Fürsprache Unserer Lieben Frau von Fàtima erlangten Gnadenerweisen erhalten haben, sind gebeten, die entsprechenden Berichte an die Administration der Zeitschrift „Voz da Fàtima", Seminario diocesano Leirìa (Portugal), zu senden [85].

Unter dem Titel von reinen Informationen werden derartige Berichte mit dem Einverständnis der Beteiligten veröffentlicht in der Zeitschrift „Voz da Fàtima" zur größeren Ehre Gottes und seiner heiligsten Mutter und zur Erbauung der Gläubigen.

Die Berichte sollen so genau als möglich folgendes enthalten:

1. Namen, Vornamen, Alter, Geburtsort, gegenwärtiger Wohnort mit genauer Anschrift der *geheilten Person*, Angaben über ihren Charakter, ihre Lebensführung, ihre religiöse Einstellung, jetziger und vorausgehender Gesundheitszustand.

2. *Die Krankheit:* Name, Natur, Entwicklung; kurze Krankheitsgeschichte, womöglich durch ärztliche Zeugnisse belegt, die über Art und Schwere des Leidens, über die angewandten Mittel und deren Wirkung Auskunft geben.

3. *Die Heilung:* Genaue Beschreibung mit Angabe der Umstände; ob geistliche Mittel (Gebete, Messen, Novenen, Fàtimawasser u. a.) angewendet wurden; womöglich ein ärztlicher Bericht über die Heilung und eine Bescheinigung des Pfarrers, Beichtvaters oder einer anderen glaubwürdigen Person.

4. *Die Folgen der Heilung:* Gegenwärtiger Gesundheitszustand, seelische Wirkung des Wunders auf die geheilte Person und ihre Umgebung.

---

[85] In Deutschland an die Zeitschrift: „Bote von Fàtima", Freiburg im Breisgau, Franziskanergasse 7.

NB.: In gleicher Weise wird gebeten, der genannten Administration der Zeitschrift „Voz da Fàtima" (oder der Zeitschrift „Bote von Fàtima") die erlangten Gnadenerweise und im allgemeinen alle Tatsachen, die die Geschichte und die Verehrung Unserer Lieben Frau von Fàtima betreffen, zur Kenntnis zu bringen.

Leirìa, 31. Mai 1928

† Josè, Bischof

Hilfe in seelischer Not

In einem Hirtenbrief des portugiesischen Episkopates (vom 11. Februar 1942) heißt es:

„Fàtima ist ein machtvoller Herd des geistlichen Lebens. Es ist unbestreitbar, daß hier wahre Wunder geschehen sind, vollständige und rasche Heilungen, die niemals durch die Kraft der Natur zustande kommen konnten und die für die menschliche Wissenschaft unerklärlich sind. Das Wort ‚Wunder‘ ist auf den Lippen aller, auf denen des Volkes nicht weniger als auf denen der Wissenschaftler, welche die Geschehnisse auf das genaueste untersucht haben. Es ist offensichtlich, daß hier der Finger Gottes ist und daß die Andacht zu Unserer Lieben Frau von Fàtima durch das unverkennbare Siegel seiner Macht bestätigt ist.

Dennoch können wir behaupten: nicht die Heilungen und nicht die Hilfe in den verschiedenen zeitlichen Anliegen sind die größten Wunder von Fàtima; wunderbarer als diese sind die Gnaden, die den Seelen gewährt werden, Gnadenwunder, die sich der Sonde des Beobachters und der wissenschaftlichen Forschung entziehen, weil sie sich im Bereich des Gewissens, im geheimnisvollen Gebiet des Innenlebens vollziehen.

Wer den Feierlichkeiten an den großen Festtagen in Fàtima beiwohnt und sieht, wie alle Gesellschaftsklassen Portugals die allerseligste Jungfrau anrufen und das heiligste Altarssakrament anbeten, wer Gelegenheit hat, die ungeheure Menschenmenge zu beobachten, wie sie im Staube und oft stundenlang im Regen kniet, um demütig das Brot der Starken zu empfangen, wer das Schluchzen der Reue erlauscht und die Tränen in den Augen der vielen, vielen sieht, die bisher auf den Pfaden des Lasters wandelten oder hartnäckig

299

im Heer des Unglaubens kämpften, wer die tiefe Ergriffenheit wahrnimmt, die sich selbst der Gleichgültigen bemächtigt, angesichts der Bitten, die aus Tausenden von schmerzgequälten, glühend vertrauenden Herzen aufsteigen, wer im Geiste die Menge vorüberziehen sieht, die in Portugal und im Ausland im Triumph das weiße Bildnis der heiligsten Jungfrau von Fàtima trägt und auf der Straße wie in der Kirche ihr huldigt — und wer all das mit dem traurigen Niedergang vergleicht, dem das religiöse Leben in Portugal verfallen war, der hat den Eindruck, eine neue Welt zu sehen; und er kann nicht anders, als anerkennen, daß sich eine mächtige Welle göttlichen Lebens in die Seele des portugiesischen Volkes ergießt. Es haben sich viele Sünder bekehrt; es haben sich viele mit dem Leben ausgesöhnt, die schon alle Hoffnung verloren hatten, vielen Ungläubigen sind die Augen für die Wahrheiten des Glaubens aufgegangen, viele fanden wieder den Weg zur Kirche, den sie seit Jahren nicht mehr kannten, es öffnen sich Lippen zu demütigem und vertrauendem Gebet, die durch Gleichgültigkeit verstummt waren, es preisen viele den Namen des Herrn, die ihn gestern noch lästerten und verfluchten. Wahrhaftig, ein Strom göttlichen Lebens ergießt sich in die Seelen!"

Tatsächlich kann man sagen, daß die seelischen Gnadenerweise, unerwartete Bekehrungen in verzweifelten Fällen, „viel häufiger und wunderbarer sind als die Krankenheilungen", wie einer der eifrigsten Apostel Fàtimas bezeugt: „Es gibt keinen Pilgerzug, wo nicht solche vorkommen. Wenn die Beichtstühle sprechen könnten!... [86]"

---

[86] P. Arnaldo Magalhâes J. S. († 11. 1. 1953) in einem Brief an den Verfasser (21. Dezember 1931).

„Wie lange hätte ich schon hierher kommen sollen!"

Es war am 13. Oktober 1928. Der hochwürdigste Bischof von Leirìa hatte soeben dem letzten Kranken den sakramentalen Segen erteilt, als sich ihm ein junger Mann in äußerst eleganter Kleidung weinend und schluchzend zu Füßen warf . . Noch ein Kranker? Doch er trug nicht das Krankenabzeichen wie die andern . . . Dr. Pereira Gens, der stets mit einigen anderen Ärzten das Allerheiligste begleitet, um aus der Nähe die Wirkung, die sich an den Kranken zeigt, beobachten zu können, fragte ihn, was er wolle.

„Ich bin krank an der Seele und möchte auch den Segen haben!"

Von Mitleid ergriffen, segnete ihn der Bischof. Der junge Mann erhob sich, umarmte den Arzt und rief:

„O wie lange hätte ich schon hierher kommen sollen!"

„Mein Freund", antwortete der Arzt, „es ist nie'zu spät."

„Hier lernt man beten"

Die Lichterprozession zog vorbei. Eine Gruppe von Herren, die offenbar nur gekommen waren, um zu sehen und gesehen zu werden, stand da, den Hut auf dem Kopf, mit etwas spöttischer Miene.

Plötzlich jedoch zwang einen von ihnen eine unwiderstehliche Ergriffenheit in die Knie; er entblößte das Haupt und betete.

„Was, du kannst auch beten?" fragte einer seiner Gefährten ironisch.

„Mein Lieber, hier lernt man es!" lautete die Antwort; und er setzte sein Gebet fort. Eine Seele hatte zu Gott zurückgefunden.

Ein Chauffeur wird zum Apostel

Im Mai 1929 (oder 1930) hatte eine Dame in Cascais eine Wallfahrt nach Fàtima geplant und mietete einen Wagen, der sie dorthin bringen sollte. Als es dunkelte, kam der Diener, den sie in die Apotheke geschickt hatte, heim und sagte besorgt:

„Gnädige Frau, fahren Sie morgen nicht nach Fàtima!"

„Ja warum denn?"

„Weil der Chauffeur, den Sie heute für die Fahrt verpflichtet haben, ein Schurke ist."

Und er erzählte, daß er in der Apotheke den Chauffeur, der in der Stadt sehr bekannt war, getroffen hatte, wo er vor den Anwesenden mit lauter Stimme prahlte, er habe morgen ein paar Betschwestern nach Fàtima zu bringen, die ihn wohl noch nicht kannten, sonst hätten sie ihn gewiß nicht gewählt; doch noch vor der Ankunft in Fàtima sollten sie ihn kennenlernen.

„Um Gottes willen, gnädige Frau, es ist besser, wenn Sie nicht fahren; er ist ein ganz schlechter Mensch."

„Wenn er schlecht ist, so ist das ein Grund mehr, mit ihm hinzugehen. Ich habe keine Angst. Wir fahren nach Fàtima, um die Madonna zu ehren; sie wird uns vor allen Gefahren beschützen, und vielleicht wird sie sich auch dieser Seele erbarmen."

„Wie Sie meinen, gnädige Frau. Doch mir schiene es besser, wenn Sie die Vereinbarung rückgängig machten und einen andern Chauffeur suchten."

Aber die Dame beharrte auf ihrem Vorsatz; weil sie jedoch nicht die Verantwortung für die Mitreisenden auf sich nehmen wollte, verständigte sie ihre Freundinnen von der Gefahr. Diese fanden, sie habe richtig entschieden und vertrauten nicht weniger als sie auf den Schutz der Himmelsmutter.

Sie fuhren ab. Während der Fahrt war am Verhalten des Chauffeurs nichts auszusetzen, abgesehen von einigen ironischen Bemerkungen, die jedoch nicht verletzend waren.

„Dieses Fàtima ist aber weit ... Ist denn heute ein großes Fest dort unten? ... Eine Wallfahrt ist wohl sehr unterhaltend?"

„Nein, mein Herr. Nach Fàtima geht man nicht zum Vergnügen, sondern um zu beten, um Buße zu tun, um die Sakramente zu empfangen und der Madonna für die Wohltaten zu danken, die sie uns erwiesen hat."

Sie waren angelangt. Schon die endlose Reihe der Autos, durch die man nur langsam vorwärts kam, machte Eindruck auf den Spötter. Und dann diese Menschenmenge! ...

„O die vielen Leute! ... Was machen denn die da?" fragte er, als er am Eingang des Heiligtums anhielt.

„Sie beten zur heiligsten Jungfrau und erfüllen ihre Versprechen. Kommen Sie nur mit uns. Wir gehen in die Erscheinungskapelle."

„Ich möchte schon mitkommen, aber was wird mit dem Auto?"

„Das läßt sich schon machen." Und die Dame bat einige Personen, die in der Nähe standen, auf das Auto achtzugeben. So ging der Chauffeur mit ihnen.

Den Hut behielt er auf dem Kopf, seine Miene war gleichgültig; doch er beobachtete alles.

Und kaum waren sie bei der Kapelle angelangt, und der Mann hatte die wundertätige Statue erblickt, da fiel er auf die Knie und brach in Tränen aus.

„Was haben Sie! Ist Ihnen unwohl?"

„Oh, das ist wunderbar! ... Ich bin sehr schlecht gewesen", schluchzte er.

„Das ist noch nichts. Sie werden dann noch die Lichterprozession sehen und die nächtliche Anbetung; vor allem aber am Morgen die Messe, bei der alle diese vielen Menschen kommunizieren. Wirklich, Sie sollten auch kommunizieren!"

„Ja, das will ich tun."

„Dann müssen Sie aber heute beichten."

„Gewiß, aber es ist so viele Jahre her, seit ich nicht mehr gebeichtet habe — und ich bin so schlecht gewesen!"

„Das tut nichts; besser spät als nie. Und für die Madonna ist's immer die rechte Zeit. Wir gehen jetzt einen Beichtvater suchen."

„Das ist sehr gütig von Ihnen. Ich schaue nach dem Auto und komme dann sofort zurück."

Die eifrigen Damen dachten, das sei wohl ein Vorwand, um von ihnen loszukommen; doch der Chauffeur war nach fünf Minuten wieder da.

„Ich bin bereit."

Er beichtete und kehrte mit strahlendem Gesicht zurück. Am nächsten Tage empfing er die heilige Kommunion und wohnte allen Feierlichkeiten der Landeswallfahrt bei. Er schien ganz verklärt.

In die Heimat zurückgekehrt, begab er sich in die Apotheke, denn er wußte, daß sich seine Freunde dort einfinden würden; erwarteten sie doch, sich auf Kosten der „Betschwestern" amüsieren zu können. Der Chauffeur jedoch erklärte, er sei gekommen, um alles zurückzunehmen, was er vor zwei Tagen gesagt hatte. Was in Fàtima vorgeht, könne man nicht beschreiben; es sei einfach ein Wunder. Sie sollten nur alle dorthin gehen, um andere Menschen zu werden, so wie auch er sich vorgenommen habe, ein neues Leben zu beginnen.

Wirklich kamen immer wieder Nachrichten von ihm nach Fàtima: er führte ein christliches Leben, versäumte nie die Sonntagsmesse und kommunizierte häufig . . .

Nicht einmal getauft

Am 13. Mai 1930 bemerkte einer der Priester, die seit mehreren Stunden beichthörten, wie sich ein Herr näherte, dessen verlegenes Gesicht verriet, daß er nicht sehr an den Beichtstuhl gewöhnt war.

„Was wünschen Sie?" fragte der Priester.

„Hochwürden, ich möchte Sie bitten, meine Beichte zu hören und mir dann die Kommunion und die Taufe zu spenden."

Ausgerechnet in dieser Reihenfolge!

Er erzählte, er sei Kaufmann in Lissabon und nach Fàtima gekommen, um ein wenig Zerstreuung zu suchen. Aber angesichts dieser herrlichen Kundgebung des Glaubens, eucharistischer und marianischer Frömmigkeit war der heiße Wunsch in ihm erwacht, auch ein guter Christ zu werden wie die anderen ...

Die beiden folgenden Fälle hat mir der Priester mitgeteilt, der daran beteiligt war [87].

Er suchte Heilung und wird bekehrt

Ein junger Mann von 27 Jahren, der in dürftigsten Verhältnissen lebte, war seit vielen Jahren krank. Er wohnte in einem Dorfe von Basso Alentejo, wo es keinen Priester gab; er war ohne jede religiöse Unterweisung aufgewachsen; nur daß er getauft war, wußte er.

Eines Tages hörte er zufällig, wie jemand erzählte, in Fàtima sei ein „Heiligenbild", das Wunder wirke. So ging er dorthin, in der Hoffnung, gesund zu werden. In Anbetracht seines Zustands fand er ohne Schwierigkeit Zutritt zum Kran-

---

[87] P. Arnaldo Magalhâes S. J., in dem bereits angegebenen Brief vom 21. Dezember 1931.

kenpavillon. Als die Kommunion ausgeteilt wurde, meinte er,
die heilige Hostie sei wohl eine Wunderpastille und nahm sie,
wie er sie die andern nehmen sah. Jemand hatte ihn jedoch
beobachtet und machte ihm Vorwürfe:

„Was hast du gemacht? . . . Weißt du nicht, daß man nicht
kommunizieren darf, ohne vorher zu beichten? Du hast eine
Todsünde begangen!"

Statt einer Antwort brach der junge Mann in bitterliches
Weinen aus; er war nicht zu trösten. Ein Priester, der sich
vergeblich bemühte, ihn zu beruhigen, sah einen Jesuitenpater vorübergehen; den rief er und bat ihn, sich des Kranken
anzunehmen. Diesem gelang es endlich, dem Armen zu erklären, es sei keine subjektive Sünde gewesen, im Gegenteil:
der Herr habe sich dieses Irrtums bedient, um ihm religiöse
Unterweisung zuteil werden zu lassen, die er so nötig habe.

Der Kranke beruhigte sich und konnte nun eine kurze religiöse Belehrung erhalten. Dann beichtete er und dankte in
überströmender Freude der Madonna, die ihn durch die Hoffnung auf Heilung hierhergelockt hatte, um seine Seele zu retten. Er kehrte in die Heimat zurück, entschloß sich jedoch, in
einem andern Dorf Wohnung zu nehmen, wo ein Pfarrer war,
damit er gründlicher in der heiligen Religion unterrichtet werden könne.

Eine Beichte nach 39 Jahren

Ein ähnlicher Fall ereignete sich am 13. Oktober 1931. Der
gleiche Jesuitenpater hörte eben Beichte, als er bemerkte, daß
jemand wiederholt an die Tür des Beichtstuhls klopfte. Es war
eine Frau, die ganz in Tränen gebadet auf ihren Begleiter wies,
der ebenfalls weinte.

„Herr Pater", sagte sie, „mein Mann hat eine Todsünde
begangen. Um Gottes willen, hören Sie seine Beichte . . ."

306

Der gute Mann hatte nämlich gesehen, wie alle um ihn die heilige Kommunion empfingen und meinte, er könne es ohne weiters machen wie sie.

Als die Frau es sah, fragte sie: „Was, du hast auch kommuniziert? Hast du denn gebeichtet?"

„Gewiß, es war ja ganz leicht."

„Aber wann denn? Ich habe dich nicht gesehen."

„Hast du nicht gehört, daß der Priester gesagt hat, wer kommunizieren will, solle das Schuldbekenntnis mit ihm sprechen. Das habe ich gemacht; man brauchte es ja nur zu wiederholen."

Die Frau fürchtete jedoch, daß er es nicht recht gemacht habe, und erkundigte sich bei einer Nachbarin; von der erfuhr sie, daß es nicht genüge, das allgemeine Schuldbekenntnis zu sprechen; man müsse die einzelnen Sünden beichten und die Lossprechung erhalten, sonst begehe man ein Sakrileg. Das teilte sie ihrem Mann mit, und nun standen beide untröstlich vor dem Beichtstuhl.

Die Frau erzählte dem Pater, sie wohnten in einem Dorfe, das keinen Pfarrer habe, und sie hätten beide seit der Hochzeit, also seit 39 Jahren, nicht mehr gebeichtet.

„Ihrem Manne wollen Sie helfen, und denken nicht daran, selbst zu beichten?"

„Wir sind nur hierhergekommen, um ein Versprechen zu erfüllen."

„Nun gut, aber die Madonna will Ihnen eine noch größere Gnade erweisen. Knien Sie hier nieder; erst kommt Ihr Mann daran, dann Sie."

Nach der Beichte fühlten sie eine unaussprechliche Freude; sie gingen zur wundertätigen Statue und verrichteten dort ihre Buße; lange knieten sie ganz versunken zu Füßen der Madonna ... Es schien, als könnten sie sich nicht losreißen von dem Ort, wo ihnen die himmlische Mutter, ohne daß sie darum gebeten hatten, eine Gnade erwiesen, die viel größer war als jene, für die zu danken sie gekommen waren.

Ein bekehrter Kommunist

N. N., ein Arbeiter aus Porto, war kein schlechter Mensch und hatte auch in der Kindheit eine christliche Erziehung genossen. Doch er erlag völlig dem Einfluß seiner kommunistischen Arbeitskameraden. Er dachte nicht mehr an die Erfüllung seiner religiösen Pflichten und geriet in Zorn, wenn er sah, daß die Seinen daran festhielten. Wenn ihm ein Andachtsgegenstand in die Hände kam, so konnte man sicher sein, daß er ihn in Stücke riß. In die Kirche ging er niemals, dafür umso öfter in die Gasthäuser, wo er am Sonntagabend das Geld ausgab, das er die Woche über verdient hatte.

Die Folgen konnten nicht ausbleiben; die Familie geriet in immer tieferes Elend. Doch damit nicht genug für die arme Frau: wenn der Mann hungrig von der Arbeit oder betrunken aus dem Gasthaus heimkam, mußte sie noch seine Mißhandlungen ertragen.

Neben ihnen wohnte eine achtbare Familie, mit der sie gute Nachbarschaft hielten. Es geschah, daß eine Tochter dieser Familie so schwer erkrankte, daß sie von den Ärzten aufgegeben wurde. In ihrer Not wendete sie sich an die Madonna von Fàtima und fand unverhofft Heilung. Als der Arbeiter sie auf der Straße traf, konnte er sein Erstaunen nicht verbergen.

„Sie leben noch?"

„Wollten Sie mich schon im Jenseits haben?"

„Man hat mir gesagt, Sie seien von den Ärzten aufgegeben und hätten nur noch wenige Stunden zu leben."

„Ja, es ging mir sehr schlecht, aber was die Ärzte nicht zustande gebracht haben, hat die Madonna getan. Übermorgen gehe ich nach Fàtima, um der heiligsten Jungfrau zu danken."

„Dazu haben Sie freilich allen Grund. Man sagt, dieses Fàtima sei ... dummes Geschwätz der Klerikalen. Nein, es ist doch etwas daran."

Da das junge Mädchen sah, welchen Eindruck der Vorfall auf den Mann machte, benützte sie die Gelegenheit zu einem kühnen Versuch.

„Möchten Sie mir einen Gefallen tun?"

„Gewiß, weil Sie es sind, die darum ersucht."

„Überlegen Sie sich's gut, damit Sie es nachher nicht bereuen!"

„Ich habe es versprochen, und ich halte Wort."

„Also dann müssen Sie mit mir nach Fàtima kommen."

„Das ist wirklich ... Verlangen Sie etwas anderes von mir!"

„Nein, mein Herr, Sie haben mir Ihr Wort gegeben; Versprechen müssen gehalten werden."

„Nun gut, ich habe es versprochen, und so werde ich mit Ihnen fahren."

Daheim unterrichtete er seine Frau von dem Vorgefallenen.

„Weißt du was? Übermorgen gehen wir nach Fàtima."

„Fang nicht wieder mit deinen Albernheiten an. Mit solchen Dingen scherzt man nicht."

„Ich scherze nicht. Ich habe es heute Fräulein F. versprochen. Es bleibt nichts übrig, wir müssen uns auf die Reise vorbereiten."

Und sie fuhren nach Fàtima. Am Gnadenort sah er die riesige Menschenmenge, die so ganz anders war als jene, die er von den kommunistischen Kundgebungen her kannte. Er sah die inbrünstige Andacht, mit der diese Tausende beteten und sangen, sah die tiefe Versunkenheit während des nächtlichen Gebetes; das alles machte großen Eindruck auf ihn.

„Wirklich, es ist doch etwas daran", wiederholte er.

Am folgenden Tage wuchs noch sein Staunen. Als er hörte, mit welcher Begeisterung bei der Prozession 200.000 Menschen dem Gnadenbild zujubelten, da packte es auch ihn; er zog sein Taschentuch heraus und wollte wie die anderen der Himmelskönigin zuwinken, aber es war noch ein Rest Menschenfurcht in ihm. So trocknete er nur heimlich die Augen, die gegen seinen Willen voll Tränen standen.

„Nun, Herr N., was halten Sie von dem allen?"

„Wirklich, es ist etwas daran . . ."

Er beichtete nicht; ich weiß nicht, ob er betete. Aber auf der Heimfahrt war er sehr nachdenklich; und nachdenklich war er auch während der folgenden Tage; nicht ein einziges Mal machte er seiner Frau einen Auftritt, wie er es sonst tat, wenn er schlecht gelaunt war.

Am nächsten Samstag lenkte er seine Schritte nicht, wie es sonst seine Gewohnheit gewesen war, zum Gasthaus, sondern zur Kathedrale; dort suchte er einen Priester.

„Hochwürden, ich möchte mit Ihnen sprechen."

Der Priester musterte ihn und sagte dann:

„Kommen Sie in die Sakristei; dort können wir besser sprechen."

„Er gefiel mir; er verstand mich sofort", erzählte er später. Der alte Sünder beichtete voll tiefer Reue. Nachher war er so fröhlich, als sei ihm ein Felsblock vom Herzen genommen.

Als er eine halbe Stunde später nach Hause kam, berichtete er, was er erlebt hatte, forderte die Angehörigen auf, gemeinsam den Rosenkranz zu beten und morgen mit ihm zur heiligen Kommunion zu gehen. Die Überraschung und Freude der Seinen war unbeschreiblich; aus ganzem Herzen dankten sie der heiligsten Jungfrau.

Im nächsten Monat fuhren sie mit F. nach Fàtima, um der Madonna von neuem Dank zu sagen. Jedem, der es nur hören wollte, erzählten sie von ihrem Glück. Jetzt herrschten Freude und Zufriedenheit im Hause. In den Abendstunden und am Sonntag war es des Vaters liebster Zeitvertreib, sich mit den Kindern zu beschäftigen; in ihrem Kreise war er tausendmal glücklicher als früher unter seinen Zechgenossen.

„Es besteht nur die Gefahr, daß die Kommunisten versuchen werden, ihn wieder in ihre Netze zu ziehen", sagte man zu den beiden Frauen.

„O wir verlassen ihn nicht. Es holt ihn immer eine von uns von der Arbeit ab und begleitet ihn nach Hause; wir sind stets auf der Hut, um ihn vor schlechter Gesellschaft zu bewahren."

Wirklich, der Mann hatte recht: Man kann sagen, was man will, „es ist etwas daran . . ."

„Beten Sie viel für mich!"

Es war während einer anderen Wallfahrt. Die Mutter Direktorin der Dienerinnen Unserer Lieben Frau [88] betete vor dem Gnadenbild.

Da näherte sich ihr ein junges Mädchen in eleganter Kleidung und flüsterte ihr ins Ohr:

„Beten Sie viel für mich!"

„Gern, Fräulein" — und sie begann den Rosenkranz zu beten.

Eine Stunde später begegnete sie der jungen Dame in der Menge und fragte sie scherzend:

„Wollen Sie, daß ich noch für sie bete?"

„O gewiß, gewiß! . . . Ich weiß nicht, was mit mir ist . . .

---

[88] Mutter Maria da Piedade Lima e Lemos († 22. 9. 1942), Direktorin des Kollegs U. L. Frau von Fàtima in Leirìa, der wir die Einzelheiten dieses Falles und mehrerer anderer verdanken.

Hätten Sie wohl Geduld, mich anzuhören? Ich habe wirklich nötig, mich auszusprechen."

„Kommen Sie mit mir!"

Sie führte das junge Mädchen in ein Zimmer im Krankenhaus und erfuhr, daß es 22 Jahre zählte. In der Kindheit hatte es von der Großmutter ein paar Gebetlein gelernt, seither jedoch keinerlei religiöse Unterweisung empfangen. Sie hatte niemals gebeichtet, niemals religiöse Übungen kennengelernt. Nach Fàtima war sie nur aus Neugierde gekommen, weil sie davon gehört hatte. Doch von dem Augenblick an, da sie das Heiligtum betreten, fühlte sie sich ganz verwirrt; sie müsse sich Luft machen, es drücke ihr einfach das Herz ab. Sie möchte . . . sie wisse selbst nicht, was sie möchte . . .

„Aber ich weiß es, Fräulein. Sie sollten beichten."

„Sie haben recht; das wird es sein. Aber ich weiß ja nicht, wie man das macht."

„Das ist sehr leicht; ich werde Sie unterrichten."

Es war zehn Uhr abends. Draußen begann eben die Lichterprozession und die nächtliche Anbetung. Um fünf Uhr morgens, sieben Stunden später, war die Unterweisung noch nicht beendet, denn das junge Mädchen konnte gar nicht genug vom Lichte der Glaubenswahrheiten in sich aufnehmen; sie spürte keine Müdigkeit, sie hätte ihrer Lehrerin gern noch 24 Stunden lang gelauscht.

Mit großem Eifer bereitete sie sich auf die erste Beichte und Kommunion vor. Eine nie gekannte Glückseligkeit durchflutete ihre Seele. Ganz verklärt verbrachte sie den ganzen Tag im Heiligtum und „folgte der Mutter Direktorin auf Schritt und Tritt wie ein Lämmlein". Sie stand noch längere Zeit in Briefwechsel mit der Schwester, der sie so viel verdankte, und berichtete ihr regelmäßig über ihre Fortschritte und ihre guten Vorsätze.

Von der Hölle in den Himmel

Noch ein Beispiel aus vielen andern; die einzige Schwierigkeit ist die Auswahl.

Eine Familie in der Diözese von Coimbra: Vater, Mutter, ein Knabe und zwei Mädchen. Die Eltern gingen seit 17 Jahren, seit dem Tag der Eheschließung, nicht zur Beichte; der Vater, ein schlechter Charakter und noch schlimmeren Grundsätzen ergeben, wollte nicht, daß die Priester in seinem Hause neugierig herschauten ... Er hatte zwar den Auftrag gegeben, seine Kinder zu taufen, hatte sie zur ersten Kommunion gehen lassen, aber weiter nichts, dafür gab es im Überfluß Streitigkeiten, Flüche, Prügeleien, Mißhandlungen der Gattin und der Kinder. Es war eine Hölle. In dieser Schule lernte der Sohn Emanuel aus eigener Anschauung; zuerst antwortete er mit bösen Worten, aber eines Tages, als ihn der Vater schlug, zahlte er mit gleicher Münze heim.

So kam es zu einem gegenseitigen Haß, der zwei bis drei Jahre andauerte; während dieser Zeit sprach man nicht miteinander, noch wollte man einander sehen. In dieser Zeit erkrankte Herr Antonio (wir wollen ihn so nennen) schwer. Die Gattin, die ihn schon am Ende sah, wandte sich an Maria und versprach ihr, zu Fuß nach Fàtima zu gehen und eine bestimmte Zahl von Rosenkränzen zu beten, wenn er gesund würde.

Tatsächlich besserte sich sein Zustand; als aber die Gattin zu ihm von einer Wallfahrt nach Fàtima sprach, um das Versprechen zu erfüllen, antwortete er trocken: „Warum hast du das getan? Nach Fàtima werde ich nicht gehen!"

Und als sie drängte, verbot er ihr mit bösen Worten, noch einmal davon zu sprechen; sonst würde sie sehen, was geschähe.

Nach einigen Monaten fühlte er sich wieder krank. „Siehst

du nun? Du hast mir nicht erlaubt, das Versprechen zu erfüllen, und die Krankheit kehrt wieder zurück."

„Sie mag zurückkehren! Deshalb gehe ich auf keinen Fall nach Fàtima. Ich will nicht solche Bigotterie!"

Kurze Zeit nach dieser Auseinandersetzung traf die Frau mit einer guten Freundin zusammen; diese teilte ihr voll Freude mit, daß sie am nächsten Tag mit der Familie nach Fàtima gehen werde und lud sie ein, sich auch dorthin zu begeben.

„Ah! Wie gerne würde ich gehen; ich habe ja versprochen, mich auch nach Fàtima zu begeben, um der Madonna zu danken für die Gesundung meines Mannes. Aber er will nicht, daß ich mit ihm davon spreche. Wenn Sie heute abend in mein Haus kommen und mit ihm sprechen würden..."

Am Abend war die Freundin da.

„Herr Antonio, morgen gehen wir nach Fàtima. Ich bereite eben den Proviant vor. Auch Sie, Herr Antonio, müssen mitkommen!"

„Ich? Träumen Sie, Frau?"

„Dann müssen Sie wenigstens Ihre Frau und Ihre Töchter mit uns kommen lassen!"

Der Mann hörte den Vorschlag mit finsterer Miene; als aber alle zusammen drängten, gab er schließlich nach, um nicht unfreundlich zu scheinen.

„Wenn sie den Proviant für den ganzen Tag richten, mögen sie gehen, wohin sie wollen. Das Beste wäre, wenn sie nicht mehr hier aufscheinen würden."

Es war schon die Zeit zum Schlafengehen. Die Frau und die Töchter waren überbeschäftigt, um die letzten Vorbereitungen für die Reise zu treffen; da sagte er zu ihnen: „Hört ein wenig! Ich komme auch mit! Ich will dort eure Betschwestereien sehen!"

„Ah! Meine Madonna!" Die Frau blieb mit gefalteten Händen stehen, um in einem Ausbruch der Freude zu rufen; aber sie hielt an sich und dankte in ihrem Herzen der Jungfrau, welche bereits begann, an der Türe des Herzens ihres Mannes zu klopfen.

Am folgenden Tage, zeitlich in der Früh, reisten sie mit den Freunden in angenehmer Gesellschaft ab; in einiger Entfernung folgte der Sohn, der auch mitgehen wollte, aber es vermied, mit dem Vater zu reden.

Die Reise war lange. Langsam flossen die Stunden dahin, und im Verhältnis, in dem sich die Müdigkeit steigerte, nahm der Enthusiasmus des Herrn Antonio ab. Beim Aufstieg über eine steile Stelle des Gebirges wurde er rasend und stieß eine Reihe von Flüchen hervor, die kein Ende zu nehmen schien. Die Gattin schämte sich und war bedrückt; unaufhörlich rief sie die Madonna an, bemühte sich, ihn umzustimmen, wenn auch mit geringem Erfolg — wenigstens so lange, als man nicht die Nähe des Heiligtums sah.

„Oh, wie viele Menschen! Was ist das?"

„Das ist die Madonna von Fàtima; wir sind gekommen und werden gleich der Prozession beiwohnen. Du wirst sehen, wie schön sie ist!"

Kaum hatte er den Vorraum des Heiligtums überschritten, da sank er, von einem Schlaganfall getroffen, zu Boden. Die „Dienerinnen" eilten herbei und trugen ihn auf den Armen in das Spital. Zwei Ärzte bemühten sich, ihn wieder zum Bewußtsein zu bringen: Massagen, Injektionen, alles war umsonst. Er schien tot zu sein. Die Gattin war außer sich und klagte.

„Ah, mein Schatz! Wenn er nur nicht ohne Sakramente stirbt! Achtzehn Jahre sind es bereits, daß er nicht gebeichtet hat." Unaufhörlich rief sie alle Heiligen an und machte eine öffentliche Beichte für ihren Mann.

Man entfernte sie mit den Töchtern, und es blieb bloß eine „Dienerin [89]", um den Kranken zu bewachen. Bald darauf wurde eine kleine Bewegung sichtbar, und plötzlich streckte er gewaltsam die Glieder.

„Das ist der Tod", dachte bei sich die „Dienerin".

Er öffnete die Augen, drehte sie wie erschreckt herum, und fragte:

„Wo bin ich?"

„In Fàtima, im Hospital Unserer Lieben Frau. Einen Augenblick, ich gehe, um etwas Warmes zum Schlucken zu bringen. Es ist fast Mitternacht, und Sie werden morgen sicher die heilige Kommunion empfangen können, nicht wahr?" fragte die „Dienerin", indem sie tat, als wüßte sie nicht um seinen seelischen Zustand.

„Ich? Kann sein ... Aber ich habe nicht gebeichtet."

„Seien Sie unbesorgt, ich rufe eigens für Sie einen Beichtvater. Sie werden sehen, wie zufrieden Sie sein werden." Als sie aus dem Zimmer ging, traf sie die Frau, die nicht aufhörte, über sein böses Schicksal und das seiner Familie zu jammern.

„Gute Frau, weinen Sie nicht! Ihrem Gatten geht es besser. Gleich wird er beichten."

„Madre, bei Gott, sagen Sie mir das nicht!"

„Es ist die volle Wahrheit! Und ich werde kurz erzählen, was geschah."

Jetzt war es die Freude, die die Gattin weinen ließ, indem sie die Madonna pries.

„Ah! Wenn doch mein Emanuel, der seit so vielen Jahren mit dem Vater überworfen ist, auch beichten würde!"

---

[89] Die Genannte, Madre D. Maria da Piedade Lima e Lemos.

„Heute beichten in Fàtima alle! Gehen Sie ihn suchen, und kommen Sie schnell hierher." Während man ihn in der Menge suchte, hörte der Priester die Beichte des Herrn Antonio; unsagbar war der Trost des Kranken, aber nicht minder auch der des Beichtvaters ob der wunderbaren Disposition, die er im Beichtenden vorfand.

Inzwischen kam der Sohn.

„Emanuel, dein Vater hat gebeichtet; du mußt auch beichten, damit ihr alle zusammen morgen die heilige Kommunion empfangen könnt."

„Was, mein Vater hat gebeichtet?"

„Eben jetzt! Warte unterdessen im Beichtraum!"

„Nun gut! Wenn Sie wollen . . . auch ich."

Nach der Beichte schien er ein Lämmlein und wollte mit dem Vater sprechen. Man führte ihn in das Zimmer, und kaum hatte er die Schwelle überschritten, blieb er verschüchtert stehen, den Hut in der Hand haltend und auf die Schuhspitzen blickend.

„Papa, sei nicht mehr böse mit mir . . . Verzeih mir alles!"

Der Vater seinerseits mit Tränen in den Augen: „Komm her, Emanuel! Du mußt ja mir verzeihen, ich war sehr böse mit dir."

Durch die Fürbitte der Jungfrau ergoß sich die Gnade und mit dieser der göttliche Segen über diese Familie. Am nächsten Tag kommunizierten zum ersten Male alle zusammen und wohnten den heiligen Handlungen wie verklärt bei. Mit welchem Heimweh verließen sie den gnadenvollen Ort! . . . So groß war es, daß sie im folgenden Monat wiederkamen, um der heiligsten Jungfrau zu danken für das Glück, das sie niemals zuvor erfahren hatten, und um ihren großen Dank der „Dienerin", die das Werkzeug der Barmherzigkeit der Madonna war, abzustatten.

... et in hora mortis nostrae ...

Wie vielen Seelen, die ein Leben fern von Gott führten, mag wohl die mütterliche Güte Unserer Lieben Frau von Fàtima die Gnade eines guten Todes vermitteln. Hier einige Beispiele:

Ich entnehme das erste einem Brief aus Stepùbal (Portugal) vom 18. Juli 1928.

„Dank der ,Voz da Fàtima' und dem wunderbaren Wasser von jenem Gnadenort haben wir hier einige Heilungen erlebt, und was mehr ist, auch einige Bekehrungen.

Ich sandte ein wenig von dem Wasser an einen Ungläubigen, der an Tuberkulose litt. Er hatte seine Ehe nur vor der Zivilbehörde geschlossen und wollte nichts von einer Beichte wissen. Nun schien es mit ihm zu Ende zu gehen. Er trank von dem Wasser, und am folgenden Tage beichtete er. Seine Ehe wurde kirchlich eingesegnet, und nach zwei Tagen starb er, von so lebendigem Glauben und so tiefer Frömmigkeit erfüllt, daß alle Anwesenden davon erbaut waren."

Mario dos Santos, 35 Jahre alt, wohnhaft in Porto, war im letzten Stadium der Tuberkulose; doch er wollte nicht beichten, ja nicht einmal „den Schatten eines Priesters sehen".

Eine fromme Dame, die diese Seele gern gerettet hätte, empfahl den Sterbenden am 13. Februar mit großem Vertrauen der Madonna von Fàtima und versprach Veröffentlichung, wenn der Kranke von selbst die Sakramente verlangen sollte. Am Morgen des 20. bat der Kranke, ohne daß jemand ein Wort gesagt hatte, man möge einen Priester kommen lassen. Er beichtete und empfing unter Reuetränen die heilige Wegzehrung. Drei Tage danach war er tot, dahingeschieden in bester seelischer Verfassung.

In einem Briefe vom 13. September 1930 erzählt der Vize-
rektor des Kollegs „Antonio Vieira" (Bahia, Brasilien) von
verschiedenen Gnaden, die dort die Madonna von Fàtima
ausgeteilt hat; unter anderem berichtet er:

„Im Oktober 1928 wurde ein alter Herr ins portugiesische
Spital aufgenommen, dessen drei Enkel in unserm Kolleg waren. Es war Sonntag, und wir beteten in unserer Kapelle die
Novene zu Unserer Lieben Frau von Fàtima. Der Priester
sprach von der wirksamen Hilfe, die Maria gewähre, wenn
sich ein Kranker weigert, die Sterbesakramente zu empfangen.
Mitten in der Predigt kam der größte der Enkel des erwähn-
ten Kranken zu mir und bat dringend um eine Medaille Un-
serer Lieben Frau von Fàtima; er wolle sie seinem Großvater
bringen, mit dem es zu Ende gehe und der sich weigere, die
Sakramente zu empfangen. Ich erfüllte seine Bitte, und der
Knabe begab sich unverzüglich ins Spital. Als die Predigt zu
Ende war, ließ ich alle ein Gebet verrichten, damit sich die
Worte des Predigers auch in diesem Falle bewahrheiteten.

Der Erfolg war überraschend. Eine halbe Stunde später tele-
phonierte man aus dem Spital, der Kranke habe den Besuch
eines befreundeten Priesters erhalten und diesen spontan um
Spendung der heiligen Sakramente gebeten. Kaum hatte er
sie empfangen, als er in Frieden verschied."

In den Heidenmissionen

Die erste Missionsstation, die Unserer Lieben Frau von Fà-
tima geweiht wurde, ist die von Ganda in der Apostolischen
Präfektur von Cubango (Angola), die im Jahre 1927 von den
Vätern vom Heiligen Geiste gegründet wurde.

Die heiligste Jungfrau spendet dort so reichlich ihre Gnaden, daß die Station wunderbar aufblühte und man jetzt
schon an die Errichtung eines Priesterseminars für Eingebo-

rene schreiten konnte. Die Kirche ist das Ziel häufiger Wallfahrten der eifrigen Neuchristen, die die Freude haben, jeden Monat eine — wenn auch bescheidene — Nachbildung der Feierlichkeiten von Fàtima zu erleben.

Die zweite Missionsstation, eine von Heiden bewohnte Vorstadt von Macao (China), wurde am 13. Mai 1930 gegründet.

Die dritte ist eine von Benediktinerpatres geleitete im Zululand; sie wurde am 13. August 1931 vom Apostolischen Vikar Thomas Spreiter O. S. B. eingeweiht.

Die vierte wurde im Gebiet von Naridembo (Tanganjika) vom hochwürdigen Don Joachim Amman O. S. B., Abt von Nedanda, im Juli 1933 gegründet. Kaum waren zwei Monate vergangen, als diese Mission durch das Blut ihrer ersten Märtyrer gerötet wurde.

Im gleichen Jahr kam noch die Mission der portugiesischen Benediktiner von Moxiko (Angola) hinzu; im folgenden Jahre die von Cacuso (Provinz Malange), die von den Vätern vom Heiligen Geist errichtet wurde; mit besonderer Feierlichkeit wird hier der 13. jedes Monats gefeiert.

Auch die neue Diözese von Nampula in Mozambique ist unter den Schutz Unserer Lieben Frau von Fàtima gestellt [90].

---

[90] Siehe Act. Apost. Sedis 33 (1941) 16.

Das große Wunder

Wie wunderbar die Madonna von Fàtima ihre erhabene Mission erfüllt, zeigte sich bisher nirgends offensichtlicher und eindrucksvoller als in der tiefgehenden Veränderung, die mit Portugal vorgegangen ist. Ohne Zweifel ist dies das größte aller Wunder, das Unsere Liebe Frau von Fàtima wirkte.

Eigenartige Vorzeichen

Am 26. Mai 1911, sechseinhalb Monate nach der Revolution, durch die Portugal eine neue Regierungsform gegeben wurde, sprach der Urheber des Gesetzes über die Trennung von Kirche und Staat in einer Generalversammlung der Freimaurer in Gegenwart von Vertretern der französischen Loge die Worte aus: „Durch dieses Gesetz wird nach zwei Generationen der Katholizismus in Portugal vollständig beseitigt sein und mit ihm die Hauptursache der unglücklichen Lage, in der sich das Land befindet."

Und um dem Gesetz diese Wirkung, seiner Prophezeiung Erfüllung zu sichern, setzte eine schwere Verfolgung der katholischen Kirche ein; ihre Anhänger hatten Verbannung und Kerker, Bedrückungen aller Art zu erdulden. Das Elend erreichte einen solchen Grad, daß ein alter Republikaner, Guerra Junqueiro, der zwar ungläubig war, aber doch die Schäden erkannte, die dem Lande zugefügt wurden, den Urheber jenes Gesetzes „den größten Staatsverbrecher" nannte. Der Himmel nahm den Fehdehandschuh auf; siehe nun die Antwort.

Dreißig Jahre nachher: Der Kongreß der Katholischen Jugend

Dreißig Jahre später, da die zweite Generation auf den Plan tritt, die nach der Absicht jener Staatsmänner den Katholizismus nicht einmal mehr hätte kennen sollen, hält die katholische Jugend in Lissabon mit unbeschreiblicher Begeisterung ihre Kongresse. Die weibliche Jugend entschloß sich, die Madonna von Fàtima zur Vorsitzenden ihres Kongresses (9. bis 12. April 1942) zu wählen.

Wir greifen zurück auf das Jahr 1942, wo ganz Portugal seine innere und äußere Konversion in nie dagewesenen Feierlichkeiten bekundete. Es war das silberne Gedächtnisjahr der Erscheinungen in Fàtima. Während die ganze Welt im blutigsten Ringen lag und besonders Europa ein einziges Tal des Todes und des Jammers war, vermochte Portugal, die Insel des Friedens und der Freiheit, Freudenfeste zu feiern, an denen das ganze Volk aus innerstem und dankbarstem Herzen teilnahm.

Die nationalen Festlichkeiten wurden in Lissabon, der Hauptstadt des Landes, begangen und währten vom 9. bis 12. April 1942. Zur Erhöhung des Festes wurde am 7. April die Gnadenstatue Unserer Lieben Frau in einem Auto der „Portugiesischen Legion" aus der Cova da Iria abgeholt und nach Lissabon übergeführt. Die Fahrt über die 190 km lange Strecke war ein ununterbrochener Triumphzug.

Die Straße glich einem Blumenteppich. Die Bewohner der ganzen Gegend in einem Umkreis von 15 bis 20 Kilometern bildeten auf den Knien Spalier. In den Städten wurde es überdies von den Vertretern der kirchlichen, zivilen und militärischen Behörden begrüßt. Das Auto kam nur ganz langsam vorwärts und mußte unzählige Male anhalten, weil alle die Himmelskönigin sehen und grüßen, bitten und verehren wollten. In vielen dieser Orte hatten die Freidenker, deren Hochburg Lissabon war, jahrelang ihre antichristliche Propaganda entfaltet. Und nun lagen diese Menschen vor der Gottesmutter auf den Knien.

Am 8. April gegen Abend traf die Statue in Lissabon ein. Seit vielen Stunden wartete auf dem Campo Grande eine riesige Menschenmenge auf die Ankunft des hohen Gastes. Als die Statue erschien, „wurde ganz Lissabon von tiefster Ergriffenheit überwältigt; alle fielen auf die Knie, der heiligsten Jungfrau zu Füßen, ihr zujubelnd, weinend und betend". Es war ein unbeschreibliches Schauspiel. Mitten durch die Volksmenge trug man die Gebenedeite zu der neuen Kirche, die der Madonna von Fàtima geweiht ist. Hier verblieb sie vier ·Tage und nahm die Huldigung einer halben Million ihrer Kinder entgegen . . .

Die Sitzungen des Kongresses verliefen in einem Geiste der Frömmigkeit und des apostolischen Eifers, wie man ihn bisher noch nie gesehen hatte. Bei der Messe für die gesamte Jugend auf dem Platze des Imperiums wurden 15.000 Kommunionen bloß an Jugendliche ausgeteilt. Unvergeßlich wird allen Teilnehmern auch die Nacht vom 12. zum 13. April bleiben.

„Dieses Datum", schreibt Don Martinez Grande, ein spanischer Priester, in seinem „Una emociòn indeleble", „sollte man allerorts in Marmor eingraben, damit es den kommenden Generationen vom Glauben der Ahnen künde. Viele Kilometer Fläche waren von der dichtgedrängten Volksmasse bedeckt. Waren es 500.000, 600.000? . . . Die Zählung einer so ungeheuren Menge ist unmöglich. Die ganze Stadt war hier versammelt und dazu noch Tausende, die von auswärts gekommen waren. Ihr Gebetsflüstern klang wie das Rauschen des Meeres . . . Als dann die heiligste Jungfrau durch die Reihen getragen wurde, brach ein unbeschreiblicher Jubel los . . . Bitten, Händeklatschen, Lieder, Schluchzen, Tränen der Freude, der Liebe, der Reue in aller Augen: in den Augen der Gläubigen wie der Gleichgültigen und der Neugierigen. Nicht in jenen der Ungläubigen, denn dort gab es keinen mehr ... Die Fackelprozession, die um zehn Uhr abends begann, kehrte um vier Uhr morgens in die Kirche zurück. Doch die Menge zerstreute sich noch nicht. Die Madonna von Fàtima sollte um fünf Uhr morgens die Hauptstadt verlassen, und ganz Lissabon wollte sie noch sehen, ihren letzten Segen empfangen, ihr einen letzten Gruß senden."

„Diese Glaubenskundgebung kann als das wunderbarste und eindrucksvollste religiöse Schauspiel bezeichnet werden, das die Geschichte Portugals kennt. Nach dem, was wir gesehen haben, und nach dem, was wir aus unserer Geschichte wissen, glauben wir, daß es so sei [91]."

Ein heroischer Opfertag

Nicht weniger bedeutungsvoll waren die anderen Veranstaltungen: die Missionspredigten in allen Kirchen Portugals — allein in der Hauptstadt wurden sie in mehr als 60 Kirchen gehalten — und die Jubiläumsfeierlichkeiten vom 3. bis 10. Mai, die sich in einer Atmosphäre lebendigsten Glaubens und tiefster Frömmigkeit abwickelten, vor allem aber die Landeswallfahrt am 13. Mai.

Es fehlte an Transportmitteln. Das Wetter war ungewöhnlich rauh und regnerisch ... Umso besser! Hatte doch die Madonna zu Gebet und Buße aufgefordert ... 300.000 Pilger strömten an diesem Tage nach Fàtima, die meisten zu Fuß, ungeachtet der Mühseligkeiten, der Kälte und des Regens. 9000 Jungmänner aus der katholischen Jugendorganisation, Hochschüler und Gymnasiasten, ahmten die Rompilger der

---

[91] Domingos Mauricio, Primavera em Portugal (Frühling in Portugal), Brotèria 34 (1942) 671.

glaubensvollen Jahrhunderte nach: als sie das Heiligtum von ferne erblickten, knieten sie mitten im Schlamm der Straße nieder und beteten den Rosenkranz [92]. Zu Füßen des Gnadenbildes schworen sie dann, „um jeden Preis als hundertprozentige Katholiken zu leben, mag es auch die Gesundheit, ja das Leben kosten". Und dann wandten sie sich an die am Gnadenort versammelten Bischöfe: „Hier sind wir. Wir wollen die ersten sein im neuen Kreuzzug der Erlösung. Verlanget viel von uns auf dem Felde des Apostolates!"

Die heroische Haltung dieser jungen Menschen machte so tiefen Eindruck auf die Anwesenden, daß sie auf dem Heimweg in vielen Dörfern stürmisch begrüßt wurden.

Die Kinder für die Muttergottes, für den Heiligen Vater und für den Frieden

Bei den Feiern am 13. Mai in Fàtima war keine eigene Veranstaltung für die Kinder angesetzt. Doch auch ihnen wurden im Rahmen der Jubiläumsfeierlichkeiten besondere Tage eingeräumt: der letzte Sonntag im Mai und der 13. September.

Sonntag, den 31. Mai, versammelten sich alle Mitglieder des Eucharistischen Kreuzzuges in ihren Heimatorten, um der Madonna ihren geistlichen Schatz aufzuopfern — „eine Huldigung der Dankbarkeit, der Sühne und des Gebetes um den Frieden und für den Heiligen Vater" — und um die Weihe an

---

[92] Eine Gruppe von mehr als hundert Studenten aus Lissabon brach am 8. Mai von der Hauptstadt auf. Diese jungen Menschen hatten den Geist der Sühne so tief erfaßt, daß sie während der weiten Fußwanderung nach Fàtima, die in strömendem Regen und bei schneidendem Wind singend und betend zurückgelegt wurde, auf die angebotenen Unterkünfte verzichteten und die Nächte auf bloßer Erde zubrachten.
Der hochwürdigste Bischof von Coimbra teilte die Strapazen dieser opfervollen Fußwanderung mit den Pilgern seiner Diözese.

das Unbefleckte Herz Mariens zu erneuern. In Lissabon z. B. hielten die 3000 kleinen Kreuzfahrer ihre Versammlung im historischen St.-Georgs-Schlosse ab, in dem alles an die Kreuzzüge erinnert. Den Vorsitz führte Se. Eminenz der Kardinal-Patriarch; er las auch den Weiheakt vor:

„Heiligste Jungfrau, du hast den drei unschuldigen Kindern in Fàtima das wunderbare Geheimnis enthüllt, wie die Sünder zu bekehren und die Welt zu retten sei: die Kinder sollten freiwillige Opfer bringen und die Leiden, die ihnen Gott schicken würde, als Sühne für die Beleidigungen, die Gott, dem Heiligsten Herzen Jesu, und dem Unbefleckten Herzen Mariens zugefügt werden, gern annehmen ... Der geistliche Schatz, den wir dir heute darbieten, enthält alles, was du verlangt hast: Gebete, Kommunionen, Opfer ... zu Tausenden. Was willst du mehr? Unsere Liebe Frau von Fàtima, jetzt ist's an dir: sage Jesus nur ein einziges Wort und die Welt wird gerettet!

Nimm es hin! Wir bringen dir unser Herz dar und mit ihm unser Leben, unsern Leib und unsere Seele ... Durch diese Hingabe unser selbst übergeben wir dir das Herz deines Portugal."

Und als Symbol der geistlichen Gabe schenkten die Kinder der himmlischen Mutter Blumen. Es folgte ein Huldigungsakt an den Heiligen Vater; dann ein Aufruf der kleinen Kreuzfahrer „zu den Waffen für den Frieden"; Anbetung des allerheiligsten Sakramentes und als Abschluß Segnung der Kinder und der Stadt. Es waren zauberhafte Stunden, in denen man sich in die Welt der Engel versetzt glaubte und vergaß, daß man noch auf dieser armen Erde der Sünde und des Todes weilte.

Am 13. September trafen sich die Kinder zunächst in den Kirchen zu einer religiösen Feier. Von dort zogen sie hinaus, um die Kreuze mit Blumen zu schmücken, die bei der nationalen Jahrhundertfeier im Jahre 1940 in ganz Portugal und den überseeischen Provinzen zu Tausenden erneuert oder wiederaufgestellt worden waren.

Die Krone aus Liebe und Opfern

Noch auf ein Zeichen der neuen Zeit ist aufmerksam zu machen. Der Heilige Vater weist in seiner Botschaft darauf hin: das Geschenk einer goldenen Krone an die Madonna von Fàtima. Der Gedanke, die wundertätige Statue zu krönen, wurde am 12. März 1942, dem Jahrestag der Krönung des Heiligen Vaters, von der weiblichen Katholischen Aktion angeregt und mit Begeisterung aufgenommen und ausgeführt. Man hatte kaum eine kleine Notiz in den Zeitungen erscheinen lassen, da regnete es schon von allen Seiten Gaben; es war eine herrliche, ergreifende Kundgebung großmütiger Liebe zur heiligsten Jungfrau. Es waren Reiche, die spendeten, aber vor allem waren es die Armen, die gaben, was sie nur konnten. — „Es ist der einzige Gegenstand von Gold, den ich besitze; er soll Unserer Lieben Frau gehören." — „Es ist ein Andenken an mein verstorbenes Töchterlein." — „Es ist der erste Ring meines Sohnes, der jetzt unter den Waffen steht: möge ihn mir die Madonna beschützen." — „Er gehörte meinem Vater; er trug ihn immer am Finger; ich will ihn der Madonna schenken." — „Es ist ein Versprechen, das ich für die Genesung meiner Dienstherrin gemacht habe", sagte unter Tränen eine Magd, als sie ihre goldene Halskette spendete. Unzählige Trauringe, Halsketten, Anhänger, die teuersten Familienandenken, Hochzeitsgeschenke usw. wurden der Himmelskönigin geopfert. Darum konnte der Heilige Vater mit Recht sagen, daß die Krone „aus Gold und Edelsteinen, doch mehr noch aus reinster Liebe und großmütigen Opfern gebildet" sei. Der beste Goldschmied von Lissabon

327

übernahm die Ausführung des Kunstwerkes. Ohne auf den Verlust zu achten, wies er alle anderen Aufträge ab und beschäftigte drei Monate lang zwölf seiner fähigsten Künstler mit dieser Arbeit. Das unvergleichliche Juwel wiegt 12.000 Gramm und ist mit 950 Brillanten von 76 Karat, 1400 Rosen aus 20 Karat, 313 Perlen, einem großen Smaragd von 1,97 Karat, 13 kleinen Smaragden, 33 Saphiren, 17 Rubinen, 260 Türkisen, einem Amethyst und vier Aquamarinen geziert; insgesamt sind es 313 Perlen und 2650 Edelsteine [93].

13. Mai 1946

Der Tag der Krönung kam endlich: am 13. Mai 1946. Wie schon gesagt, hat Portugal an diesem Tag einen der größten Tage seiner achthundertjährigen Geschichte erlebt. Hier strömte die ganze Nation zusammen: das Volk, die kirchlichen und zivilen Autoritäten, die in ergreifender Weise zusammenarbeiteten, alle vereint mit dem Stellvertreter Jesu Christi.

Der erste und größte Fàtimapilger in diesen Tagen war Pius XII., der erklärt hatte: „Wir haben das Verlangen, die Wünsche und die Bitten des portugiesischen Episkopates vernommen und haben Uns entschlossen, in feierlicher Weise die Statue Unserer Lieben Frau von Fàtima zu krönen." Vertreten wurde der Heilige Vater in würdiger Weise von seinem Kardinal-Legaten. Ihn umgaben sechs Minister und Staatssekretäre mit zivilen Behörden. Kirchlicherseits war zugegen der ganze Episkopat, begleitet von mehr als 2000 Priestern und Dienern des Heiligtums mit vielen Ordensleuten von verschiedenen Orden und Institutionen, wie sie Portugal seit zwei Jahrhunderten innerhalb seiner Grenzen nicht mehr gesehen hat.

---

[93] Aus dem Bericht, den die Sekretärin, Frau Maria do Carmo Ferreira Mesquita, im Namen des Komitees vorlegte.

Aber der große „Wundertäter", dem in erster Linie das Wunder dieses Tages zu verdanken ist, war das Volk, das brave portugiesische Volk — mit seinem Glauben, kraftvoll, um Berge zu versetzen, mit seiner glühenden Liebe zu Unserer Lieben Frau und zum „Heiligen Vater in Rom". Dieses Volk war es, das aus sich heraus alle Kundgebungen veranstaltete, die Fahrt des Kardinal-Legaten zu einem wahren Triumphzug machte. In allen Orten, die während der langen Fahrt berührt wurden, standen Musikkapellen, läuteten die Glocken, hörte man Böllerschüsse, sah man blumengeschmückte Straßen, in Gärten umgewandelte Plätze; die Bewohner, die nicht nach Fàtima pilgern konnten, waren entflammt vor Begeisterung, applaudierten, jubelten, streuten Blumen, immer wieder ertönte der Ruf: „Es lebe der Heilige Vater!" So bezeugten sie unzweideutig, was in der Volksseele lebte.

Und dann im Heiligtum? Zwanzig Jahre schon wiederholt sich das Schauspiel der großen Pilgerzüge im Mai, und jedes Jahr überbietet das vorhergehende. Dieses Mal häuften sich die Umstände in der Weise, daß sie die Veranstaltung zu einer einzigartigen machten. An erster Stelle ist das rauhe winterliche Wetter zu erwähnen, das aber nur dazu angetan war, den unerschütterlichen Glauben zu stärken. Zu einem, der sich darüber vor dem Bischof von Leiria beklagte und hoffte, die Madonna würde für einen Tag voll Sonne sorgen, bemerkte der bischöfliche Kaplan: „Lasset es regnen! Touristen sieht man keine, und man spürt ihre Abwesenheit nicht; dem gläubigen Volk wird nichts abgehen!" Und es fehlte nichts. Es kamen 200.000 mit 30.000 Autos. Der größere Teil kam zu Fuß, indem Strecken von 50, 100, ja bis zu 400 km durchwandert wurden, vom äußersten Norden bis zum äußersten Süden des Landes. In der Cova da Iria zählte man an diesem Tag gewiß mehr als 500.000 Pilger; zum erstenmal schien sie zu klein zu sein, um die große Menge zu fassen;

ja man mußte für eine Stunde die Eingangstore schließen, um
für eine Zeit den weiteren Zutritt einzustellen.

Es konnten alle religiösen Feierlichkeiten vollzogen werden,
und zwar pünktlich gemäß dem Programm, trotz des Regens
und des eisigen Windes. Nur die Lichterprozession konnte
nicht bis in alle Einzelheiten durchgeführt werden, und das
wegen des begrenzten Raumes. Aber das Schauspiel des Heiligtums, von einem lebendigen Feuer entflammt, der Eifer, der
sich in den Gebeten und Gesängen offenbarte, versetzte den
Geist in eine unbekannte Welt.

Die gemeinsame nächtliche Anbetung, die Anbetung einzelner Pilgergruppen: Wache einer himmlischen Armee; eine
unvergleichliche Nacht des Gebetes und der Buße!

140.000 Kommunionen wurden im Heiligtum gespendet;
nicht mitgezählt sind einige tausend, die in den Kapellen der
Ordenshäuser ausgeteilt wurden.

50.000 junge Menschen der Katholischen Aktion, lebendige
Repräsentanten der katholischen Jugend des Landes, bekannten feierlich ihren Glauben, ihre Liebe zur Unbefleckten Jungfrau, ihren Eroberungsgeist für das Reich Gottes!

Dann die unvergleichlich himmlisch schöne Feier der Krönung! Es ist die feierlichste Zeremonie, die in den Seelen wi-
derhallt wie ein Siegesruf!

Und noch 600 Kranke (ungefähr 6000 hatten um Auf-
nahme gebeten), deren ergebener Glaube von der Mutter der
Barmherzigkeit gestärkt und belohnt wurde durch unzählige
Gnaden. In der Tat, man spricht von sieben außerordentlichen
Heilungen, die in diesen Tagen registriert wurden, einige im
Heiligtum, andere an Personen, die durch das Radio an den
Zeremonien teilnahmen; drei sollen erwähnt werden.

Fräulein *Maria Josè da Silva*, 21jährig, geboren in Tomar;
eine große Wunde mit drei tiefen Unterleibsfisteln; eine an-

dere Wunde am linken Arm; seit vier Jahren fließt daraus
übelriechender Eiter in großer Menge. Im Augenblick der Segnung mit dem Allerheiligsten wurde sie plötzlich geheilt;
eine Heilung, „die nicht natürlich erklärt werden kann", bezeugt Dr. Augusto d'Azevedo Mendes, der Leiter der Klinik
von Torres Novas.

D. *Maria da Canceiçao Silva Cruz,* 78 Jahre alt, aus
Porto. Zweimal hatte sie sich einen Schenkelbruch zugezogen,
das zweitemal so unglücklich, daß es nicht möglich war, die
gebrochenen Teile einzurichten. Der Arzt hatte den Fall als
unheilbar bezeichnet. Am 13. Mai — sie konnte nicht nach
Fàtima transportiert werden — wollte sie den Zeremonien
durch das in der kleinen Kapelle aufgestellte Radio beiwohnen. Gleichsam als wäre sie selbst gegenwärtig, wiederholte
sie beim Segen mit lauter Stimme und mit tiefem Glauben
die Anrufung: „Herr, mache, daß ich gehe!" und sofort sagte
sie zu ihrer Nichte Leonora, sie möge sich bereitmachen, um
zu sehen, wie sie gehe; denn sie fühlte, daß die gebrochenen Knochen sich bewegen ließen. Leonora schaute sie ent-
setzt an; sie glaubte, sie sei verrückt geworden. Aber tatsächlich erhob sie sich und ging. Einige Monate später bezeugt
sie ihre vollkommene Heilung in der Zeitschrift „Stimme von
Fàtima".

Margarida Rosa dos Reis. Seit zehn Jahren litt sie an Ma-
gengeschwüren; verschiedene Komplikationen, die hinzutra-
ten, verschlimmerten den Zustand, so daß sie schließlich die
Sprache verlor; sie war arm, aber durch Almosen, die sie von
Besuchern erhielt, hatte sie das notwendige Geld für eine
Fahrt nach Fàtima. Aber der Herr wollte ihren Glauben prü-
fen. Ihre Mutter wurde krank, und die gute Tochter gab die
Almosen, um ihr so zu helfen; sie sagte bei sich: „Die Muttergottes kann mich heilen, auch ohne daß ich nach Fàtima
gehe." Am 13. Mai stellte sie sich vor, als ob sie in der Cova

da Iria stünde, ging in die Kirche zur heiligen Kommunion und dann in ein befreundetes Haus, um am Radio alle Feierlichkeiten der Wallfahrt mitzumachen: die Krönung, das feierliche Pontifikalamt, die Segnung der Kranken ... Es war gegen Ende, und man sang das Abschiedslied; da verlor Margarida das Gleichgewicht und fiel ohnmächtig zu Boden. Alle meinten, sie sei tot; einige Augenblicke hernach sprang sie auf und rief: „Die Madonna hat mich geheilt!"

Ins einzelne gehende Berichte darüber können in der „Stimme von Fàtima", August und September 1946, eingesehen werden.

Mit Recht sagte der Präsident der Republik am folgenden Tag zu Kardinal Aloysi Masella: „Die Zeremonien, die Euer Eminenz als Kardinal-Legat des Heiligen Vaters vollzogen haben, symbolisieren in der verwirrten Zeit, die wir jetzt durchleben, die Verklärung des Geistes über die Materie und die unerschütterliche Treue eines Volkes zu seinen ewigen Grundsätzen." Der Kardinal antwortete: „Einen sprechenden und großartigen Beweis der tiefen Liebe des portugiesischen Volkes zu dem von seinen Vorfahren ererbten Glaubensgut habe ich bei den gestrigen in Fàtima gefeierten Festen empfangen. Portugal hat eine der schönsten Seiten seiner Geschichte geschrieben und hat wieder einmal seine Liebe zu den geschichtlichen Überlieferungen erkennen lassen [94]."

Die böse Prophetie dessen, der der Totengräber des Katholizismus in Portugal sein wollte, konnte kein feierlicheres Dementi erhalten.

Aber das alles sind bloß Zeichen, sichtbare Symptome des tiefgreifenden Wandels, der sich in den letzten 25 Jahren vollzogen hat. „Wenn jemand vor 25 Jahren die Augen geschlos-

---

[94] Novidades, 15. Mai 1946.

sen hätte und sie jetzt wieder öffnete, würde er Portugal nicht wiedererkennen [95]."

Wir wollen nicht von der politisch-nationalen und internationalen Erneuerung sprechen: nun, wer sieht sie nicht? Bedeutender noch ist die Wiedergeburt auf sittlichem und religiösem Gebiet: „In den Schulen nennt man wieder den Namen Gottes, das Kruzifix ist dahin zurückgekehrt, man trägt Sorge für den Religionsunterricht und fromme Lebensführung. An Stelle des unheilvollen Gesetzes über die Trennung von Kirche und Staat ist ein Konkordat mit dem Heiligen Stuhl und eine Vereinbarung über die Missionen getreten. Portugal hat seine alten Traditionen wieder aufgenommen: das Volk der Kreuzfahrer, treu-katholisch und seiner Missionsaufgabe bewußt."

Und wem gebührt das Verdienst?

Der Rosenkranzkönigin, die vom Himmel herabgestiegen ist in dieses Marienland, auf die gesegneten Gefilde von Fàtima; sie hat die Seelen an sich gezogen (man kann sagen, daß fast das ganze Volk dorthin gegangen sei, um sich im Glauben und in der Liebe zu erneuern). Sie ist in der Tat die große Volksmissionärin und übt ihre Mission auf allen Wegen aus, klopft an jede Tür, tritt an jeden Herd. Fast alle Pforten öffnen sich ihr, denn man weiß: wo die Mutter eintritt, dort ist auch Jesus.

Heute gibt es in ganz Portugal kaum eine Kirche oder Kapelle, die nicht einen Altar oder wenigstens ein kleines Bild der Madonna von Fàtima besitzt; vielmehr glaube ich, man könnte die Hausaltäre an den Fingern zählen, die keine Fà-

[95] Gemeinsamer Hirtenbrief des portugiesischen Episkopates zur 25. Wiederkehr der Erscheinungen von Fàtima.

timastatue aufgestellt haben. Fürwahr, ein wunderbarer, ver-
heißungsvoller Frühling religiösen Lebens ist angebrochen.

*„Fàtima hat Portugal und der Welt noch nicht sein letz-
tes Geheimnis gesagt. Doch es scheint nicht übertrieben, wenn
man behauptet, alles, was es Portugal schon enthüllt hat, sei
Anzeichen und Unterpfand für das, was die Welt noch von
ihm zu erwarten hat* [96]*."*

Bis an die Grenzen der Erde

Auch außerhalb der Grenzen Portugals findet die Verehrung
der Madonna von Fàtima schnelle Verbreitung unter den
verschiedenen Nationen Europas und über den europäischen
Kontinent hinaus. Überall spendet sie freigebig ihren mütterlichen Segen, überall schlagen ihr die Herzen in Dankbarkeit
entgegen, wie der portugiesische Episkopat in seinem gemeinsamen Hirtenbrief bekundet:

„Von den fernsten und entlegensten Gegenden der Welt,
aus Amerika, Ozeanien, China, Indien und sogar aus dem
gemarterten Rußland, kommen Spenden, Gebetsempfehlun-
gen, Danksagungen nach Fàtima: mit einem Wort, Kundgebungen des Vertrauens und des Interesses, Huldigungen an
Unsere Liebe Frau von Fàtima. Es besteht kein Zweifel, daß
Unsere Liebe Frau von Fàtima Portugal erobert hat, doch
kann man sagen, daß sie daran geht, die Welt zu erobern."

So geschrieben im Jahre 1942. Heute wäre es buchstäblich
unmöglich, die Kirchen, Kapellen, Oratorien, Altäre, Fàtima-
statuen aufzuzählen, die in den fünf Erdteilen errichtet bzw.
aufgestellt wurden ... ein kleines, aber beredtes Zeugnis.
Herr D. Pasenale Arias aus Madrid, ein verdienter, reicher
Anwalt und Ingenieur, ein großer Verehrer der „Jungfrau

---

[96] Worte S. E. des Kardinal-Patriarchen von Lissabon in einer Predigt
am 13. Mai 1942 in Fàtima.

von Fàtima", hatte die Idee, die Verehrung der Fàtima-Muttergottes zu verbreiten, große und kleine Statuen herstellen zu lassen, soweit es seine Mittel ihm erlaubten; diese verkaufte er dann um einen nur in den Büchern Gottes verzeichneten Preis. 1949 hatte er auf diese Weise mehr als 400 verkauft; eben liest man, daß ein Missionär bei seiner Abreise nach Abmednabad (Indien) die Statue mit Nummer 1700 erworben hat. Vier Monate später waren es schon mehr als 2800.

Wahrhaftig, „Unsere Liebe Frau von Fàtima" geht daran, die Welt zu erobern!

In Rom hat Se. Heiligkeit Pius XI. am 13. November 1929 eine herrliche Statue geweiht, ein Meisterwerk des bekannten portugiesischen Holzschnitzers Josè Ferreria Tedim, welche in der neuen Kapelle des Portugiesischen Kollegs in Rom, die der Madonna von Fàtima geweiht ist, Aufstellung fand [97].

Eine ähnliche Statue verehrt man in Sant' Antonio dei Portoghesi und verschiedenen anderen Kapellen und Privathäusern.

Mit voller Genehmigung Pius XII. wurde in der Jubiläumskirche des heiligen Eugenius im rechten Seitenschiff ein Altar Unserer Lieben Frau von Fàtima geweiht; er erinnert daran, daß der Papst des Unbefleckten Herzens und der Aufnahme Mariens in den Himmel in der Stunde zum Bischof geweiht wurde, in der Maria zum ersten Male in Fàtima erschienen ist.

Die Botschaft der Barmherzigkeit, die die Madonna von Fàtima vom Himmel auf die Erde brachte, war nicht bloß für Portugal, wie auch für jene von Lourdes nicht allein für Frankreich war.

Man beachte ein eigenartiges Zusammentreffen: Am

---

[97] Siehe das Titelbild dieses Buches.

16. April 1917 [98] kamen Lenin und Trotzki nach Petersburg, und an den kommenden Tagen gaben sie Weisungen heraus und übernahmen den Oberbefehl über die kommunistische Revolution. Am 7. November des gleichen Jahres triumphierte in Petersburg — und wenige Tage später auch in Moskau — der Bolschewismus, dessen Ziel es war, Rußland, Mexiko, die Iberische Halbinsel und schließlich die ganze Welt in Flammen zu setzen. Und gerade zwischen diesen zwei bedeutungsvollen Daten, genau 27 nach dem ersten und 25 Tage vor dem zweiten, fanden die erste und die letzte Erscheinung in Fàtima statt. — Als der Antichrist im äußersten Osten Europas seinen furchtbaren Kampf nicht nur gegen die wahre Religion, sondern gegen jede Gottesidee und die bürgerliche Gesellschaftsordnung entfesselte, da erschien im äußersten Westen die große, ewige Besiegerin der höllischen Schlange.

Hier ist der einzige Weg zum Heil gewiesen: Die Einladung Marias zur Buße und zur Flucht vor der Sünde, insbesondere vor der Sünde der Unreinheit und der schamlosen Mode; die dringende Empfehlung Marias, täglich mit Andacht den Rosenkranz zu beten, der der Schlüssel zu den Schatzkammern Gottes ist; die Verehrung und Weihe an das Unbefleckte Herz.

---

[98] Ein Monat nach der Militärrevolte, die den unglücklichen Nikolaus II. zur Abdankung zwang: 12. und 17. März 1917.

V.

„KÖNIGIN DER WELT"

Nach der Krönung

Die Ereignisse im Heiligtum Unserer Lieben Frau von Fàtima nach deren feierlichen Krönung zeigen besser als alles andere die weltweite Bedeutung ihrer Verehrung.

Die internationale Wallfahrt und die Weihe der weiblichen Jugend der Katholischen Aktion

Im September 1943 trat der Nationale Rat der weiblichen Katholischen Jugend in Fàtima zusammen und legte das Versprechen ab, nach Beendigung des Krieges alle Mitglieder in der ganzen Welt zu einer Wallfahrt nach Fàtima einzuladen, um der seligsten Jungfrau zu danken und sie gemeinsam um den wahren Frieden unter den Völkern anzuflehen. Der Vorschlag wurde im April 1946 vom Internationalen Rat in Gent angenommen und sollte im Mai 1947 ausgeführt werden.

Vom 3. bis 5. Mai versammelten sich die 35.000 Jugendlichen aus allen Teilen Portugals und die Abordnungen aus 21 Nationen: aus Argentinien, Belgien, Brasilien, Deutschland, England, Frankreich, Holland, Indien, Irland, Italien, Kuba, Luxemburg, Norwegen, Österreich, Polen, Rußland, Schweiz, Spanien, Ungarn und den Vereinigten Staaten. Die größte Zahl der Pilger stellte Spanien mit 500 Delegierten und vielen anderen, die sich ihnen freiwillig angeschlossen hatten. Die Leitung hatten zwölf Erzbischöfe und Bischöfe aus Portugal mit dem Bischof von Hongkong, der für die Katholische Aktion in Spanien gewählte Bischof und der Generalvikar von Madras. Wer vermöchte die erste brüderliche Begegnung dieser Jugend im Heiligtum zu beschreiben und ihren ersten Besuch bei Unserer Lieben Frau in ihrer kleinen Kapelle? Es herrschte der Geist glühender Andacht und flammenden Eifers. Gemeinsam verrichteten alle die Andachten der Wallfahrer, die ihren Höhepunkt in der Weihe der Katholischen weiblichen Jugend der ganzen Welt an das Unbefleckte Herz Marias fanden.

Abschließend wurde die Bedeutung der Wallfahrt wie folgt begründet:

„Gebet und Buße ist die Botschaft Unserer Lieben Frau. *Buße*, die nicht in großen körperlichen Abtötungen besteht, sondern in der Erfüllung der täglichen Pflichten, in einem Leben christlicher Vollkommenheit, das Mannhaftigkeit, ja fast immer Heldenmut fordert. *Gebete* nicht nur in Worten, sondern vor allem im Tun. Unser Leben sei in allen seinen Bereichen ein Leben des Glaubens. Schließlich fordert die allerseligste Jungfrau von uns eine Überprüfung unserer ganzen religiösen Haltung ... Die gegenwärtige Krisis verlangt eine Erneuerung unseres Lebens, des persönlichen Lebens jedes einzelnen und des ganzen Gesellschaftslebens. Beides wollen wir erneuern und gestalten aus dem Geist des Evangeliums. Hier ist der Maßstab all unseres Handelns, nach dem wir uns mehr denn je mit aller Entschlossenheit ausrichten wollen. Vereint im weltumfassenden Geist der Einheit und voll Hoffnung auf die seligste Jungfrau, der wir uns gestern mit der ganzen Katholischen Jugend geweiht haben, gehen wir fort von hier, um Fàtimas Boten zu sein und der ganzen Welt jene einzige Wahrheit zu bringen, die allein uns retten kann."

Nach Beendigung der Wallfahrt versammelten sich die Leiterinnen zu einem Kongreß; auf diesem wurde die Idee einer *Weltwallfahrt* zur Madonna von Fàtima erwogen.

Nach außen weniger auffallend, aber von nicht geringerer Bedeutung war der *Kongreß der Missionsvereinigung des Klerus*, der vom 9. bis 13. August 1948 in Fàtima abgehalten wurde. Mehr als 200 Priester und viele Seminaristen waren gekommen; alle religiösen Orden waren zahlreich vertreten. Fünf Bischöfe hatten den Vorsitz gemeinsam mit dem Generalsekretär der Vereinigung, Monsignore Felice Berretta, und einigen Leitern aus verschiedenen Ländern. Der Kongreß wurde am 13. August mit der Weihe der Missionsvereinigung an die Gottesmutter von Fàtima und an ihr Unbeflecktes Herz abgeschlossen.

Die Gründe und die Bedeutung dieser Weihe wurden vom Generalsekretär mit folgenden Worten zusammengefaßt:

„Am kommenden 13. August wird die Missionsvereinigung des Klerus von Portugal den ersten Nationalkongreß in Fàtima abhalten und sich bei dieser Gelegenheit geschlossen der allerseligsten Jungfrau von Fàtima weihen. Die 230.000 Priester und Seminaristen wollen die Gelegenheit nicht versäumen, diese Weihe voll tiefer Bedeutung mitzuvollziehen .. Fàtima ist auserwählt, vereinender Mittelpunkt zu sein, da es seit 40 Jahren die Stadt jener ist, die der Heilige Vater ‚Königin der Welt' nannte. — Die weltweite Bedeutung seiner Botschaft ist eindrucksvoll ... Diese Botschaft ist uns Priestern zu verkünden anvertraut! ... Pius XII., am gleichen Tag und zur selben Stunde zum Bischof geweiht, da die allerseligste Jungfrau zum erstenmal in Fàtima erschien, ist Wegbereiter einer neuen Zeit; der Papst selbst hat die ganze Welt dem Unbefleckten Herzen Marias geweiht ... Etappen, die das wunderbare Bild der Jungfrau von Fàtima in Erinnerung rufen ...

Fàtima, das Missionszentrum: von wunderbarer Ausstrahlungskraft; von Indien, vom fernen China, von Japan und Afrika, von den Ländern der Mohammedaner strebt alles nach dem segenspendenden Mittelpunkt des Heils. Unbeschreiblich ist der Triumphzug, in dem die ‚Weiße Botin' alle Länder durcheilt, überall folgt ihr eine begeisterte Menge . . . [99]"

S. E. Kardinal Fumasoni Biondi, Präfekt der Propaganda, schreibt in seiner Botschaft an die Teilnehmer des Kongresses:

„. . . Wenn die allerseligste Jungfrau einst wünschte, daß die ganze Welt ihrem Unbefleckten Herzen geweiht werde, müssen dann nicht die Priester in erster Linie ihrem Wunsche Folge leisten? . . . Es scheint, als wolle sich uns die Jungfrau von Fàtima mit besonderer Vorliebe als Königin der Apostel und Königin der Missionen zeigen. Fàtima ist wirklich in allen Missionen Afrikas, Chinas, Japans und Indiens bekannt, und Unsere Liebe Frau von Fàtima besucht als Pilgerin alle diese Länder. Überall wird sie freudig erwartet, angerufen in allen Nöten und mit Lobpreisungen vom Volke empfangen, selbst von solchen, die nicht Christen sind. Das Herz der mächtigen himmlischen Mutter, voll der Gnade und voll der Gnaden, ist bereit, die Welt zu retten, die im Todeskampfe liegt."

Anläßlich des dritten Internationalen Kongresses des Priestermissionsvereines, der vom 5. bis 8. September 1950 in Rom tagte, wurde eine Statue Unserer Lieben Frau von Fàtima geweiht, ein Geschenk des Priestervereines in Portugal an das Internationale Sekretariat. Die in Fàtima vollzogene Weihe an das Unbefleckte Herz Marias wurde nun in Gegenwart der versammelten Vertreter des Vereines aus 54 Ländern erneuert. Der Generalsekretär hob gebührend die Bedeutung dieser Weihe hervor: „Unsere Liebe Frau, die Königin der Missionen, hat nicht nur den Vorsitz bei diesem Kongreß geführt, sondern sie will auch allen Mitgliedern des Vereines den wahren apostolischen Geist für alle ihre weiteren Arbeiten erbitten."

---

[99] Rundschreiben vom 13. 7. 1948.

Erinnern wir uns ferner:

des dritten Internationalen Kongresses katholischer Ärzte;
nach ihren wissenschaftlichen Tagungen in Lissabon und
Coimbra wollten sie sich in Fàtima zusammenfinden und unter den Schutzmantel jener stellen, die das „Heil der Kranken"
genannt wird.

Am 21. Juni 1948 trafen alle in der ‚Cova da Iria' ein;
es waren 180 Vertreter aus 16 verschiedenen Nationen. Voll
Andacht verrichteten sie alle Gebete der Pilger, und am Nachmittag des 22., als sich alle zum letzten Male versammelten,
vollzogen sie die Weihe an das Unbefleckte Herz Marias im
eigenen Namen und im Namen aller katholischen Berufskol-
legen der ganzen Welt. Die Weihe der katholischen Ärzte der
Welt war in lateinischer Sprache abgefaßt und wurde von den
anwesenden Vertretern mit tiefer Ergriffenheit und Andacht
gesprochen.

Der Abschluß des Heiligen Jahres

Den Höhepunkt aller bedeutenden Ereignisse in Fàtima
bildete aber ohne Zweifel der feierliche Abschluß des Heiligen
Jahres am 13. Oktober 1951. Der Heilige Vater, Pius XII.,
zeigte sein besonderes Wohlwollen für Fàtima und seine
Botschaft, indem er diesen Ort wählte, um dort zum Abschluß
des Heiligen Jahres Gott Dank sagen zu lassen für alle erhal-
tenen Gnaden und durch die Fürsprache der allerseligsten
Jungfrau von Fàtima, der Königin der Welt, den Frieden unter den Völkern zu erflehen.

In Lissabon: Als unmittelbare Vorbereitung jener Abschlußfeierlichkeiten tagte vom 7. bis 10. Oktober in Lissabon ein Internationaler Kongreß, auf dem über Anregung des
Heiligen Vaters im Lichte der Botschaft von Fàtima die Probleme des Friedens beraten werden sollten.

„Mit uns glaubt, hofft und liebt die ganze Welt" — so konnte der Kardinal-Patriarch in seiner Ansprache während des Eröffnungsgottesdienstes sagen — „nicht nur wegen der großartigen Versammlung von Patriarchen, Erzbischöfen und Bischöfen als Vertretern der Christenheit der ganzen Welt, auch nicht allein wegen der Teilnahme bedeutender Politiker, Wissenschaftler, Vertreter der Kultur, des Apostolates..., sondern vor allem deshalb, weil die Hoffnung, die uns hier vereint, die letzte Hoffnung aller Menschen ist, die guten Willens sind. Der Friede, der wahre Friede aller Menschen mit Gott, mit sich selbst und den Nächsten ist einzig und allein Christus... Die Königin des heiligen Rosenkranzes hat sich voll Erbarmen in Fàtima der in Irrtum und Sünde versunkenen Menschheit geoffenbart, um als besorgte Mutter die Menschen an die vergessenen Wege des Friedens zu erinnern: an Unseren Herrn Jesus Christus."

Am Abschluß des Kongresses schrieb einer der angesehensten Redner: „Die Bedeutung des Themas, die Mitwirkung so angesehener Persönlichkeiten der verschiedensten Länder, die innige Beziehung zum Heiligen Jahr und die feierliche Teilnahme der Geistlichkeit und der Laien auf diesem Kongreß über die Botschaft von Fàtima und den Frieden berechtigt uns zu den schönsten Hoffnungen...

Es war mehr als eine lebendige und gegenwartsnahe Predigt, es war stürmische Begeisterung und Verherrlichung Unserer Lieben Frau, die bewies, wie sehr die Menschen die Wichtigkeit und Notwendigkeit der mahnenden Worte der allerseligsten Jungfrau erkannten, die wie ein rettendes Licht in das allgemeine Dunkel dieser Welt fielen.

Drei große Krisen bedrohen die Welt: die Krise der Familie, der Arbeitsmoral und der Ordnung unter den Völkern. Einzig die Verwirklichung der Botschaft von Fàtima führt die Menschen sicher aus diesen Gefahren."

344

In Fàtima: Der Mittelpunkt jener glanzvollen Tage aber war das Heiligtum von Fàtima. Schon seit den ersten Tagen des Oktober strömten ununterbrochen Menschen aus Portugal und der ganzen Welt herbei. Zu Wasser, zu Land und selbst mit dem Flugzeug kamen die Scharen der Pilger, an ihrer Spitze Kardinal Tedeschini, der Legat Seiner Heiligkeit, begleitet von vier Kardinälen und 40 Patriarchen, Erzbischöfen und Bischöfen. Welch ergreifendes Schauspiel bot sich den Zuschauern! Es kamen Männer, Frauen und Kinder, Arme und Reiche, Junge und Alte, alle erfüllt von derselben Flamme des Glaubens, der Hoffnung und der Liebe. Sie eilten zum auserwählten Heiligtum der seligsten Jungfrau, um dann der Welt ihre Botschaft des Friedens und des Heiles zu bringen. Sind es 800.000, 900.000 oder eine Million? Wer vermag die Menge zu zählen? Aber erschütternder als leere Zahlen war der Geist der Buße und Opferbereitschaft jener Scharen, die Echtheit ihrer Demut, ihr lebendiger Glaube und die flammende Glut ihres Betens.

Mit dem Einzug des Kardinal-Legaten im Heiligtum um 18 Uhr des 12. Oktober endete das erhabene Triduum der Vorbereitung, und es begann das große Ereignis der eigentlichen Abschlußfeierlichkeiten (das heilige Opfer wurde ohne Unterbrechung Tag und Nacht vom Mittag des 10. bis zum Mittag des 13. gefeiert).

Einige Beobachtungen:

20 Uhr: Der weite Platz gleicht einem Flammenmeer. Er ist zauberhaft beleuchtet von 50 Scheinwerfern, deren Lichtbündel sich in einer Höhe von 400 m überschneiden, gleichsam eine strahlende Lichtkuppel im Dunkel der Nacht bildend. Hier soll die Lichterprozession stattfinden.

Es folgt die Anbetung der Portugiesen mit einer portugiesischen Ansprache, dann die Anbetung der übrigen Nationen; die Geheimnisse des heiligen Rosenkranzes werden in spanischer, französischer, englischer, flämischer, deutscher, chinesischer und russischer Sprache erläutert. Nach Beendigung der Andacht wurde ein Telegramm des Heiligen Vaters verlesen, in dem die Gewinnung des Jubiläumsablasses für die Pilger erleichtert wurde. Mit tiefer Rührung vernahmen alle dieses Zeichen wahrhaft väterlicher Anteilnahme des Papstes.

An den 52 Altären des Heiligtums und in den Kapellen der religiösen Institute des Ortes wurde von Mitternacht an ohne Unterbrechung das heilige Meßopfer bis um 13 und 14 Uhr gefeiert.

Sechs Uhr früh: Es ist heilige Messe mit Generalkommunion der Pilger. 70 Priester sind beschäftigt, um den etwa 100.000 Menschen den Leib des Herrn zu reichen. Dazu kommen noch die Tausende von Kommunionen, die in den religiösen Instituten ausgeteilt wurden und etwa 50.000 Kommunionen während des vorbereitenden Triduums, so daß man die Zahl der Gläubigen, die zum Tisch des Herrn gingen, auf etwa 160.000 schätzen kann.

Inzwischen wurde an einem Altar, gegenüber der Fassade der Kirche, mit aller Pracht des byzantinisch-slawischen Ritus vom russischen Bischof von Heracleopolis, Monsignore Paul Meletijew, das Pontifikalamt zelebriert, Priester und Theologen des russischen Kollegs in Rom assistierten dabei. Unübertrefflich war die Wirkung des meisterhaft gesungenen Chorals, dessen Klang das Heiligtum erfüllte. Nach dem Pontifikalamt trat der Erzbischof von Evora an das Mikrophon und rief mit lauter Stimme: „Wir haben soeben das Gebet der russischen Priester vernommen, den Schmerzensruf eines Volkes, das weint über das Unglück seines Vaterlandes. Beten und arbeiten wir für die Bekehrung und Auferstehung Ruß-

346

lands — damit der Triumph des Unbefleckten Herzens Marias beschleunigt werde!"

Zehn Uhr: Die wundertätige Statue der Gottesmutter wird im feierlichen Triumphzug, begleitet von einer Menschenmenge, wie sie die Cova da Iria noch nie gesehen, zum Altar getragen, an dem der Gesandte des Heiligen Vaters, Kardinal-Legat Tedeschini, das Pontifikalamt hält. In seiner Ansprache teilt er der Menge mit, was bisher Geheimnis des Vatikans war: Der Heilige Vater, der „Papst Unserer Lieben Frau von Fàtima", hat anläßlich der Verkündigung des Dogmas von der leiblichen Aufnahme Marias in den Himmel viermal eine Wiederholung des Sonnenwunders vom 13. Oktober 1917 geschaut. — War es eine Belohnung? ... Ein Zeichen göttlicher Anerkennung der eben verkündeten Wahrheit? ... Ein himmlisches Zeugnis, das den Zusammenhang der Wunder von Fàtima mit dem Mittelpunkt, dem Haupt der Wahrheit und des katholischen Lehramtes verbürgt? ... Alle drei Dinge zusammen. — Fàtima im Vatikan — der Vatikan in Fàtima!

Es ist der Mühe wert, die Worte zu berichten, mit denen Seine Heiligkeit selbst dieses Erlebnis dem Kardinal schriftlich mitteilte:

„Es war am 30. Oktober 1950, am Vorabend des Tages, da die ganze katholische Welt die feierliche Definition der leiblichen Aufnahme der allerseligsten Jungfrau Maria in den Himmel erwartete. Gegen vier Uhr nachmittags machte ich den gewohnten Spaziergang in den Vatikanischen Gärten, wie immer verschiedene amtliche Schriften lesend und studierend. Ich stieg hinauf zum Platz der Madonna von Lourdes gegen den Gipfel des Hügels, in der Allee, die rechts entlang der Einfriedungsmauer läuft. Für einen Moment erhob ich die Augen von den Blättern in meiner Hand. Da fiel mir ein Phänomen auf, das ich bis zu dieser Stunde noch nie gesehen hatte. Die Sonne, die noch genügend hoch stand, erschien wie ein undurchsichtiger, gelblicher Ball, von einem leuchtenden Kreise umgeben; was mich aber in keiner Weise hinderte, die Sonne aufmerksam zu betrachten, ohne dabei die geringste Beschwerde zu empfinden. Eine zarte Wolke lag wie ein Schleier vor der Sonne. Der gelbe Ball bewegte sich an seinem äußeren Rande bald kreisend, bald sich von links nach rechts und umgekehrt verschiebend. Auch das Innere der Kugel — das sah man mit aller Klarheit — war ohne Unterbrechung in stärkster Bewegung. Dasselbe Phänomen wiederholte sich an den folgenden Tagen, am 31. Oktober und am 1. November, dem Tag der Dogmaverkündigung, ebenso am 8. November, dem Oktavtag; seither nie mehr. Ich suchte auch an anderen Tagen und unter denselben atmosphärischen Verhältnissen dieselben auffallenden Phänomene an der Sonne festzustellen, aber vergebens. Ich konnte nicht einmal einen Augenblick hinschauen, sogleich war ich geblendet.

Das ist in kurzen und einfachen Worten die reine Wahrheit."

Kaum war das Pontifikalamt beendet, erscholl, von den harmonischen Glockenschlägen in St. Peter angekündigt, im Heiligtum, das in dieser Stunde Mittelpunkt und Herz der Welt geworden, die bekannte und feste Stimme des Stellvertreters Christi auf Erden:

„Magnificat anima mea Dominum! Das ist das Wort, das Uns spontan über die Lippen kommt, um die Gefühle auszudrücken, die Unsere Seele in diesem historischen Augenblick der jetzigen Feierlichkeit erfüllen, bei der Wir in der Person Unseres Kardinal-Legaten den Vorsitz führen; bei der Feierlichkeit oder dem grandiosen Hymnus des Dankes, den eure erleuchtete Frömmigkeit zum Herrn emporsenden wollte für den unschätzbaren Segen des Heiligen Jahres der ganzen Welt, auf diesem bevorzugten Berg von Fàtima, auserwählt von der jungfräulichen Mutter zum Thron der Erbarmungen und zur Quelle ihrer Gnaden und Wunder.

Ein Jahr ist seit jener feierlichen, heimweherfüllten Stunde vergangen, in der Wir in der Basilika des Apostelfürsten die Heilige Pforte geschlossen haben. Wir schienen den Engel des Herrn zu sehen, der vor zwölf Monaten von hier ausgehend über die ganze Welt zog, um die Seelen, die guten Willens sind, einzuladen; sie sollten kommen, den Frieden zu suchen und das übernatürliche Leben zu erneuern im Bade des Jubiläums, im Herzen der Ewigen Stadt bereitet.

Heute, wo dasselbe Jubiläum des ganzen Erdkreises vor dem Abschluß steht, wollen Wir einen Rückblick halten. Eine andere Vision, nicht weniger tröstlich, zeigt sich Unserem Geiste: Oh, es ist nicht nur der Engel des Herrn, es ist die Königin der Engel, die auszog in ihren wundertätigen Bildern aus den berühmtesten Heiligtümern der Christenheit und vornehmlich aus diesem Heiligtum von Fàtima — hier hat der Himmel zugestimmt, sie als ‚König*in der Welt*' zu krönen — und die in einem jubelnden Besuch alle Gebiete ihrer Herrschaft durcheilt. Auf ihren Reisen in Amerika wie in Europa, in Afrika und Indien, in Indonesien und Australien häufen sich die Wunder der Gnade dermaßen, daß Wir nur mit Mühe glauben können, was die Augen sehen. Nicht nur die guten und gehorsamsten Kinder der Kirche, die noch eifriger werden; die verlorenen Söhne sind es, die, besiegt vom Heimweh nach der mütterlichen Liebe, in das Vertrauen zurückkehren. Es sind (wer könnte sich das vorstellen?) in Ländern, wo das Licht des Evangeliums kaum zu leuchten begann, wo viele verstrickt sind in die Finsternis des Irrtums, Menschen, die im Wettstreit mit den Gläubigen Christi ihren Besuch erwarten, sie empfangen und ihr mit Begeisterung zujubeln, sie verehren, sie anrufen und außerordentliche Gnaden erhalten. Unter dem mütterlichen Blick der himmlischen Pilgerin gibt es nicht Gegensätze von Nationalität oder Rasse, die trennen, nicht Verschiedenheit von Grenzen, welche scheiden, nicht widerstrebende Interessen, die Zwietracht bringen; alle fühlen sich in diesem Augenblick glücklich als Brüder. Ein einzigartiges Schauspiel und ein einzigartiger Eindruck, der Uns die schönsten Hoffnungen fassen läßt!

Bei der Verkündigung des Jubiläums haben Wir als eines seiner Ziele *den Frieden* angegeben, den inneren wie den äußeren Frieden in den Familien, der Gesellschaft und unter den Völkern.

Die allerseligste Jungfrau, Unsere Herrin, zeigt in ihrer Botschaft, die sie als Pilgerin in der Welt wiederholt, den sicheren Weg des Friedens und die Mittel, ihn vom Himmel zu erhalten, da wir ihn von menschlichen Mitteln so wenig erwarten können.

Wenn sie mit besonderem Nachdruck das Rosenkranzgebet in den Familien einschärft, scheint sie uns zu sagen, daß durch die Nachahmung der heiligen Familie das Geheimnis des Friedens am häuslichen Herd gefunden wird. Wenn sie ermahnt, besorgt zu sein um den Nächsten wie für die eigenen Interessen, bis zum Gebet und Opfer für sein geistiges und zeitliches Heil, zeigt sie ein Mittel, das wirklich geeignet ist, die Eintracht zwischen den sozialen Klassen wieder herzustellen. Und wenn sie mit mütterlicher Stimme betrübt und eindringlich eine allgemeine und aufrichtige Rückkehr zu einem christlicheren Leben fordert, erinnert sie uns vielleicht nicht daran, daß einzig im Frieden mit Gott und in der Achtung der Gerechtigkeit und des ewigen Gesetzes das Gebäude des Friedens in der Welt fest gegründet ist? Denn, wenn Gott nicht baut, arbeiten die Bauherren umsonst.

Wir fahren fort, mit allen Uns möglichen Mitteln unermüdlich zu arbeiten für das wahre Wohl der ganzen menschlichen Familie und setzen Unsere Hoffnung vor allem auf die mächtigste Fürsprache der Jungfrau, die Wir unaufhörlich anrufen, damit sie sich würdige, die Stunde zu beschleunigen, in der sich von einem Ende der Welt bis zum anderen der Gesang der Engel verwirkliche: ‚Ehre sei Gott und Friede den Menschen, die guten Willens sind!' "

Monsignore Fulton Sheen, der angesehene Helfer des Kardinals Spellmann, faßte den tiefen Eindruck dieses großen Ereignisses folgendermaßen zusammen:

„Der Rote Platz von Moskau hat eine Antwort im Weißen Platz von Fàtima gefunden. Der Rote Platz ist voll mit Maschinengewehren und Fahnen, die gerötet sind vom Blut der Opfer des Kommunismus. Ihm gegenüber steht der Weiße Platz von Fàtima, weiß wie das Bild der Jungfrau und wie die Hunderte und Tausende von Taschentüchern, die in der Luft geschwenkt werden als Huldigung an die Königin des Friedens.

Es wird ein Tag kommen, an dem die tyrannische Macht des Roten Platzes und die geistige Macht des Weißen Platzes einander treffen werden zum Endkampf. Der Kommunismus wird nicht mit Waffen besiegt werden, sondern erobert durch eine Bekehrung. Die Jungfrau des Weißen Platzes in Fàtima will nicht den Tod der Kommunisten, sondern daß sie sich bekehren und im Frieden mit Gott leben."

Maria als Pilgerin

Eines Tages begab sich die Jungfrau und Mutter auf Pilgerschaft, erfüllt von Gott und seiner Gnade und voll Sehnsucht, den Menschen diese Gnade mitzuteilen (Luk. 1, 39).

Die Gottesmutter von Fàtima, gekrönt als *Königin der Welt*, gibt sich nicht mehr zufrieden mit den Besuchen der immer zahlreicher werdenden Pilger im Heiligtum zu Fàtima. Sie selbst wollte sich auf die Reise durch alle ihre Herrschaftsgebiete begeben, um aus ihren mütterlichen Händen die Fülle des Segens und der Gnade über sie auszuschütten, sie mit mütterlicher Freigebigkeit zu beschenken. Es ist diese „Pilgerfahrt der Gottesmutter" einmalig in der Geschichte der heiligen Kirche, und die Berichte darüber würden viele Bände füllen. Darum müssen wir uns mit kleinen Ausschnitten daraus zufriedengeben.

Die *erste Pilgerreise* der Gottesmutter von Fàtima fand im Jahre 1946 vom 22. November bis 24. Dezember statt und endete im Patriarchat von Lissabon. Unbeschreiblich war der grenzenlose Jubel der Menschen, der überall den Weg der himmlischen Missionärin begleitete, unzählbar sind die geistigen und zeitlichen Gnadengaben, die den Menschen zuteil wurden, oft sofort oder auch anschließend an den Besuch der Gnadenstatue.

Ein Ereignis ist wert, erwähnt zu werden. Als die Statue der allerseligsten Jungfrau in Bombarral, 80 km von Lissabon entfernt, ankam, ließ ein Kind sechs Tauben auffliegen. Drei davon ließen sich zu Füßen der Statue nieder. Mit großer Überraschung und Begeisterung sah die Menge diesen Vorfall. Die Tauben blieben zu Füßen der Gottesmutter sitzen und begleiteten sie bis nach Lissabon. Weder der gewaltige Jubel der Menge noch die Klänge der Musik, auch nicht das Knallen der Raketen und der Blumenregen, mit dem der Wagen, der die Statue führte, überschüttet wurde, vermochten die Tauben zu vertreiben. In Lissabon angekommen, begleiteten sie Unsere Liebe Frau in die Kirche und blieben drei Tage dort, bis die Statue wieder weggeführt wurde. Eine davon folgte ihr sogar bei der Überquerung des Tejo ...

Am 13. Oktober 1947 verließ das wundertätige Gnadenbild die Cova da Iria und kam zwei Tage später im Erzbistum von Evora an. 20.000 Personen erwarteten es dort, an ihrer Spitze der Erzbischof selbst mit den politischen und militärischen Vertretern der Provinz. So begann die *zweite Pilgerreise*, welche die Provinz südlich des Tejo Christus zurückerobern sollte.

An den Grenzen des Bezirkes verabschiedete sich der Bürgermeister, dessen Gerichtsbarkeit hier endete, von der Gottesmutter und übergab die Statue seinem Amtskollegen des Nachbarbezirkes. Von da weg begab sich die himmlische Pilgerin gegen den Hauptort. Je nach der Entfernung des Ortes wurde sie auf ihrer Reise entweder auf den Schultern von Männern getragen oder mit dem Auto weiter in das Land geführt. Alle Orte, durch die sie kam, hatten Festtag. Die Straßen glichen einem Teppich aus Blumen, Triumphbögen waren als Wil'kommgruß aufgerichtet.

Die kostbarsten Seidentücher verhüllen die Fassaden der herrschaftlichen Paläste; aber auch an den Häusern der Armen fehlt der Schmuck nicht, der in seiner Einfachheit noch eindrucksvoller wirkt. Und Unsere Liebe Frau zieht lächelnd vorüber, Segen und Frieden strahlt von ihr aus, während sich aus den Fenstern und von den Balkonen ein wahrer Regen von Blumen und Rosenblättern über sie ergießt.

In der Stadt bewegt sich der Zug zum Rathaus, weil Unserer Lieben Frau als Herrin des ihr geweihten und zum Besitz gegebenen Landes hier die Huldigung der Stadt dargebracht werden soll.

In der Nacht findet die Lichterprozession statt. Die weißgekleideten Bürgerinnen von Alentejo und Algarve erstrahlen im Dunkeln im Schein der tausend und abertausend Fakkeln und Kerzen. Es sind Nächte des Gebetes, der Gesänge, der Tränen und Anrufungen, des mutigen Bekenntnisses des persönlichen Glaubens . . .

Nach Mitternacht feiert man die heilige Messe, der sich eine nächtliche Anbetung des Allerheiligsten bis zum Morgengrauen anschließt. Nach Tagesanbruch wird im Freien, auf dem größten Platze des Ortes, das heilige Meßopfer neuerlich dargebracht. Auf diesem Platze haben sich auch viele Kranke versammelt. Zu ihnen wird nach Beendigung des heiligen Opfers Jesus im heiligsten Altarssakramente getragen. Sein Segen bringt ihnen Frieden und Stärkung, häufig auch Besserung ihres Leidens oder vollständige Genesung. Zieht das Allerheiligste vorbei, füllen sich viele Augen mit Tränen; und mit weißen Taschentüchern winken die Gläubigen ihren Abschiedsgruß, während die Prozession ihren Weg fortsetzt.

So besucht die Gottesmutter Pfarrei um Pfarrei, um alle ihre in der weiten Ebene verstreuten Kinder zu stärken und zu trösten . . .

Maria segnet Spanien. — Zweimal unterbrach die Prozession ihren Weg, um dem Nachbarland Spanien einen kurzen Besuch abzustatten.

Am Morgen des 25. Oktober brach man von der Stadt Elvas nach Badajoz auf. An der Grenze erwarteten gut 30.000 Personen die Ankunft Unserer Lieben Frau. Mit tosendem Beifall wurde ihr Erscheinen begrüßt.

Nun übergaben die portugiesischen Behörden den spanischen die Gnadenstatue „mit jener natürlichen Einfachheit, mit der ein Bruder die Mutter in das Haus des anderen Bruders begleitet, weil sich dieser für einige Tage ihrer Liebe erfreuen soll".

Alle gehen zu Fuß bis zu den Toren der Stadt, wo andere 70.000 Menschen die Gottesmutter mit begeisterten, jubelnden Zurufen willkommen heißen. Vor dem Rathaus legt der Bürgermeister in die Hände des himmlischen Gastes eine Goldmedaille, auf der mit Edelsteinen das Wappen der Stadt eingelegt ist, umgeben von einem Rosenkranz aus purem Gold. Dann defiliert das Militär unter dem Klang der Trommeln, dem Läuten der Glocken und dem Händeklatschen der begeisterten Menge vor der allerseligsten Jungfrau: die Königin ist gekommen, um Heerschau zu halten . . .

Man begibt sich zur Kathedrale, und die Heilige Stunde beginnt. Sie dauert die ganze Nacht hindurch bis zum folgenden Tag, dem Christkönigsfest. Es erscheinen zur Anbetung alle religiösen Vereinigungen, die Bürger und das Militär der Stadt; alle wechseln in bestimmter Reihenfolge ab. Die spanische Regierung gibt ein leuchtendes Beispiel eines wahren und praktischen Katholizismus. In der Früh kommunizieren 20.000 Menschen.

Dieselbe Kundgebung der Andacht erlebt man bei einem anderen Besuch der Gnadenstatue von Fàtima in Ayamonte an der Mündung des Guadiana am 9. Jänner 1948.

So verliefen die Pilgerreisen. Und nun die Früchte.

Es war die Mutter, die vorüberging. Und die Kinder, auch jene, die taten, als dächten sie nicht mehr an das Vaterhaus, wetteiferten in Beweisen ihrer kindlichen Liebe. Wie viele Geschenke opferten sie! Medaillen, Rosenkränze aus Silber und Gold, Reliquienschreine . . . Eine Familie überreichte einen silbernen Schlüssel als Symbol der Hingabe ihres ganzen Hauses. Mehr als eine arme Frau opferte ihre Goldkette; eine Greisin zog aus ihrer abgenützten Geldtasche zwei kleine Goldstücke und gab sie einem Priester mit der Bitte: „Bringen Sie dieses Almosen der Gottesmutter. Ich kann nicht mehr gehen und sie darum nicht selbst aufsuchen. Es ist wenig, wenig; aber ich habe nicht mehr!" — Es war ein halber Escudo (etwa 20 Lire). Wahrlich, Jesus hätte wieder wie einst sprechen können: Diese Greisin hat mehr als alle anderen geopfert.

Man beachte: viele Dörfer in diesen ausgedehnten Gegenden konnten nur spärlich mit Priestern besetzt werden; ja seit der Verfolgung von 1910 blieben sie geradezu ohne jede priesterliche Betreuung; indessen war die unchristliche Propaganda ungestört am Werk. So verwirklichte sich immer mehr das Wort des heiligen Pfarrers von Ars: Eine Pfarrei ohne Priester wird in wenigen Jahren eine Pfarrei ohne Kirche sein, und eine Pfarrei ohne Kirche wird sehr bald eine Pfarrei ohne Christen sein . . .

Jetzt bereiten viele Missionäre die Wege der Gottesmutter. Opferfreudige Frauen ziehen von Dorf zu Dorf, predigen die Liebe Jesu und unterrichten Erwachsene und Kinder im Katechismus. Wie viele wunderbare Bekehrungen gibt es! Unzählige unerlaubte Verhältnisse werden in Ordnung gebracht. Tausend und abertausend Beichten sind zu verzeichnen. Die Menschen drängen sich zur nächtlichen Anbetung. Auch Hunderte von Erwachsenen werden getauft. In einem einzigen nicht sehr volkreichen Ort sind es allein fünfhundert. Anderswo tauft ein Kapuzinermissionär 282 Personen. In vielen Orten bitten die Bewohner inständig, man möge ihnen doch einen Pfarrer senden. In Vimieiro versprechen die Männer einstimmig, am Sonntag keine knechtliche Arbeit mehr zu verrichten und die heilige Messe nicht zu versäumen . . . Die Bürgermeister vollziehen persönlich die Weihe ihrer Gemeinden an das Unbefleckte Herz Marias. Ein einziger, in der Erzdiözese Evora, verkündete öffentlich, daß er dies nicht tun wolle. Aber als er dann den Glauben und die Begeisterung der Bewohner sah, bereute er es und vollzog die Weihe mit großer Andacht. Ein anderer kam, bekannte öffentlich seine Vergehen und bat um Verzeihung.

In wie vielen Orten fielen Bilderstürmer und Menschen voll feindseliger Haltung besiegt zu Marias Füßen nieder! Ein Beispiel: „Wir hatten die Gnadenstatue nach Escourel gebracht", so erzählt einer der Priester. „Jene Pfarrei war eine der schlechtesten des ganzen Erzbistums. Sie hatten dort keine Kirche; denn sie hatten ihre Kirche seit 1910 in eine Schule umgewandelt, nachdem alle Bilder verbrannt worden waren. Der heutige Empfang Unserer Lieben Frau von Fàtima (9. November) war ergreifend. Kein einziger der Bewohner fehlte, kein einziges Haus war ungeschmückt. Mit lauten Rufen bat die Menge den Erzbischof, er möge die Restaurierung ihrer Kirche erlangen und ihnen einen Pfarrer geben. Die Arbeiter opferten der Gottesmutter eine goldene Kette, die Pfarrei einen silbernen Rosenkranz.''

Aber nicht nur geistige Gnaden teilte Maria aus. In Hülle und Fülle überschüttete sie die Menschen mit ihren Gaben, Gebetserhörungen, Wundern und vielfach beglaubigten wunderbaren Heilungen des Körpers in Estremoz, Beja, Almodòvar, Veiros usw. In Badajoz zeigte sie sich besonders großmütig, vielleicht um der Stadt für den herrlichen Empfang zu danken.

Ein einziges Beispiel entnehmen wir der Erzählung des Missionärs Fr. Fidelis D. Barbosa: ,,Es kam das lange erwartete Gnadenbild an (in Alcoutim, Provinz Algarve). Am gleichen Tag trat eine junge Blinde, Maria Manuela de Brito, an das Mikrophon. Sie war im Blindeninstitut erzogen worden und las nun, vorbereitet vom Missionär, von einer Vorlage in Blindenschrift eine Anrufung vor, die mit folgenden Worten endete: ,Und ich im besonderen, o Herrin, die ich wohl zu Deinem Bilde komme, aber es nicht sehen kann, weil meine Augen erloschen sind, ich flehe Dich ohne Unterlaß voll Glauben an: Herrin, mach, daß ich sehe! Herrin, Du weißt um mein Leid¹ Hilf mir! Erlöse mich aus dieser Finsternis! Gib das Licht diesen Augen, damit sie zu sehen vermögen, was meine Phantasie sich vorstellen kann. Aber ... wenn Du mich dieser überaus großen Gnade nicht für würdig hältst, Herrin, vermehre meinen Glauben! Gib mir Kraft im schweren Ringen mit den Wechselfällen meines Unglücks, erleuchte meine Seele, damit ich Dich einst im Paradiese sehen und lieben kann!'

Sie hatte noch nicht ausgesprochen, da bemerkten ihre Augen in einiger Entfernung klar und deutlich die Gnadenstatue. Sie lief hinzu, warf sich zu ihren Füßen nieder und dankte aus ganzem Herzen für die eben erhaltene große Gnade. Dann sah sie den hochwürdigsten Bischof, trat zu ihm hin und küßte seine Hand. Dieser sank bewegt in die Knie und mit ihm alle anwesenden Priester, während die Menge unter Tränen Marias Lobpreis sang."

Die Pilgerfahrt nach Madrid

Die herrlichste Huldigung, die wir in den Jahrbüchern Unserer Lieben Frau von Fàtima verzeichnen konnten, wurde ihr sicherlich im Mai 1948 dargebracht. Es war tatsächlich die großartigste, die der allerseligsten Jungfrau auf ihren Reisen je dargebracht worden war. Auf Wunsch des hochwürdigsten Bischofs, der gerade sein Bischofsjubiläum feierte, kam das Gnadenbild nach Madrid. Dort sollte gewissermaßen unter seinem Vorsitz der feierliche Marianische Kongreß vom 23. bis 30. Mai tagen.

Die Statue der jungfräulichen Pilgerin strahlte weiß und rein, so mag Maria einst durch die Straßen Galiläas gewandert sein. Aus ihrem mütterlichen Herzen und von ihren Händen ergossen sich Ströme von Gnaden, die zahllose Tränen trockneten, Kranken die Gesundheit brachten und ungezählte Seelen aus dem Abgrund der Sünde und des Lasters retteten.

Das Willkommen: Sonntag, 23. Mai. Ganz Madrid ist in Festesstimmung, prunkvoll geschmückt mit Fahnen, Seidentüchern und Blumen. Gegen Abend strömt das ganze Volk zur Brücke der Segovia, es ist ein Meer von Menschen.

Um 20 Uhr nähert sich das Gnadenbild. Es herrscht ein ungeheures Gedränge von einer Million Menschen. Sie stimmen

Lieder an, brechen in Hochrufe aus, in ohrenbetäubenden Applaus.

Das Schwenken von Hunderten weißer Taschentücher gilt der himmlischen Pilgerin als Willkommensgruß. Der Bischof stimmt das „Salve Regina" an, das ganze Volk fällt ein. Inzwischen wird die Statue vom Reisewagen gehoben und auf einem Traggestell im Triumph durch die Menge getragen. Die Tauben ziehen mit . . . sie wollen sich von der weißen Königin nicht trennen. Militär ist nicht imstande, die Scharen der Leute zurückzuhalten. Alle wollen die Gnadenstatue in der Nähe sehen, mit eigenen Händen sie berühren; sie sieht in ihrer Einfachheit und strahlenden Reinheit aus, als wäre die Jungfrau von Nazareth leiblich auf diese Erde gekommen.

Nach dem Gruße des Bischofs bewegt sich der Zug gegen die Kathedrale, wo die allerseligste Jungfrau den für sie bereiteten Thron besteigt, zu dem die höchste Obrigkeit der Stadt ihr ein glänzendes Geleite gibt.

Mutter der Kleinen. — Die Gottesmutter von Fàtima hat eine besondere Vorliebe für die Armen und Demütigen. Auch in Madrid wollte sie die Nächte damit verbringen, Segen an die Bewohner der Vororte der großen Stadt auszuteilen. In diesen Vororten wohnen hauptsächlich Arbeiter. „Und welche liebende Begeisterung, die Formen heiliger Torheit annahm, weckte sie überall!"

Gegen 23 Uhr versammelte man sich zur Prozession, die jede Nacht in eine andere der verschiedenen Pfarreien am Stadtrande zog. Dabei wiederholten sich immer wieder die begeisterten Kundgebungen des Volkes. Es herrschte ein solches Gedränge, daß oft die einen über die anderen stolperten, keiner konnte es erwarten, die erhabene Herrin zu sehen und anzurufen. Es gab Straßen, die von der Menschenmenge so verstopft waren, daß man in einer Stunde nicht mehr als 24 m vorwärtskam.

Eines Nachts, als die allerseligste Jungfrau aus der Kathedrale zog, regnete es in Strömen. Man hatte Sorge, daß diesmal der Erfolg ausbleiben könnte. Leere Furcht! Der Zulauf der Leute war genau so groß wie in allen anderen Nächten. Tausende knieten im Wasser, sie dachten nur daran, zu beten...

Und... wie wunderbar! Eine arme Pförtnerin eines Hauses am Wege, den die Prozession ziehen sollte, wurde gefragt, ob sie nicht auch gehen wolle, Unsere Liebe Frau von Fàtima zu sehen. Sie antwortete: „Ich habe keine Zeit! Soll sie selber zu mir kommen, wenn sie mich sehen will!" Gerade als sich der Zug in der Straße bewegte, in welcher jene Frau wohnte, brach ein gewaltiger Platzregen hernieder; man war gezwungen, in einem der am Wege liegenden Häuser Unterstand zu suchen, um das Gnadenbild zu schützen, bis der Regen aufhörte. Es war das Haus jener Pförtnerin. Die Gottesmutter war gekommen, sie zu besuchen... Man kann sich vorstellen, wie bestürzt und außer sich die Frau war.

In der Pfarrei empfing man die jungfräuliche Pilgerin mit Liedern, Glockenklang und Feuerwerk... Dann wurden in der Kirche in ununterbrochener Folge die heiligen Messen gefeiert, Beichten gehört und die heilige Kommunion ausgeteilt, während das Volk in die Nähe der Statue strebte, um sie zu betrachten und zu berühren.

Ein Augenzeuge schreibt:

„Schon lange vor der Ankunft in der Kirche, auf einem Weg von zirka einem halben Kilometer, füllte das Volk die Straßen, aufgestellt in Vierer- und Fünferreihen... Und sie mußten oft mehr als vier Stunden warten. In der Kirche mußte der Pfarrer alle Kräfte anstrengen, Raum zu schaffen, damit alle das Gnadenbild sehen könnten. Das Volk durfte davor nicht stehenbleiben, sondern unaufhörlich zogen die Leute daran vorbei wie ein Fluß... Arbeiter, Schwestern, vornehme Frauen, Kranke, Soldaten, Kinder ... fielen, vor dem Bilde angekommen, auf ihre Knie und beteten mit unaussprechlicher Andacht. Der Pfarrer rief immer wieder, man solle sich nicht niederknien, um das Vorbeiziehen der Menge nicht aufzuhalten. Aber die Erschütterung vieler Leute war so groß, daß sie nicht darauf hörten, es auch nicht spürten, daß sie im Gedränge von manchen Seiten getreten und gestoßen wurden."

Am Morgen kehrte die allerseligste Jungfrau wieder in das Stadtzentrum zurück; mit Tränen und Heimweh begleitete sie das einfache Volk, das Maria besucht und zu Jesus zurückgeführt hatte.

Die Huldigung der Großen. — Die Gattin und die Tochter des Staatsoberhauptes waren alle Tage gekommen, um das Gnadenbild in den verschiedenen Kirchen, wo es gerade weilte, zu besuchen.

Am Nachmittag des 27. brachte man Unsere Liebe Frau in den Palast des Staatsoberhauptes, der es in der Kapelle mit der ganzen Familie und dem Zivil- und Militärpersonal des Hauses empfing. Die Kapelle war herrlich mit Blumen geschmückt; es wurde der Rosenkranz gebetet und am Schlusse das Salve Regina gesungen.

Samstag, den 29., war der Empfang in der Universität durch den Unterrichtsminister; der Rektor, der Vize-Rektor, Professoren und Studenten waren anwesend. Das Gnadenbild stand im Hof auf einem herrlichen Thron erhöht, vor dem die heilige Messe gefeiert wurde, der ganze Lehrkörper und die Schüler waren dabei anwesend, mehr als 1000 Studenten empfingen die heilige Kommunion.

Während der letzten drei Tage blieb das Bild immer auf der riesengroßen Piazza dell'Armeria (Zeughausplatz). Ununterbrochen kamen Menschen, um zu beten.

Man zählte am 28. mehr als 300.000 Menschen, die herbeigeeilt waren; mehr als 750.000 am 29. und noch mehr am letzten Tag.

Die Trösterin der Betrübten. — Am Samstag, den 29., feierte der Patriarch von Lissabon die Messe für die Kranken; es waren ungefähr 10.000, von 100 Ärzten begleitet, mehr als 1000 Ordensfrauen und Krankenschwestern und 50 Priester, um die Beichten zu hören und die heilige Kommunion auszuteilen.

Nach der heiligen Messe und der Weihe an das Unbefleckte Herz Marias, die von den Kranken erneuert wurde, fand wie immer die ergreifende Segnung mit dem Allerheiligsten statt. Wie einst, als Jesus durch die Straßen und Plätze Palästinas zog, gab es Kranke, die von ihrem Krankenlager aufsprangen — geheilt! Die Ergriffenheit erschüttert alle Seelen bis in das Innerste. Man spürt die Kraft des Wunders. Man greift förmlich die Übernatur mit der Hand. Vergebens wird durch die Lautsprecher mehr Ordnung verlangt. Alle wollen den Geheilten nahe sein.

Wie viele waren es?

Der Bischof von Madrid sprach in einem Brief, den er vier Tage nachher schrieb, bereits von 15 Geheilten. Hier seien einige aufgezählt:

Fulgencia Vaz Sanchez, eine Blinde, deren linker Arm seit vier Jahren unbeweglich war; *Cecilia Millàn* hatte ein gebrochenes Knie, das ihr jede Bewegung unmöglich machte; *Eugenia Saenz Martins*, seit mehr als 21 Jahren blind; der kleine *Antonio Munoz*, erkrankt an einem ernsten Darmleiden, das eine gefährliche Fistel noch verschlimmerte; *Narcisa Garcia*, erkrankt an einer tuberkulösen Hirnhautentzündung, deren Folge Blindheit war; alle waren auf der Stelle gesund. Auch Soror *Mercedez M. Barbero*, die ein vollständig abgestorbenes Bein hatte, wurde plötzlich geheilt. Der Arzt rief aus: „Wenn ich keinen Glauben gehabt hätte, dann hätte das, was ich nun erlebt habe, genügt, mich zu überzeugen und zu bekehren!"

Aber die größten Wunder, über die man nicht sprechen kann, waren ohne Zweifel jene, die sich im Innersten der Seelen zutrugen . . . Man kann sie nur aus manchen äußeren Zeichen ermessen. Die Priester waren Tage und Nächte hindurch damit beschäftigt, die Beichte zu hören. Es kamen Tausende von Menschen zur heiligen Kommunion. In den Vorstädten, durch die traurigen, moralischen Zustände und gefährlichen Grundsätze bekannt, waren massenhafte Konversionen zu verzeichnen. „Mir sagten die Pfarrer der Vororte", so schreibt der hochwürdigste Bischof, „daß von den vielen, die im Beichtstuhl knieten, mehr als 40 Prozent seit 15, 20 und 30 Jahren nicht mehr bei den Sakramenten gewesen waren."

Ein Missionär aus China berichtet, er habe niemals Männer so aufrichtig und reumütig beichten gehört . . .

In der Pfarre zum Heiligsten Herzen, um nur ein Beispiel anzuführen, zählte man 25.000 Kommunionen. In der Pfarre von Tetuàn waren einige Priester von zwei Uhr nachts bis 14.30 Uhr nachmittags mit dem Austeilen der heiligen Kommunion beschäftigt.

Einige ganz besondere Zwischenfälle seien vermerkt: Am Eingang der Piazza dell'Armeria sagte ein junger Mann zu einem Priester: „Hochwürden, ich bin gekommen, um die Gottesmutter zu sehen, aber ich habe seit vielen Jahren nicht gebeichtet . . . Ich schäme mich, sie so sehen zu müssen. Bitte, nehmen Sie meine Beichte ab!"

Die Pilgerstatue zieht in Prozession an einem Hause vorbei. Kurz nachher kommt einer der Bewohner heraus und wendet sich an einen Priester: „Pater, zwei Jahre ist es her, da habe ich meiner Tochter befohlen, mir nach der Kommunion eine konsekrierte Hostie nach Hause zu bringen. Alle Tage habe ich sie entweiht und Unseren Herrn beleidigt . . .

Kommen Sie, diese Hostie zu holen. Ich will nicht mehr sündigen! . . ."

Die größte Verherrlichung. — Das festliche Pontifikalamt, dargebracht vom Bischof von Madrid, wurde am 30. Mai auf der Piazza dell'Armeria gehalten . . . Als sich der Abend senkte, hieß es Abschied nehmen. Madrid schenkte der himmlischen Pilgerin noch einen besonderen Gruß. Dieser wird wie folgt beschrieben: „Es ist der Augenblick nicht zu beschreiben, in dem Unsere Liebe Frau in der Strada di Bailèn erschien. Die Menschenmenge brach geschlossen in Applaus und Hochrufe aus, Lieder und Gebete wurden angestimmt. Die Gnadenstatue trugen die höchsten kirchlichen und staatlichen Vertreter. Die begleitenden Wachen hatten alle Mühe, den Weg durch die Menschenmasse zu bahnen, die immer wieder in begeisterte Rufe ausbrach. Wir, die wir im priesterlichen Gefolge teilnehmen konnten, werden die Inbrunst und Ergriffenheit dieser hundert und tausend Menschen nie vergessen, niemals vergessen diese Blicke der Liebe, diese Augen voller Tränen, das Schwenken der Taschentücher, dieses Aufklingen der Hymnen, deren Melodien sich vermischten und gegenseitig unterbrachen, aber in ihrer Disharmonie eine Kundgebung des höchsten geistigen Zusammenklanges waren . . . Schließlich rückte die Polizei und die Ehrenwache des Generals aus, drängte die Menge zurück, um einen freien Platz um das Gnadenbild zu schaffen. Zu gleicher Zeit brannte ein Feuerwerk ab, und Hunderte von bunten Fackeln tauchten den Platz in ein Licht, das wie ein Traum eines überirdischen Lichtes wirkte. Und im Mittelpunkt die Jungfrau von Fàtima — bald sichtbar gleich einer zarten himmlischen Erscheinung, bald wieder entschwand sie; lieblich und in sich gekehrt, mütterlich lächelnd zeigte sie sich zum letztenmal den Blicken der Madrider, deren Augen von Tränen verschleiert waren. Der hochwürdigste Bischof erteilte dem Volke den Segen. Dann wurde das Gnadenbild die Straße hinabgetragen unter dem Schwenken der Taschentücher, den Hochrufen und Stoßgebeten der Menge. An meiner Seite sangen die Seminaristen, oder besser, sie riefen aus ganzer Seele: ,Lebe wohl, Mutter mein! Mutter mein, lebe wohl!' '' (Iris de Paz)

Es war 22 Uhr. Auf dem Auto des Arbeitsministers setzte die allerseligste Jungfrau ihre Reise nach Toledo fort.

Die Tauben

Bei der ersten Pilgerfahrt Unserer Lieben Frau von Fàtima haben wir bereits berichtet, daß weiße Tauben dem strahlenden Gnadenbild während einiger Tage treue Gesellschaft leisteten.

Dieses Ereignis wiederholte sich in noch auffallenderer Weise während der zweiten Reise. Nachdem das Gnadenbild in das Erzbistum von Evora gekommen war, gesellten sich ihm sofort wieder die Tauben zu und ließen sich zu Füßen der allerseligsten Jungfrau nieder, wo sie während der ganzen Reise, manchmal ihrer mehr, manchmal ihrer weniger, verblieben, sie aber nie ganz verließen. Bemerkenswert ist, daß bei Prozessionen, bei denen auch andere Statuen mitgetragen wurden, die Tauben immer auf dem Traggestell der Gnadenstatue blieben.

Noch bemerkenswerter ist ein Vorfall auf der Reise nach Madrid. In einer katholischen Atmosphäre wie jener der Hauptstadt Spaniens glaubt man leicht, daß die Gottesmutter Wunder zu wirken vermag, so wie sie einige Blumenblätter aus ihren mit Rosen gefüllten Händen verstreut. Aber „die Täubchen würden ganz Madrid verrückt gemacht haben''. Die allerseligste Jungfrau kam, von einigen Tauben begleitet, an, die während des ganzen Weges auf dem Auto saßen.

Kaum hatte sich die Prozession in der Hauptstadt nach den Vororten in Bewegung gesetzt, kamen drei oder vier oder sieben Tauben, manchmal auch bis zu 30, die Ehrenwache bei der Statue hielten, ohne sich vom Lärm der Menge schrecken zu lassen, die Unsere Liebe Frau von Fàtima oder wenigstens das Auto, das sie führte, berühren wollte. In die Kirchen eingezogen, verhielten sie sich still. Es ist einige Male geschehen, daß jemand, der etwas ungläubig war, sagte, es handle sich um zahme Tauben oder um solche mit gestutzten Flügeln. Da erhob sich die eine oder andere der Tauben, flog rund um die Kirche und setzte sich dann wieder auf ihren Platz. Es ist nicht zu sagen, wie sehr diese Begebenheiten beitrugen, die Andacht der Leute zu vermehren.

Bisher wurde dieses „Taubenwunder" immer nur im Zusammenhang mit der Statue aus dem Heiligtum von Fàtima festgestellt; dann begann es sich auch bei anderen Statuen Unserer Lieben Frau von Fàtima zu wiederholen.

So hatte in der Diözese von Ciudad Real die Statue Unserer Lieben Frau von Fàtima, die sich auf einer Pilgerreise befand, vom ersten Tag an das Geleit dreier Tauben, zu denen sich dann andere gesellten, so daß später 20 und einige Tage nach der Rückkehr in die Stadt schon 50 Tauben das Gnadenbild begleiteten. An einem anderen Orte wollte man den eigenen Taubenschlag auf Kosten der 14 Tauben, die sich auf dem Auto niedergelassen hatten, bereichern und schickte einen Tauber unter die Tiere. Dieser aber, andächtiger als sein Herr, legte sich mitten in die Blumen zu Füßen der Statue und rührte sich nicht mehr.

In der Diözese von Orense begleiteten die Tauben gleichfalls die himmlische Pilgerin, ob es regnete oder ob die Sonne schien; durch nichts ließen sie sich abschrecken. In einer anderen Pfarrei (Faramontaos) hatte ein braver Mann der Gottesmutter zwei Peseten versprochen für irgendeine Gnade. In der Kirche angekommen, sah er die Begeisterung der Menge und die Opfergaben, die viele brachten. Er wollte nicht weniger geben und legte auf den Opferteller einen Geldschein von 25 Peseten. Da flog eine der Tauben, die still zu Füßen der Gnadenstatue saß, nieder, faßte den Geldschein mit ihrem Schnabel, warf ihn auf den Boden und kehrte befriedigt über ihre Tapferkeit wieder auf ihren Platz zurück. Der Mann legte den Geldschein auf den Opferteller zurück, aber wieder kam die Taube geflogen und warf ihn auf den Boden. Das wiederholte sich fünfmal ... Der Mann ging tief beeindruckt zum Pfarrer und erzählte ihm den Vorfall.

„Lieber Mann, die Muttergottes schaut nicht auf den materiellen Wert des Opfers, sondern auf das Herz. Vielleicht war in Ihrem Tun ein wenig Eitelkeit dabei ... Geben Sie die zwei versprochenen Peseten, dann werden wir sehen, was geschieht."

Der Mann tat so, und die Taube behelligte ihn nicht mehr.

In Kolumbien. — Als die Statue, eine Gabe der Katholischen Aktion von Madrid, dort ankam, war die Bevölkerung wegen der politischen Wahlen sehr gespalten. Vielleicht wollte die allerseligste Jungfrau, die eine große Aktion des Friedens zu unternehmen gedachte, sich deshalb von vielen Tauben begleiten lassen. Es scheint, daß dieses Taubenwunder einem bekannten Redakteur eines großen Tagesblattes von Bogotà auf die Nerven ging. Er war überzeugt, daß es sich bei den Tieren um zahme Haustauben von Geistlichen handelte, die das Volk täuschen sollten. Darum beschloß er, einen Artikel zu schreiben und so die Dinge klarzustellen. Eines Nachts, als er gerade für seine Zeitung schrieb, hörte er ein leises Rauschen von Flügeln vor seinem offenen Fenster. Es war eine Taube, die sich auf das Fensterbrett niederließ; von da hüpfte sie auf den Schreibtisch und setzte sich neben eine kleine Statue der Gottesmutter von Fàtima, die seine Gattin, eine eifrige Katholikin, dort aufgestellt hatte. Wer hatte das dieser Taube beigebracht?

Der Journalist, durch dieses Erlebnis sehr beeindruckt, schrieb seinen Artikel über Fàtima, er fiel aber anders aus, als es ursprünglich beabsichtigt war!

Die Tauben zu Füßen der Königin der Welt und des Friedens! Wer wird es bestreiten, daß der von der Welt so sehnsüchtig erwartete Frieden einzig durch die Fürsprache und Nachahmung Unserer Lieben Frau von Fàtima uns geschenkt werden kann?

Quer durch Europa

Am 13. Oktober 1945 schreibt der Pfarrer von Berlin-Frohnau auch im Namen seiner Mitbrüder einen nach Rom gerichteten Brief. Sich an die „königliche Besichtigungsfahrt" Unserer Lieben Frau von Boulogne-sur-Mer erinnernd, schlägt er darin folgendes vor: „Es wäre ein unerhörtes Ereignis, wenn Unsere Liebe Frau von Fàtima sich auf eine Reise durch alle Haupt- und Bischofsstädte Europas begeben würde. Sie käme bis an die Grenzen Rußlands, um auch dieses Land zu segnen . . . Im Jahre 1947 wird der 30. Jahrestag der Erscheinungen in Fàtima sein. Das wäre vielleicht der gegebene Moment, die Reise durch Europa zu beginnen."

Auf dem Internationalen Kongreß der weiblichen Katholischen Jugend, der im April 1946 in Gent abgehalten wurde, brachte die Delegierte von Luxemburg den Vorschlag, eine Statue der Gottesmutter von Fàtima als Botin des Friedens durch das zerrissene Europa zu tragen.

Dieser Vorschlag, der weiter keine Beachtung fand, nahm konkrete Gestalt an bei der Pilgerfahrt der weiblichen Katholischen Jugend in Fàtima (3. bis 5. Mai 1947). Sich an die herrliche Missionsreise Unserer Lieben Frau durch das Patriarchat Lissabon erinnernd, fragte man sich:

„Warum sollte die Jungfrau von Fàtima nicht in Europa dasselbe wirken, was sie in Portugal wirkte?"

Der Gedanke, eine große Pilgerfahrt durch ganz Europa zu verwirklichen, erfüllte die gute Jugend mit Begeisterung...

Dennoch bemerkte man gleich, daß sich dem ein ganzer Berg von Schwierigkeiten entgegenstellte. Die zuständigen kirchlichen Stellen Portugals und anderer Nationen, bezüglich des Vorschlages zu Rate gezogen, zögerten und fürchteten einen Mißerfolg. Nur aus Spanien kamen ermutigende Antworten.

Inzwischen aber wurden die ersten und hauptsächlichsten Schwierigkeiten durch ein wunderbares Zusammentreffen verschiedener unvorhergesehener und unvorhersehbarer Umstände behoben. Alle gewannen die Überzeugung, daß auch diese Pilgerfahrt der Wille der Gottesmutter sei. Aber jetzt war der Plan nicht mehr eine Pilgerreise durch Europa: die weiße Botin des Friedens sollte die ganze Welt durcheilen; sie sollte die Gebete der Menschheit in allen Sprachen anhören und dann ihre Missionsfahrt in Rom beenden, um sich dem Heiligen Vater vorzustellen.

April—Mai 1947. — Von Holland wurde gewünscht, daß Unsere Liebe Frau von Fàtima zum Marianischen Kongreß nach Maastricht komme, der vom 3. bis 7. September tagte. Das war die beste Gelegenheit, die Pilgerfahrt um die Welt zu beginnen. Die Leitung übernahmen die Väter der Oblaten von Velaines, zuerst R. P. Demoutiez, der schon ein alter Kämpfer Unserer Lieben Frau von Fàtima war.

13. Mai. — Die „Herrin des guten Weges", gekrönt vom Erzbischof von Evora, wurde in ein Auto gebracht, das mit den herrlichsten Blumen aus Holland geschmückt war. Sie verließ das Heiligtum um 15 Uhr, umjubelt von Hunderten und

Tausenden von Menschen, die sich in der Cova da Iria versammelt hatten.

Die Reise bis zur spanischen Grenze glich einer ununterbrochenen Prozession. Die Nachricht vom Durchzug Unserer Lieben Frau von Fàtima hatte sich rasch in allen an der Wegstrecke gelegenen Orten herumgesprochen. Groß und klein wetteiferte, wer sie schöner empfangen würde: Blumen, Feuerwerk, Gebete, vor allem aber der Empfang der Sakramente sollten der Gottesmutter als Willkommensgruß dienen. Alle spürten, daß man, um sie würdig zu empfangen, vor allem eine mit der Gnade Gottes geschmückte Seele haben muß.

Bei der Rückkehr der Gnadenstatue von Fàtima eilten die Bewohner von *Freixeanda*, dem ersten Dorf, das die Ehre hatte, Unsere Liebe Frau zu beherbergen, mit Körben von Vorräten auf dem Kopfe und den Kindern am Arm herbei. Sie wollten noch vor der Gottesmutter dort ankommen, um ihr einen würdigen Empfang auf ihrem Boden zu bereiten. Als es dunkel wurde, hielt die Jungfrau von Fàtima in dem kleinen Marktflecken einen triumphalen Einzug.

Ein fröhlicher Lärm: es läuten die Glocken, es erklingen die Fanfaren, es krachen die Böller. Das ganze Dorf ist anwesend: die Geistlichkeit und die weltliche Obrigkeit, die religiösen und die bürgerlichen Vereinigungen, alt und jung, niemand fehlt.

Es begann die nächtliche Anbetung. Sie war Fortsetzung jener in Fàtima. Rund um die Kirche gruppieren sich die Pilger, die nach und nach aus den entfernteren Orten gekommen sind. Beim Morgengrauen versammeln sich alle zum eucharistischen Mahl.

Castelo Branco. — Es ist ein geradezu phantastischer Anblick: alle Häuser sind bekränzt mit Gewinden aus Blumen und Lichtern, am meisten die öffentlichen Gebäude. Hier hängt ein großer Ehrenkranz aus Lichtern, etwas entfernt davon stehen die Worte: „Salve Regina ... Ursache unserer Freude ..." Die Obrigkeit geht mit gutem Beispiel allen voran. Auch das Militär ist da. Die heilige Messe im Freien findet mit größter Feierlichkeit statt.

Noch nie hat die Stadt in ihrer tausendjährigen Geschichte eine so großartige und tief empfundene Kundgebung gesehen.

Und die allerseligste Jungfrau setzt ihren Weg fort, und die Gnaden regnen auf die Menschen herab, wohin immer sie kommt ...

In der Stadt N .... hatte ein bekannter Ungläubiger den Seinen verboten, sich am Weg zum Empfang der Gottesmutter einzufinden. Er selbst, den Hut auf dem Kopfe, die Zigarre im Mund und die Hände auf dem Rücken, stellte sich vor den Augen aller auf der Straße auf. Der Zug näherte sich. Plötzlich fühlt er, wie ein Rosenkranz seine Hände berührt ... Er dreht sich um und schaut. Nichts! Eine Einbildung, denkt er und nimmt seine frühere Haltung wieder ein. Aber da ist der geheimnisvolle Rosenkranz wieder, ein zweites-, ein drittes- und viertesmal. In Gedanken besorgt und verwirrt, fühlt er immer mehr in sich die Kraft schwinden, sich dem Übernatürlichen länger zu widersetzen. In diesem Moment kommt in einer Entfernung von drei Metern die weiße Jungfrau lächelnd an ihm vorbei. Und der Ungläubige fällt besiegt auf die Knie, weint, singt und betet; dann erhebt er sich, läuft nach Hause, um seine Frau und die Kinder zu holen. Alle zusammen gehen in die Kirche, beichten dort und empfangen die heilige Kommunion, sie, die viele Jahre von Gott getrennt gelebt hatten.

In einer anderen Stadt war die unglückliche Besitzerin eines Hauses, das im schlechten Ruf stand, seit Monaten erblindet. Als sie die Nachricht vom Besuch der allerseligsten Jungfrau erhielt, versprach sie, ihr Leben zu ändern, wenn die Gottesmutter sie heilen wolle. — Es war Krankenmesse. Die Sünderin fühlte sich nicht würdig, in der Nähe des Gnadenbildes zu stehen, sondern verbarg sich in einem Winkel des Platzes. Als die heilige Messe beendet war, fand die Krankensegnung mit dem Allerheiligsten statt. — „Herr, mach, daß ich sehe!"

Im Hintergrund öffnet die arme Blinde ihre erloschenen Augen und erblickt in wunderbarer Klarheit die jungfräuliche Pilgerin, ganz in Weiß, mit der Krone auf dem Haupte und in der Hand den Rosenkranz... Sie bricht in die Knie und weint bitterlich. Eine Frau, die neben ihr steht, stützt sie liebevoll und bringt sie nach Hause. Die neue Magdalena kann es nicht erwarten, das Leben zu ändern, und die sechs Gefährtinnen der Sünde wollen jetzt Gefährtinnen der Wiedergeburt sein. Einige Frauen der Stadt sammeln die nötige Summe, und alle sieben übersiedeln in das Exerzitienhaus, wo sie heute um die Besserung ihres Lebens bemüht sind. Die Höhle der Sünde aber, schon verlassen, wurde gesperrt.

Doch die Liebenswürdigkeit der himmlischen Königin macht dabei nicht halt. Eine Dame hatte in spontaner Großherzigkeit all ihr Geld, das sie bei sich hatte, gespendet, es war das Gehalt eines Monats. Tage nachher geriet sie in große Verlegenheit, da ihre Geldbörse leer war. „Was wird mein Mann sagen, wenn er erfährt, was geschehen ist?" fragte sie sich... Schließlich kauft sie sich ein Los bei der Lotterie und empfiehlt es der Gottesmutter. Wenige Tage danach gewinnt sie genau dieselbe Summe, die sie für die Fahrt der Büßerinnen gespendet hat.

An der Grenze zwischen Spanien und Portugal — gekennzeichnet durch einen Blumenzaun, einer feinen Idee des Generalissimus Franco — war ein Triumphbogen errichtet, der die Inschrift trug: „Spanien zu Deinen Füßen."

Bis hieher waren der Bischof von Elenopoli mit dem Kapitel der Kathedrale, der höchsten Obrigkeit von Portalegre, die portugiesische Legion und die Jugend ... in einem großen Zug von 300 Automobilen und einer großen Menge zu Fuß gekommen. Die Hornisten blasen Achtung. Unter Liedern und Gebeten, Grüßen und Abschiedstränen, dem Ruf „Gute Reise, Unsere Liebe Frau von Fàtima!", überschreitet die jungfräuliche Pilgerin den Blumenzaun und begibt sich unter den Triumphbogen, wo sie vom Bischof und der Geistlichkeit von Coria, vom zivilen und militärischen Gouverneur mit allen Obrigkeiten von Cáceres, von den Vereinen und vom Volk empfangen wird. Es ist ein außerordentlich erschütternder Moment, in dem der Militär-Gouverneur die Fahne Spaniens ergreift, sie schwenkt und zu Füßen der Gnadenstatue niederlegt, während die Fanfaren den königlichen Marsch spielen. Die Begeisterung der Spanier erreicht den Gipfel.

Es war die geheimnisvolle Stunde des Sonnenunterganges. Die unvergleichliche Fahrt durch Spanien begann. Cáceres, Plasencia, Salamanca, Valladolid, Burgos, Miranda, Pamplona, Vitoria, Bilbao, Loyola, San Sebastian, Irùn ... alle Städte wetteifern miteinander, wer die himmlische Königin am würdigsten aufnehmen würde, mit lebhaftester Begeisterung und Kundgebungen des Glaubens, der Hoffnung und der Liebe.

Alle 200 Meter stehen am Wege Soldaten der Zivilwache und präsentieren die Waffen. An den Grenzen der Provinzen und der Diözesen finden sich die Bischöfe und Gouverneure ein mit dem zuständigen Klerus und den militärischen und zivilen Autoritäten, Vereine, die Volksmenge — die einen, um sich zu verabschieden, die anderen, um die erhabene Pilgerin zu empfangen. In den Dörfern und Städten sind die Straßen und Häuser in verschwenderischer Fülle mit Blumen, Fahnen, Teppichen und Triumphbögen geschmückt, das Volk strömt in Massen herbei, um Unsere Liebe Frau mit Applaus zu begrüßen, und Zehntausende empfangen die Sakramente. Wo sich die Gnadenstatue über Nacht aufhält, findet eine nächtliche Anbetung des Allerheiligsten statt, am Tagesanbruch das feierliche Pontifikalamt im Freien; die größten Kathedralen sind zu klein, um die Menschenmenge zu fassen. Auch eine eigene Messe für die Kranken und andere Andachtsübungen werden gehalten. Die höchsten Würdenträger und Offiziere des Heeres rechnen es sich zur Ehre an, die Gnadenstatue auf ihrer Schulter zu tragen, wenn sie nicht auf herrlichen Triumphwagen, von den besten Ingenieuren der Stadt eigens gebaut, geführt wird.

Ein Beispiel, scheinbarer Zufall, aber umso beredter, zeigt es, daß es zum Empfang der jungfräulichen Pilgerin keine andere Vorbereitung braucht wie die einfache Ankündigung ihres Kommens.

1. Juni, Ankunft in *Valladolid.* — Das Gefolge eröffnet eine Gruppe von mehr als 500 Radfahrern und eine große Zahl von Autos. Vor den Toren der Stadt warten 80.000 Personen, an ihrer Spitze der Erzbischof, der kommandierende General und alle Behörden. Die großartige Prozession bewegt sich zur „Plaza Mayor"; das Gnadenbild wird auf den Balkon des Rathauses gebracht, wo der Bürgermeister die Weihe der Stadt an das Unbefleckte Herz Marias vollzieht und das „Gelübde der Himmelfahrt Mariens" erneuert. Dann begibt sich die Prozession gegen die Kathedrale. Während des Umzuges streut eine Staffel von Militärflugzeugen unaufhörlich Blumen auf die Gnadenstatue, auch von allen Fenstern, Balkonen und Terrassen regnet es Blumen... In den Kirchen wird jede Nacht Anbetung gehalten, heilige Messen werden zelebriert und Kommunionen ausgeteilt. In einer einzigen Kathedrale wurden 11.000 Kommunionen gespendet.

Zweiter Tag, Kinderprozession. — Der Rosenkranz wird gebetet und andere fromme Andachten werden gehalten. Die Prozession steht unter der Leitung des Erzbischofs und der

374

höchsten Behörden. Der Weg führt auch an der Universität vorbei, wo die allerseligste Jungfrau einen Besuch abstatten soll. Sie wird vom Rektor und dem gesamten Lehrkörper in Amtskleidung mit großer Festlichkeit empfangen. Anschließend nimmt man am Platz der heiligen Klara, der die Menge nicht fassen kann, Abschied von Unserer Lieben Frau von Fàtima. Der Erzbischof verabschiedet sich in einer flammenden Rede von der seligsten Jungfrau. Am Schlusse seiner Ansprache erklärt er, daß er im Namen aller seiner Diözesanen die Gottesmutter von Fàtima umarmen und küssen wolle. Diese Geste der Liebe und Verehrung machte auf alle einen tiefen Eindruck; stürmischer Applaus und Tränen zeigten die Ergriffenheit der Menge.

In allen Städten stellte man dasselbe fest: noch nie hatte man so viele Menschen versammelt gesehen, nie eine so gewaltige und tiefe Begeisterung und so große und überzeugte Kundgebungen des Glaubens erlebt.

Einige Einzelheiten

Burgos: Die Statue Unserer Lieben Frau von Fàtima wird auf den reichgeschmückten silbernen Wagen gehoben, der einzig dazu dient, „Seine göttliche Majestät" bei der Fronleichnamsprozession durch die Stadt zu führen. Dann wird sie gewissermaßen zur „Heerschau" in die Kaserne gebracht, getragen von General Yaguè, einem der größten Helden des spanischen Freiheitskampfes. Auf den Straßen führen die Hirtenknaben ihre religiösen Tänze zu Ehren der Gottesmutter auf.

Bilbao: 200.000 Menschen empfangen die himmlische Königin mit tiefem Schweigen, das eine religiöse Huldigung sein soll und außerordentlich erschütternd wirkt. Plötzlich ruft eine Stimme ganz unerwartet: „Unsere Liebe Frau von Fàtima, bitte für uns!" Das ist der zündende Funke. Die ganze Menge bricht in solchen Taumel der Begeisterung aus, wie ihn einzig die spanische Seele zu fühlen und auszudrücken imstande ist.

In der Nähe liegt ein kleines Dorf, seine Bewohner machen sich bereit, der Gottesmutter entgegenzureiten. Ein einziger weigert sich, seine beiden Pferde zur Verfügung zu stellen. „Ich will keine Zeit verlieren, es gibt auf den Feldern viel zu tun", ist seine Begründung. Da zieht sich ein Gewitter zusammen. Gerade wie der Zug mit dem Gnadenbild den Ort durchquert, brodelt es in den Gewitterwolken. Unheimlich erhellen die Blitze die Landschaft, der Regen stürzt in Strömen herab, aber der Zug zerstreut sich nicht. Da zuckt ein neuer Blitz, begleitet von einem furchtbaren Donnerschlag — er tötet die beiden Pferde auf dem Felde, deren Besitzer sich geweigert hatte, sie zum Empfang der Gnadenstatue entgegenziehen zu lassen.

San Sebastiano: Ein wundervoller Zug. Den 4000 Radfahrern mit blumengeschmückten Fahrrädern folgen in bester Ordnung 25.000 Menschen. Die ganze Stadt ist in Festesstimmung. Die allerseligste Jungfrau wird begleitet von den „Maceros de la Deputacion" (Insignienträger der Deputiertenkammer) in ihren malerischen Uniformen. In der Kirche St. Maria hängt ein riesengroßes Netz; in seine Maschen sind Tausende von Rosen gesteckt, die in den herrlichsten Farben leuchten, vom Purpurrot bis zum strahlenden Weiß; es reicht über die Decke bis vorne über den Altar, wo die Gnadenstatue in einem Garten von schneeweißen Lilien aufgestellt ist . . Während der ganzen Nacht sind die Priester von 1.30 bis 8 Uhr früh mit dem Austeilen der heiligen Kommunion beschäftigt. An der Krankenmesse nehmen über 600 Menschen teil. Man verzeichnet auch verschiedene Erhörungen . . .

Wie viele andere Gnaden und glaubwürdige Wunder spendete die Gottesmutter mit königlicher Freigebigkeit auf ihrem Wege! Eines erzählt uns die Beschenkte, D. Manuela Lopez Armentia, selbst. „Loyola, 15. Juni ... Die Jungfrau von Fàtima ... ist ein Bild voll Lieblichkeit und Anziehungskraft ... Ich kann es nicht schildern, was ich im Innersten fühlte, welche Hoffnung in all meinem Kummer mich erfüllte, als ich das Gnadenbild sah. Ich brach in Tränen aus und betete, wie ich glaube, daß man nur einmal im Leben zu beten vermag. Ich bat nicht um die Gesundheit, nur um ein wenig Erleichterung ... In diesem Augenblick fühlte ich furchtbare Schmerzen im ganzen Bein ... mir schien, als zerbreche etwas in mir. Es folgte eine neue, noch stärkere Erschütterung, als würde mein Knie auseinanderbrechen. Ich faßte es mit beiden Händen. Das Wunder war geschehen. Das Bein streckte sich, es begann sich zu bewegen und unterschied sich in nichts vom gesunden. Man kann sich meine Erschütterung vorstellen! Ich fing an zu rufen, auch meine Stimme, die ich verloren gehabt hatte, war wieder da, und ich konnte sprechen wie früher. Als mich der Arzt sah, stellte er fest, daß die Heilung vollkommen und übernatürlich sei. Seit drei Jahren hatte ich mein Bein nicht mehr gebrauchen können, jede ärztliche Hilfe hatte versagt. Es war wunderbar zu sehen, wie das Knie, das seit drei Jahren steif und gefühllos wie ein Stein war, plötzlich normal wurde, alle Nerven und Muskeln waren wieder in Ordnung, als wären sie nie krank gewesen [100]."

Aber das größte Wunder war die Erneuerung und Wiederbelebung des Glaubens; überall, wo die himmlische Königin vorbeikam, hinterließ sie Erleuchtung des Geistes und die Glut christlicher Liebe.

„Es ist wirklich so, daß unzählige Herzen, seit vielen Jahren dem Glauben verschlossen, sich in diesem Monat Mai unter dem gütigen und liebevollen Blick des Gnadenbildes Un-

[100] Brief vom 23. 9. 1947.

serer Lieben Frau von Fàtima wieder öffneten. Wir sahen viele auf den Knien, weinend, die seit Jahren keinen Fuß mehr in eine Kirche gesetzt hatten; sie gingen zur Beichte und heiligen Kommunion, kehrten zum verlorenen Glauben zurück, selbst solche, die seit langer Zeit ihr Christentum nicht mehr ausübten... Mit unseren eigenen Augen haben wir uns von der Wahrheit des Wortes überzeugt, daß der Weg zu Jesus über Maria führt [101]."

Nach 25tägiger Pilgerfahrt erreichte man Irùn am 18. Juni um 19 Uhr. Mehr als 30.000 Gläubige begleiteten singend und den Rosenkranz betend das Gnadenbild, das von den höchsten staatlichen und militärischen Würdenträgern getragen sich der ‚Internationalen Brücke' näherte. Es war von einem Kreis von Kindern umgeben, die Blumen auf den Weg streuten.

Der hochwürdigste Bischof von Vitoria brachte der allerseligsten Jungfrau den letzten Gruß Spaniens: „Noch nie hat Spanien ein so großartiges Schauspiel erlebt, nie eine so herrliche Prozession gesehen... Unsere Liebe Frau von Fàtima hat Spanien wahrhaft als Königin durchquert, und jetzt sehen wir sie mit beklommenem Herzen fortziehen... Aber wir verstehen, daß sie auch anderen Ländern ihre Botschaft des Friedens und der Liebe bringen muß."

Inzwischen öffnen sich langsam die Grenzen, die seit Jahren geschlossen waren. Der Zug setzt sich über die „Internationale Brücke" in Bewegung. Von Frankreich kommt der Bischof von Bayonne mit seinem Klerus entgegen, außerdem die weltliche Obrigkeit und eine ungeheure Menschenmenge. Die beiden Kirchenfürsten wechseln eine bedeutungsvolle Umarmung. Der Bischof von Bayonne übernimmt die Gnadenstatue. „Du betrittst die Erde Unserer Lieben Frau von Lourdes, wo Dir ohne Zweifel ein Meer der Liebe und Hingabe

---

[101] Bol. dioces. di Salamanca, Mai 1947.

378

entgegengebracht wird... Im Namen von ganz Frankreich heiße ich Dich willkommen und fühle zutiefst die große Verantwortung... Komm, o Mutter, uns zu Hilfe. Tritt ein! Du bist hier zu Hause! Die Wege und die Herzen Frankreichs sind Dir weit offen!"

Durch Frankreich

Die weite Kathedrale von Bayonne, kunstvoll geschmückt, war zur Gänze mit Menschen gefüllt. Der hochwürdigste Bischof vollzog selbst die Zeremonien. Dann setzte die allerseligste Jungfrau ihren Weg gegen Bordeaux fort, um nach Zurücklegung von 400 Kilometern nach Lourdes zu kommen, dessen Bischof ihren Besuch gewünscht hatte.

Es folgten zwei Tage des Triumphes. Der große Apostel für Fàtima in Frankreich, Kanonikus C. Barthas von Toulouse, legte in einer Ansprache mit großer Beredtsamkeit dar, wie der Besuch Unserer Lieben Frau von Fàtima in Lourdes die Begegnung zweier Botschaften derselben himmlischen Mutter darstellt, eine Begegnung, die ein bedeutsames Ereignis in der Geschichte der allerseligsten Jungfrau ist.

Dann setzte die „Herrin vom guten Wege" ihre Reise fort, von Pfarrei zu Pfarrei, auf den Schultern getragen, bis an die belgische Grenze.

Und die Gnaden des Himmels fehlten nicht.

Hier ist ein kommunistischer Bürgermeister, der bei allen Feierlichkeiten zu Ehren der allerseligsten Jungfrau den Vorsitz führen wollte. Unweit von jenem Orte entfernt liegt eine Pfarrei, deren eifriger Pfarrer trostlos ausrufen konnte: „Ich habe nur einen Christen in meiner Pfarrei!" Als er von der Pilgerfahrt Unserer Lieben Frau hörte, bat er, man möge sie doch auch zu seiner armen Herde bringen. Und die allerseligste Jungfrau kam um 20 Uhr in jenem religiös erkalteten

Dorfe an. Während der Mitternachtsmesse — ein ungewohntes Ereignis für dieses arme Volk — drängten sich einige hundert Personen um den Altar, um die strahlende Gnadenstatue in der Nähe zu sehen und keines der Worte zu überhören, die ihnen über die Botschaft von Fàtima gesagt wurden. Im Augenblick des Abschiedes konnte sich der H. H. Demoutiez nicht enthalten zu sagen: „Die Beichtväter müßten des Beichtgeheimnisses entbunden werden, um zu sagen, wo man die wahren Wunder von Fàtima findet."

In einem anderen Ort in der Mitte Frankreichs hatten die Bewohner 20 Kilometer auf der Straße zurückgelegt, um die Gottesmutter würdig zu empfangen. Viele davon waren barfuß gegangen. Kaum einer war, der nicht die Sakramente während der Mitternachtsmesse empfangen hätte. Um 2.30 Uhr, als H. H. Demoutiez von der Kirche zurückging, spürte er, daß ihm jemand folgte. Er blieb stehen, und der Mann näherte sich.

„Hochwürden, entschuldigen Sie, daß ich Sie einen Moment störe."

„Ich stehe Ihnen zu Diensten, mein Freund."

„Hören Sie! Ich bin ein alter Soldat; ich habe den Krieg 1914 mitgemacht. Dann verheiratete ich mich, aber ein Jahr später verließ mich meine Frau mit dem Söhnchen. Im Jahre 1926 ließ ich mich in die Fremdenlegion aufnehmen und kam in die verschiedensten Länder. Schließlich kehrte ich nach Frankreich zurück, um diesen traurigen Krieg mitzumachen .. Sie verstehen, Hochwürden, ich bin ein Gnadenloser. Alles habe ich in meinem Leben getan, nur das Gute nicht. Ich habe getötet und geraubt . . . vom sittlichen Leben wollen wir nicht sprechen . . ."

Er schwieg einen Moment, dann legte er die Hand auf die Schulter des Priesters und begann zu weinen.

„Ich habe gehört, was Sie vor kurzer Zeit in der Kirche sag-

ten. Ich stand ganz im Hintergrund. Ich habe beten gehört . . .
Ich wollte dasselbe tun, aber konnte es nicht. Es ist alles so
lange her . . . Hochwürden, verstehen Sie mich! Verurteilen
Sie mich nicht! Ich bin ein Gnadenloser. Ich möchte mein Leben ändern . . ."

Der Priester fragte bewegten Herzens:

„Wie sind Sie in die Kirche gekommen? Warum sind Sie
gekommen?"

„Ich weiß es nicht. Ich befand mich aus Zufall in diesem
Orte und wartete in einem Kaffeehaus neben dem Bahnhof
auf den Mitternachtszug. Da zog die Prozession mit der Muttergottes vorbei, und ich folgte unwillkürlich nach. Als ich in
die Kirche eingetreten war, blieb ich. Inzwischen ist der Zug
abgefahren; ich werde einen anderen nehmen. Aber, verstehen Sie mich, Hochwürden, ich will mein Leben ändern. Es
war die heiligste Jungfrau."

Der Priester kniete sich nieder und betete mit dem armen
Soldaten das Ave Maria, dann hörte er die Beichte und gab
ihm voll Erbarmen die Lossprechung Gottes. In der Kirche
empfing dann der Soldat die heilige Kommunion zum erstenmal nach zwölf Jahren. Es war um vier Uhr früh . . .

In einem anderen Dorfe (der Vorfall ist bezeugt durch
einen Missionär in Afrika) hatten sich einige Hitzköpfe ver-
abredet, die Prozession zu stören. Schon waren sie beisammen, um ihren Plan auszuführen, da erblickt der Anführer
die Gnadenstatue. Sie strahlt in ihrer Einfachheit, mit mütterlichem Lächeln blickt sie ihn an . . . da fühlt er keinen Mut
mehr, sein Vorhaben auszuführen . . . Er kehrt nach Hause
zurück. Aber der Gedanke an die allerseligste Jungfrau läßt
ihn nicht los. Er verfolgt ihn so beharrlich, so quälend, daß
er heute in der „Kongregation des Heiligen Geistes" lebt, voll
Verlangen, das Böse, das er gesät hat, durch das Gute zu überwinden.

In Belgien

„Nachdem das Gnadenbild durch Portugal, Spanien und Frankreich gezogen war, kam es am 1. August gegen 18 Uhr in Belgien, in Bonsecours, an. Feierlich wurde es an der Grenze vom hochwürdigsten Bischof (der Diözese Tournai) persönlich empfangen. Unsere Liebe Frau von Fàtima wurde dann durch elf Tage und Nächte ohne Unterbrechung und nachher durch einige Tage und Nächte bis Maastricht Gegenstand kindlicher und flammender Verehrung unseres ganzen Volkes. Die religiösen Gemeinschaften und Pfarreien, die das Glück hatten, die Gnadenstatue für kurze Zeit zu beherbergen, versäumten nichts, um zu Marias Ehren Nachtwachen und großartige Feiern zu veranstalten, an denen Gläubige und Ungläubige in gleicher Weise teilnahmen. Wer könnte die tiefe Erschütterung schildern, die spontane, gewaltige Begeisterung und Freude des Volkes bei den frommen Kundgebungen, die zu Ehren der Gottesmutter gehalten wurden? Wer könnte von allen Gnaden sprechen, vor allem von jenen der Bekehrungen, die unaufhörlich auf die Gebete der Gläubigen hin von unserer guten Mutter gewährt wurden, die ja so viel Macht über das Herz ihres göttlichen Sohnes besitzt [102]?"

Bonsecours: Predigt des hochwürdigsten Bischofs, Mitternachtsmesse, 9000 Personen ziehen am Gnadenbild vorbei, 2000 Kommunionen.

Tournai: Zum Einzug der erhabenen Königin werden 21 Kanonenschüsse abgefeuert. Ein unerhörter Andrang herrscht. Die Zeitungen schreiben: „Noch nie wurde eine so große Begeisterung des Volkes von Tournai festgestellt. Kein weltliches Fest wäre imstande, eine so große Freude auszulösen. Zu Tausenden werfen sich die Gläubigen jener zu Füßen, die wahrhaft als Königin der Welt erscheint."

---

[102] So in der „Revue Diocésaine de Tournai 3, 1948, 81.

Charleroi: Wer würde es geglaubt haben, daß man in einer halbkommunistischen Stadt war? Die Kirchen sind zu klein geworden, so daß die Beichtväter gezwungen sind, auf den Plätzen Beichte zu hören. Die Geschäfte öffnen ihre Türen, und die Ladentische dienen als Kommunionbank. Gut 12.000 Kommunionen werden gespendet. Ein Priester führte nach dem Weggang der Gottesmutter eine Befragung des Volkes aus allen sozialen Schichten durch und kam zu dem Schlusse: „Charleroi ist durch den Besuch Unserer Lieben Frau von Fàtima umgewandelt worden."

Namur: Auf der alten Brücke knien alle Leute mit ausgespannten Armen und beten . . . Monsignore A. M. Charue segnet den Grundstein der Kirche zu Ehren Unserer Lieben Frau von Beauraing, der „Jungfrau mit dem goldenen Herzen", in Gegenwart der Gnadenstatue von Fàtima, um den Zusammenhang der Botschaft von Beauraing mit jener von Fàtima zu unterstreichen [103].

Lüttich: Es ist die Stadt des heiligsten Altarssakramentes. Die Menge, die die Ankunft der Gnadenstatue erwartet, kniet und singt „Parce Domine". Die Polizei nimmt Aufstellung, alle Geschäfte sind geschlossen, und alle, die in einer der Hauptstraßen warten, beten singend.

Verviers: Die Fassade der Hauptkirche und das Innere bis vorne zum Altar hin, der Platz und die Hauptstraße rund um die Kirche sind reichstens geschmückt. Die zum Schmücken eingesetzten Arbeiter verweigerten die Annahme einer Bezahlung. „Wir haben aus Liebe zur allerseligsten Jungfrau gearbeitet", sagten sie.

Und wie viele schöne Episoden ereigneten sich! Da war eine alte Frau, die sich mühselig hinter dem Gnadenbilde herschleppte.

---

[103] Chan. Arthur Monin, Notre Dame de Beauraing, 1919, S. 167

„Aber, Großmütterchen, die Gottesmutter verlangt doch keine so große Anstrengung von dir!" meinte ein Priester.

„Ich weiß es, mein Vater", war die Antwort. „Aber ich will diese zehn Kilometer zu Fuß gehen, weil ich die Bekehrung meines Sohnes erbitten muß, der in schlechte Gesellschaft geraten ist."

Etwas später wundert sich ein Pfarrer, als er, dem Gnadenbilde folgend, einen Mann in die Kirche eintreten sieht, der schon lange keinen Fuß mehr ins Gotteshaus gesetzt hat. Aber die Verwunderung wächst noch, als jener Mann ihn bittet, ihm die Beichte abzunehmen.

„Aber wie haben gerade Sie sich entschlossen, in die Kirche zu kommen?"

„Was weiß ich! Unsere Liebe Frau kam an unserem Haus vorbei, und ich mußte sie einfach begleiten."

„Und Sie haben nichts getan, um eine so außerordentliche Gnade zu verdienen?"

Der Mann überlegt, dann hebt er den Kopf und erwidert heftig:

„Vielleicht ist es deshalb, weil ich einmal, als sich so ein Kerl über die allerseligste Jungfrau lustig machte, ihm einen Fausthieb auf die Nase versetzt habe."

Seraing ist ein ganz „roter Ort". Aber wer hätte es geglaubt, wenn er die überfüllte Kirche gesehen hätte? In dieser Stunde sind alle Differenzen zwischen den Arbeitgebern und den Arbeitern vergessen. Alle beten gemeinsam zu Füßen der allerseligsten Jungfrau. Dann kommen die Bergarbeiter und tragen das Gnadenbild so behutsam sie können in das Bergwerk hinein, bis 960 Meter unter die Erde. Der Arbeiter, der ausgewählt worden ist, die Statue in den Aufzug zu tragen, ruft aus:

„Ich würde meine Aufgabe nicht um 100.000 Franken einem andern abtreten!"

384

Tief im Inneren der Erde steht ein Altar mit der Aufschrift: „Unsere Liebe Frau von Fàtima, bitte für die Bergarbeiter!"

Am 15. Oktober kehrte die jungfräuliche Pilgerin nach Frankreich zurück, um Paris zu besuchen, da der Kardinal ihr Kommen gewünscht hatte. Dann setzte sie ihren Triumphzug fort nach Löwen, Brüssel, Gent, Brügge . . .

In Holland

Vom hochwürdigsten Bischof von Lüttich begleitet, kam das Gnadenbild am 1. September an der holländischen Grenze an. Flugzeuge beider Länder überflogen den Zug und warfen Blumen ab . . .

Das Gnadenbild wurde vom Bischof von Roermond empfangen. Ein großer Festzug findet sich zusammen. Tausend Burschen in den malerischen Trachten der verschiedenen Bezirke bilden das Spalier, 400 Mädchen, als jungfräuliche Martyrinnen gekleidet, singen ergreifende Lieder zu Ehren der himmlischen Botin.

Auf einem weiten Platz angekommen, hält der Zug still, und im Vordergrunde erblickt man ein Bild, das wie überirdisch wirkt. Auf einem erhöhten Throne sitzt ein Mädchen, gekleidet in leuchtende Gewänder; sie stellt die allerseligste Jungfrau als „Meeresstern" dar. Rings um den Thron stehen Hunderte von Engeln in buntfarbigen Kleidern. Starke Scheinwerfer geben dem Bilde eine unbeschreibliche Schönheit, und aus der Ferne klingen wundervolle Melodien . . . Das Bild hatte wirklich etwas Himmlisches an sich . . .

Unter dem Schutz Unserer Lieben Frau von Fàtima tagte der Kongreß in Maastricht, von dem der Bischof von Roermond sagen konnte: „Der Kongreß war eine herrliche, großartige Kundgebung; aber den wahren Geist des Glaubens und der Liebe hat ihm Unsere Liebe Frau von Fàtima gebracht."

An der Grenze zwischen Belgien und Holland wurde eine Kapelle zum steten Andenken an den Besuch „Unserer Lieben Frau vom guten Wege" erbaut.

Luxemburg

Was will man von diesem Lande Wundervolles sagen? Das ganze Großherzogtum hatte sich in würdigster Weise auf das Kommen der Gottesmutter vorbereitet. Ein Triduum wurde in allen Kirchen gehalten. Während der heiligen Messe betete man das Gebet für die Pilger.

Der hochwürdigste Bischof wollte, obwohl er krank war, es sich nicht nehmen lassen, das Gnadenbild persönlich zu empfangen und wieder zu verabschieden.

In der Hauptstadt mußte man die weite Kathedrale allein für Männer reservieren, und sie füllten sie zur Gänze. Und wie viele ergreifende Episoden spielten sich ab! Es spricht für sich, daß in einem Land mit 250.000 Einwohnern 100.000 zur heiligen Kommunion gingen.

In *Harlingen* errichtete das Volk aus Dankbarkeit für den Besuch der himmlischen Pilgerin eine Kirche zu ihrer Ehre, für die der Staat einen großmütigen Beitrag gewährte und die Künstler gratis ihr Können zur Verfügung stellten.

Eine erschütternde Szene: Während sich der Festzug entlang dem Flusse bewegte, welcher das Großherzogtum von Deutschland trennte, folgte ihm am entgegengesetzten Ufer ein anderer Zug singend und betend durch gut vier Kilometer. Und wo der Fluß etwas schmäler wurde, kamen die Leute bis zum Rande des Wassers, knieten sich auf die Steine, breiteten die Arme aus und flehten: „Unsere Liebe Frau von Fàtima, komm zu uns!"

Und wirklich wollte man bis zum Eisernen Vorhang gehen, aber die Hindernisse waren unüberwindbar.

Nach zehn Monaten ununterbrochenen Wanderns kehrte die allerseligste Jungfrau an Bord des Dampfers „Ribeira Grande", der seine erste Ausfahrt machte, nach Portugal zurück.

Am 4. März kam sie um zwei Uhr im Heiligtum der Cova da Iria an, und ein jubelndes Te Deum bildete den Abschluß der ersten Reise Unserer Lieben Frau von Fàtima in die Welt.

Bis an die Grenzen der Erde

Das zweite Kapitel beginnt mit der Reise Unserer Lieben Frau von Fàtima nach Madeira, Kap Verde, Portugiesisch-Guinea, von Anfang April bis zum 12. Mai 1948. Anschließend folgte vom 12. Juni bis 8. Juli der Besuch der Azoren, die Hin- und Rückfahrt geschah mit dem Flugzeug. Am 20. Juli überquerte die himmlische Pilgerin das Meer, um den afrikanischen Kontinent zu besuchen: Angola und den Kongo, Mozambique, die Südafrikanische Union. Am letzten Tage des Jahres fand sie sich in Kapstadt ein, um sich von dort aus gegen Norden zu begeben: nach Basutoland, Transvaal, Rhodesien, Tanganjika, Kenia, Äthiopien, Ägypten, von wo aus sie schließlich in die Cova da Iria zurückkehrte. Am 24. November 1949 kehrte sie mit dem Flugzeug zurück, um am 29. Goa zu erreichen; von da aus durchzog sie im Triumphzug die Diözesen Indiens, Pakistans und Ceylons.

Ende Juli des Heiligen Jahres kehrte sie ins Heiligtum zurück, flog dann am 28. Oktober direkt in den äußeren Orient und wurde im Triumph in Singapur empfangen. Mitte November hielt sie sich kurze Zeit in Malakka auf, erreichte dann wieder mit dem Luftschiff Bangkok (am 2. Dezember), besuchte Thailand (Siam) und darauf (vom 15. bis 29. Dezember) Birma. Nach Singapur zurückgekehrt, überquerte sie zu Beginn des Jahres 1951 mit dem Schiff das Meer und kam nach Australien; dort hielt sie sich bis Ende Juni auf. Sie besuchte fast alle Diözesen. Nacheinander wurden dann Timor und Flores, Neu-Guinea, die Salomoninseln und die von Neu-Kaledonien aufgesucht, von wo aus das Gnadenbild wieder nach Australien zurückkehrte, weil Kardinal Gilroy in Sidney nach großen Vorbereitungen den Jahrestag des 13. Oktober mit aller nur möglichen Pracht feiern wollte, „geistig vereint mit den Feierlichkeiten zum Schlusse des Heiligen Jahres in Fàtima". Nach dem Besuch des Erzbistums und der drei Suffraganbistümer durcheilte sie die Pazifikinseln: die Neuen Hebriden, die Fidschi-Inseln, die Samoa- und Cook-Inseln, Tahiti und die Marquesas-Inseln . . .

Im Jänner 1952 kam das Gnadenbild über Amerika nach Lissabon zurück; einige Monate später, in den ersten Tagen des Juni, überquerte es den Ozean und besuchte Brasilien.

Am 12. Juni kam es in Bahia an und durchzog Diözese um Diözese: die Staaten von Sergipe, Alagôas, Pernambuco, Paraiba, Rio Grande do Norte, Ceará. Nach einer kurzen Unterbrechung begann die Gottesmutter in den ersten Tagen des Jänner 1953 neuerlich die Pilgerfahrt, ausgehend von Santos, nach Sorocaba, Taubaté . . . Vom 12. März bis 12. April besuchte sie die Städte im Innern von Minas Gerais und dann den Staat von Rio, wo sie einen Monat in der Hauptstadt blieb. Von da aus ging es über Bello Horizonte in die Staaten von Paranà, Santa Caterina, Rio Grande do Sul, Mato Crosso, Maranhão, Piaui, Ceará. In den ersten Tagen des Jahres 1954 trat das Gnadenbild die Rückreise an und erreichte Leirìa am 15. Jänner.

Im Juni flog es neuerlich nach Südamerika, wo es am 11. in Buenos Aires landete, von wo aus Unsere Liebe Frau die bedeutenderen Städte von Argentinien, Chile, Bolivien, Perù, Ecuador, Kolumbien und Venezuela besuchte. Die Pilgerfahrt dauerte ohne Unterbrechung weitere 15 Monate.

Am 2. Oktober 1955 schiffte sich Unsere Liebe Frau von Fàtima in Caracas auf der „Santa Maria" ein, um nach Lissabon und von da aus in das Heiligtum von Fàtima zurückzukehren. So schloß das zweite große Kapitel der Pilgerfahrten um die Welt, das gut acht Jahre gedauert hatte.

Wollten wir nun die Aufnahme der himmlischen Pilgerin in den verschiedensten Ländern beschreiben, die Festlichkeiten, die ihr zu Ehren abgehalten wurden, den ungeheuren Enthusiasmus der Menge, die Ergriffenheit der Seelen und die reiche geistige Ernte jener Tage, müßten wir häufig das wiederholen, was schon in den vorhergehenden Kapiteln gesagt wurde. Von all den Tausenden von Städten und Dörfern, die besucht wurden, fand sich nicht eines, ob groß oder klein, das nicht auf eine persönliche und eigene Weise seine Begeisterung und Verehrung kundtat.

Die Stadt *Funchal* (Madeira) war mit kunstvollen Feuern so herrlich beleuchtet, daß es alles Bisherige übertraf. Darüber hinaus standen bis an die Grenzen der Insel alle Häuser im Lichtglanz. Gar nicht zu sprechen ist vom überaus reichen Blumenschmuck auf den Straßen und an den Häusern, den herrlichen Orchideen, die den Altar und das Auto der allerseligsten Jungfrau schmückten. Ihr Wert wird auf 1200 Sterling geschätzt. Vor dem feierlichen Pontifikalamt auf dem „Platz des Infanten" wurde die Gnadenstatue auf ihren Thron gehoben. 2000 Tauben umkreisten sie in schneeweißen Schwärmen, nach einiger Zeit stiegen sie in die Höhe, gleichsam als wollten sie den Jubel und die Grüße der unzählbaren Menge in den Himmel tragen. Als letzte Huldigung an die himmlische Besucherin kleidete sich die Stadt neuerlich in Lichterglanz, aber die Herzen waren voll Heimweh und die Augen voll Tränen, während sie dem Dampfer nachsahen, der sich im Glanz mächtiger Scheinwerfer immer weiter entfernte. Da und dort wurden Stimmen laut, die bewegt ausriefen:

„Oh, warum ist sie gekommen, wenn sie uns so zurücklassen muß . . ."

Der hochwürdigste Bischof von Madeira schrieb: „Die Aufnahme Unserer Lieben Frau von Fàtima war so großartig, daß sich niemand an etwas Ähnliches erinnern kann. Ich glaube, nicht einmal in den Jahrbüchern der Diözese wird man eine Begebenheit finden, die sich an die Seite dieses Ereignisses stellen kann. In der Stadt und in den verschiedensten Gebieten des Landes, die das Gnadenbild besuchte, herrschte eine ungeheure Begeisterung. Dem Herrn sei dafür Dank gesagt!"

Auf den *Azoren:* Immerblühende Gärten! Durch wie viele kunstvoll errichtete Blumenbögen, über wie viele prächtige Blumenteppiche mußte Unsere Liebe Frau von Fàtima schreiten, ehe sie in die Kirche eintrat! Bis ins Meer führte eine Straße aus herrlichsten Hortensien, die der Dampfer, der das Gnadenbild auf die Insel brachte, durchqueren mußte.

In *Graciosa:* Die Fischer waren fieberhaft an der Arbeit, um die Boote zu bekränzen und den letzten Schmuck anzubringen, als die Wache, die von der Spitze des Hügels aus in die Ferne gespäht hatte, plötzlich ausrief: „Ein . . . zwei Walfische in Sicht!" Unter den Fischern herrschte einen Augenblick lang Zögern: „Was machen wir?" . . . Aber rasch sagten sie: „Lassen wir sie abziehen. Denken wir an die Gottesmutter." Wer weiß, daß ein Walfischfang ungeheures Glück bedeutet und die Walfischjagd für die ganze Insel ein großartiges Schauspiel ist, vermag die Größe dieses Opfers zu ermessen. Die Muttergottes kommt an, und die ganze Insel — es waren 10.000 Seelen — empfängt sie. Dann begleitet sie, wer immer gehen kann, durch drei Tage und drei Nächte ohne Ruhepause zum Besuch durch alle Pfarreien. Die Gottesmutter verläßt die Insel wieder. Gerade war das Schiff, das die Gnadenstatue fortführte, außer Sicht, da rief die Wache neuerlich: „Walfische in Sicht! Eins ... zwei ... drei ... vier!" In wenigen Minuten sind die Fischer auf der Jagd und die Bewohner haben ihr Schauspiel. Nach einigen Stunden waren die vier Fische gefangen. Aber nicht genug damit. Das weiße Schiff, das die Gnadenstatue geführt hatte, warf die Netze aus und zog sie ein, gefüllt mit einer Art köstlicher Fische, die man seit Jahren in diesen Gewässern nicht mehr gefangen hatte. Der Ertrag für diese Fische belief sich auf 65.000 Escudos (d. s. 1,300.000 Lire). Wer möchte es den Inselbewohnern mißgönnen, daß sich Unsere Liebe Frau für alle erwiesenen Ehrungen noch dankbarer erwies als anderen?!

Corvo: Es ist dies die kleinste Insel, aber ihre 703 Bewohner stehen bei der allerseligsten Jungfrau in besonderer Gunst. Leo XIII. hatte auf sie als ein besonderes Beispiel hingewiesen, denn „seit Jahrhunderten sind sie gewöhnt, jeden Tag gemeinsam den Rosenkranz zu beten". Die Gottesmutter ist in der Kirche. Ein kleiner Engel, der zur Ehrenwache gehörte, hat sich, wie er die himmlische Königin erblickte, mit bezaubernder Anmut zu Füßen der Gnadenstatue niedergelassen. Plötzlich beginnt er zu weinen. Die Mutter läuft hinzu und fragt: „Was fehlt dir, mein Liebling?" „Ich möchte das der Gottesmutter geben", ist die Antwort. Mit dem „das" war der Goldschmuck der Mutter gemeint, es war vielleicht der einzige, den sie besaß. Die Frau aber sagte: „Freilich, mein Kind", und die Armbänder, die Juwelen, die Goldkettchen, alles wurde geopfert ...

„Die Azoren haben es verstanden, die schönste Kundgebung des Glaubens zu verzeichnen, die in den 500 Jahren seit dem Beginn ihres christlichen Lebens stattfand" (Tageszeitung = Diario insulano). Noch deutlicher sagt es jener Pfarrer von der Insel S. Miguel, der tief erschüttert von der Glaubensglut seiner Gemeinde weinend ausrief: „Dieses Wunder! Wir verdienen es nicht! Die gesamte Pfarrei hat Tag und

Nacht gearbeitet, um diesen Empfang vorzubereiten . . . O ich bin dieses Volkes nicht würdig! Sie sind von einer Großherzigkeit, die mich beschämt! . . ."

Der Erzbischof von *Luanda* in Afrika glaubte, während der Tage der großen Pilgerreisen Unserer Lieben Frau von Fàtima in der Cova da Iria zu sein, denn „seit das Gnadenbild die Gewässer von Angola betreten hatte, waren die Kundgebungen des Glaubens und der Andacht des ganzen Volkes nur mit jenen der Pilger in Fàtima vergleichbar".

Und wie viele originelle Züge der einfachen Hingabe des Volkes waren zu beobachten!

Da waren die schwarzen Schiffer, die das Floß ruderten, die in eintöniger Melodie die Worte sangen: „Achtung, Achtung! An Bord ist eine große Persönlichkeit: es ist die Muttergottes, die aus Lissabon kommt!"

Etwas weiter entfernt wartete eine große Menge Eingeborener, die einen Weg von 150 km durch den Wald gegangen waren, um die große Herrin zu grüßen.

In *S. Salvatore* (Kongo) kommt König D. Pietro VII., um die allerseligste Jungfrau zu begrüßen und frohlockt vor Freude, wie er eingeladen wird, die Sänfte mit der Gnadenstatue tragen zu helfen.

In der Mission von *Bailundo* erleuchten Tausende von Eingeborenen mit Fackeln in ihren Händen die Straße und singen dazu ohne Unterbrechung . . . Am anderen Tag singt ein phänomenaler Chor von 15.000 Stimmen in tadelloser Aufführung eine feierliche Messe. Viele der Sänger hatten zu diesem Anlaß eine Reise von acht Tagen auf sich nehmen müssen.

Sà da Bandeira: Ein Ehrensalut! Aber die Kanonen feuern Wolken von Blütenblättern in die Luft, und die Soldaten werfen Blumensträuße auf das Auto, das die Gnadenstatue führte.

Huila: Alle Schwarzen wollen die Gottesmutter küssen. Viele begnügen sich damit, die Tauben zu küssen, die sich zu Füßen der Statue niedergelassen hatten. Diese aber scheinen die Liebenswürdigkeit nicht zu schätzen und schütteln jedesmal die Flügel . . .

Benguella: Es war eine der größten und begeistertsten Kundgebungen in Afrika. Welch ergreifendes Schauspiel gaben die Schwarzen, die während der ganzen Nacht auf den Knien vor dem Allerheiligsten beteten und sangen! Obwohl erschöpft vom Beten zu Gott und den Heiligen, fuhren sie fort, den Katechismus aufzusagen! . . .

Anderswo empfangen die Schwarzen die Gottesmutter mit den Spielen ihrer „Marimbas", das sind einfache Holzklaviere, denen sie mit meisterhafter Fertigkeit zarteste Melodien entlocken.

Da ist auch dieser kleine schwarze Schüler, der außer sich vor Freude seinem protestantischen Kameraden sagte: „Weißt du, morgen kommt uns unsere Mutter besuchen. Und deine — wann kommt sie?" Und der Kamerad senkt traurig den Kopf, weil seine Mutter . . . nicht kommt.

Sollten wir uns noch der verschiedenen vielen Geschenke erinnern, alle ein bezeichnender Ausdruck der Liebe zur Gottesmutter? Selbst die Obrigkeiten opfern oft die Schlüssel ihrer Städte, eine symbolische Handlung, die, wenn sie vom Bürgermeister oder Gouverneur vollzogen wird, in ihrer Bedeutung die Weihe an die Gottesmutter ergänzt. Andere Votivgaben: Herzen aus Gold mit dem Wappen der Stadt, Rosenkränze aus Gold, Silber oder Elfenbein von Walfischen (einer Spezialität der Azoren), Kelche, Kreuze, Goldmedaillen oder Goldmünzen, Armbänder, Juwelen, Halsketten . . . In Afrika sah man oft Frauen zur Gnadenstatue treten und sich die Ohrringe abnehmen, um sie zu opfern . . . Die „Handelsgesellschaft von Dundo" spendete 20.000 Escudos (= 400.000

Lire) zum Kauf eines Diamanten, mit dem das Gnadenbild im Augenblick seiner Übergabe an den Heiligen Vater geschmückt werden sollte. Die portugiesischen Katholiken, die in Johannisburg wohnten, hatten den Einfall, in einen Schlüssel, den sie der Gottesmutter opfern wollten, das Gold eines freimaurerischen Wappenschildes einzuschmelzen, das in der Stadt ausfindig zu machen, ihnen gelungen war.

Am eindrucksvollsten aber ist die Großherzigkeit der Ärmsten. So eine arme Frau, die kniend am Straßenrand betet. Wie das Gnadenbild vorbeigetragen wird, erhebt sie sich, nimmt von ihrem Halse eine kleine Goldkette und opfert sie weinend — vielleicht war jene Kette eine letzte Erinnerung an die Ihren. — Oder jene andere Frau, die sich mit Mühe zwischen der Menge durchdrängt und zu Füßen der Gnadenstatue einen kleinen Teppich legt, das einzige Wertstück, das sie besaß! Und da ein bloßfüßiger, schmutziger Knabe mit zerrissenem Kleid; er nähert sich dem Priester, reicht ihm etwas, was er in der Hand hat, und sagt mit kaum vernehmlicher Stimme: „Für Unsere Herrin!" Es waren zwei Geldstücke, die man ihm für ein Stück Brot gegeben hatte. In Afrika opferten die Schwarzen Tauben, junge Ziegen und Lämmer. Und die Frauen suchten wenigstens eine Stecknadel zu finden oder sich einer Kleinigkeit zu berauben aus Liebe zur großen Mutter. Aber eine Begebenheit, die allen Anwesenden Tränen der Ergriffenheit und der Rührung entlockte, geschah bei den Gefangenen auf der alten Festung von Mozambique. Als die Gnadenstatue ankam, wurde sie vom Kommandanten und den Offizieren auf der Schulter zum Altar getragen, der am Platz errichtet war und auf dem die heilige Messe gefeiert werden sollte. Als eine kurze Ansprache des Priesters zu Ende war, überreicht einer der Gefangenen dem Kommandanten einen kleinen Schrein mit der Aufschrift: „Das opfern die Gefangenen der Festung S. Sebastiano." Er sollte denselben zu Füßen der Gnadenstatue legen. Es war darin ein Pfund Sterling, den sich die Gefangenen durch den Verzicht auf das Mittagessen während einiger Tage verschafft hatten.

Aber das Hervorstechendste und wirklich Charakteristische dieser Pilgerreisen um die Welt sind nicht diese und ähnliche Kundgebungen der Frömmigkeit; es sind ebensowenig die vielen Wunder in zeitlichen und geistlichen Anliegen, auch wenn sie noch so beachtenswert sind, wie z. B. dieses:

Ein Herr war 30 Jahre in keine Kirche mehr gegangen. Als er die Gnadenstatue sah, fühlte er sich plötzlich im Innersten erschüttert. Er ging nach Hause und fühlte sich gegen alle gereizt, am meisten gegen sich selber.

„Aber, was hast du heute?" fragte ihn seine Gattin.

„Laß mich in Ruhe! Ich habe etwas. Aber laß mich in Ruhe."

Und sie mußte ihn in Ruhe lassen ... Am anderen Tag war er in der Kirche, ging zur Beichte und empfing die heilige Kommunion.

Ein Offizier rief aus: „Monsignore, das ist der schönste Tag meines Lebens! Meine Tochter ließ sich taufen, wurde gefirmt und empfing ihre erste heilige Kommunion. Und wir ... es ist Zeit, daß wir unsere Ehe in Ordnung bringen."

Ein älterer Herr wollte die Geschichte Unserer Lieben Frau von Fàtima hören; als er sie vernommen hatte, änderte er tief erschüttert sein bisheriges Leben.

Eine betagte Frau kam um drei Uhr zur geistlichen Schwester und fragte:

„Schwester, wann kann ich kommunizieren?"

„In der Früh, Frau, während der Generalkommunion bei der Messe."

„Ich gehe nämlich mit meiner kleinen Nichte zur ersten heiligen Kommunion."

Eine heidnische Mestizin bleibt stehen, um die allerseligste Jungfrau anzusehen. Plötzlich beginnt sie zu rufen, man möge ihr die Taufe spenden. „Aber du mußt das zügellose Leben in Ordnung bringen", wandte man ein ... Sie ist zu allem bereit, damit man es rasch machen könne; am gleichen Tag wird sie getauft und empfängt das Sakrament der Ehe.

Ferner waren da einige glaubensfeindliche Burschen, die zusammen Radio hörten. Als man von der Pilgerreise Unserer Lieben Frau von Fàtima sprach, ärgern sie sich. Doch ihr Interesse wächst immer mehr, und schließlich veranstalten sie unter sich eine Sammlung, um einen Beitrag für die Spesen der Pilgerfahrt zu leisten.

Trotzdem ist das alles, wie wir schon gesagt haben, nicht das Charakteristischste dieser Pilgerfahrten, sondern das ist die Tatsache, daß die Gottesmutter, die auf ihrer Pilgerreise die ganze Welt durchquert, alle erobert: Katholiken, Schismatiker, Protestanten, Heiden, Muselmänner, Buddhisten ... alle eilen, um sie zu empfangen, alle sehen sie mit Heimweh im Herzen fortziehen, von allen empfängt sie Huldigungen, alle bringen ihr Geschenke und legen ihr Bitten vor, und allen gewährt sie oft ganz sichtbar ihre Gnaden.

Schon auf den Azoren sah man Protestanten nicht weniger ergriffen als die Katholiken, man sah sie weinen beim Besuch der allerseligsten Jungfrau.

In Guinea erscheint wenige Tage nach der Ankunft des Gnadenbildes eine Gruppe von Mohammedanern in weiße Togen gehüllt und bittet, zu Ehren der Herrin von Fàtima singen zu dürfen.

„Und was wollt ihr singen?"

„Dasselbe, was wir dem großen Herrn singen, wenn wir nach Mekka gehen."

Und sie singen und spielen, und dann hören sie aufmerksam auf die Worte des Apostolischen Präfekten, der zu ihnen von der Muttergottes und ihrer Botschaft spricht. Aus diesen Gegenden schreibt uns eben ein Missionär: „Die Schwarzen kommen in großer Zahl und bitten um die Taufe, ‚weil', so sagen sie, ‚nur so der Teufel ihren Kopf verläßt.' "

Etwas entfernt von dort (Angola) drängte sich aus einer Gruppe ein kleiner Schwarzer vor:

„Herr, dürfen die Kinder singen?"

„Singen? Und was wollt ihr singen, wo ihr doch nicht einmal getauft seid?" ...

Die munteren Augen des Kleinen funkelten vor Freude: „Die Kinder können singen."

„Also, hören wir."

Und die Kleinen singen fehlerlos die Hymne Unserer Lieben Frau von Fàtima.

„Aber wer hat euch das gelehrt?" — Der kleine „Stegreif-Lehrer" läßt seine weißen Zähne blitzen und erzählt, daß er in eine weit entlegene Stadt gegangen war, um die Hymne dort zu lernen und „den Kindern das Singen zu zeigen, wenn die Madonna kommt".

Anderswo (Mozambique) errichten die Muselmänner Bögen und helfen mit, die Stadt zu schmücken. Sie bitten, die Statue tragen zu dürfen (einer von ihnen sagte nachher zu einem Missionär: „Mir kommt vor, eure Religion ist die wahre. Ich muß sie kennenlernen."); sie wollen bei der feierlichen heiligen Messe dienen, geben sich aber zufrieden, mit unbedecktem Kopf dabeizustehen. Nachher wünschen sie, etwas zu den Spesen der Pilgerfahrt beitragen zu dürfen. Manche bringen 20, manche 40.000 Lire. Sie beleuchten die eigenen Häuser — in Inhambane war die schönste Beleuchtung die eines Muselmannes, der dafür 100.000 Lire ausgegeben hatte. — Auch die Moscheen beleuchten sie festlich und rezitieren dort den Koran, während die Prozession vorüberzieht ... Was mehr? In der Stadt Mozambique zog die Prozession von der Festung

herab, als sich die Präsidenten der zwei Sekten der Muselmanen mit einer Gruppe Angesehener aus ihren Reihen ein-
fanden und baten, man möge eine Weile anhalten. Einer der
Präsidenten trat vor und verlas folgende Botschaft:

„Die ismaelitische Gemeinschaft der Stadt Mozambique ist
ergriffen von der Verehrung Unserer Lieben Frau von Fàtima. Sie kann in diesem Augenblick, dem bedeutendsten in
der Geschichte von Mozambique, nicht anders, als der Pilgerin,
die von der Cova da Iria aus die ganze Welt besucht und uns
in diesem historischen Augenblick die große Ehre ihres Besuches gibt, und ihrem verehrungswürdigen Bild die aufrich-
tigste Verehrung entgegenbringen.

Unsere Liebe Frau von Fàtima, segne diese Stadt!

Unsere Liebe Frau von Fàtima, segne die ganze Menschheit, damit sie den Weg des Friedens, der Brüderlichkeit und
der Übernatürlichkeit gehe . . .

Unsere Liebe Frau von Fàtima, erlaube, daß wir Dir diese
bescheidene Verehrung entgegenbringen, sie entströmt unmittelbar unseren Herzen, die erfüllt sind von Verehrung und
wahrer Liebe. Amen! Amen!"

Und er legte zu Füßen der allerseligsten Jungfrau eine
kunstvolle Schatulle, die zwei ziselierte Goldarmbänder enthielt.

Dann verlas der Präsident der sunnitischen Sekte seine
Adresse, die mit folgenden Worten endete:

„Als Beweis unserer Treue und Achtung vor allen Religionen erlaube uns, Herrin von Fàtima, daß wir dir diese Halskette opfern." Nach diesen Worten wurde er von zweien seiner Glaubensgenossen auf die Schultern gehoben und legte
ein kostbares Geschmeide aus Gold und Edelsteinen um den
Hals der Pilgerstatue.

In einer Mission liefen die Eingeborenen von allen Seiten
zusammen und wußten nicht, wie sie ihren Enthusiasmus

zeigen sollten. Auf alle nur möglichen Arten hatten sie die Gottesmutter begrüßt. Schließlich fiel ihnen noch etwas ein, sie riefen: „Es lebe die Frau Maria!" Der Missionär bat ergriffen: „Unsere Liebe Frau, du hast hier eine Menge von Heiden, die den Weg von 100 km nicht gescheut haben, um dich zu begrüßen. Bekehre sie!"

In einem anderen Ort wollten die Heiden kriegerische Tänze aufführen, die höchste Ehre, die sie der himmlischen Besucherin erweisen konnten.

Aus *Südafrika*, wo der Apostolische Delegat die Gnadenstatue für drei Monate hatte behalten wollen, schrieb man: „Man kann behaupten, daß es kein Dorf gibt, in dem nicht die größten Hoffnungen weit übertroffen worden wären ... Oft hört man sagen: Hier sind mehr Leute als bei der Ankunft des englischen Königs! ... Dabei muß man bedenken, daß wir in einem protestantischen Dorf sind, wo die Zahl der Katholiken zwischen drei und acht Prozent schwankt. Das große Wunder sind immer die vielen Bekehrungen ... wie viele alte Missionäre haben wir unter Tränen ausrufen hören: ,Das ist der schönste Tag unseres Lebens!' "

In *Durban*, der drittgrößten Stadt Südafrikas, mit fünf Prozent Katholiken, erstreckte sich der Festzug zum Empfang des Gnadenbildes auf zwei Kilometer der Straße. An der Mitternachtsmesse, die im Stadion gefeiert wurde, nahmen 15.000 Personen teil, alle mit Kerzen in den Händen. 18 Priester teilten 6000 Kommunionen aus. Es folgte die Weihe an das Unbefleckte Herz Marias, die der Apostolische Delegat Wort für Wort durch das Mikrophon vorsprach, sie wurde von der ganzen Menge des Volkes wiederholt, das dabei die Lichter in die Höhe hielt. „Es war ein bewegendes Schauspiel, das noch nie in diesen Gegenden gesehen wurde", sagte der gleiche Delegat darüber.

In *Mombassa* und *Sansiba*r sah man die Bevölkerung, die

zum großen Teil aus Buddhisten und Mohammedanern besteht, dem Gnadenbilde fröhlich entgegenziehen, dann in die Kirchen eintreten und an den Fackelprozessionen teilnehmen. Wer erinnert sich dabei nicht der Worte: „Selig werden mich preisen alle Geschlechter . . .?"

Jetzt kommen Nachrichten von der Errichtung neuer Missionen unter dem Titel „Unserer Lieben Frau von Fàtima".

In *Äthiopien*. — Als das Flugzeug in Addis Abeba ankam, umkreist von einem Schwarm Tauben, jubelten der Gnadenstatue tausende Katholiken und noch mehr Nicht-Katholiken zu. In den Tagen ihres dortigen Aufenthaltes kamen unaufhörlich Katholiken, Muselmanen, Kopten, um vor dem Gnadenbild zu beten, jeder in seiner Art. Die einen beteten mit lautem Rufen, die anderen hielten den Kopf in den Händen, wieder andere hatten die Augen zum Himmel erhoben. Die Regierung nahm offiziell an den Kundgebungen teil; der Kaiser rief angesichts der Begeisterung des Volkes ergriffen aus: „Äthiopien liebt die Jungfrau und erwartet von ihr den Frieden, den sie der Welt bringt." Der Kaiser wünschte die Geschichte Unserer Lieben Frau von Fàtima kennenzulernen, opferte ihr eine Goldmedaille und wollte alle Kosten der Pilgerfahrt in seinen Ländern tragen. Die Katholische Aktion legte in die Hände der Gottesmutter ein goldenes Herz als Sinnbild der Liebe des ganzen äthiopischen Volkes zu ihr.

In *Kairo* wurde der allerseligsten Jungfrau neben anderen Huldigungen eine goldene Krone dargebracht; die feierliche Krönung vollzog der Erzbischof des armenischen Ritus.

Was soll man ferner von *Indien* erzählen? Wir müssen uns anschließend auf einige kurze Sätze aus den offiziellen Berichten beschränken.

Goa: Die allerseligste Jungfrau kam am 29. November 1949 an. Zu ihrem Empfange waren viele herrlich beflaggte Schiffe bereit. Auf einem davon fuhren der Patriarch von In-

400

dien, die Bischöfe von Cochin (Kotschin) und **Meliapur**
(São Thomé de Meliapur) mit den Vertretern der staatlichen und militärischen Behörden des Staates Portugal der
himmlischen Besucherin entgegen.

Die Gnadenstatue wurde in einem Boot, das die Form eines
Schwanes hatte, auf einen Thron erhöht und fuhr den Man-
dawi hinauf, der von Booten und Schiffen aller Größen und
Formen buchstäblich bedeckt war, während an den Ufern eine
unübersehbare Menge des Volkes singend und Beifall rufend
dem Schauspiel folgte und eine weitere wahrhaft unübersehbare Menge aller Rassen, Farben und Religionen dem Gnadenbilde bei der Landung zujubelte.

Zur nächtlichen Anbetung drängten sich die Leute, es folgte
das feierliche Pontifikalamt usw. Am 1. Dezember wurde die
heilige Messe im Freien gefeiert; auf einem großen, weiten
Platze, der dazu herrlich bereitet worden war, wurden zu gleicher Zeit ein „Rosenkranz" von 150 Messen zelebriert, ein
erhabenes, höchst eindrucksvolles Schauspiel. Mehr als 20.000
Menschen gingen zur heiligen Kommunion. Während der
nächsten sieben Tage des Besuches Unserer Lieben Frau von
Fàtima im Erzbistum stieg die Zahl der Kommunionen auf
über eine halbe Million.

Dann fuhr die Königin der Welt gegen die *Indische Union*,
von wo man schreibt: „Der Besuch Unserer Lieben Frau von
Fàtima in Indien wird ein bedeutender Abschnitt in goldenen Buchstaben auf den Seiten ihrer Geschichte sein. Alle sagen, daß sie nie etwas Ähnliches sahen ... In vielen Gegenden fand man bei der Ankunft der Madonna das ganze Volk
auf den Knien, die Arme in Kreuzesform ausgespannt, betend. Dann wollten alle sie aus der Nähe sehen und mit den
Händen berühren.

Die Prälaten, die das Gnadenbild, wann immer sie konnten, begleiteten, feierten würdige Pontifikalämter vor der

Menge, die von allen Seiten herbeiströmte und die Kirchen und häufig auch die öffentlichen Plätze füllte ... Bekehrungen, neuer Eifer der lau gewordenen Christen, Rückkehr der verlorenen Söhne — es setzte sich ein wahrer Wettstreit fort im Empfang der heiligen Sakramente der Buße und des Altares ... Man spricht von wahren Wundern und Gnaden, die auch Protestanten und Heiden zuteil wurden ..."

Zum Beispiel: In *Trivandrum* sprang die gelähmte Tochter eines Protestanten gesund auf ihre Füße. Die Eltern ließen zum Dank eine Messe lesen, und die ganze Familie bereitete sich vor, katholisch zu werden.

In *Kottar* fing ein taubstummes Hindu-Mädchen zur größten Verwunderung aller zu hören und zu sprechen an.

In *Sekunderabad* war eine „parsische" Frau, d. h. eine Anhängerin der Lehre Zoroasters, seit vielen Jahren krank und in den letzten drei Jahren vollständig gelähmt. Im Spital bereitete man sie auf den Besuch der Gottesmutter vor und lehrte sie das Ave Maria. Als das Gnadenbild vorbeizog, erhob sie sich vollständig gesund. — Eine Klosterfrau, die seit fünf Jahren stumm war, erhielt während der Prozession die Sprache zurück. — Eine junge Familienmutter, mit einem Tumor im Unterleib, begab sich zum Altar, wo die Gnadenstatue stand, um die heilige Kommunion zu empfangen. Sie kehrte auf der Stelle geheilt zurück.

So setzte Unsere Liebe Frau ihre triumphale Pilgerfahrt quer durch Indien und Pakistan gleichsam zwischen Bekehrungen und außerordentlichen Heilungen fort.

In *Kobamkonam* wollte sie das Volk nicht mehr fortlassen. Es war nötig, sie versteckt wegzubringen; in *Bhopal* zahlten die Muselmanen alle Kosten der Festbeleuchtung. Anderswo sagte ein Hindu: „Gott hat der Jungfrau von Fàtima eine besondere Macht gewährt, wir haben nicht den geringsten Zweifel daran." Ein anderer (in *Battiah*) sagte zu einem

Mitglied des Organisationskomitees: „Vielen Dank, daß ihr uns Unsere Herrin von Fàtima gebracht habt. Von ihr erwarten wir den Frieden in der Welt. Wir wissen, daß sie empfohlen hat, für den Frieden zu beten. Wir vereinen unsere Gebete mit den euren und wollen sie zusammen zu Gott emporsenden für den Frieden der Welt."

In einer Mission von *Patna* wurde das Gnadenbild zum erstenmal auf dem Rücken eines Elefanten getragen, geleitet von anderen, die mit wiederholten Verbeugungen des Rüssels grüßten.

In *Dakka* rief der Bischof beim Anblick der unübersehbaren Menge von Heiden, die der allerseligsten Jungfrau zujubelten, aus: „Aber... es ist fast nicht zu glauben!" Und der Gouverneur von Patna, ein Hindu, sagte unter ähnlichen Umständen aus, er habe noch nie etwas so Schönes und Erschütterndes gesehen.

Ceylon: „Der Besuch Unserer Lieben Frau von Fàtima bedeutet ein unauslöschbares Datum in der religiösen Geschichte dieser schönsten Insel im Indischen Ozean. Die allerseligste Jungfrau hat die Herzen der Singalesen erobert. Ich fragte S. E. Monsignore Regno, Bischof von Kandy, ob er mit der ‚Pilgerfahrt‘ zufrieden gewesen sei. Er antwortete: ‚Mehr als zufrieden! Was der Sohn in Jahrhunderten nicht tat, tat die Mutter in wenigen Tagen.‘ "

Am Flughafen von Kolombo hat eine Menge von ungefähr 100.000 Menschen mehrere Stunden auf die Ankunft des Gnadenbildes gewartet... Mit ihrer mütterlichen Gegenwart hat Maria alle ihre Kinder auf dieser bezaubernden Insel beglückt, vom Norden bis zum Süden, vom Osten nach Westen war sie gereist... Der Zug der Autos, der sie begleitete, erreichte manchmal die Zahl von 300. In den Städten und Dörfern, in denen der Besuch des Gnadenbildes angesagt war, wetteiferte man im Schmücken der Straßen und Häuser...

In *Padiwatte* verpflichtete sich ein Katholik, allein die Kosten der Dekoration zu bezahlen und legte dafür zirka 7000 Rupien (= eine Million Lire) aus. So groß war das Glück des guten Mannes, daß er ausrief: „Nach diesem Erlebnis möchte ich sterben!"

Der Empfang in den größeren Zentren trug fast immer offiziellen Charakter. Zur Huldigung fanden sich der Bürgermeister mit den Gemeinderäten ein, die in der Mehrzahl gar nicht katholisch waren. Sie brachten der Gottesmutter Blumensträuße, bisweilen auch kleine Kronen aus Gold dar.

Bis zur Ankunft der Gnadenstatue in *Kolombo* konnte man große Anteilnahme von seiten der Nichtkatholiken beobachten . . . Dann steigerte sich das Interesse bis zum unbändigen Enthusiasmus . . . Man hatte manchmal das Gefühl, als sei Ceylon wie durch einen Zauber katholisch geworden, so groß war die aktive Teilnahme der Buddhisten, Hindus und Mohammedaner . . .

Die Abschiedsfeierlichkeiten zu Ehren der himmlischen Besucherin fanden auf eigenen Wunsch der Buddhisten in der unermeßlich weiten Ebene der Rennbahn von Kolombo statt . . Der Bürgermeister, selbst kein Katholik, brachte einen Strauß Blumen dar und verlas eine Adresse an die Gottesmutter. Am Schlusse machte er vor der Gnadenstatue eine Kniebeuge . . . Der Erzbischof segnete die kniende Menge mit jener Statue, die ein erhabenes Werkzeug der Gnade war. Darauf erhob sich donnerähnlich der Ruf des Grußes zum Himmel: „Ave Maria!"

Die Statue verließ die Insel, aber der Samen der Botschaft von Fàtima war in fruchtbares Erdreich gefallen (M. Uricchio S. J.).

Thailand oder *Siam*. — Die Mehrzahl der Bevölkerung ist buddhistisch, aber an diesem Nachmittag des 3. Dezember 1950 schien Bangkok christlich zu sein. 370 Autos hatten sich am Flughafen eingefunden, die päpstliche Fahne und jene von Siam waren gehißt. Motorisierte Polizei hielt den Weg frei, als das Gnadenbild in die Stadt gebracht wurde. An der Spitze des Zuges schritt das gesamte diplomatische Korps. Durch die Hauptstraßen der Stadt bewegte sich die wunderbare Prozession, die erste seit 300 Jahren missionarischer Arbeit.

Birma: Alle Transportmittel der Stadt *Rangoon* sind am Flughafen. Durch 2¹/₂ Stunden bewegt sich ein Triumphzug bis zum Kolleg der Brüder der christlichen Lehre. Mohammedaner, Hindus, Buddhisten und Heiden haben sich den Katholiken beigesellt, um die himmlische Besucherin zu feiern. Der erstaunte Bischof fragte, ob denn der Empfang auch auf den anderen Etappen der Pilgerfahrt so großartig gewesen sei ... Ehe Unsere Liebe Frau die Stadt verließ, besuchte sie das Altersasyl, um bei der Taufe von fünf alten Leuten anwesend zu sein, welche die Namen der kleinen Seher von Fàtima erhielten. Eine Buddhistin, die als Folge eines Unfalles ein entstelltes Gesicht hatte, konnte den Mund nicht mehr schließen. Sie küßt die Füße der Gnadenstatue, fühlt den Verband herunterrollen und sieht sich vollständig geheilt. Voll Freude und Dankbarkeit meldete sie sich zum Eintritt in die katholische Kirche.

Malaia: Es herrscht eine revolutionäre Atmosphäre. Fast überall ist Belagerungszustand. Nach strenger Verordnung hat die Bevölkerung ab 18 Uhr in ihren Wohnungen zu sein. Die Gnadenstatue kam um 19, um 20 und um 21 Uhr an. Die Menge erwartete sie wohlgeordnet, begleitete sie anschließend, ohne daß die Polizei an ein Einschreiten dachte. In *Penang,* der letzten Stadt, die besucht wurde, opferte man Unserer Lieben Frau von Fàtima eine Krone und einen Rosenkranz aus Gold und krönte sie feierlich als Königin von Malaia.

Timor: Juli 1951. Auf einem Triumphbogen am Eingang

von Dili las man die Inschrift: „Timor ist Dein, Herrin, segne es." Und etwas weiter vorne: „Damit ihr es gut wißt! — Wir sind ein Land der heiligen Maria."

Die allerseligste Jungfrau kam auf einer mit Sandelholz, Schildpatt und Elfenbein reich verzierten Sänfte mitten durch das dichte Spalier des Volkes, das von der ganzen Insel zusammengekommen war. Die „Moradores", einheimische Soldaten, die „Helden des Don Alessio", präsentierten die Waffen und verbeugten sich vor der himmlischen Königin. In den gefalteten Händen halten sie die alten Fahnen, die sie während der japanischen Besetzung verborgen gehalten hatten. In der Nacht zwischen zwölf und ein Uhr findet ein wunderbarer Fackelzug statt, nächtliche Anbetung und Pontifikalamt. Über 12.000 Kommunionen werden ausgeteilt, 1200 Erwachsene getauft usw.

Brasilien: Der Besuch der Königin der Welt in den „Ländern des heiligen Kreuzes" wurde als eines der außerordentlichsten Ereignisse bezeichnet, vielleicht als das außerordentlichste seiner 500jährigen Geschichte. Es waren 18 Monate des Eifers für den Glauben und Maria. Ganz Brasilien war bewegt und entflammt. Das zeigte sich bei den großartigen Veranstaltungen in den Städten oder in der größeren Ergriffenheit der Menschen in den kleinen im Landesinneren zerstreuten Dörfern, wo der Glaube, weil einfacher, auch lebendiger und flammender ist.

„Wie in Spanien wurden Unserer Lieben Frau von Fàtima auch in Brasilien Ehrungen durch die Behörden zuteil. Die Regierung stellte den Organisatoren der Pilgerreise ein Militärflugzeug für alle Reisen des Gnadenbildes innerhalb des Staates zur Verfügung. In den Kathedralen, in den Senaten, in den Gassen der kleinen und großen Städte, auf den mühsamen Reisen auf den Straßen, den großartigen Flußfahrten, in den Häfen, überall war Unsere Liebe Frau von Fàtima

Gegenstand von Kundgebungen, die einen veranlaßten, ständig zu wiederholen: ‚Nie wurde in Brasilien Ähnliches gesehen!'

Es war eine großartige religiöse Kundgebung des ganzen Volkes für die himmlische Königin, auf der, so kann man sagen, niemand fehlte, angefangen von den höchsten religiösen Würdenträgern und Spitzen der Behörden der Nation und der Staaten, der Parlamente, der Universitäten, des Heeres, der Marine, der Luftstreitkräfte, bis zur großen unzählbaren Menge, in der Bürger aller sozialen Klassen sich brüderlich vereinten. Alle waren zu einem einzigen Lob und zu einer einzigen Huldigung der himmlischen Pilgerin zusammengekommen.

Und wieviel Segen spendete sie in ihrer mütterlichen Freigebigkeit! Es wären Bände nötig, um die vielen wunderbaren Erhörungen zu erzählen [104]." Wir haben dazu nicht mehr als wenige Seiten zur Verfügung, deshalb müssen wir uns mit einer kleinen Auswahl zufriedengeben.

Schon der großartige Empfang in *Bahia* war ein gutes Vorzeichen dessen, was sich auf diesem letzten Stück der Pilgerfahrt im „Land des heiligen Kreuzes" ereignen würde.

Es war das Fronleichnamsfest. Die ganze Stadt (São Salvador), die den Vormittag damit zugebracht hatte, dem göttlichen Erlöser zu huldigen, eilte zu Mittag zusammen, um seine heiligste Mutter zu empfangen. Der Erzbischof, der kurze Zeit darauf zum Kardinal kreiert wurde, der Gouverneur des Staates mit den Vertretern der zivilen und militärischen Obrigkeit bestiegen das Transatlantik-Flugzeug, um den Willkommgruß zu entbieten.

Kaum hatte die Gottesmutter die Erde betreten, als der Stadtpräfekt sie begrüßte und die Schlüssel der Stadt über-

---

[104] P. Antonio Da Silva Bello S. J., 120 dias com N. Senhora da Fàtima na Peregrinaçao pelo Brasil (Rio de Janeiro, 1954).

reichte. Es war unmöglich, den Festzug zu organisieren. Die dichtgedrängte Menge betet den Rosenkranz und singt das Ave von Fàtima. Sie begleitet das Gnadenbild bis zur Basilika der „Conceiçao da Praia", wo sich die Kundgebungen des Glaubens und der Andacht bis 20 Uhr fortsetzen. Dann trägt man das Gnadenbild in die Kirche der „Mutter vom Siege", von wo aus der Anfang mit dem Besuch aller Pfarreien der Stadt gemacht wird: bis zum 22. immer mit demselben Programm: 23.30 Uhr heilige Stunde, Messe, Generalkommunion — immer sehr zahlreich —, Rosenkranzgebet, fortgesetzt bis zur feierlichen Messe am Morgen, Besuch der verschiedenen Institute der Pfarrei; jedes von ihnen bemüht sich, der himmlischen Besucherin noch ganz besondere Beweise der Andacht und Liebe zu geben.

Im Programm war auch der offizielle Besuch bei den Marine- und Flugbasen, bei der Kammer im Parlament und im Palast des Gouverneurs. Die Gemahlinnen der Abgeordneten und Funktionäre überreichten der Gottesmutter einen goldenen Rosenkranz. Überall rechnen es sich die Behörden, vor allem der Erzbischof und der Gouverneur des Staates, zur Ehre an, für den Transport des Gnadenbildes zu sorgen.

Am 22.: Ein feierliches Pontifikalamt wird zum Danke gefeiert, verbunden mit der Weihe des Erzbistums an das Unbefleckte Herz Marias durch den Erzbischof. Die Weihe des Staates Bahia wurde von der obersten staatlichen Behörde vollzogen. Am 24. und 25. folgte ein rascher Besuch in verschiedenen umliegenden Dörfern.

Nachdem am Morgen des 26. die allerseligste Jungfrau die Menge, die auf dem Flughafen zusammengekommen war, gesegnet hatte, reiste sie gegen Norden. Man konnte wohl schreiben, daß sie „alle Herzen mit sich nahm, ein grenzenloses Heimweh hinterlassend, aber alle Schätze der Gnade denen zurücklassend, die sie mit ihrer Gunst beglückt hatte".

408

Erster Besuch in *Fortaleza* (Ceará), Oktober 1952. Hier bereitet man sich durch eine vorbildliche Organisation vor. Überall werden Flugzettel, Rundschreiben, Zeitungsblätter verteilt, in denen der Besuch Unserer Lieben Frau angekündigt und zu einer würdigen Vorbereitung eingeladen wird, vor allem zu einer geistigen Vorbereitung. In allen Kirchen hält man Triduen und Novenen, die von beiden Sendern übertragen werden, so daß „man das Volk auf den Straßen und sogar in den Kaffeehäusern beten und singen sieht".

Am Nachmittag der Ankunft: Überall ruht die Arbeit. Nur eine Fabrik in der Nähe des Flughafens wollte nicht schließen. Aber im Moment, als das Flugzeug mit dem Gnadenbilde landete, stehen die Maschinen plötzlich still und man benützt diesen Anlaß, sie nicht mehr in Gang zu setzen. Die Arbeiter begeben sich geschlossen zum Flughafen.

Hier waren alle Autos der Stadt, ungefähr 12.000, die nachher mehrere Stunden brauchten, um wieder in Gang zu kommen. Als sich der Zug mit der Gottesmutter in Bewegung setzte, lief die Menge, wie angezogen von Unserer Lieben Frau, hinter dem Jeep her, auf dem die Statue geführt wurde, aufgeregt vor Eifer und Begeisterung. Sie vermengte sich mit jener anderen Menge, die schon seit langem zu beiden Seiten der Straße still wartete.

In den Kirchen, wo die Gnadenstatue aufgestellt wurde, herrschte Tag und Nacht ununterbrochener Andrang des Volkes. Und wie groß war die Teilnahme an den Sakramenten! Die Geistlichkeit der Stadt fand in jenen vier Tagen wenig Zeit zum Ausruhen, viele überhaupt keine. So hörten z. B. in der Christkönigs-Kirche 45 Priester vom Vorabend des feierlichen Pontifikalamtes ununterbrochen bis $1/2$ 4 Uhr früh die Beichte. Die Kommunionen der Männer erreichten 14.000 und ... es war ein Glück, daß man noch 50.000 Hostien vorbereitet hatte, um die anderen Kirchen zu versorgen, in denen der Andrang zum Tisch des Herrn ebenso ungewöhnlich war.

„Die Stadt war wie außer sich, alles schien zu wenig, um der Gottesmutter würdige Ehre zu erweisen, alle boten alles umsonst, sogar die Freimaurer und Kommunisten: Arbeit, Schmuck, Almosen ... Die Familie, die die Schmückung des Thrones der allerseligsten Jungfrau in der Christkönigs-Kirche übernommen hatte, spendete für herrlichste Blumen 200.000 Lire."

Die himmlische Mutter bewies ihr mütterliches Wohlgefallen mit vielen außerordentlichen Heilungen und auch mit Wundern erster Ordnung. Ein Knabe, von Geburt an fast ganz blind, sieht plötzlich das Gnadenbild. Der Arzt stellte fest, daß „er 50 Prozent des Augenlichtes mit Tendenz zur Besserung erlangt hatte".

Ein Mechaniker war seit neun Monaten bettlägerig. Trotz der Behandlung von vier tüchtigen Ärzten hatte sich sein Zustand in den letzten zwei Monaten so verschlechtert, daß er nicht einmal mehr die Speisen zum Mund führen konnte. Er beichtete, kommunizierte und ließ sich zum Gnadenbilde bringen. — „Hier angekommen, sprach ich meine Gebete. Eine wunderbare Sache ging in mir vor, die ich nicht genau beschreiben kann. Was ich zu sagen weiß, ist, daß mir, zu Hause angekommen, schien, als sehe ich die allerseligste Jungfrau" — er war vollkommen geheilt.

Großes Aufsehen erregte der Fall der Professorin D. Maura Leào Borges; seit über 40 Jahren hinkte sie mit dem rechten Fuß, der um zehn Zentimeter zu kurz war. Während sie vor dem Gnadenbilde betete, „fühlte sie einen leichten Schmerz im Fuß, als hätte jemand daran gezogen". Einen Augenblick später konnte sie den Fuß auf die Erde stellen. Er hatte dieselbe Länge wie der andere.

Über allem aber stehen die ungezählten Bekehrungen von

410

Freimaurern, Spiritisten, Protestanten und Menschen, die seit langen Jahren auf Gott vergessen hatten.

Ein Kaufmann, über 60 Jahre alt, sehr weit entfernt von jeder Ausübung der Religion, ging, um über den Enthusiasmus der Gläubigen zu spotten. Als er sich dem Gnadenbilde näherte, das auf einem Blumenthron im herrlichen Lichtglanz stand, war ihm, als enthülle dieses Licht die Finsternis seiner Seele. Er schämte sich vor sich selbst und ging, um seine erste Beichte abzulegen.

Ein sehr bekannter Major, gebürtig aus Aracati, der ein anstößiges Leben führte — „der Zynismus in Person" —, keine frommen Bilder in seinem Hause duldete und sich die Augen mit der Hand bedeckte, um die Gottesmutter, die ihm zulächelte, nicht sehen zu müssen, konnte schließlich nicht länger widerstehen. Er beichtet, ändert sein Leben, nimmt seine rechtmäßige Gattin zu sich und kommuniziert nun täglich.

Ein Bursch aus protestantischer Familie lag krank. Als er hört, daß die Gottesmutter kommen wird, erklärt er, beichten zu wollen. Die Familie widersetzt sich. Die Mutter schimpft, macht ihm Vorwürfe, droht und sagt ihm: „Du bleibst Protestant!" Gegen Sonnenuntergang sieht der Kranke, der ganz wach liegt, eine weißgekleidete Frau vorbeigehen, die ihm sagt: „Und warum führst du deinen Entschluß nicht aus? Führ ihn aus!" — Von diesem Augenblick an konnte ihn keine Bitte und keine Drohung mehr wankend machen. Der Pfarrer kam einige Male, um ihn zu unterrichten. Das forderte die Drohungen und Beleidigungen durch die Familie noch mehr heraus. Aber der junge Mann schwor dem Irrglauben ab, empfing die Sakramente, und zwei Tage, nachdem die allerseligste Jungfrau die Stadt verlassen hatte, starb er getröstet.

Abschluß: Fortaleza hat sich geistig erneuert. Als Beweis der geistigen Früchte dieser Tage wird jetzt im Radio der Rosenkranz gebetet. Viele Menschen schließen sich der großen

Bewegung, den Rosenkranz in der Familie zu beten, an. Die Errichtung dieser Bewegung in der Kirche wurde unmittelbar nach dem Besuch Unserer Lieben Frau von Fàtima beschlossen. Es häufen sich die Geschenke in Geld und Waren. In wenigen Tagen haben die Unterschriften fünf Millionen überschritten.

Ein anderes Beispiel: *Nova Friburgo* (Stato di Rio). — Die Marianischen Kongregationen waren, wie auch überall anderswo, eifrigst beteiligt an der Vorbereitung des Empfanges. Konferenzen wurden abgehalten, Flugblätter verteilt, und im Lautsprecher wurde der Rosenkranz vorgebetet, den alle Bewohner der Stadt mitbeteten.

30. April 1953: Um 20 Uhr sind bereits mehr als 10.000 wartende Menschen versammelt, und immer neue Gruppen kommen aus allen Richtungen an. Um 21 Uhr trifft die Gnadenstatue auf einem Auto ein, ihr Thron ist mit Blumen reichst geschmückt und von einem Lichterkranz umgeben. Es entzünden sich Tausende von Fackeln, und man zieht in die Stadt. Auf dem Forum empfängt der Stadtpräfekt die allerseligste Jungfrau und übergibt ihr die Schlüssel der Stadt. Es sind goldene Schlüssel, eine Spende der christlichen Mütter.

In den ersten Stunden des Tages, einem ersten Freitag im Mai, wird die heilige Messe gefeiert, 6000 Menschen kommunizieren dabei. Am Schluß betet die ganze Menge, die Arme in Kreuzesform ausgestreckt, mit dem seeleneifrigen Erzbischof um die Bekehrung Rußlands. Bei Tagesanbruch empfangen 2000 Jünglinge die Osterkommunion.

Die Menschenmenge folgt der allerseligsten Jungfrau überall hin; sie verlassen sie weder bei Tag noch bei Nacht. In der Kirche wird ohne Unterlaß der „lebende Rosenkranz" gebetet. Am Abend ist die Zeit für die Lichterprozession. Kaum tritt die Gottesmutter durch das Tor der Kathedrale, stimmt die Menge, die sich durch das Hinzukommen der Bewohner

412

der Umgebung noch vergrößert hat, das Lied „Ave" an. Alle weinen und beten und jubeln in einem Taumel der Begeisterung ohne Unterlaß der allerseligsten Jungfrau zu.

„Nie hat die Stadt eine so spontane und einmütig geistige Ergriffenheit gezeigt. Wir finden keine Worte, um sie zu beschreiben. Alles, was man sagen kann, ist immer zu wenig."

Die Kundgebungen wiederholen sich bei den Besuchern in der Präfektur, bei der Kammer, in den Kollegien, Spitälern und Fabriken. Wieviel Liebe und Aufmerksamkeit zeigt die spontane Beredtsamkeit der Arbeiter: „Wir Arbeiter, erzogen in der katholischen Schule der Väter von Chateau (Kolleg Anchieta), brauchen keine Soziologie, um unsere Probleme und die Fragen der Arbeit zu lösen. Uns genügt es, das Gesetz Gottes in die Praxis umzusetzen, und alles ist gelöst."

Auch hier zeigte die allerseligste Jungfrau, wie wohlgefällig ihr die Huldigungen der Nova-Friburger waren, durch viele Bekehrungen und Heilungen von Kranken, die die Ärzte aufgegeben hatten. Am Ende des Besuches hatten sich bereits 1800 Familien verpflichtet, täglich den Rosenkranz zu beten.

Dann begab sich Unsere Liebe Frau von Fàtima nach *Rio Bonito*, wo sie die Marianische Kongregation der „Fazendeiros" (Landarbeiter) sehnsüchtig erwartete. Außer Atem kommen sie an, den Rosenkranz in der Hand, und so beten und singen sie die Litanei. In jede Anrufung legen sie die ganze Seele. Ihr Latein ist fürchterlich entstellt, aber die heiligste Mutter versteht es vollkommen und lächelt, lächelt mit himmlischer Milde.

Beim Weggehen brechen alle in bitterliches Weinen aus. Ein guter Alter sagt schluchzend: „Leute, was weint ihr? Sie bleibt im Geist bei uns!"

Die Verherrlichung in *Rio de Janeiro*: 12. Mai 1953. Künstliche Feuerräder erhellen den Himmel. Auf einem Küstenboot der Kriegsmarine, ein großes Kreuz am Mastbaum, reist die himmlische Pilgerin von Niterói ab. Der Kardinal von Rio und der Bischof von Niterói halten Ehrenwache. Hunderte von Booten begleiten sie, prächtig geschmückt und beleuchtet. In der Mitte der Bucht von Guanabara begrüßt S. Eminenz der Kardinal die himmlische Besucherin. Da hebt sich plötzlich auf dem Wasser eine Straße von Licht ab, von mächtigen Scheinwerfern ausgestrahlt. Auf dieser Straße bewegt sich die „wunderbare Prozession des Meeres" vorwärts. Am Landungssteg warten Bischöfe, Welt- und Ordensklerus und eine ungeheure Volksmenge.

Während der Landung herrscht ein ohrenbetäubender Lärm: Mörser krachen, Raketen steigen auf, Sirenen heulen und Glocken läuten. Die Leute durchbrechen die Absperrungen der Polizei und drängen sich der allerseligsten Jungfrau entgegen. Sie beten, singen und weinen, eine unbeschreibliche Ergriffenheit herrscht. Der General Eduard Gomes, Kandidat für die Präsidentschaft der Republik, und der Präfekt des Bundesdistriktes sind die ersten, die die Gnadenstatue zum Thron geleiten.

Es bricht ein Platzregen los, aber niemand entfernt sich, der ungeheure Festzug, eine Atmosphäre des Glaubens und der Begeisterung ausstrahlend, bewegt sich langsam durch die Straßen, in denen sich die Menschen drängen, gegen die Kathedrale. Am Platz des „15. November" übergibt der Präfekt der Königin der Welt die Schlüssel der Hauptstadt. Diese Geste löst neue ungeheure Ovationen aus. In der Kirche wird wieder nächtliche Anbetung gehalten und ein Pontifikalamt gefeiert. Etwas später findet in der Kirche Unserer Lieben Frau von Fàtima die Krankensegnung statt. Zwischendurch ziehen nicht endende Reihen von Gläubigen an der Gnadenstatue vorbei, um neue Gnaden zu erbitten und für erhaltene zu danken.

13. Mai, 17 Uhr: Auf einem Triumphwagen, gefolgt von

10.000 Autos, wird Unsere Liebe Frau von Fàtima in das Stadion gebracht. Beifall, Gebete und ein Blumenregen begleiten den Weg. Die Menge, die sich in den Straßen drängt, verzögert den Zug um mehr als zwei Stunden. Man kommt durch *Cinelândia*, dem mondänsten Viertel der Stadt, wo die modernsten Kinos und Theater sind. Die Schauspielhäuser stehen leer, alle Leute laufen zusammen, um der allerseligsten Jungfrau zuzujubeln.

Um 19.30 Uhr gelangt man ins Stadion, das bereits gesteckt voll mit 200.000 Menschen ist, so daß eine große Menschenmenge, sicher nicht kleiner an der Zahl, draußen bleiben muß. Das Gnadenbild, geleitet von den Kardinälen von Rio und Sâo Paulo, von Erzbischöfen, Bischöfen und 600 Geistlichen, wird unter Applaus, Liedern und Tränen bis zum Thronaltar gebracht, der in der Mitte des Platzes errichtet ist.

„Nach diesem Schauspiel, das ich in unserem Lande noch nie gesehen habe, wünscht man nur zu sterben!" rief der Priester am Mikrophon aus.

Die elektrische Beleuchtung konzentriert sich auf den Altar, das Amphitheater wird von 200.000 Kerzen erhellt. In diesem fast überirdischen Glanz feiert der Kardinal von Sâo Paulo das heilige Opfer für die Kirche des Schweigens . . . Die Ergriffenheit erreicht den Höhepunkt, als der Kardinal von Rio das Gnadenbild krönt und anschließend das Erzbistum dem Unbefleckten Herzen Marias weiht.

Der Zug organisiert sich wieder, und die allerseligste Jungfrau begibt sich unter Liedern, Applaus und einem Regen von Blumen in die Kirche S. Cecilia und S. Sebastiano in *Bangù*, von wo aus der Besuch der Pfarreien beginnt. Die Begeisterung des Glaubens und der Liebe nimmt während der 30 Tage, die die himmlische Pilgerin zu den verschiedenen Besuchen braucht, nicht ab. Überall übertrifft das Schauspiel der jubelnden Menge jede Vorstellung. „Der Eifer der Leute nimmt nicht nur nicht ab, er steigert sich immer mehr."

Die Besuche bei den Behörden beginnen im Monroe-Palast. Das Gnadenbild betritt auf den Schultern der Senatoren den Senat, um die Huldigung zu empfangen: „Jungfrau von Fàtima ... bei deinem Gang durch dieses Haus in einer schweren Stunde für die Welt und für Brasilien bringst du eine Botschaft des Glaubens, eine Botschaft der Hoffnung ... O Jungfrau von Fàtima, die Senatoren von Brasilien, die Funktionäre dieses Hauses, welcher Partei sie auch angehören, werfen sich, weil sie alle deine Kinder sind, zu deinen Füßen, bitten um deinen Segen, bitten um deinen Schutz für Brasilien."

Vom Kongreßhaus zieht die himmlische Königin in das Abgeordnetenhaus. Der amtliche Redner, Dr. Adronaldo Costa, der seinen Glauben vorbildlich als Kämpfer in der Marianischen Kongregation ausübt, ruft aus:

„In diesem Augenblick, meine Herren, in dem wir fast den Mut verlieren möchten, weil eine Sturmbö der Verblendung über Brasilien hinwegzufegen scheint, die die festesten Fundamente der brasilianischen Nation zu untergraben sucht: unsere Gesetzgebung soll vergiftet werden durch die unglückselige Ehescheidung; bitten wir die Gesetzgeber Brasiliens, die Jungfrau von Fàtima, daß sie die Geschicke unseres Vaterlandes Brasilien in ihren Schutz nehmen möge. Indem wir ihr für ihren Besuch danken, bitten wir gleichzeitig, sie möge die Regierenden und die Regierten dazu führen, daß mit einem großen Segen die politische Einheit der Staaten und Gebiete Brasiliens in brüderlicher Einheit erstehe."

Vom Haus der Abgeordneten begibt sich die allerseligste Jungfrau in das Rathaus, wo ihr „die Fahnen des Bundesdistriktes und Brasiliens übergeben werden, um sie im Museum von Fàtima aufzustellen als Erinnerung an die katholische

Stadt des heiligen Sebastian von Rio de Janeiro ... und mit den Fahnen gehen unsere Herzen mit, unsere Verehrung und unsere Gedanken voll Heimweh!"

Dann brachte man das Gnadenbild auf den Balkon des Palastes, wo es vom Präsidenten gekrönt wurde, während die Menge, die sich auf dem Platze vor dem Gebäude versammelt hatte, in Jubel und Begeisterung ausbricht.

Dann wurde noch dem Obersten Gerichtshof, dem Marineministerium und den 1400 Kranken im Hauptkrankenhaus ein Besuch abgestattet.

Die Gnadenstatue reiste dann im eigenen Flugzeug des Gouverneurs von Minas Gerais nach *Belo Horizonte,* wo sie um 11.50 Uhr eintraf.

Am Flughafen erwarten sie der Erzbischof, der Gouverneur Juscelino Kubitschek, der spätere Präsident von Brasilien, und alle höheren Würdenträger. An der Türe des Flugzeuges wird Unsere Liebe Frau vom Erzbischof und vom Gouverneur empfangen. Sie bringen die Gnadenstatue auf den Thron, der in einem Auto errichtet ist und auf dem sie in die Stadt gebracht wird, begleitet von einer langen Autoschlange.

Der seeleneifrige Erzbischof D. Antonio dos Santos Cabral hatte alle Gläubigen eingeladen, der himmlischen Pilgerin den „lebhaftesten, feurigsten und herzlichsten Empfang zu bieten, den sie auf dieser ihrer einmaligen Reise um die Welt je erlebt hätte".

„Minas Katholiken, Minas Behörden, ja ganz Minas hat vollkommen erfüllt, was man sich von seinem tiefen Glauben und der Einladung seines Oberhirten erwartet hatte."

Schon in den ersten Stunden hat „Belo Horizonte einen der glorreichsten Tage seiner Geschichte gesehen".

Bei der Ankunft in der Stadt stellt sich ein endloser Zug zusammen, in dem unter flammendsten Kundgebungen der Menge — über 200.000 Personen — das Gnadenbild in die

Hauptkirche von St. Joseph geleitet wird. Der Gouverneur, der Präfekt der Stadt und die höchsten Obrigkeiten tragen das Gnadenbild auf einer Sänfte zum Thron, der an der Spitze der Treppe errichtet ist. Die öffentliche Begrüßung erfolgt durch den Erzbischof und den Präfekten, der die Schlüssel der Stadt überreicht und im Namen des Gouverneurs und des Volkes von Minas seinen Gruß ausspricht.

17 Uhr: Auf dem Platz vor der Kathedrale sind die Kinder von Belo Horizonte versammelt. Im Freien wird eine Abendmesse mit Erstkommunion und Generalkommunion der Kinder gefeiert. 13 Priester teilen die heilige Kommunion aus. Anschließend weihen sich die Kinder von Minas dem Unbefleckten Herzen Marias. Unbeschreibliche Ergriffenheit erleben die Anwesenden, als der Erzbischof Unsere Liebe Frau von Fàtima als Königin von Belo Horizonte krönt.

21 Uhr: Es beginnt die nächtliche Prozession. Das Ereignis ist einmalig in der Geschichte der Hauptstadt Minas. Dem äußerlichen Vollzug und dem Eifer der Seelen ist nichts vergleichbar, einzig der Eucharistische Kongreß vom Jahre 1936. Als um 23 Uhr die Statue zum Platz vor der Kathedrale zurückkommt, bricht die Menge, entflammt von den Worten des begeisterten Redners, plötzlich in unbeschreibliche Ovationen aus, die gut fünf Minuten dauern. Es folgt tiefes Schweigen, während das Gnadenbild auf den Thron gehoben wird. Dann aber setzt neuerlich ein Winken mit Taschentüchern, Hüten und Fahnen ein, Händeklatschen, Hochrufe, Gebete und Tränen ... „Es sind Augenblicke himmlischer Freude." Um 24 Uhr war im Dom heilige Messe und nächtliche Anbetung.

Die anderen Tage wickeln sich in gleicher Weise ab. Erinnern wir uns rasch: am 15. in der Kirche der Muttergottes von Lourdes Messe und Generalkommunion der weiblichen Marianischen Kongregationen, dann Osterkommunion der Exekutive, der Mitglieder des Parlamentes und der Justiz. Anwesend waren der Gouverneur, das ganze Ministerium und über 80 Prozent der Abgeordneten. — Am Vormittag besuchte die himmlische Königin den „Christkönigs-Palast", wo ihr der Erzbischof mit seinem ganzen Klerus huldigte. Dann besuchte sie den Freiheitspalast. Dort brachte sie der Gouverneur im Triumph in den Empfangssalon. Er krönt sie und beugt in einer „symbolischen Geste der Anerkennung ihres mütterlichen Königtums" vor ihr das Knie. Mit dem Erzbischof und allen Anwesenden der zivilen und militärischen Behörden betet man dann den Rosenkranz und erneuert die Weihe. Es folgt der Besuch des Provinzialseminars vom „Eucharist. Herzen Jesu", des Justizgebäudes, wo sie begrüßt und angerufen wird als Mutter des guten Rates, Sitz der Weisheit, Spiegel der Gerechtigkeit und Mutter der Barmherzigkeit, denn „durch Übereinstimmung mit ihr wird die Toga der Magistrate unbefleckt bewahrt", ferner des Parlamentes, in dem der Präsident die Gottesmutter bittet, sie möge ein einziges Streben erhalten: unserem Staat in Recht und Gerechtigkeit, mit Biederkeit und mit der Unerschrockenheit des Glaubens zu dienen. Dann besucht sie noch das Rathaus, die Präfektur, das Gesundheitsamt und das Pflegeheim. Dort erhält Unsere Liebe Frau von Fàtima ein Lothringer Kreuz aus massivem Gold und eine Tafel, ebenfalls aus Gold, mit der Inschrift: „In Erinnerung an den Besuch Unserer Lieben Frau von Fàtima im Gesundheitsamt und im Pflegeheim des Staates Minas Gerais. Belo Horizonte, Brasilien. 17. Juni 1953." — Dann nimmt die Gottesmutter die Ehrenbezeigungen der Streitmacht entgegen, „die in christlicher Freude und Hoffnung frohlockt, daß sie alle, die hier arbeiten und mit ihnen ihre Familien, den wunderbaren Segen der Jungfrau und Muttergottes erhalten". Am Zentralbahnhof von Brasilien und des Bahnnetzes von Minas wird Unserer Lieben Frau die Huldigung durch die Eisenbahner zuteil. Sie erhält einen Rosenkranz und ein goldenes Billett. Auch in die Spitäler, das Sanatorium und in die Aussätzigenkolonie von St. Elisabeth kommt die Gnadenstatue. Den über tausend Kranken wird der Segen mit dem Allerheiligsten erteilt, während über 50.000 Gläubige für sie den Segen jener erflehen, die das Heil der Kranken ist. „Es war ein Schauspiel des Glaubens, imstande, Statuen aus Stein Tränen zu entlocken."

Man darf hier auch den Besuch der einzelnen Pfarreien und deren Institute, Kollegien und Erziehungsstätten nicht vergessen, denn alle wollen wenigstens auf einige Minuten die himmlische Pilgerin empfangen, um ihren Segen für ihre Tätigkeit, die Häuser, selbst für die Straßen der Stadt zu erbitten. Alle wetteifern in noch herrlicheren Kundgebungen der Freude, Andacht und kindlicher Liebe. In der Pfarrei Unserer Lieben Frau von Fàtima wird der Grundstein eines neuen Heiligtums gelegt; in jener vom heiligen Sebastian di Barro Preto findet eine Mitternachtsmesse mit Osterkommunion der Männer statt. — In der letzten Nacht waren im Gymnasium des „Minas Tennis Klub" über 40.000 Gläubige buchstäblich zusammengepfercht. Während der letzten marianischen Nachtwache, „strahlend von Pracht und erfüllt mit der innigsten Andacht", gab es Tausende Kommunionen.

Am nächsten Tag, den 19. Juni, war die Abfahrt von Belo Horizonte eine noch großartigere Verherrlichung als die Ankunft. Zuerst wurde das Pontifikalamt vom Erzbischof-Metropoliten auf dem Freiheitsplatz gefeiert, dann opfern 36 kleine Engel, die 36 Pfarreien der Stadt darstellend, durch die Hände des Erzbischofs eine goldene Rose, von einem Künstler der Stadt aus den spontanen Geschenken der Bevölkerung angefertigt. Sie ist 40 cm hoch, aus massivem Gold und mit 13 Brillanten verziert (der 13. war ja der Tag der Erscheinungen!). Ihr ist ein goldenes Billett angehängt mit den Worten: „Der heiligsten Jungfrau von Fàtima, unserer Mutter und

Königin. In den Blüten der Seelen deiner Kinder der Haupt-
stadt von Minas lebt die Sehnsucht ihrer dankbaren Herzen,
Dich zu lieben und zu sorgen, daß Dir Liebe erwiesen wird."
— Auf der Rückseite ist das Geschenk des der allerseligsten
Jungfrau geopferten „geistlichen Blumenstraußes".

„Die goldene Rose", erklärt der Erzbischof, „ist ein Sinnbild der Liebe aller zur heiligsten Jungfrau und der Liebe der
heiligsten Jungfrau zu allen. Ihr materieller Wert ist groß:
mehr als 1¹/₂ Millionen. Ihr geistiger und moralischer Wert
ist unermeßlich, weil sie die Opfer vieler darstellt. Es sind
noch zwei Schachteln von Edelsteinen, die zu Füßen Unserer
Lieben Frau von Fàtima gelegt werden als immerwährendes
Andenken an die Großmut des Volkes unseres Erzbistums."

Der verehrungswürdige Oberhirte sagt in seiner Abschiedsansprache: „Erinnern wir uns der Tage, die mehr Tage des
Himmels als der Erde waren." Er ermuntert die Gläubigen,
die Botschaft von Fàtima zu bewahren und ins Leben umzusetzen, „damit wir uns der Güte Unserer Lieben Frau von
Fàtima würdig zeigen durch eine immer beharrlichere Treue
gegenüber ihren Wünschen". Dann spricht er mit vor Ergriffenheit bebender Stimme und mit Tränen in den Augen weiter; er beschwört mit flammenden Worten alle, vom Gouverneur bis zum letzten Einwohner, sie mögen vor der allerseligsten Jungfrau und Muttergottes und aller Menschen schwören, die Einheit, die Heiligkeit und Unauflöslichkeit der brasilianischen Familie zu bewahren, wenn nötig, selbst um den
Preis des eigenen Blutes. „Geben wir unser Blut, damit unser
häuslicher Herd nicht entweiht werde!" Am Schluß erneuert
er mit dem ganzen Volke in einer Atmosphäre glühender
Hingabe die Weihe des Erzbistums an das Unbefleckte Herz
Marias.

Auf dem Flughafen stürmt die Menge auf die Flugstart-
bahn und macht das Aufsteigen des Flugzeuges unmöglich.

Alle wollen die Gottesmutter noch einmal sehen, berühren und ein paar letzte Worte sagen. Der Erzbischof nimmt das Gnadenbild und erteilt damit den Segen. Schließlich steigt das Flugzeug in die Höhe, während das Volk singt: „daß unsere ‚Sehnsucht‘ ein Unterpfand sei, in Ewigkeit deine Liebe zu genießen‘‘!

„Die himmlische Pilgerin setzt ihren Reiseplan fort, sie läßt einen Glanz himmlischen Lichtes zurück, das nie mehr erlöschen wird. Sie rüttelt die Gewissen der Schlafenden auf, erweckt Ideale der Heiligkeit, ermuntert zur Übung der Tugend, wandelt die Seelen, wandelt Brasilien... Es vervielfältigen sich die Wunder der Gottesmutter auf eine Weise, daß sie eine normale Erscheinung geworden zu sein scheinen — so machen sie durch ihre Häufigkeit immer weniger Eindruck, besonders wenn es sich um Bekehrungen und augenblickliche Heilungen von natürlich nicht heilbaren Krankheiten handelt. Das geschieht vor allem unter den einfachen Leuten, die sich schämen, sie bekanntzugeben. Der Eindruck aller ist, daß zusammen mit dem sichtbaren Bild eine unsichtbare Wirklichkeit gegenwärtig ist. Man sieht ihre Gegenwart nicht, aber man spürt sie‘‘ (P. Oliveira Dias S. J.).

Nachlese: Gnaden und Ungnaden. — *Vitória* (Espirito Santo). Die allerseligste Jungfrau steht auf einem Thron von Blumen und Lichtern. Ringsumher ist das Volk, das in einem einstimmigen Chor betet und ruft. Zwei Kommunisten ärgern sich darüber. Einer von ihnen hebt einen Stein auf und sagt zu seinem Kameraden:

„Ich werfe ihr diesen Stein ins Gesicht, und sie wird in Scherben zerbrechen.‘‘

„Tu es nicht! Sie lynchen dich!‘‘

„Es ist nicht gefährlich. Wenn ich werfe, wird es niemand bemerken. Siehst du nicht, daß alle schreien und beten? Ich entwische dann in der Menge.‘‘

„Also gut! Wirf!" sagt der andere und sucht das Weite, um aus der Ferne zuzusehen.

Aber er sieht kein Wurfgeschoß fliegen. So kehrt er an den früheren Platz zurück. Der Stein liegt am Boden, und der Schleuderer kniet in Tränen aufgelöst daneben.

„Was ist? Wirfst du nicht?"

„Was willst du? Als ich sie anblickte, um nach ihr zu zielen, lächelte sie mich in einer Weise an, daß mir der Arm herabsank und ich mich niederknien mußte. Und jetzt, weißt du, was ich tun werde? Ich gehe beichten und kommunizieren, und dann gehe ich bei der Prozession mit!"

Petrolina: Ein Arzt, der seit langer Zeit auf seine religiösen Pflichten vergessen hatte, nähert sich, von der Gnade berührt, dem Thron der allerseligsten Jungfrau. Im höchsten Grade erschüttert, richtet er an die Gottesmutter einen kurzen Gruß, in welchem er fast eine öffentliche Beichte ablegt, und als er sich schließlich von den Knien erhebt, liegt sein Ring zu Füßen der Gottesmutter.

Remanso: Es war an den Ufern des San Francisco. Da kam ein Mann, der als öffentlicher Sünder bekannt war, zur Einschiffung der Pilgermadonna. Er hatte vor, Beleidigungen gegen sie auszustoßen, aber der Enthusiasmus des Volkes entmutigte ihn, und schließlich folgte er ihr in die Kirche. Er hörte die heilige Messe und Predigt; dabei sank er besiegt zu Füßen der Gnadenstatue nieder. Kurze Zeit danach beichtete er „mit so großem Ernst, daß man nicht sagen kann, wer mehr weinte, der reuige Sünder oder der Diener Gottes, der ihm die Lossprechung erteilte".

Rio de Janeiro: Nach der großartigen Prozession in der Straße von Copacabana wurde das Gnadenbild auf den Thron erhöht. Da kommt ein zehnjähriger Knabe mit seinem zweijährigen Brüderchen im Arm. Dieses hatte die rechte Hand abgestorben. Die Finger waren seit der Geburt verkrümmt.

Der Knabe legt die Hand des Kleinen auf die Füße der Gnadenstatue und betet inbrünstig um Heilung. Kurz danach sinkt er weinend in die Knie: das Brüderchen streckt langsam die Finger seiner Hand aus.

In *Conquista* (Bahia) bereitete man sich eben zur Lichterprozession vor, da entzündete ein Feuer zufällig 40 Dutzend Raketen inmitten der Menge. Überall herrschte Panik, die alle lähmte. Zur großen Verwunderung aller aber stiegen die Raketen, obwohl sie nach unten gedreht waren, in die Höhe und explodierten dann, ohne Schaden anzurichten.

Das sind Zufälle anderen Ursprunges: Zufälle, nicht „durch Zufall".

In *Cachoeira de Paulo Afonso* machten die Protestanten gegen die Gottesmutter intensive Propaganda und hatten heftige Diskussionen und Auseinandersetzungen mit den Katholiken. Da die Sache für sie schlecht ausging, sagten sie zum Schluß: „Wenn sie eine solche Macht hat, wie ihr sagt, soll sie Feuer an unsere Häuser legen!"

Als die allerseligste Jungfrau nach Beendigung der Feierlichkeit mit dem Flugzeug nach Pernambuco fuhr, brannten drei Häuser der Protestanten.

Ein Arzt aus *Sobral* ging nach Fortaleza, um seine Geschäfte am Festtag zu erledigen. Er fand die Läden gesperrt und rief zornig aus:

„Noch nie hab ich eine so rückständige Stadt im ganzen 20. Jahrhundert gesehen! Schließt sie die Geschäfte wegen einer Statue aus Holz!"

Nach Hause zurückgekehrt, wiederholte er vor der Frau die Lästerung.

„Aber ich bitte dich, sprich nicht so von der himmlischen Mutter!"

„Ich glaube das nicht. Ich würde nur glauben, wenn sie in drei Tagen unseren kleinen See austrocknen ließe."

Noch waren keine drei Tage vergangen, als der See, der noch nie, nicht einmal während der großen Trockenheit von Ceará, ausgetrocknet war, am Morgen vollständig trocken war. In der Mitte hatte sich ein Schlund von einem halben Meter Breite aufgetan, durch diesen waren Fische und Wasser abgeflossen.

In *Nova Friburgo* begegnete ein Mädchen, eine fanatische Protestantin, der Menge, die der Gottesmutter zujubelte. Sie verspottete die Katholiken und ihre Andacht mit einer Puppe aus Terracotta. Kaum hatte sie einige Schritte vorwärts getan, wurde sie von einem Fahrrad überfahren. Sie wurde zum Unfallskrankenhaus gebracht; dort wurde ein schwerer Schädelbruch festgestellt; sie starb innerhalb von 24 Stunden.

Kostbare Brosamen. — In *Itagi*, einer Pfarrei von *Amargosa* (Bahia), kam das Gnadenbild während eines Wolkenbruches an. Das ganze Volk kniet im Schlamm; mit ausgespannten Armen singen alle das Salve Regina. In der Nacht begibt sich die Menge in die Kirche, um die heiligste Mutter zu ehren.

Beim Ausgang fragt der Pfarrer:

„Wer will der himmlischen Mutter ein Geschenk machen?"

Da treten 25 Ehepaare vor. Eines nach dem andern zieht den Trauring vom Finger und legt ihn zu Füßen der allerseligsten Jungfrau. Es war das Opfer der Armen: das ganze Gold, das sie besaßen. Aber die seligste Jungfrau, sie selbst wird von nun an Bürge für die Reinheit ihres Ehebundes sein.

In *Remanso* (Bahia) herrscht großer Andrang. Der Bischof staunt: „Woher sind alle diese Leute gekommen?"

„Wir sind von Piauì. Man hat uns gesagt, daß hier die himmlische Mutter vorbeikommt, und wir haben beschlossen, zu kommen und sie zu sehen."

Sie hatten eine Reise von über 90 Kilometern gemacht.

Diözese von *Caitété:* 22 Uhr. In der Mitte der Straße zwischen den zwei Pfarreien erscheint vor dem Auto der Madonna ein Mann mit einer Fackel in der Hand. Das Auto hält an.

„Was wollt ihr?"

„Wir wollen Unsere Liebe Frau von Fàtima sehen, die auf diesem Fahrzeug reist."

„Wir wollen . . . Aber wo sind denn die andern? Man sieht niemanden!"

„Es genügt, daß sie uns Unsere Liebe Frau zeigen, und sie werden erscheinen!"

„Also ruf sie!"

Während er das Gnadenbild aus dem Auto holt, erscheinen über 500 Personen. Sie beten den Rosenkranz und singen das Ave Maria von Fàtima. Eine kurze Ansprache über die Botschaft von Fàtima wird gehalten . . . Es ist kein Ort in der Nähe.

„Woher kommt ihr?"

„Wir wohnen 40 Kilometer weit weg."

Im Inneren von *Ceará:* Eine Greisin war während dreier Tage gegangen, um Wasser zu schöpfen, das drei Kilometer weit entfernt war. Sie wollte die Straße vor ihrem Hause reinigen, ein Stück von 200 Metern.

„Was tut ihr, Mütterchen?"

„Ich bin arm und habe der himmlischen Mutter nichts zu schenken. Ich hoffe, daß ihr meine Arbeit wohlgefällig ist und sie keinen Staub findet, wenn sie an meinem Hause vorüberzieht."

Der P. Demoutiez war so ergriffen, daß er die Statue aus dem Auto hob, sie der guten alten Frau zum Kuß reichte und sie segnete. Diese war zutiefst bewegt, und voller Freude rief die einfache Frau der allerseligsten Jungfrau zu: „Addio . . . und auf Wiedersehen im Himmel!"

Und die Tauben?

Sie konnten nicht fehlen und traten bei vielen Anlässen in Erscheinung.

Vorstädte von Rio: Das Gnadenbild wurde rasch von einer Pfarrei in die andere gebracht. Die zwei Tauben, die in der Kirche waren, flogen verspätet heraus, dann in den Radiowagen und setzten sich einem der Ansager auf die Schulter. Als die Prozession hielt, flogen sie heraus und setzten sich zu Füßen der Gnadenstatue.

Ubá (Minas): Ein Straßenjunge beschnitt einer der Tauben die Flügel. Der Vogel, der nicht mehr fliegen konnte, folgte zu Fuß der Prozession. Mühsam schleppte er sich über zwei Kilometer weiter bis zum Altar, wo das Gnadenbild aufgestellt war.

Diözese *Lins* (Sâo Paulo): Ein Ungläubiger wohnt aus Neugierde dem Vorbeizug der Prozession bei. Eine Taube fliegt vom Auto weg und setzt sich dem Mann auf den Kopf. Er sucht sie zu fangen, aber sie entkommt und kehrt zum Auto zurück. Beeindruckt folgt er der Prozession in die Kirche, beichtet und kommuniziert.

Im Stadion von *Maracana:* Ein Priester, der traurigerweise seinen Beruf verraten hatte, wohnt dem heiligen Opfer mitten unter dem Volke bei. Da kommt eine Taube und setzt sich auf seine Schulter. Er rührt sich nicht, aber in seinem Innersten spürt er den ersten Ruf der Gnade. Und die Taube — dieselbe oder eine andere — fliegt weg und kommt ein zweites- und ein drittesmal ... War das nicht ein dreifaches: „Simon, liebst du mich mehr als diese andern?" Am Ende eilt er zu seinem Bischof und erzählt ihm den Vorfall. Alle beide umarmen sich lange und vergießen Tränen. Der eine Tränen der Reue, der andere Tränen der Freude. Nach einigen Tagen nimmt der Priester sein priesterliches Leben wieder voll Glauben und Eifer auf.

Der letzte Gruß: Anläßlich des ersten Besuches Unserer Lieben Frau von Fàtima in der Stadt Fortaleza war die Andacht des Volkes und das Heimweh beim Abschied so groß, daß der Prediger beim feierlichen Pontifikalamt ausrief: „Unsere Liebe Frau von Fàtima wird nach Fortaleza zurückkehren, und wenn es ein Wunder kosten sollte!" Und sie kam in den ersten Tagen des Jahres 1954 zum feierlichen Schluß und dem letzten Abschied von Brasilien.

Sie kam von *Parangaba*, begleitet von einer ungeheuren Prozession. Die Statue der Gottesmutter ruhte auf einer Lilie, die aus einem muschelförmigen Thron wuchs, der auf dem Fahrzeug angebracht war: die Lilie in den Tälern, wie der Heilige Geist die Gottesmutter nennt. Das Fahrzeug wurde von einem anderen kleineren gezogen, auf dem eine Gruppe kleiner Engel saß. Die Gnadenstatue wurde von der religiösen Obrigkeit, den Spitzen der zivilen und militärischen Behörden und dem ganzen Volke, das auf den Knien lag, empfangen. Es war ein eindrucksvoller Anblick, der zu Tränen rührte.

Sogleich begann der Kongreß und das feierliche Triduum. Auch dabei waren die wunderbaren Gnaden zahlreich. Es genügt, festzustellen, daß allein im neuen Heiligtum Unserer Lieben Frau von Fàtima die Zahl der Kommunionen über 70.000 stieg, und in allen anderen Kirchen war ebenfalls großer Andrang zum Tisch des Herrn.

Die Prozession am dritten Tag war einfach unbeschreiblich. Für sie hatte sich die Stadt festlichst hergerichtet, die Häuser, Straßen und Plätze waren herrlich geschmückt. Die Zahl der Autos, die am Zuge teilnahmen, war nicht zu zählen. Der Zug kam an dem erzbischöflichen Palast vorbei, wo alle Prälaten versammelt waren, die zum Kongreß gekommen waren. Mit der Gnadenstatue wurde ihnen der Segen erteilt, während die Menge mit stürmischem Enthusiasmus in Hochrufe ausbrach und Taschentücher und große und kleine Fahnen schwenkte.

Es folgte die letzte Sitzung des Kongresses, während welcher die „katholische Familie von Ceará" der himmlischen Mutter eine Krone und einen Rosenkranz aus Gold schenkte: beide mit Juwelen reich geschmückt und in feinster Kunst gearbeitet.

Nach der Weihe an das Unbefleckte Herz Marias, die die Menge Wort für Wort wiederholte, wurde die Gnadenstatue gekrönt, und die himmlische Königin und Mutter empfing unter Händeklatschen, Lobliedern, Gebeten, Tränen und — bengalischen Feuern die größte Verherrlichung durch ihre Kinder und durch sie von ganz Brasilien.

Inzwischen haben sich die Pilgerfahrten, die eben beschrieben wurden, weiter entwickelt. Andere Statuen der Gottesmutter von Fàtima, zum großen Teil im Heiligtum geweiht, ziehen in die verschiedensten Gebiete der fünf Erdteile. Die Berichte, die von den einzelnen Pilgerfahrten eintreffen, zeigen, daß sich allenthalben auf der Durchreise der Madonna dieselben Wunder jeder Art wiederholen, in einem Maß, wie es die Vergangenheit vielleicht nie gesehen.

Für alle gelte dieses bedeutende Dokument:

Santa Marta (Kolumbien): 20. Dezember 1949

„... ganz unerwartet kam in diesem Lande ein Bild Unserer Lieben Frau vom Rosenkranz von Fàtima an, geschmückt von der Katholischen Aktion in Medellin ... Die marianische Bewegung, die es hervorgerufen hat, ist nicht zu schildern.

Das gebenedeite Bild hat seine Pilgerfahrt noch nicht beendet. Da das Land Kolumbien sehr groß und ausgedehnt ist, ist es sehr fraglich, ob nicht viele umsonst darauf warten, daß das Gnadenbild zu ihnen kommt. Schon sind in den

Werkstätten Bildhauer, Photographen und Münzenpräger fieberhaft an der Arbeit, Bilder der geliebten Pilgerin herzustellen. So werden einfache Darstellungen und kleine Medaillen hergestellt, durch die dieselben Gnaden verliehen werden wie durch die Statue. Die Novenen, Blätter und Bücher zählen schon Millionen.

Es fehlen nicht erstaunliche Gnadengaben und, wie es scheint, wirkliche Wunder. Aber das Wichtigste, vor allem für die Bischöfe und Priester, ist die wunderbare geistige Bewegung, die sich in unserem Lande ausbreitet. Die gute Mutter des heiligen Rosenkranzes von Fàtima hat eine überirdische Macht, die einen zu erschüttern und die anderen aufzuwecken, die härtesten Herzen zu rühren und die feindseligen zu besänftigen.

Möge Gott helfen, die Wege des Heiles zu gehen, auf die uns seine heiligste Mutter hingewiesen hat. Etwas wahrhaft Schreckliches bedroht die Welt, wenn uns Gott mit so wunderbaren Mitteln zu seiner Liebe und seinem Dienst rufen läßt. Große Liebe rührt und erschreckt. So große Erbarmungen kann man nicht ungestraft verachten. Darum wird auch uns Gebet und Buße gepredigt, Beichte und Kommunion, begeisterte Rückkehr zum Beten des heiligen Rosenkranzes ... Vereint mit dem erhabenen Hohenpriester legen wir den Glauben und die Hoffnung in das Unbefleckte Herz Marias. Wir Gläubigen alle werden dem Himmel Gewalt antun, damit die Erde von neuem Tage der Ruhe und des Friedens sehe. Ist das nicht die Sehnsucht Unserer Lieben Frau vom Rosenkranz in Fàtima?

† Bernardo Botero, Bischof von St. Marta"

VI.
SCHLUSS

Das Unbefleckte Herz Mariens

„Das mitleidsvolle Herz der Unbefleckten Jungfrau war es, das das Wunder von Fàtima gewirkt hat" (Der Kardinal-Patriarch von Lissabon).

Verehrung, Sühne, Weihe

Wenn wir heute — nach 45 Jahren — auf die Erscheinungen zurückblicken, die besonderen Umstände, unter denen sie erfolgten, die Früchte, die sie trugen und ihre Bedeutung für die Welt, dann wird es klar, daß Fàtima eine überraschende Offenbarung des Unbefleckten Herzens Mariä ist, dieses Herzens, das, von göttlicher Liebe entflammt, voll Mitleid und mütterlicher Güte auf die arme, sündige Menschheit blickt.

Gottesliebe atmet das ganze Wesen der Hochgebenedeiten: schon bei der ersten Erscheinung forderte sie auf, Sühne zu leisten für die Sünden, durch welche die göttliche Majestät beleidigt wird, und das letzte Wort, das sie in der Cova da Iria sprach, der Kernpunkt ihrer Botschaft, lautet: *„Sie sollen den Herrn nicht mehr beleidigen, der schon zuviel beleidigt wurde!"*

Es ist Mitleid, mütterliche Liebe zu den Menschen, die so groß ist, daß sie angesichts des Unglücks, das uns in diesem und in jenem Leben droht, und vor dem sie uns bewahren möchte, nicht Ruhe findet in der Herrlichkeit des Himmels, die sie drängt, uns zu beschwören, daß wir selber das Verderben abwenden — denn von uns hängt es ab! — durch Gebet und Buße, durch Meidung der Sünde und aufrichtige Besserung des Lebens. Um unserer Armut und Schwachheit zu Hilfe zu kommen, wies sie auf den *Rosenkranz* hin als den

28

433

Schlüssel zu den Schätzen Gottes, auf die *Verehrung ihres Unbefleckten Herzens* und auf die *Weihe an dieses Herz*, die sie als Unterpfand des Friedens zwischen den Völkern und des Friedens der Seelen mit Gott bezeichnete.

Die Offenbarung wird im Verlaufe der Erscheinungen immer klarer.

Schon der Engel, der die Kinder auf das Kommende *vorbereitete*, forderte Buße, als er von den Plänen des Erbarmens sprach, die die heiligsten Herzen Jesu und Mariens bald ausführen würden.

Bei der *ersten Erscheinung* verlangte dann die geheimnisvolle Frau Opfer und Genugtuung für die Flüche und alle Bitternis, durch die menschliche Undankbarkeit das Unbefleckte Herz der Gottesmutter betrübe.

Bei der *zweiten Erscheinung* zeigte sie den Kindern das Herz, das von Dornen umgeben war und das die kleinen Seher „als Herz Mariens, das nach Buße und Genugtuung verlangt, erkannten". Sie verstanden das, „ohne daß es ihnen jemand sagte", weil in dem Bild all das ausgedrückt war, aber auch, weil die schöne Frau schon früher davon gesprochen und sie so auf die nachfolgende Vision vorbereitet hatte.

Sie hat zu Lucia gesagt: „Jesus will sich deiner bedienen, damit die Menschen mich kennen- und lieben lernen. Er will die Verehrung meines Unbefleckten Herzens in der Welt begründen; wer sie übt, dem verspreche ich das Heil; diese Seelen werden von Gott bevorzugt werden, und wie Blumen werden sie von mir vor seinen Thron gebracht." Und weiter: „Mein Unbeflecktes Herz wird deine Zuflucht sein und der Weg, der dich zu Gott führt."

Während die Jungfrau diese Worte sprach, öffnete sie die Hände und strahlte zum zweitenmal eine Lichtflut über die Seher aus, welche von ihr ausströmte. „Mir scheint", so erklärt Lucia, „an diesem Tage bezweckte jenes Licht, unseren

Seelen Kenntnis vom Unbefleckten Herzen Marias zu geben und uns besondere Liebe zu ihm einzuflößen, während es die beiden anderen Male, wie ich glaube, uns Kenntnis von Gott und Liebe zu ihm und zum Geheimnis der Heiligsten Dreifaltigkeit geben sollte."

Die ersten Samstage und die Weihe der Welt

Chronologisch folgt nun die *dritte Erscheinung,* die inhaltlich reichste, deren Hauptgewicht auf der Verehrung des Herzens Mariä liegt. Die Gottesmutter wiederholte nicht nur ihren Wunsch nach Genugtuung, sondern wies auf die Verehrung des Herzens Mariä hin, vornehmlich auf die *Andacht am ersten Samstag im Monat,* als ein Mittel der Vorsehung, *durch das viele Seelen gerettet werden und der Welt der Friede bewahrt oder wiedergegeben werden solle. Die Weihe Rußlands und der Welt an das Herz Mariens werde neben vielen anderen Früchten die Beschleunigung des Friedens und die Bekehrung Rußlands zur Folge haben.*

Ein unübertrefflicher Kommentar zu den Erscheinungen, auch unter diesem Aspekt, ist das Leben der kleinen Seher. Die Kinder wurden vom Tage der ersten dieser himmlischen Mitteilungen an ideale Vorbilder der Verehrung des Herzens Mariä: sie liebten dieses Herz inbrünstig, sprachen oft davon, riefen es an, vervielfachten ihre Opfer, um es zu trösten und ihm Genugtuung zu leisten für die Flüche und Schmähungen, durch die es beleidigt wird; und die kleine Jacinta, „der der Herr besonderes Licht verliehen hatte, um den Sinn dieser himmlischen Enthüllungen tief und richtig zu erfassen", wie Lucia versichert, erklärt uns die Absichten des Herrn mit den Worten, die uns ebenfalls Lucia übermittelt. „Kurz bevor Jacinta ins Spital ging, sagte sie zu mir: ,Es dauert nun nicht mehr lange, bis ich ins Paradies gehe; du bleibst hier unten, um den Menschen zu sagen, daß der Herr die Verehrung des Unbefleckten Herzens Mariä in der Welt begründen will. Wenn du wirst davon sprechen sollen, verbirg dich nicht! Sage allen, daß Gott uns seine Gnaden durch das Unbefleckte Herz Mariens gibt, daß sie dieselben durch dieses Herz erbitten sollen, daß das Herz Jesu gemeinsam mit dem Herzen Mariens verehrt sein will; daß sie das Unbefleckte Herz Mariens um den Frieden bitten, weil ihn der Herr ihr anvertraut hat.' "

Die große Verheißung hinsichtlich der ersten fünf Samstage

Später haben neue Mitteilungen des Himmels die früheren ergänzt; besonders betreffen diese die Art, wie die Genugtuung geleistet und die Weihe vollzogen werden soll. Wir können noch nicht alle diese Hinweise veröffentlichen und müssen uns mit dem begnügen, was aus dem zweiten Teil des genannten Dokumentes hervorgeht. Heute hindert uns nichts, den vollen Inhalt bekanntzugeben; in diesem spricht Lucia in der dritten Person und teilt uns mit:

Am 10. Dezember 1925 erschien die heiligste Jungfrau der Seherin Lucia; neben ihr stand das Jesuskind auf einer lichten Wolke. Die Gottesmutter zeigte ihr Herz, das von Dornen umgeben war: das Kind wies darauf und sagte: „*Habe Mitleid mit diesem gütigsten Herzen, das immerfort durch die menschliche Undankbarkeit gemartert wird, ohne daß es jemand mit Akten der Sühne tröstete.*" — Und die Unbefleckte fügte hinzu:

„*Meine Tochter, siehe mein Herz, das von Dornen umgeben ist, durch die es die undankbaren Menschen jeden Augenblick mit ihren Flüchen und ihrer Undankbarkeit durchbohren. Suche wenigstens du mich zu trösten; ich meinerseits*

*verspreche allen jenen, welche am ersten Samstag von fünf
aufeinanderfolgenden Monaten beichten, kommunizieren, den
Rosenkranz beten und mir während 15 Minuten Gesellschaft
leisten, indem sie die Rosenkranzgeheimnisse betrachten in
der Absicht, mir Genugtuung zu leisten, in der Todesstunde
mit den Gnaden beizustehen, die zu ihrem Heil erforderlich
sind."*

Zwei Monate später, am 15. Februar 1926, ermutigte das
Jesuskind sie in einer neuen Erscheinung, die Andacht zum
Unbefleckten Herzen zu verbreiten, trotz der Schwierigkeiten,
auf die der Beichtvater hinwies, da sie mit Hilfe der Gnade
alle zu überwinden seien. Die Seherin fragte, ob man die
Beichte am ersten Samstag ablegen müsse oder ob es genüge,
wenn man während der Woche gebeichtet hat; Jesus antwortete ihr, das genüge, vorausgesetzt, daß man die heilige Kommunion im Stande der Gnade empfange und die angegebene
Absicht habe.

Aus dem, was wir kurz dargelegt haben, erhellt der Ur-
sprung, das Ziel, die Form der Andacht und des Kultes der
Liebe und der Sühne gegenüber dem Unbefleckten Herzen Marias, ebenso die dafür verheißene göttliche Segensfülle.

Die Hauptbestandteile der Verehrung des Unbefleckten Herzens

sind demnach:

1. *das tägliche Rosenkranzgebet*, das von der Gottesmutter
   sechsmal empfohlen wurde;

2. die Übung *der ersten Samstage* (ähnlich den Herz-Jesu-
   Freitagen): Sühnekommunion, Rosenkranz, Gebete in der
   Absicht, Genugtuung zu leisten, und Opfer;

3. *die Übung der ersten fünf Samstage.* Außer der *Beichte*
   (die, wie schon erwähnt, auch an einem anderen Tage der

Woche abgelegt werden kann), *Kommunion, Rosenkranz* und eine Viertelstunde Betrachtung über die Geheimnisse des Rosenkranzes an den ersten Samstagen von fünf aufeinanderfolgenden Monaten, alles mit der ausdrücklichen Absicht, das Unbefleckte Herz Mariens zu ehren, zu trösten und ihm Genugtuung zu leisten.

Die Betrachtung kann über ein oder mehrere Geheimnisse des Rosenkranzes gemacht werden, gesondert oder gleichzeitig mit dem Rosenkranzgebet, indem man vor jedem Gesetz einige Zeit das betreffende Geheimnis erwägt. Man kann jeden Monat ein Geheimnis betrachten (wie bei den 15 Samstagen von Pompeji), so daß, wenn man die fünf Samstage dreimal wiederholt, alle 15 Rosenkranzgeheimnisse an die Reihe kommen. Die Betrachtung kann ersetzt werden durch die Predigt, mit welcher schon so viele eifrige Priester die ersten Samstage begehen.

4. *die Weihe* Rußlands und der Welt an das Unbefleckte Herz Mariens.

Gnadenverheißungen: jenen, die die Übung der ersten fünf Samstage durchführen, versprach das Unbefleckte Herz Marias große Gnaden und insbesonders in der Todesstunde die für das ewige Heil notwendigen Gnaden.

Unsere Liebe Frau von Fàtima verlangte ausdrücklich die Weihe der Welt, und vornehmlich Rußlands, an ihr Unbeflecktes Herz. Es ist klar, das letzte Wort in dieser Hinsicht konnte nur der Heilige Vater sprechen „als gemeinsamer Vater der großen christlichen Familie, als Stellvertreter dessen, dem alle Gewalt gegeben ist im Himmel und auf Erden, von dem ihm die Sorge für alle durch sein Blut erlösten Seelen in der ganzen Welt übergeben ist". Und der Heilige Vater sprach dieses entscheidende Wort erstmals am 31. Oktober 1942, zum Abschluß des Jubiläums der Erscheinungen; er hat es am

8. Dezember im Petersdom wiederholt. Am 7. Juli 1952 weihte er Rußland dem Herzen Mariens. Wir müssen dafür danken „dem Allerhöchsten,... der in den geheimnisvollen Plänen seiner Vorsehung für unsere leidgequälte Zeit eine so außerordentliche Gnade bereitgehalten hat [105]".

Der erste, der entscheidende Schritt ist getan; aber es bleibt noch manches Wesentliche zu tun, wenn wir die verheißenen Früchte in ihrer ganzen Fülle ernten wollen. Die Gnade Gottes verlangt unsere Mitarbeit.

Der vom Heiligen Vater vollzogene Akt muß ergänzt werden durch die Weihe der kirchlichen und bürgerlichen Gemeinschaften, der Diözesen, Pfarreien, Familien und der Einzelpersonen an das Unbefleckte Herz Marias; will doch „das Herz Jesu gemeinsam mit dem Herzen seiner heiligsten Mutter verehrt werden". „Es ist notwendig, die weltweite Bedeutung dieser Weihe zutiefst zu erfassen und voll und ganz bewußt zu leben", sagte Se. Eminenz Kardinal Dalla Costa, als er den Weiheakt seiner Erzdiözese ungefähr so erläuterte: „Es besteht die Gefahr, daß wir uns bei unserer Weihe mit bloßen Worten begnügen, die keinen Wert haben, wenn sie nicht verbunden sind mit der Hingabe an Gott — der Hingabe in vollbewußter Freiheit, der Hingabe des Herzens und der Seele, der Hingabe des Lebens. Man bedenke wohl, daß die Weihe nicht darin besteht, eine Gebetsformel abzulesen; sie ist vielmehr ein Programm christlicher Lebensführung und eine feierliche Verpflichtung, es unter dem besondern Schutze Mariens zu verwirklichen [106]."

---

[105] G. M. Roschini O. S. BMV., La divina cooperatrice: L'Osservatore Romano 82 (1942), 6. November, S. 1.
[106] Siehe A. Magni, Unsere Antwort auf die Botschaft von Fàtima, 2. Auflage (1948), Freiburg.

Aus der Geschichte der Herz-Mariä-Verehrung

Die Verehrung des Unbefleckten Herzens Mariä ist nicht neu in der Kirche. Sie hat ihre tiefsten Wurzeln im Evangelium, das uns mehrere Male auf das Herz der Muttergottes als Schatzkammer der Erlösungsgeheimnisse hinweist (Luk. 2, 19. 52). Es zeigt uns dieses Herz, erfüllt von Liebe und Dankbarkeit gegen Gott (Luk. 1, 46 ff.), von mitfühlender Sorge für den Nächsten (Joh. 2, 3 ff.); es berichtet uns von dem Martyrium, das es in Vereinigung mit dem Herzen des Erlösers erduldete (Joh. 19, 15 ff., Luk. 2, 34 ff.), von seiner unbefleckten Reinheit, seinem Glauben, seiner Demut und allen seinen Tugenden (Luk. 1, 28 ff., 45; Mt. 1, 22 ff.).

Dieser Schatz ist von den heiligen Vätern erforscht worden, und es wäre leicht, die Stellen zusammenzutragen, in denen sie mit beredten Worten das Herz der Gottesmutter, seine Vorzüge und seine unvergleichliche Heiligkeit preisen.

Unter den großen Mystikern des Mittelalters und unter den Heiligen, den Theologen und Aszeten der folgenden Jahrhunderte fehlt es nicht an hervorragenden Verehrern des Herzens Mariä wie auch des Herzens Jesu [107].

Doch der liturgische Kult, der diese Andacht zum Gemeingut der Gläubigen machen sollte, begann erst mit dem heiligen Johannes Eudes (1601 bis 1680), der, „gedrängt von der großen Liebe zu den Herzen Jesu und Mariä, die ihn erfüllte, unter dem Einfluß göttlicher Erleuchtung als erster daran dachte, ihnen liturgische Verehrung zuteil werden zu lassen. Er muß als Vater . . ., als Lehrer . . ., als Apostel dieser lieblichen Andacht gelten [108]. Schon im Jahre 1643, also 20 Jahre

---

[107] Saint Jean Eudes: Le Coeur admirable de la Très Sacrée Mère de Dieu, l. VII (3. Aufl. Paris 1908). — Emilio Campana, Maria nel Culto Cattolico, II. Bd. (1933) S. 172 ff.

[108] Pius X., im Seligsprechungsdekret des Dieners Gottes, 11. April 1909.

vor der ersten Feier des Herz-Jesu-Festes, feierte der Heilige mit seinen Religiosen das Fest des Herzens Mariä. Dieses wurde 1648 offiziell eingeführt und ging so in die Liturgie ein.

Von diesem Zeitpunkt an gestatteten viele Bischöfe in ihren eigenen Diözesen den Kult des Herzens Mariä, und die Päpste gewährten Bruderschaften und verschiedenen Frömmigkeitsübungen zu seiner Ehre ihre Gutheißung und Vergünstigungen. Doch der Heilige Stuhl gab keinerlei Entscheidung; im Gegenteil, im Jahre 1729 wies die Heilige Ritenkongregation ein vom P. J. de Gallifet S. J. vorgebrachtes Gesuch, das Fest der heiligsten Herzen Jesu und Mariä in der ganzen Kirche einzuführen, ab.

Später, als der von den Jansenisten ausgelöste Kampf siegreich beendet war, verbreiteten sich die beiden Andachten. Das gilt vor allem für die zum Heiligsten Herzen Jesu, die zuerst in die Liturgie allgemeinen Eingang fand. Dem Feste wurde von Pius IX. 1856 der Rang duplex maius zuerkannt, von Leo XIII. 1889 der Rang der I. Klasse. Das Herz Jesu triumphierte herrlich in der Weihe der Welt, die Leo XIII. [109] vollzog, endgültig aber in der Enzyklika Pius XI. „Miserentissimus Redemptor" (8. Mai 1928), durch die dem Fest der höchste liturgische Rang verliehen wurde [110].

Man kann sagen, daß auch der heilige Joseph den Vortritt hatte, da er am 31. Dezember 1870 zum Patron der ganzen Kirche erklärt und sein Tag als Fest 1. Klasse mit Oktav begangen wurde.

In diesem ganzen Zeitraum sind die zwei bedeutendsten Akte, die der Heilige Stuhl zur Förderung der Verehrung des Unbefleckten Herzens Mariä vollzog, die Verfügung Pius VII.

[109] Litt. Enc. Annum sacrum. 11. Juni 1899. Acta Sanctae Sedis 19, 1899, 71 ss.
[110] Act. Apost. Sedis 20, 1928, 165 ss.

(1805), daß dieses Fest jenen Instituten und Diözesen bewilligt werden könne, die darum ansuchen, und die Approbation der Eigenmesse und des Offiziums durch Pius IX. (1885), die jedoch nur „pro aliquibus locis" galt.

Unterdessen breitete sich die Andacht immer mehr aus; das bezeugt die wachsende Zahl der religiösen Institute, die den Namen des Herzens Mariä allein oder zusammen mit dem des Herzens Jesu tragen; im 19. Jahrhundert sind es etwa zwanzig. So kann man mit Recht sagen, daß die Andacht zum Herzen Mariä nach der zum Herzen Jesu erheblichen Raum in den Frömmigkeitsübungen der Gläubigen einnahm.

Der Sühnegedanke, den P. de Gallifet schon im 18. Jahrhundert sehr unterstrichen hatte, trat anfänglich nicht hervor; in den letzten Jahren jedoch erfuhr er so starke Betonung, daß Campana 1933 schreiben konnte: „Die Zeit ist nicht fern (man braucht kein Prophet zu sein, um das zu wissen), in der der Sühnegedanke ein Wesensbestandteil dieser Andacht sein wird [111]." Und gerade dieses Moment ist es, das in den Erscheinungen von Fàtima und der sich daraus ergebenden Entwicklung am stärksten in die Augen fällt.

Je mehr sich diese Andacht unter den Gläubigen ausbreitete, desto stärker wurde der Wunsch, die Welt dem Herzen Mariens geweiht zu sehen.

Die Weihe an die Muttergottes entspricht einem alten frommen Brauch in der Kirche. Beim heiligen Johannes Eudes bildet sie einen Wesensbestandteil der Andacht zum bewundernswürdigen Herzen. Der heilige Grignion von Montfort wurde durch die „heilige Sklavenschaft" der eifrigste Förderer dieses Gedankens.

In Zeiten lebendigen Glaubenslebens wetteiferten Städte und Nationen, sich unter ihren „mildreichen Schutz" zu stellen. St. Stephan, König von Ungarn (997 bis 1038), erkor

---

[111] A. a. O. S. 241.

Maria zur „Regina Hungariae". — Portugal nannte sich schon zur Zeit seines ersten Königs (1139 bis 1185) „St.-Marienland" und erwählte 1646 durch ein offizielles Gesetz die Unbefleckt Empfangene von neuem zu seiner Patronin und Hüterin; bei dieser Gelegenheit versprach man der Himmelskönigin einen jährlichen Tribut von 50 goldenen „cruzados [112]" und schwur, dieses Privileg stets zu verteidigen. — Frankreich wurde 1638, Österreich 1647, Polen 1656 ... von ihren Herrschern feierlich Maria geweiht. Die italienischen Städte, die sich (wie Genua) rühmen, die Stadt Mariens zu sein, lassen sich kaum zählen.

Das Verlangen, *die Welt dem Herzen Mariens geweiht* zu sehen, wurde nach dem Jahre 1900 intensiver, weil man diese Weihe als notwendige Ergänzung der Weihe an das Herz Jesu betrachtete.

Schon im gleichen Jahre (1900) rief der Jesuitenpater Alfred Deschamps mit der Gutheißung des Erzbischofs von Toulouse eine Bewegung ins Leben, die diesem Ziele dienen sollte. Er überreichte in Rom eine Bittschrift um die Weihe der Welt an das Herz Mariens, die Millionen von Unterschriften trug. 1906 wurde unter den Auspizien des Kardinals Richard dem Heiligen Stuhl ein weiteres Bittgesuch vorgelegt, das von 707.845 Gläubigen unterzeichnet war. In den Jahren 1908, 1912 und 1920 legten die Generaloberen der Eudisten neue Listen an, die in kurzer Zeit die Unterschrift von vielen Bischöfen und Hunderttausenden von Gläubigen aufwiesen. Fast alle Marianischen Kongresse trugen zur Verstärkung und Verbreitung dieser Bewegung bei; der von Lourdes im Jahre 1930 begrüßte mit Begeisterung „das Votum der Weltweihe an das Unbefleckte Herz Mariens", das von den anwesenden Bischöfen formuliert und dann Sr. Heiligkeit Pius XI. über-

---

[112] Eine Münze aus der Kreuzfahrerzeit.

mittelt wurde. Immer häufiger wurde die Weihe einzelner Diözesen vollzogen.

Gelegentlich des Internationalen Eucharistischen Kongresses im Jahre 1914 richtete die Stadt der Unbefleckten an Pius X. die Bitte, er möge sich würdigen, durch seinen beim Kongreß anwesenden Legaten die Welt dem Herzen Mariens zu weihen. Der Heilige Vater antwortete, es sei entsprechender, einen so wichtigen Akt einer Feierlichkeit mit rein marianischem Charakter vorzubehalten.

Die göttliche Vorsehung hatte die Erscheinungen in Fàtima dazu ausersehen, den Anstoß zur Weltweihe zu bieten.

Durch die Wünsche, die die heiligste Jungfrau damals äußerte, wurde der portugiesische Episkopat angeregt, die eigenen Diözesen und das ganze Vaterland dem Herzen Mariens zu weihen, als sich die kommunistische Propaganda immer stärker zu regen begann. Sie wurde bei der Landeswallfahrt am 13. Mai 1931 durchgeführt und gelegentlich der nationalen Wallfahrt zur Danksagung für die Bewahrung vor dem Kommunismus im Jahre 1938 in feierlichster Weise erneuert. Bei der gleichen Gelegenheit richteten die portugiesischen Bischöfe, erfüllt „von inniger Freude und von Dankbarkeit gegen die Muttergottes, weil sie Portugal die große und wahrhaft wunderbare Wohltat erwies, es vor der kommunistischen Gefahr zu erretten", an den Heiligen Vater Pius XI. eine gemeinsame Bittschrift, „er möge sich würdigen, sobald er es gut fände, die ganze Welt diesem reinsten Herzen zu weihen, damit sie sich endlich aus den vielen Gefahren befreit sehe, die sie von allen Seiten bedrohen, und damit durch die Vermittlung der Gottesmutter der Friede Christi im Reiche Christi begründet werde [113]."

---

[113] Originaltext siehe Mensageiro de Maria 15 (1938) 173.

Die Erneuerung der Weihe bildete einen Hauptbestandteil der Jubiläumsfeierlichkeiten anläßlich der 25. Wiederkehr der Erscheinungen; der Akt wurde zum Beginn (13. Mai) und zum Abschluß (13. Oktober 1942) derselben vollzogen. Damals wurde auch Sr. Heiligkeit Pius XII. neuerlich die Bitte um die Weihe der Welt vorgetragen.

Welchen Einfluß haben die geschichtlichen Vorgänge auf die Durchführung der Weihe, die uns die Gegenwart gebracht hat? Es ist bekannt, daß sich der Stellvertreter Christi in seiner Tätigkeit nicht nach Privatoffenbarungen richtet, sondern theologischen Richtlinien folgt. Trotzdem kann es vorkommen — und es ist schon mehrmals so gewesen —, daß die erste Anregung oder der letzte Anstoß zu einer Entscheidung, die auf Grund höherer Motive für rechtmäßig, entsprechend und notwendig erachtet wird, durch ein außerordentliches Eingreifen des Himmels eine hinreichende Bestätigung erfährt. So war es z. B. bei der Weihe der Welt an das Herz Jesu im Jahre 1900, die durch die Dienerin Gottes, Mutter Maria vom göttlichen Herzen (Gräfin Droste zu Vischering), damals Oberin im Guten-Hirten-Kloster zu Porto (Portugal), angeregt wurde.

Im gegenwärtigen Falle sind die theologischen Grundlagen für die Weihe an das Unbefleckte Herz Mariens unanfechtbar; stehen sie doch in vollem Einklang mit jenen, die Leo XIII. in der Enzyklika „Annum sacrum" anläßlich der Weihe an das Herz Jesu meisterhaft dargelegt hat [114]. Zur Beschleunigung der Durchführung trugen die Bitten der Gläubigen bei und mehr noch die Krise, die die Menschheit heimsucht, die immer ernster wird, so daß ein Friede in der Wahr-

---

[114] Ausführliches darüber findet sich in den schönen Ausführungen von G. M. Roschini O. S. BMV., La consecrazione al Immaculato Cuore nella luce della Enciclica „Annum sacrum": L'Osservatore Romano 82 (1942), 12. Dezember, S. 1.

heit, in der Gerechtigkeit und in der Liebe, der dieses furchtbare Elend zu heilen vermöchte, ohne die besondere Gnade des Himmels nicht mehr zu erhoffen ist. Das sind mehr als hinreichende Gründe, um einen Schritt zu rechtfertigen, durch den die Hilfe des Himmels für die Menschheit durch jene erfleht wird, der der Herr den Schlüssel zu seinen Schätzen anvertraut hat. Der Abschluß der Jubiläumsfeierlichkeiten in Fàtima bot die von der Vorsehung gegebene Gelegenheit für die so heiß ersehnte Verwirklichung.

Man kann unmöglich den innigen Zusammenhang zwischen dieser geschichtlichen Entwicklung und dem erhabenen Akt des obersten Seelenhirten übersehen.

Diese Stellungnahme des Heiligen Vaters zu Fàtima, die in den Umständen, unter welchen er die Weihe der Menschheit an das Unbefleckte Herz Marias vollzogen hat, zutage tritt, war dem gläubigen Volk, den Bischöfen und Priestern hinreichend Gewähr, daß sie mit dem Vollzug der Weihe an das Unbefleckte Herz der Gottesmutter auch für Fàtima selbst eintreten dürften und sollten. Und so geschah es denn auch tatsächlich. Es ging hier etwas Ähnliches vor wie seinerzeit mit Lourdes; von dem Augenblick an, da der Stellvertreter Christi in Rom nicht bloß das „theologische Lourdes", die Wahrheit der Unbefleckten Empfängnis anerkannte, sondern auch für das „historische Lourdes" mit seinen Erscheinungen der Unbefleckt Empfangenen und für die Zuverlässigkeit der kleinen Bernadette Soubirous eintrat, da taten sich die Tore von Lourdes weit auf, und Lourdes wurde in kurzer Zeit der größte Wallfahrtsort der Welt. Deshalb ist Fàtima nicht einfachhin den übrigen Privatoffenbarungen gleichzustellen; mag in den Berichten der Kinder der eine oder andere Punkt auch als Täuschung oder Irrtum zu erklären sein, so spricht gerade dieser Umstand eher für die Wahrhaftigkeit und Aufrichtigkeit der kleinen Seher und hindert in keiner Weise ihre wesentliche Glaubwürdigkeit. Deswegen Fàtima überhaupt in Zweifel zu ziehen, ist sicher in keiner Weise berechtigt, und es müßten angesichts der Geschichte von Fàtima, angesichts seiner Wunder und des sich immer mehr unter den Augen der Kirche ausbreitenden Kultes viel gewichtigere und objektivere Gründe vorgebracht werden, damit ein Zweifel gerechtfertigt erschiene [115].

Diese neueste Kritik hat wenigstens das Gute, daß immer deutlicher wird, wie gründlich die Untersuchung seitens der Bischöflichen Behörde von Leirìa seinerzeit geführt worden ist, hat aber auch das Gute, daß manches, was tatsächlich — aus irgendwelchen, erst jetzt vielfach bekanntgewordenen Ursachen — unverständlich war, heute geklärt werden konnte und kann.

Angesichts des tragischen Geschehens unserer Tage und der Ungewißheit, die uns die Zukunft verhüllt, drängt sich dem gemarterten Herzen eine Frage auf: Wer wird uns retten? Sicher nicht die Geschicklichkeit der Politiker, nicht die Beredtsamkeit der Führenden, nicht das Gold der Bankiers, und auch nicht die Waffen der Soldaten. Gott allein kann uns retten. Und er wird uns retten, wenn wir unsere Zuflucht zum Unbefleckten Herzen unserer Mutter nehmen. Maria hat in Fàtima gesagt, daß sie allein uns Hilfe bringen könne, indem sie bei der göttlichen Barmherzigkeit für uns eintritt; und als Unterpfand des Friedens verhieß sie feierlich: „Mein Herz wird triumphieren." Uns kommt es zu, durch unsere großmütige Antwort auf ihre Botschaft zum Siege des Unbefleckten Herzens beizutragen.

---

[115] Es wird wohl richtig sein, wenn gesagt wurde, daß die Betonung des „Marianischen" in Glaube und Frömmigkeit heute in manchen Kreisen keine günstige Beurteilung und Aufnahme gefunden hat; siehe F. Hillig S. J., „Marienfreudigkeit!": Stimmen der Zeit, 73, 1948, 104 bis 112.

Der Stellvertreter Christi
weiht die Kirche und das Menschengeschlecht
dem Unbefleckten Herzen Mariens

(31. Oktober 1942)

Radiobotschaft des Heiligen Vaters

Ehrwürdige Brüder und geliebte Söhne!

„Benedicite Deum coeli, et coram omnibus viventibus confitemini ei, quia fecit vobiscum misericordiam suam" (Tob. 16, 6).

„Preiset den Gott des Himmels, danket Ihm vor allen Lebenden, denn Er hat euch Sein Erbarmen erwiesen."

Mehrere Male habt ihr euch in diesem Gnadenjahr in frommer Wallfahrt auf den heiligen Berg von Fàtima begeben, und mit euch trugt ihr die Herzen des ganzen gläubigen Portugal, um in dieser vom Balsamduft des Glaubens und der Frömmigkeit erfüllten Oase der jungfräulichen Schutzherrin den kindlichen Tribut eurer reinsten Liebe zu Füßen zu legen, sowie die Huldigung eurer Dankbarkeit für die unermeßlichen Wohltaten, die euch in letzter Zeit zuteil geworden sind, und die vertrauensvolle Bitte, daß sie sich würdige, eurem Vaterland diesseits und jenseits des Meeres weiterhin ihren Schutz zu gewähren und ihn über die ganze Welt, die von so großer Drangsal heimgesucht wird, auszudehnen.

Als gemeinsamer Vater der Gläubigen betrachten Wir die Leiden und Freuden Unserer Kirche als Unsere eigenen; mit der ganzen Liebe Unseres Herzens vereinigen Wir Uns darum mit euch, um den Herrn, den Geber alles Guten, zu loben und zu verherrlichen; um ihr Preis und Dank zu sagen, durch deren Hände uns die göttliche Freigebigkeit Ströme der Gnade mitteilt.

Wir tun das um so lieber, da ihr in kindlichem Zartsinn mit den feierlichen Dank- und Bittandachten zum Jubiläum der Madonna von Fàtima zugleich die 25. Wiederkehr des Tages Unserer Bischofsweihe festlich begehen wolltet: die heiligste Jungfrau Maria und der Stellvertreter Christi auf Erden sind ja den Portugiesen so teuer; stets waren sie verbunden in der Liebe des glaubenstreuen Portugal, schon seit den Anfängen seines nationalen Lebens, seit den Tagen, da die ersten erworbenen Gebiete, das Herzstück der künftigen Nation, als Terra de Santa Maria der Muttergottes geweiht und das Reich, kaum gegründet, unter den Lehensschutz St. Peters gestellt wurde.

1. Dankbarkeit

„Die erste und größte Pflicht des Menschen ist die der Dankbarkeit" (St. Ambrosius, De excessu fratris sui Sat. 1, I, n. 44 — Migne PL t. 16 col. 1361). „Nichts ist Gott so angenehm wie eine erkenntliche Seele, die für die empfangenen Wohltaten dankt" (vgl. St. Johannes Chrys. Hom. 52 in Gen. — Migne PG t. 54 col. 460).

Und ihr habt der heiligsten Jungfrau, der Herrin und Patronin eures Vaterlandes, eine große Dankesschuld abzutragen.

In einer tragischen Stunde des Dunkels und der Verwirrung, als das Schiff des portugiesischen Staates vom Kurs seiner glorreichsten Traditionen abirrte und im Sturm antichristlichen und antinationalen Geistes unentrinnbar dem Untergang preisgegeben schien, blind für die gegenwärtigen und mehr noch für die zukünftigen Gefahren — deren Schwere übrigens keine menschliche Klugheit, wie umsichtig sie auch wäre, voraussehen konnte — da griff der Himmel, der die einen sah und die anderen voraussah, mitleidsvoll ein; und aus dem Dunkel brach das Licht hervor; aus dem Chaos erhob sich die Ordnung; dem Sturm folgte die Stille, und Portugal konnte den zerrissenen Faden der schönsten Traditionen dieser getreuesten Nation wiederfinden und wieder anknüpfen, um — wie in den Tagen, da es „im kleinen Hause Lusitanien nicht an christlicher Kühnheit fehlte", um „das Gesetz des ewigen Lebens zu verkünden" (Camões, Lusiades, VII. Gesang, 3. und 14. Oktav) — fortzuschreiten auf dem glorreichen Wege des Volkes der Kreuzfahrer und Missionare.

Ehre den verdienstvollen Männern, die Instrumente der göttlichen Vorsehung bei diesem so großen Werke waren!

Vor allem aber gebührt Ruhm, Preis und Dank der heiligsten Jungfrau, Unserer Lieben Frau, der Königin und Mutter des St.-Marien-Landes, das sie tausende Male errettete, das sie in tragischen Stunden stets erhielt — und in dieser vielleicht tragischesten Stunde hat sie es ganz offensichtlich getan —, so daß schon im Jahre 1934 Unser Vorgänger, Pius XI. unsterblichen Andenkens, im Apostolischen Schreiben „Ex officiosis litteris", „die außerordentlichen Wohltaten, mit denen die jungfräuliche Gottesmutter neuerdings euer Vaterland zu begnaden sich würdigte" (Acta Ap. Sedis, a. XXVI 1934, p. 628), bezeugte. Und in jenem Augenblick dachte man noch nicht an das Gelübde vom Mai 1936 gegen die Rote Gefahr, die in so furchtbarer Nähe war und so unverhofft gebannt wurde.

Noch war der wundervolle Friede nicht verwirklicht, dessen sich Portugal in der Gegenwart trotz allem erfreut; mag er auch Opfer fordern, so stehen diese doch in keinem Vergleich zu dem Verderben, das der Vernichtungskrieg mit sich bringt, der die Welt verheert.

450

Heute, wo sich zu so vielen Gunstbezeigungen auch noch diese gesellen, wo eine Atmosphäre des Wunders über Portugal liegt, die sich durch die Hilfe des Himmels in materiellen Anliegen und noch machtvoller und öfter durch Wunder der Gnade offenbart, wo ein leuchtender Frühling katholischen Lebens erblüht, der die besten Früchte verheißt, heute haben Wir weit mehr Ursache, zu bekennen, daß euch die Muttergottes mit außerordentlichen Hulderweisen überhäuft hat; darum obliegt euch die heilige Pflicht, ihr unaufhörlich Dank zu sagen.

Und ihr habt während dieses ganzen Jahres gedankt, das wissen Wir gut. Der Himmel wird die offiziellen Huldigungen wohlgefällig aufgenommen haben; doch mehr noch werden ihn die Opfer der Kinder, das Gebet und die Buße der Demütigen bewegt haben.

Zu euren Gunsten sind im Buche Gottes eingetragen:

Die Verherrlichung Unserer Lieben Frau auf ihrem Wege vom Heiligtum zu Fàtima nach der Reichshauptstadt während der denkwürdigen Tage vom 8. bis 12. April dieses Jahres, die vielleicht die größte Glaubenskundgebung in der achthundertjährigen Geschichte eures Vaterlandes darstellt;

die nationale Wallfahrt am 13. Mai, dem „heroischen Tag des Opfers", da sich trotz Kälte und Regen und riesiger Entfernungen, die zu Fuß zurückgelegt wurden, Hunderttausende von Andächtigen in Fàtima versammelten, um zu beten, zu danken und Sühne zu leisten, unter denen das Beispiel der kühnen portugiesischen Jugend herrlich hervorleuchtete;

die Kinderkongresse des Eucharistischen Kreuzzuges, bei denen die Kleinen, die Lieblinge Jesu, der Gottesmutter mit dem kindlichen Vertrauen der Unschuld bezeugten, daß sie „vollständig das erfüllt hatten, was sie gewünscht: Gebete, Kommunionen, Opfer ... zu Tausenden!" Und deshalb baten sie: „Unsere Liebe Frau von Fàtima, jetzt ist's an dir! Sage deinem göttlichen Sohn nur ein einziges Wort und die Welt wird gerettet, Portugal aber völlig von der Geißel des Krieges verschont werden";

die kostbare Krone aus Gold und kostbaren Edelsteinen und — mehr noch — aus reinster Liebe und hochherzigen Opfern, die ihr am 13. dieses Monats eurer erhabenen Schutzherrin im Heiligtum von Fàtima als Symbol und dauerndes Denkmal ewiger Dankbarkeit dargebracht habt.

Diese und andere wunderschöne Bekundungen der Frömmigkeit, deren es unter der eifrigen Leitung des Episkopates in allen Diözesen und Pfarreien in diesem Jubeljahr in reicher Fülle gab, zeigen deutlich, daß das gläubige portugiesische Volk die unermeßliche Dankesschuld gegen die himmlische Königin und Mutter anerkennt, und wie sehr sie dieselbe abzutragen wünscht.

2. Vertrauen

Die Dankbarkeit für das Vergangene ist das Unterpfand des Vertrauens für die Zukunft. „Gott verlangt von uns, daß wir Ihm für die empfangenen Wohltaten danken", nicht weil Er etwa unserer Danksagung bedürfte, sondern „damit diese Ihn veranlasse, uns andere, größere zu verleihen" (vgl. St. Johannes Chrys. Hom. 52 in Gen. — Migne PG t. 54 col. 460). Deshalb ist es gerechtfertigt, zu hoffen, daß die Gottesmutter, die euern Dank annahm, ihr Werk nicht unvollendet lassen, sondern euch weiterhin diesen ihren ständigen Schutz gewähren wird, durch den sie euch bisher vor dem schwersten Unheil bewahrt hat.

Damit aber diese Hoffnung nicht vermessen sei, müssen alle im Bewußtsein der eigenen Verantwortung danach trachten, sich der einzigartigen Gunst der Jungfrau-Mutter nicht un-

würdig zu erweisen, sondern als gute, dankbare und liebevolle Kinder immer mehr ihre besondere Liebe zu verdienen.
Wir müssen also den mütterlichen Rat befolgen, den sie auf
der Hochzeit zu Kana gab, indem wir alles tun, was Jesus
uns sagt (vgl. Joh. 2, 5); und Er sagt allen, Buße zu tun,
poenitentiam agite (Matth. 4, 17), den Lebenswandel zu ändern und die Sünde zu fliehen, welche die Hauptursache der
großen Strafen ist, mit denen die Ewige Gerechtigkeit die
Welt heimsucht; inmitten dieser materialistischen und heid-
nisch gewordenen Welt, in der alles Fleisch dem Bösen zuge-
wendet ist (Gen. 6, 12), das Salz zu sein, das vor Fäulnis
bewahrt, und das Licht, das erleuchtet; die Reinheit hochzu-
schätzen; in den Sitten die heilige Strenge des Evangeliums
widerzuspiegeln und mutig und um jeden Preis — wie es die
katholische Jugend in Fàtima verkündete — „als aufrichtige
und überzeugte, hundertprozentige Katholiken zu leben"!
Und überdies: erfüllt von Christus, müssen wir nah und fern
den Wohlgeruch Christi um uns verbreiten und durch aus-
dauerndes Gebet, besonders durch den täglichen Rosenkranz,
und durch die Opfer, die großmütiger Eifer uns eingibt, den
Seelen der Sünder das Leben der Gnade und das ewige Leben
erlangen.

Ruft also vertrauensvoll den Herrn an, und Er wird euch
erhören; wendet euch an die Gottesmutter, und sie wird euch
antworten: Hier bin ich (vgl. Is. 58, 9). Nicht vergebens wird
deshalb wachen, der die Stadt verteidigt; denn der Herr wacht
mit ihm und wird sie verteidigen; und das Haus, das auf den
Fundamenten einer neuen Ordnung erbaut ist, wird nicht der
Sicherheit entbehren, weil der Herr es befestigen wird (vgl.
Ps. 126, 1 bis 2). Selig das Volk, dessen Herr Gott und dessen Königin die Muttergottes ist. Sie wird dafür eintreten, und
Gott wird Sein Volk mit Frieden, dem Inbegriff alles Guten,
segnen: Dominus benedicet populo suo in pace (Ps. 28, 11).

3. Bitte

Doch ihr steht der ungeheuren Tragödie, die der Welt so viel Leid bereitet, nicht teilnahmslos gegenüber; wer könnte das wohl? Im Gegenteil, je offensichtlicher die Wohltaten sind, für die ihr heute der Madonna von Fàtima dankt, je fester das Vertrauen ist, das ihr für die Zukunft auf sie setzt, je näher ihr sie euch wißt, die euch unter ihrem Lichtmantel birgt, um so tragischer erscheint im Vergleich hiezu das Schicksal so vieler Nationen, die vom größten Unglück betroffen sind, das die Geschichte kennt. Grandiose Offenbarung der göttlichen Gerechtigkeit! Beten wir sie zitternd an; doch zweifeln wir deshalb nicht an der göttlichen Barmherzigkeit; denn der Vater, der im Himmel ist, vergißt ihrer selbst in den Tagen Seines Zornes nicht: Cum iratus fueris, misericordiae recordaberis (Hab. 3, 2).

Heute, wo das vierte Kriegsjahr ob der unheilvollen Ausdehnung des Konfliktes so düster beginnt, heute bleibt uns mehr als je nur das Vertrauen auf Gott und die Mittlerin am göttlichen Thron, sie, die einer Unserer Vorgänger im ersten Weltkrieg als Königin des Friedens anrufen hieß.

Rufen wir auch jetzt zu ihr, denn nur sie kann uns helfen! Maria, deren mütterliches Herz erschüttert wurde durch die Ruinen, die sich in eurem Vaterlande häuften, und die ihm so wunderbar half; Maria, die in der Voraussicht des gegenwärtigen unermeßlichen Unglücks, durch das die Gerechtigkeit Gottes die Welt straft, voll Mitleid schon im voraus in Gebet und Buße den Weg zur Rettung zeigte, Maria wird uns ihre mütterliche Liebe und ihren wirksamen Schutz nicht versagen. — —

Rosenkranzkönigin, Hilfe der Christen, Zuflucht des Menschengeschlechtes, Siegerin in allen Schlachten Gottes! Flehend werfen wir uns vor Deinem Throne nieder. Wir sind sicher,

Barmherzigkeit und Gnade und wirksame Hilfe im gegenwärtigen Unheil zu erlangen. Wir maßen uns nicht an, dies auf Grund unserer Verdienste zu erwarten, sondern erhoffen es einzig von der unermeßlichen Güte Deines mütterlichen Herzens.

Als gemeinsamer Vater der großen christlichen Familie, als Stellvertreter dessen, dem alle Gewalt gegeben ist im Himmel und auf Erden (Matth. 28, 18), der Uns die Sorge für alle Seelen in der ganzen Welt, die durch Sein Blut erlöst sind, anvertraut hat, wenden Wir uns in dieser tragischen Stunde der Menschheitsgeschichte an Dich, an Dein Unbeflecktes Herz; Dir, Deinem Unbefleckten Herzen vertrauen Wir an, übergeben und weihen Wir nicht nur die heilige Kirche, den mystischen Leib Deines Jesus, der in so vielen Seiner Glieder leidet und blutet und so vielfach gemartert wird, sondern die ganze Welt, die von wilder Zwietracht zerfleischt, im Brande des Hasses lodert, ein Opfer ihrer eigenen Bosheit.

Du wirst bewegt durch den Anblick von so viel materiellem und sittlichem Elend, von so viel Schmerz und Angst von Vätern und Müttern, Gatten, Geschwistern und unschuldigen Kindern, von so vielen Leben, die in der Blüte der Jahre gebrochen sind, so vieler Leiber, die in diesem entsetzlichen Blutbad zerrissen werden, so vieler gequälter und Todesangst leidender Seelen, so vieler, die in Gefahr sind, auf ewig verlorenzugehen!

O Mutter der Barmherzigkeit, erlange uns von Gott den Frieden! Erlange uns vor allem jene Gnaden, die in einem Augenblick die Menschenherzen umwandeln können, jene Gnaden, die den Frieden vorbereiten, herbeiführen und sichern. Bitte für uns, Königin des Friedens, und gib der Welt, die vom Kriege heimgesucht ist, den Frieden, nach dem die Völker seufzen, den Frieden in der Wahrheit, in der Gerechtigkeit und in der Liebe Christi. Gib der Welt den Frieden der Waffen und den Frieden der Seelen, damit sich in der Ruhe der Ordnung das Gottesreich ausbreite.

Gewähre Deinen Schutz auch den Ungläubigen und allen, die noch im Schatten des Todes wohnen; gewähre ihnen den Frieden, und laß ihnen die Sonne der Wahrheit aufgehen, auf daß sie mit uns vereint vor dem einzigen Erlöser der Welt beten können: „Ehre sei Gott in der Höhe und Friede den Menschen auf Erden, die guten Willens sind!" (Luk. 2, 14).

Gib den Frieden auch jenen Völkern, die sich durch Irrtum oder Zwietracht getrennt haben, und vornehmlich denen, die eine einzigartige Verehrung für Dich hegen, bei denen es kein Haus gab, in dem nicht Deine ehrwürdige Ikone in Ehren stand (heute wird sie vielleicht verborgen gehalten und für bessere Tage bewahrt); führe sie zum einzigen Schafstall Christi, zum einzigen und wahren Hirten zurück.

Vermittle Frieden und volle Freiheit der heiligen Kirche Gottes; gebiete der immer weiter um sich greifenden Sintflut des Neuheidentums Einhalt; entfalte bei den Gläubigen die Liebe zur Reinheit, christlicher Lebensführung und apostolischem Eifer, damit das Volk derer, die Gott dienen, an Verdienst und Zahl wachse.

Einst wurde die Kirche und das ganze Menschengeschlecht dem Herzen Deines Jesus geweiht, damit Es, in dem allein alle Hoffnung ruht, für sie Zeichen und Unterpfand des Sieges und der Rettung sei (vgl. Litt. Enc. Annum Sacrum: Acta Leonis XIII, vol. 19, pag. 79); so seien sie von heute an in gleicher Weise auch Dir, Deinem Unbefleckten Herzen geweiht, Du unsere Mutter und Königin der Welt: auf daß Deine Liebe und Dein Schutz den Triumph des Gottesreiches beschleunige und alle Völker, im Frieden miteinander und mit Gott, Dich seligpreisen und von einem Ende der Erde zum andern dem Herzen Jesu, in dem allein sie die Wahrheit, das Leben und den Frieden finden können, mit Dir das ewige Magnifikat der Ehre, Liebe und Dankbarkeit anstimmen.

In der Hoffnung, daß diese Unsere Bitten und diese Unsere Versprechen von der göttlichen Güte gnädig aufgenommen werden, erteilen Wir euch, geliebter Kardinal-Patriarch und ehrwürdiger Bruder, und eurem Klerus, damit die Gnade von oben euern Eifer immer mehr befruchte; dem erlauchten Präsidenten der Republik, dem illustren Chef und den Mitgliedern der Regierung, den andern zivilen Behörden, damit der Himmel in dieser außerordentlich schwierigen Zeit ihrer Tätigkeit zugunsten des allgemeinen Wohles und des Friedens weiterhin seinen Beistand leihe; allen Unsern geliebten Kindern im kontinentalen, insularen und überseeischen Portugal, damit euch Unsere Liebe Frau in dem Guten bestärke, das sie in euch zu wirken sich gewürdigt hat, allen und jedem Portugiesen als Unterpfand himmlischer Huld mit der ganzen Liebe und väterlichen Zärtlichkeit den Apostolischen Segen [116].

---

[116] Act. Apost. Sedis 34 (1942), 312—319. Übertragung nach „L'Osservatore Romano", Nr. 271, vom Freitag, 20. November 1942, pag. 1.

Weihegebet

*Der Heilige Vater hat am 17. November 1942 allen Gläu-
bigen, die das nachstehende Gebet andächtig verrichten, einen
Ablaß von drei Jahren verliehen; jenen, die es täglich beten,
einmal im Monat einen vollkommenen Ablaß, unter den gewöhnlichen Bedingungen.*

*Vereinigen wir unsere Bitten mit denen des Stellvertreters
Christi!*

Rosenkranzkönigin, Hilfe der Christen, Zuflucht des Menschengeschlechtes, Siegerin in allen Schlachten Gottes! Flehend
werfen wir uns vor Deinem Throne nieder. Wir sind sicher,
Barmherzigkeit und Gnade und wirksame Hilfe im gegenwärtigen Unheil zu erlangen. Wir maßen uns nicht an, dies auf
Grund unserer Verdienste zu erwarten, sondern erhoffen es
einzig von der unermeßlichen Güte Deines mütterlichen Herzens.

Dir, Deinem Unbefleckten Herzen, vertrauen wir uns in dieser schicksalsschweren Stunde der Menschheitsgeschichte an;
Dir weihen wir uns in Vereinigung mit der heiligen Kirche,
dem mystischen Leib Deines Jesus, der in so vielen Seiner
Glieder leidet und blutet und so vielfach gemartert wird; Dir
weihen wir uns mit der ganzen Welt, die von wilder Zwietracht zerfleischt, im Brande des Hasses lodert, ein Opfer ihrer
eigenen Bosheit.

Laß Dich bewegen durch den Anblick von so viel materiellem und sittlichem Elend, von so viel Schmerz und Angst von
Vätern und Müttern, Gatten, Geschwistern und unschuldigen
Kindern, so vieler Leben, die in der Blüte der Jahre gebrochen
sind, so vieler Leiber, die in diesem entsetzlichen Blutbad zer-

rissen wurden, so vieler gequälter und Todesangst leidender Seelen, so vieler, die in Gefahr sind, auf ewig verlorenzugehen!

O Mutter der Barmherzigkeit, erlange uns von Gott den Frieden! Erlange uns vor allem jene Gnaden, die in einem Augenblick die Menschenherzen umzuwandeln vermögen, jene Gnaden, die den Frieden vorbereiten, ihn herbeiführen und sichern. Bitte für uns, Königin des Friedens, und gib der Welt, die vom Kriege heimgesucht ist, den Frieden, nach dem die Völker seufzen, den Frieden in der Wahrheit, in der Gerechtigkeit und in der Liebe Christi. Gib der Welt den Frieden der Waffen und den Frieden der Seelen, damit sich in der Ruhe und Ordnung das Gottesreich ausbreite.

Gewähre Deinen Schutz auch den Ungläubigen und allen, die noch im Schatten des Todes wohnen; gewähre ihnen den Frieden, und laß ihnen die Sonne der Wahrheit aufgehen, auf daß sie mit uns vereint vor dem einzigen Erlöser der Welt beten können: Ehre sei Gott in der Höhe und Friede den Menschen auf Erden, die guten Willens sind!

Gib den Frieden auch jenen Völkern, die sich durch Irrtum oder Zwietracht getrennt haben, und vornehmlich denen, die eine einzigartige Verehrung für Dich hegen; führe sie zum einzigen Schafstall Christi, zum einzigen und wahren Hirten zurück.

Vermittle Frieden und volle Freiheit der heiligen Kirche Gottes; gebiete der immer weiter um sich greifenden Sintflut des Neuheidentums Einhalt; entfalte bei den Gläubigen die Liebe zur Reinheit, christlicher Lebensführung und apostolischem Eifer, damit das Volk derer, die Gott dienen, an Verdienst und Zahl wachse.

Einst wurde die Kirche und das ganze Menschengeschlecht dem Herzen Deines Jesus geweiht, damit Es, in dem allein alle Hoffnung ruht, für sie Zeichen und Unterpfand des Sieges und der Rettung sei; so weihen auch wir uns in gleicher Weise für immer Dir, Deinem Unbefleckten Herzen, Du unsere Mutter und Königin der Welt: auf daß Deine Liebe und Dein Schutz den Triumph des Gottesreiches beschleunige und alle Völker, im Frieden miteinander und mit Gott, Dich seligpreisen und von einem Ende der Erde zum andern dem Herzen Jesu, in dem allein sie die Wahrheit, das Leben und den Frieden finden können, mit Dir das ewige Magnifikat der Ehre, Liebe und Dankbarkeit anstimmen [117].

---

[117] Die Weihe hat Pius XII. in feierlicher Weise am 8. Dezember in der Peterskirche erneuert, indem er die italienische Übersetzung der ursprünglich portugiesischen Formel gebrauchte; sechs Jahre später (1. Mai 1948) empfahl der Heilige Vater im Rundschreiben „Auspicia quaedam" eindringlich die Erneuerung der Weihe, nicht nur in den einzelnen Diözesen und Pfarreien, sondern auch in allen Familien" (Act. Apost. Sedis 40, 1948, 171).

Papst Pius XII. an die Völker Rußlands

(Epistola Apostolica „Sacro vergente Anno" vom 7. Juli 1952)

Papst Pius XII. den vielgeliebten Völkern Rußlands Heil und Frieden im Herrn!

Als sich das Heilige Jahr seinem glücklichen Ende zuneigte, nachdem Uns nicht ohne Eingebung Gottes gestattet war, feierlich zu erklären und zu definieren, daß die erhabene Gottesmutter und Jungfrau Maria mit Seele und Leib in den Himmel aufgenommen worden ist, gaben Uns sehr viele aus jedem Teil der Welt ihre mächtig entflammte Freude kund; darunter fehlten auch solche nicht, die an Uns Glückwunschschreiben richteten und zugleich Uns inständig baten, Wir möchten das gesamte Volk der Russen in seinen gegenwätigen Bedrängnissen dem Unbefleckten Herzen der Jungfrau Maria weihen.

Diese Bitte war uns sehr angenehm, denn, wenn Wir auch alle Völker mit väterlicher Zuneigung umfangen, so lieben Wir doch jene in besonderer Weise, die, obwohl durch die Wechselfälle der Ereignisse und Geschehnisse zum größten Teil vom Apostolischen Stuhl getrennt, dennoch am christlichen Namen festhalten und unter solchen Umständen leben, daß es ihnen nicht bloß sehr schwer ist, Unsere Stimme zu hören und die Vorschriften der katholischen Wahrheit zu erkennen, sondern daß sie sogar zur Verachtung des Gottesnamens und Gottesglaubens mit gemeinen, verderblichen Machenschaften gedrängt werden.

Kaum waren Wir zur Würde des Papsttums erhoben worden, wandten Wir Unser Sinnen zu Euch, zu einem fast unermeßlichen Volke, das in den Annalen der Geschichte durch

461

Ruhmestaten, durch Vaterlandsliebe, durch einen mit Sparsamkeit gepaarten Fleiß, durch Liebe zu Gott und zur Jungfrau Maria hervorragt.

Niemals haben Wir aufgehört, Unsere Gebete an Gott zu richten, daß Er Euch immer mit Seinem himmlischen Lichte und seiner göttlichen Hilfe beistehe und Euch allen insgesamt gewähre, zusammen mit gerechter und rechter Wohlfahrt auch jener Freiheit Euch zu erfreuen, mit der jeder sowohl seine Menschenwürde schützen als auch die Vorschriften der wahren Religion erkennen und Gott nicht nur im innersten Heiligtum seines Gewissens, sondern auch offen, im öffentlichen und privaten Leben, die schuldige Verehrung aktiv darbringen kann.

Im übrigen wißt Ihr ja, daß Unsere Vorfahren, sooft sich die Möglichkeit bot, nichts lieber hatten, als Euch ihr Wohlwollen zu zeigen und Hilfe zu gewähren.

(Hier bringt der Papst kurz einen geschichtlichen Abriß der Beziehungen Rußlands zum Heiligen Stuhl: die Slawenapostel Cyrill und Methodius, die mit dem Christentum auch die Zivilisation diesen Völkern brachten, wurden von Hadrian II. zu Bischöfen erhoben und persönlich geweiht. Im Jahre 977 sandte Benedikt VII. Legaten an Fürst Jaropolk, und dasselbe taten Johannes XV. im Jahre 991 und Silvester II. im Jahre 999 gegenüber Großfürst Wladimir, der seinerseits ebenfalls Gesandtschaften nach Rom abordnete. Damals war die morgenländische und abendländische Christenheit noch unter der Autorität des Apostolischen Stuhles geeint. Im Jahre 1075 sandte der Großfürst Islajaw seinen Sohn zu Gregor VII., um gemäß dem Brauch jener Zeit sein Reich aus den Händen des Papstes zu empfangen. Bemerkenswert ist weiter, daß der Metropolit Isidor von Kiew am Unionskonzil von Florenz teilnahm und dessen Unionsdekret unterzeichnete, durch das die Einheit der morgenländischen und abendländischen Kirche un-

462

ter der Autorität des Römischen Papstes feierlich sanktioniert wurde. Dieser Metropolit blieb bis zu seinem Lebensende der für das ganze russische Reich bekräftigten Einheit und Verbundenheit mit Rom treu.)

Und wenn in dieser wie in der folgenden Zeit durch das Zusammenwirken unglücklicher Umstände von der einen wie von der anderen Seite die Verbindungen schwieriger wurden und daher auch schwieriger die Verbundenheit der Herzen — wenngleich es bis 1448 kein öffentliches Dokument gibt, das Eure Kirche vom Apostolischen Stuhl für getrennt erklärt hätte — so ist es dennoch meist nicht den slawischen Völkern als Schuld anzurechnen, sicher aber auch nicht Unseren Vorgängern, die diese Völker zu allen Zeiten in väterlicher Gesinnung liebten, und, wenn es nur irgendwie möglich war, darauf bedacht waren, ihnen in jeder möglichen Weise zu helfen.

Wir übergehen nicht wenige andere Geschichtsdokumente, aus denen das Wohlwollen Unserer Vorgänger gegen Eure Nation ersichtlich wird; aber Wir können nicht umhin, kurz darauf hinzuweisen, was die Päpste Benedikt XV. und Pius XI. taten, als nach dem ersten Weltkrieg besonders in den südlichen Gebieten Eures Vaterlandes ungeheure Scharen von Männern, Frauen, unschuldigen Knaben und Mädchen von bitterstem Hunger gequält und von ganz großer Teuerung aller Dinge bedrängt wurden; diese Päpste haben nämlich, von väterlicher Liebe zu Euren Volksgenossen getrieben, Lebensmittel, Kleider und große Geldmengen, die bei der gesamten Familie der Katholiken gesammelt worden waren, an jene Volksstämme gesandt, um allen diesen Hungernden und Unglücklichen zu Hilfe zu kommen und ihre Not einigermaßen lindern zu können. Aber nicht nur der leiblichen, sondern noch mehr der aufkommenden geistigen Not suchten diese Unsere Vorgänger nach Kräften abzuhelfen. Denn für die Sache der Religion, die dadurch bei Euch gestört und erschüttert worden war, daß die Gottesleugner und Gotteshasser selbst den Begriff des höchsten Wesens und den Glauben daran aus den Herzen zu reißen suchten, richteten jene Päpste nicht nur selbst zum Vater der Erbarmungen und Quell allen Trostes glühende Gebete, sondern ließen auch öffentliche Andachten anordnen. So ließ Pius XI. 1930 das Fest des heiligen Joseph, des Schutzpatrons der ganzen Kirche, dazu bestimmen, daß in der Peterskirche für die in Rußland unterdrückte Religion öffentliche Gebete verrichtet würden, wobei er selbst unter der ungeheuren, frommen Volksmenge zugegen sein wollte. Außerdem hat er alle in einer feierlichen Konsistorialallokution mit diesen Worten ermahnt: „Christus ... der Erlöser des Menschengeschlechtes, soll inständig bestürmt werden, daß Er den bedrängten Söhnen Rußlands Ruhe und die Freiheit, den Glauben zu bekennen, zurückgeben lasse; und Wir wollen, daß jene Gebete, die Unser Vorgänger Leo XIII. den Priestern zusammen mit dem Volk nach der heiligen Messe zu beten befahl, nach dieser Meinung, nämlich für Rußland, gebetet werden; dazu mögen die Bischöfe und der Welt- und Ordensklerus ihr Volk, die Meßbesucher, häufig ermahnen und es ihnen oft ins Gedächtnis rufen." Diese Mahnung und diesen Beifall erneuern Wir gerne und bekräftigen Wir, da die Umstände, in denen gegenwärtig bei Euch die Religion sich befindet, sicher nicht besser geworden sind, und da Wir von demselben glühenden Wohlwollen und von demselben sorgenden Eifer für jene Völker erfüllt sind.

Als der vergangene furchtbare und so lang andauernde Krieg wütete, haben Wir alles, was Uns nur möglich war, in Wort und Rat und Tat getan, daß die Streitigkeiten durch einen angemessenen und gerechten Frieden beigelegt würden und daß alle Völker, ohne Unterschied der Rasse, in freundschaftlichem, brüderlichem Bunde vereinigt würden und so gemeinsam zur Erreichung größeren Wohlstandes strebten.

Niemals, auch in jener Zeit nicht, kam aus Unserem Munde ein Wort, das irgendeiner Partei der Kriegführenden hätte ungerecht oder hart erscheinen können. Gewiß haben Wir, wie es notwendig war, jedwede Ungerechtigkeit und jede Verletzung des Rechts mißbilligt; aber Wir taten dies so, daß Wir all das mit größtem Bedacht vermieden, was, wenn auch zu Unrecht, Ursache größerer Leiden für die unterdrückten Völker hätte werden können. Als man aber von einer gewissen Seite auf Uns einen Druck auszuüben suchte, damit Wir in irgendeiner Weise, mündlich oder schriftlich, den im Jahre 1941 gegen Rußland entfesselten Krieg billigten, haben Wir uns nie dazu verstanden, es zu tun, wie Wir es offen am 25. Februar 1946 in der Rede vor dem Heiligen Kollegium und den Gesandten aller Nationen, die mit dem Heiligen Stuhl in freundschaftlicher Beziehung stehen, erklärten (A. A. S. 1946, p. 154).

Wenn es um die Sache der Religion, der Wahrheit, der Gerechtigkeit, der bürgerlichen und christlichen Kultur geht, können Wir freilich nicht schweigen; Unser Sinnen und Trachten ist aber darauf gerichtet, daß nicht mit Waffengewalt, sondern durch die Majestät des Rechtes alle Völker regiert werden möchten und daß ein jedes Volk, im Genuß der religiösen und bürgerlichen Freiheit innerhalb der Grenzen des eigenen Vaterlandes, zu Eintracht und Frieden und zu jenem tätigen Leben hingeleitet werde, wodurch seine Bürger sich all das beschaffen können, was an Nahrung, Wohnung, Lebensunterhalt und zur Erhaltung und Leitung der eigenen Familie notwendig ist. Unsere Worte und Ermahnungen richteten und richten sich an alle Völker, daher auch an Euch, die Ihr Unserem Herzen immer gegenwärtig seid und deren Nöte und Drangsale Wir nach Kräften zu beheben wünschen. Alle jene, die nicht die Lüge, sondern die Wahrheit lieben, wissen, daß Wir im Verlauf des vergangenen grausamen Krieges keiner

Partei feindlich gesinnt waren, wie Wir es nicht nur einmal in Wort und Tat bewiesen haben; Wir haben im Gegenteil alle Nationen in glühender Liebe umfangen, auch jene, deren Regierungen sich als Feinde des Apostolischen Stuhles erklärten, auch jene, in denen die Gottesleugner alles Christliche, alles Göttliche schärfstens bekämpfen und aus den Herzen der Staatsbürger auszurotten trachten. Denn im Auftrag Jesu Christi, der dem Apostelfürsten Petrus, dessen Amt Wir unverdientermaßen empfingen, die ganze Herde des christlichen Volkes zum Weiden anvertraute (vgl. Joh. 21, 15 und 17), lieben Wir wirklich alle Völker innig und wünschen das irdische und ewige Heil aller zu fördern. Wir halten darum alle, ob sie sich nun mit Waffen befehden oder wegen schwerer Meinungsverschiedenheiten im Streit sind, für Unsere vielgeliebten Kinder; und Wir wünschen nichts anderes und erbeten von Gott nichts anderes in inständigem Gebet als ihre Eintracht untereinander, wirklichen Frieden untereinander und täglich größeren Wohlstand. Wenn aber einige, weil sie durch Lügen und Verleumdungen getäuscht werden, sich offen als Unsere Feinde erklären, so werden Wir doch von noch größerem Erbarmen und noch größerer Liebe gegen sie getrieben.

Gewiß haben Wir, wie es die Verantwortung Unseres Amtes verlangt, die Irrtümer verurteilt und zurückgewiesen, wie sie die Anhänger des gottlosen Kommunismus verkünden und zum größten Schaden und Verlust der Staatsbürger zu propagieren suchen; die Irrenden aber weisen Wir nicht zurück, sondern Wir wollen, daß sie zur Wahrheit und zum Guten zurückkehren. Ja Wir haben diese Täuschungen, die häufig vom Schein der Wahrheit umhüllt sind, deshalb aufgedeckt und widerlegt, weil Wir eben väterliche Liebe zu Euch hegen und um Euer Wohl besorgt sind. Denn Wir sind fest davon überzeugt, daß für Euch aus diesen Irrtümern ungeheurer Schaden erstehen kann, weil sie aus Euren Seelen nicht nur das übernatürliche Licht und jenen höchsten Trost nehmen, wie sie Gottesliebe und Gottesverehrung vermitteln, sondern Euch auch der Menschenwürde und der den Staatsbürgern geschuldeten Freiheit berauben.

Wir wissen, daß unter Euch viele sind, die im innersten Heiligtum ihrer Seele am christlichen Glauben festhalten, daß sie den Feinden des Glaubens keineswegs zustimmen, sondern vielmehr brennend danach verlangen, die christliche Lehre, die das einzige sichere Fundament des staatlichen Lebens ist, zu bekennen, und zwar nicht nur privat und geheim, sondern wenn möglich, wie es sich für freie Menschen ziemt, auch öffentlich. Und Wir wissen auch, zu Unserer großen Zuversicht und zu Unserem großen Troste, daß Ihr mit glühender Liebe die Gottesmutter und Jungfrau Maria verehrt und liebt und ihre heiligen Ikonen in Ehren haltet. Wir wissen, daß selbst im Moskauer Kreml eine Kirche errichtet worden ist — in der heute leider kein Gottesdienst stattfindet —, die der in den Himmel aufgenommenen allerseligsten Jungfrau Maria geweiht ist; das ist ein ganz klares Dokument für die Liebe, die Eure Vorfahren und Ihr selbst zur erhabenen Gottesmutter habt.

Nun wissen Wir aber, daß dort, wo die heiligste Gottesgebärerin in aufrichtiger und tätiger Liebe verehrt wird, die Hoffnung auf das Heil niemals fehlen kann. Denn wenn auch mächtige und gottlose Menschen bemüht sind, aus den Herzen der Staatsbürger die heilige Religion und christliche Tugend herauszureißen, wenn auch der Teufel selbst diesen Kampf der Gottlosigkeit entfacht und aufs ärgste verschärft nach den Worten des Völkerapostels: „Unser Kampf geht nicht gegen Fleisch und Blut, sondern gegen die Mächte, gegen die Gewalten, gegen die Weltbeherrscher der Finsternisse, gegen die bösen Geister in den Höhen" (Eph. 6, 12), dennoch, wo Mariens Schutz wirksam wird, können die Pforten der Hölle nicht die Oberhand gewinnen. Sie ist ja wirklich die gütigste und mächtigste Muttergottes und unser aller Mutter; und niemals ist es gehört worden, daß die Menschen in frommer Fürbitte zu ihr ihre Zuflucht genommen hätten, ohne ihre wirksame Hilfe erfahren zu haben. Fahret darum, wie Ihr es gewohnt seid, fort, sie mit glühender Liebe zu verehren, sie inständig zu lieben, sie mit diesen, bei Euch gebräuchlichen Worten anzurufen: „Dir allein ist es gegeben, heiligste und reinste Muttergottes, Dich immer erhört zu sehen!" (Akathistos Festi Patrocinii SS. Dei Genitricis Kondak 3.)

Wir rufen sie zusammen mit Euch in inständigem Gebete an, daß der christliche Glaube, des menschlichen Lebens Zier und Schutz, in den Völkern Rußlands erstarke und vermehrt werde und daß alle Täuschungen der Feinde der Religion, alle ihre Irrtümer und alle ihre Verführungskünste zurückgewiesen und von Euch abgewandt werden; daß die öffentlichen und privaten Sitten bei Euch zur Übereinstimmung mit den Normen des Evangeliums zurückfinden; daß besonders jene, die sich unter Euch, wenn auch ihrer Hirten beraubt, als Katholiken bekennen, tapfer und unerschrocken bis zum Tod den Angriffen der Gottlosigkeit Widerstand leisten; daß jene gerechte Freiheit, wie sie den Menschen, den Staatsbürgern, den Christen gebührt, allen wiedergeschenkt werde, wie es ihr Recht ist, und vor allem auch der Kirche, deren Aufgabe aus göttlichem Auftrag es ist, alle Wahrheit und Tugend zu lehren; daß schließlich jener wahre Friede Eurer geliebten Nation und dem ganzen Erdkreis aufleuchte und dieser auf der Gerechtigkeit aufgebaute und von der Liebe genährte Friede aller Völker segensvoll zu jener allgemeinen Wohlfahrt führe, die aus der Eintracht erwächst.

Möge es der gütigsten Mutter gefallen, auch jenen ihre barmherzigen Augen milde zuzuwenden, die die Scharen der

Gottesleugner und Gotteshasser anführen und anfeuern; sie möge ihren Geist mit dem Lichte von oben erleuchten und ihre Herzen mit der göttlichen Gnade zum Heile lenken.

Wir aber wollen, damit Unsere und Eure Gebete und Bitten leichter erhört werden und damit Wir einen einzigartigen Beweis des Wohlwollens gegen Euch liefern, wie Wir vor wenigen Jahren das gesamte Menschengeschlecht dem Unbefleckten Herzen der jungfräulichen Gottesmutter weihten, so nun alle Völker Rußlands demselben Unbefleckten Herzen in ganz besonderer Weise übergeben und weihen, in der Hoffnung, daß das, was Wir, was Ihr, was alle Guten an wahrem Frieden, an brüderlicher Eintracht und an Freiheit, wie sie allen, vor allem der Kirche geschuldet wird, wünschen, durch die machtvolle Fürbitte der Jungfrau Maria sobald als möglich glückliche Wirklichkeit werde; so zwar, daß — wie Ihr mit Uns und allen christlichen Völkern es erbittet — das heilbringende Reich Jesu Christi, das ein „Reich der Wahrheit und des Lebens, ein Reich der Heiligkeit und der Gnade, ein Reich der Gerechtigkeit, der Liebe und des Friedens ist", überall auf Erden fest begründet werde.

Und die gleiche mildreiche Mutter bitten Wir mit flehentlichem Gebet, daß sie Euch alle in den gegenwärtigen Bedrängnissen beschütze und Euren Herzen von ihrem göttlichen Sohn jenes Licht erbitte, das vom Himmel stammt, jene Tugend und Tapferkeit Euren Seelen erlange, durch die Ihr, von der himmlischen Gnade gestärkt, allen Irrtum und alle Gottlosigkeit überwinden und besiegen könnt!

Gegeben zu Rom beim Heiligen Petrus, am 7. Juli, Fest der Heiligen Cyrill und Methodius, im Jahre 1952, dem 14. unseres Pontifikates.

Pius PP. XII.

Der Heilige Vater Papst Pius XII. und Fàtima

Die Madonna von Fàtima ist der strahlende Stern des Pontifikates unseres großen Marien-Papstes Pius XII. Dieser Stern ist aufgegangen am gleichen Tag und zur selben Stunde, da an jenem denkwürdigen 13. Mai 1917 drüben im fernen Portugal die erste Erscheinung Marias in der Cova da Iria stattfand und in Rom Eugen Pacelli die Bischofsweihe empfing. Dieses seltene Zusammentreffen mußte den späteren Papst und innigen Marienverehrer ganz besonders anspornen, die Sache Unserer Lieben Frau von Fàtima in die Hand zu nehmen und als oberster Hirt der Christenheit ihre Ehre zu fördern. Trotz der mannigfachen Widersprüche hat der Heilige Vater dies auch getan und wahre Großtaten der Verherrlichung Marias auf Erden vollbracht. In der nachfolgenden chronologischen Reihenfolge sehen wir die wichtigsten Daten und Ereignisse:

13. Mai 1917: Erste Erscheinung Unserer Lieben Frau von Fàtima und Bischofsweihe von Monsignore Eugen Pacelli.

31. Oktober 1942: Papst Pius XII. weiht die Kirche und das ganze Menschengeschlecht dem Unbefleckten Herzen Marias. (Bei seiner Radioansprache anläßlich des 25jährigen Jubiläums der Erscheinungen und seiner Bischofsweihe.)

8. Dezember 1942: Offizielle Weltweihe an das Unbefleckte Herz Marias.

April 1943: Schreiben des Kardinal-Staatssekretärs an alle Apostol. Nuntien und durch sie an alle Bischöfe, es solle die Weihe an das Unbefleckte Herz Marias im Mai für die Diözesen vorgenommen werden.

1943: „Medaille des heiligen Petrus". Pius XII. nimmt die Weltweihe vor (Rundschreiben).

4. Mai 1944: Dekret, daß das Fest des Unbefleckten Herzens Marias am 22. August gefeiert werden solle; Änderung des Titels „*Reinstes* Herz Mariä" in „*Unbeflecktes Herz* . . ."

13. Mai 1946: Krönung der Gnadenstatue Unserer Lieben Frau von Fàtima durch den Kardinal-Legaten Masella.

15. Jänner 1948: Pius XII. schreibt anläßlich der Dreihundertjahrfeier des ersten liturgischen Herz-Mariä-Festes in einem Handschreiben an Monsignore Lebrun, Bischof von Autun: „Vor wenigen Jahren, wie es allgemein bekannt ist, als der unheimliche Krieg überall wütete, haben Wir Unsere Zuflucht zu Unserem erbarmungsvollen Erlöser genommen und Uns dabei der alles vermögenden Vermittlung des reinsten Herzens Mariä bedient. Denn die menschlichen Hoffnungen und die menschlichen Bestrebungen, dem tragischen Geschehen ein Ende zu setzen, waren unzureichend und aussichtslos. Wie Unser Vorgänger s. A. Leo XIII. am Morgen des gegenwärtigen Jahrhunderts die ganze Menschheit dem Herzen Jesu geweiht hat, so haben Wir, die Wir gewissermaßen die von Gott erlöste Menschheitsfamilie vertreten, durch eine feierliche Weihe sie dem Unbefleckten Herzen der Gottesmutter geweiht."

1. Mai 1948: Rundschreiben „Auspicia quaedam": Auftrag, daß die Weihe an das Unbefleckte Herz Mariä überall durchgeführt werden solle.

30. Oktober 1950: Der Heilige Vater erlebt das Sonnenwunder im Vatikan.

31. Oktober 1950: Der Heilige Vater erlebt das Sonnenwunder im Vatikan.

1. November 1950: Der Heilige Vater erlebt das Sonnenwunder im Vatikan.
8. November 1950: Der Heilige Vater erlebt das Sonnenwunder im Vatikan.
13. Oktober 1951: Schlußfeier des Heiligen Jahres in Fàtima
    durch Kardinal Tedeschini.
7. Juli 1952: Weihe Rußlands.
8. September 1953. Rundschreiben «Fulgens corona».
1. November 1954: Proklamation des Königtums Mariens
   und Abschluß des Marianischen Jahres.

Wie schon berichtet wurde, hatte Jacinta zu Mutter Maria
de Purificação Gondinho, der Oberin des Waisenhauses
«Unserer Lieben Frau von den Wundern» in Lissabon ein
besonders inniges Verhältnis. Ihr hatte sie viele vertrauliche
Mitteilungen gemacht, die von der Oberin schriftlich festgehalten wurden. Mutter Gondinho hatte bis zum Tode des
Seherkindes keinem Orden beitreten können, da in Portugal
im Jahre 1911 alle Orden aufgehoben und die Ordensleute
vertrieben worden waren. Daher hatte sie das Waisenhaus
in der Rua Estrela 17 gegründet, wo die kranke Jacinta im
Jänner 1920 aufgenommen wurde. Während ihres Ver-
weilens in Lissabon sagte Jacinta eines Tages zur Oberin,
der sie den vertrauten Namen «Patin» gegeben hatte: «Die
Patin wird in Fàtima ein Haus für die Sühne haben. Ich
sehe sie in einem blauen Schleier, und um sie sind andere
Schwestern, die auch einen blauen Schleier haben.» Diese
Vorhersage aus dem Jahre 1920 erfüllte sich am 13. Juni
1960. An jenem Tage erkrankte Mutter Gondinho und legte
in die Hände der Oberin der Klarissinnen vom Kloster der
Sühne in Lissabon die Gelübde ab. Dabei erhielt sie den

472

blauen Schleier, den jene Schwestern damals trugen und lebte einige Zeit in diesem Kloster. Daß Jacinta von einem «blauen Schleier» spricht, ist umso beachtlicher, als die «Patin» zu Jacintas Lebzeiten und lange danach immer als Franziskanerin des Dritten Ordens mit einem braunen Habit und schwarzem Schleier bekleidet war.

Am 24. Juni 1960 starb Mutter Maria de Purificação. In ihrem Testament vermachte sie ihr Haus in Fàtima dem Sühnekloster von Lissabon. So kamen die Klarissinnen nach Fatima. Am 12. August 1969 wurden sie dort durch Bischof von Leiria kanonisch errichtet. Sie leben in strengster Klausur und in größter Armut ein Leben der Opfer und der Buße bis zum heutigen Tag. Ein Priester, der mit den Schwestern häufigen Kontakt hat, berichtet, daß sie oft nur trockenes Brot zur Nahrung haben. Tag und Nacht wird vor dem ausgesetzten Allerheiligsten Sühneanbetung gehalten.

Am 25. April 1954 schrieb die «Patin» einen Brief an Papst Pius XII. Sie teilt darin dem Heiligen Vater mit, daß sie schon lange von Jacinta den Auftrag hatte, ihm einiges zu sagen, es aber immer aufgeschoben habe. Nun, da sie ihr Ende nahe fühle, wolle sie von ihrem «Geheimnis», wie sie es nennt, sprechen. Unter Eid verbürgt sie, daß die Mitteilungen tatsächlich von Jacinta stammen. Man hatte damals die Meinung, daß Madre Gondinho aus der Rückschau manches anders berichtet hatte, als es das Seherkind gesagt hatte. Doch nach ihrem Tode fand man das Tagebuch, in dem die «Patin» seinerzeit ihre Aufzeichnungen aufgeschrieben hatte. Sie stimmen genau mit den Worten des Briefes überein, den sie an Papst Pius XII. geschrieben hatte. Zwei Dinge hatte Jacinta während ihrer letzten Lebenswochen der Oberin besonders ans Herz gelegt: Ihr Haus in Fàtima müsse sich «Haus Unserer Lieben Frau vom Rosenkranz in Fàtima» nennen und Kloster der Klarissinnen werden.

Diese müßten mit dem Vatikan besonders innig verbunden sein, denn die Sünden gegen das 6. Gebot, des Stolzes und der Genußsucht würden große Strafgerichte über die Menschen bringen, und auch der Heilige Vater würde viel zu leiden haben. «Damals hielt ich nicht viel davon, was das Kind sagte», schreibt die Patin in ihrem Brief, «aber Jacinta bestand darauf, daß ich es dem Heiligen Vater mitteilen müsse». – Heute verstehen wir die Worte Jacintas und ihre ernste Mahnung aus der Sicht unserer Tage wesentlich besser. Vielleicht ist sogar die Verwirrung, die heute allerorts in der Kirche festzustellen ist, eines der größten Strafgerichte und das schwerste Kreuz für den Heiligen Vater.

Ferner teilt Madre Gondinho in ihrem Schreiben mit, daß Jacinta vom kommenden Triumph des Herrn sprach, daß aber vorher noch viele Tränen fließen müßten, weil man Gottes heiligen Willen in der Welt nicht erfüllt. Es tat dem Kind leid, sich nicht besser ausdrücken zu können, was sie innerlich sah; sie versuchte es mit folgenden Worten: «Es gibt ein Geheimnis des Himmels und ein anderes Geheimnis der Erde; es wird schon wie das Ende der Welt sein... man muß viele 'Opfer der Sinne machen', das heißt, sich abtöten und auf vieles verzichten. Man muß Gott aus ganzem Herzen lieben und Ehrfurcht vor den Priestern haben, denn sie sind das Salz der Erde und sollen den Seelen den Weg zum Himmel zeigen»... [118]

Es ist eigenartig, daß Jacinta, das einfache Hirtenkind von 10 Jahren, einmal eigens vom «Vatican» spricht, einem Wort, das sie wohl kaum je gehört haben dürfte. Ebenso war zu Lebzeiten des Seherkindes der Priester im Volke geachtet

---

[118] Dieser Bericht geht zurück auf die mündlichen Mitteilungen zweier deutscher Priester, die seit Jahren in Portugal leben und über die Ereignisse im Zusammenhang mit Fàtima laufend informiert sind.

und es war für ihn selbstverständlich, daß er seinen Beruf als eine besondere Sendung und heilige Verpflichtung im Dienste Gottes und der Seelen auffaßte. Erst in unseren Tagen erleben wir sehr oft das Gegenteil. Was mit dem Brief der Mutter Maria Purificação in Rom geschah, ist nicht bekannt.

Der Heilige Vater Papst Paul VI. und Fàtima

Am 3. Februar 1964 richtete der Bischof von Leiria an Papst Paul VI. ein Schreiben mit der Bitte, er möge, um dem Wunsche der Gottesmutter in Fàtima voll zu entsprechen, gemeinsam mit allen Bischöfen zusammen Rußland und die ganze Welt dem Unbefleckten Herzen Marias weihen. Ungefähr 700 Bischöfe zeigten ihr Einverständnis durch ihre Unterschrift. Der Heilige Vater wollte am 21. November 1964 diesem Wunsche nachkommen. In der Schlußsitzung der 3. Konzilsperiode gab er die geplante Übersendung einer Goldenen Rose an das Fàtimaheiligtum bekannt und verkündete in feierlicher Form, «daß der seligsten Jungfrau Maria der Ehrentitel 'Mutter der Kirche' gebühre, d. h. Mutter des ganzen christlichen Volkes, sowohl der Gläubigen als auch der Hirten»; weiter forderte der Heilige Vater, daß das gesamte christliche Volk Maria mit diesem neuen Titel verehre.

In seinem Weihegebet sagte er dann u. a. «... Deinem Unbefleckten Herzen, jungfräuliche Gottesmutter, weihen Wir das ganze Menschengeschlecht. Laß es erkennen den einzigen, wahren Erlöser Jesus Christus; nimm hinweg die Drangsal, die es ob seiner Sünden erleidet und vermittle ihm den Frieden, gegründet auf Wahrheit, Gerechtigkeit, Freiheit und Liebe. Schließlich schenke der gesamten Kirche, daß sie bei der Feier dieser großen Ökumenischen Synode dem Gott der Erbarmung ein Lob- und Danklied anstimmen möge, einen Jubelhymnus der Freude, denn Großes hat durch dich der Mächtige getan, o gütige, o milde, o liebreichste Jungfrau Maria!» [119]

---

[119] Euchiridion Vaticanum (Documenti. Il Concilio Vaticano II⁰) Nr. 324.

Am 28. März 1965 weihte der Heilige Vater die Goldene Rose für die Gnadenkapelle in Fàtima. Das Kunstwerk trägt die Aufschrift: «Paul VI. widmet unter Anflehung des Schutzes der Gottesmutter für die gesamte Kirche die Goldene Rose dem Heiligtum von Fàtima als Geschenk – am 13. Mai 1965». Als er die Weihe vollzogen hatte, sagte er u. a.: «... Diese Goldene Rose ist ein Zeichen unserer Verehrung, die Wir für dieses erhabene Heiligtum haben, wo der Gottesmutter ihr Altar errichtet wurde... Wir sagten, die Rose sei der Purpur der Fluren und als solcher das Symbol der Buße. Da die Jungfrau nach Fàtima kam, um die Welt an die Botschaft des Evangeliums von der Buße und dem Gebet zu erinnern, die damals von vielen vergessen worden war, müßt nun ihr, geliebte Kinder, das Beispiel der Erfüllung dieser Botschaft geben...»

Am 13. Mai 1965 überbrachte der Kardinallegat Cento die Goldene Rose nach Fàtima. Der Bischof von Leiria nannte dieses Geschenk Fàtimas «strahlendste Krone», hatte doch der Kardinallegat erklärt, daß Paul VI. durch diese Rose seine besondere Zuneigung für Fàtima beweisen wolle und in Hinkunft zwischen dem Heiligtum und dem Vatikan eine noch engere Verbindung bestehen werde, als sie bisher war.

*

Alle großen Feiern wurden am 13. Mai 1967, dem 50. Jahrestag der ersten Erscheinung Marias in Fàtima, übertroffen, als Papst Paul VI. selbst den Gnadenort besuchte. Ein eigenes Flugzeug der «TAP» brachte den Heiligen Vater von Rom (Abfahrt vom Flughafen Fiumincino um 6.30 Uhr) nach Monte Real (Ankunft um 9.30 Uhr), dem Portugiesischen Militärflughafen. Dort fand der Empfang durch die portugiesische Regierung unter Führung des Staatspräsidenten statt. (Eine Gedächtnistafel wurde später in dem vom Papst benützten Flugzeug angebracht, die immer an dieses denkwürdige Ereignis erinnern soll).

Von Monte Real fuhr der Papst im Auto nach Fàtima. Eine neue Straße war eigens für den hohen Besuch angelegt worden. Ohne Unterbrechung wurde sie von einem dichten Spalier von Pilgern gesäumt, die dem Heiligen Vater ihre Ovationen darbringen wollten.

In Fàtima erwarteten ihn um 11.30 Uhr die zivilen Behörden, die Abordnung der Kardinäle und Bischöfe und eine einfache Karmelitin: Schwester Maria Luzia vom Unbefleckten Herzen, die einzige Überlebende der Seherkinder, die zu diesem Festtag ihr Kloster in Coimbra hatte verlassen dürfen.

Kopf an Kopf standen die Pilger auf dem weiten Platze der Cova da Iria, der doppelt so groß ist wie der Petersplatz in Rom. Man schätzte die Menschenmenge auf über 2 Millionen. Viele der Anwesenden waren zu Fuß aus allen Teilen des Landes gekommen, mehr als die Hälfte von ihnen hatte die Nacht zum 13. Mai in der Nähe des Heiligtums zugebracht und im strömenden Regen betend und opfernd die Ankunft des Heiligen Vaters erwartet.

Um 12 Uhr begann der Papst auf den Stufen vor der Basilika, wo unter einem Baldachin weithin sichtbar der Altar errichtet worden war, den feierlichen Gottesdienst. Er betete in besonderer Weise um den Frieden für die Kirche und die ganze Welt. Nach dem letzten Segen kamen verschiedene Persönlichkeiten, um dem Papst die Hand zu küssen. Schließlich wurde ihm auch Sr. Maria Luzia vorgestellt. Einige Zeit unterhielt sich der Papst mit der einfachen Schwester. Anwesende sahen, wie sie ihm einen Brief überreichte, den der Heilige Vater zu sich nahm. Wir wissen nicht, was darin stand und was mit diesem Brief weiter

478

geschah. Auch über das kurze Gespräch erfuhr die Öffentlichkeit nichts. Doch schließlich, sich nicht um das Protokoll kümmernd, faßte Paul VI. mit einer gütigen, väterlichen Geste die Hand der Karmelitin und stellte das einstige Seherkind den begeisterten Pilgern vor.

Zwei Dinge dieses unvergeßlichen Jubiläums seien noch erwähnt: Als Zeichen seiner besonderen Verehrung legte der Heilige Vater einen goldenen Rosenkranz zu Füßen der Gnadenstatue nieder und verharrte einige Zeit im Gebete. Während der Papst vor der Gnadenmutter kniete, ließ sich eine weiße Taube zu Füßen der Statue nieder – das «Taubenwunder» hatte sich wiederholt.

Um 17 Uhr verließ der Heiligen Vater Fàtima, um von Monte Real wieder nach Rom zurückzufliegen, wo er um 21.30 Uhr eintraf.

Früchte der Fàtima-Pilgerfahrten

Von der Gründung der «Blauen Armee» war bereits die Rede. Um aber einen noch größeren Kreis zu erfassen und den Fàtima-Pilgern Gelegenheit zu geben, das Erlebnis ihrer Wallfahrt weiterhin zu vertiefen und fruchtbar werden zu lassen, wurde in unseren Tagen die Gemeinschaft der «Freunde Fàtimas» gegründet. Zunächst war sie für Deutschland gedacht, wo sie schon rund 200 000 Mitglieder zählt. Aber auch Österreich und die Schweiz sollen einbezogen werden. Das Ziel dieser Gemeinschaft ist, die Fàtimabotschaft durch Gebet und Buße zu verwirklichen und einmal im Jahr einen Kongreß in einem Marienheiligtum zu halten, an dem die Mitglieder nach Möglichkeit teilnehmen sollen.

Der V. Fàtima-Kongreß fand am 16. und 17. September 1972 in Werl in Westfalen (Bundesrepublik Deutschland) statt. Außer Kardinal Lorenz Jäger waren auch der Alt-Bischof von Leiria, Dr. Joao Venancio und sein Nachfolger, Bischof Dr. A. Cosme de Amaral, Weihbischof Degenhart von Paderborn und Delegierte aus allen Teilen der Bundesrepublik zugegen.

Nach der hl. Messe am Morgen des 16. September war der feierliche Empfang der Kongreßteilnehmer im Rathaus von Werl. In ihren Grußworten bezeichnete Frau Dr. Rohrer, Bürgermeister in Werl, die Verehrung der Gottesmutter als «einigendes Band, das sich um die Völker Europas schlingt, denn die Gottesmutter von Fàtima ist ja hinter den Bildern identisch mit der Gottesmutter von Altötting, von Einsiedeln, Mariazell und Mariataferl, von Tschenstochau und Lourdes, von Banneux, Annaberg, Wartha und der Gottesmutter der 700jährigen Stadt Werl.»

Am Nachmittag kam man im Mariengymnasium der Stadt zusammen, wo Kardinal Lorenz Jäger und die anwesenden Bischöfe Grußworte an den Kongreß richteten. P. Kondor, der geistliche Leiter der «Freunde Fàtimas», hielt das Hauptreferat. Er sprach über das Leben und Sterben der beiden Seherkinder Jacinta und Francisco von Fàtima.

Bei der abendlichen Marienfeier in der Basilika fand die Krönung der Fàtima-Statue durch Kardinal Jäger statt. Ihr folgte nach einer großen Lichterprozession das Pontifikalamt, das der Altbischof von Fàtima zelebrierte. Bis in die Morgenstunden des 17. September wurde eine eucharistische Anbetung gehalten.

Zum Abschluß des Kongresses am 17. September feierte Kardinal Lorenz Jäger wieder ein Pontifikalamt. Zu diesem Gottesdienst waren auch die Bischöfe Hengsbach von Essen, Weihbischof Cleven aus Köln und Bischof Dr. Bolte aus Fulda gekommen. Bischof Graber aus Regensburg hielt die Festpredigt. Da bei diesem Kongreß auch zahlreiche portugiesische Gastarbeiter aus der Bundesrepublik anwesend waren, richteten die Bischöfe von Leiria auch an sie besondere Grußworte. Gemeinsam wurde schließlich das Fàtima-Lied in deutscher Sprache gesungen, zum ersten Mal bei einem Fàtima-Kongreß.

So gibt die junge Gemeinschaft der «Freunde Fàtimas» zu berechtigter Hoffnung Anlaß, einer Hoffnung, die wir mit Worten aus der Ansprache des neuen Bischofs von Leiria ausdrücken können: «... Wir wissen, es ist die Macht der hehren Jungfrau, der Mutter der Kirche und aller Menschen, die ihre Kinder versammelt und eint in einer Welt, in der so viele Kräfte tätig sind, die nur zerstören und Uneinigkeit schaffen... Wo der Name Fàtima von gläubiger Zunge erklingt, dort freut sich der Himmel, die Luft wird kristallklar, und das Herz jubelt von göttlicher Freude...

Die überstürzende Neuigkeit Fàtimas ist es, überall eine neue geistliche Atmosphäre zu schaffen, die die Seelen ergreift und in Besitz nimmt. Durch Gebet und Buße wird der neue christliche Mensch geformt... Wir wollen arbeiten für das Gottesreich und Fàtima künden!»[120]

Bemerkung zum «dritten Geheimnis von Fàtima»

Immer wieder war in der letzten Zeit in verschiedenen Zeitschriften zu lesen, daß der Heilige Vater den Text des dritten Geheimnisses von Fàtima ausländischen Diplomaten bekanntgegeben habe. Auch wird der Wortlaut dieses «Geheimnisses» angeführt, nach dem schreckliche Katastrophen über die Welt kommen sollen.

Was ist dazu zu sagen? In Fàtima selbst weiß man nichts von einer Veröffentlichung des dritten Geheimnisses durch den Heiligen Vater. Das aber wäre wohl sicher der Fall, wenn diese Veröffentlichung tatsächlich stattgefunden hätte. Seit der Heilige Vater Johannes XXIII. den versiegelten Brief Luzias mit dem Text des dritten Fàtimageheimnisses erhalten und eine Veröffentlichung desselben nicht gewünscht hatte, wird in Fàtima darüber nicht mehr gesprochen. Der Gehorsam gegen den Heiligen Vater ist immer ein Zeichen der Echtheit für überirdisches Geschehen, nicht Sensationssucht und Rechthaberei.

Es ist auch kaum anzunehmen, daß Johannes XXIII. die Veröffentlichung des dritten Fàtimageheimnisses verboten und dann doch der Öffentlichkeit übergeben hätte.

---

[120] Entnommen dem «Boten von Fàtima», 1972/12, S. 91.

INHALTSVERZEICHNIS

Die Wunder

„Königin der Welt"

Schluß